프랜차이즈 예비창업자를 위한 가이드

제3판

프랜차이즈 계약과 창업

이성희 · 이성훈

딥다이브
가맹분야 표준양식

2024년
개정법 반영

法 文 社

머리말

프랜차이즈 가맹점을 창업하여 성공하는 가장 빠른 지름길은 지속가능경영을 위해 창의적으로 혁신하는 가맹본부와 **"상생"**하는 것이다. 가맹본부와 가맹점 간의 "상생경영"은 이제 필수가 되었고, 공정거래위원회도 가맹본부와 가맹점사업자 간 자율적으로 체결하는 공정거래 협약을 적극적으로 유도하고 있다.

가맹사업법을 준수하기 위해 최소한 **"영업"**할 때 허위·과장하지 않고, **"계약"**할 때 문서별 숙고기간 잘 지키고, 최초가맹금은 예치하면서, **"운영"**할 때 불공정 거래하지 않고, **"종료"**할 때 갱신은 180~90일 전 통지하고, 해지는 2개월 2회 이상 서면으로 요구하는 가맹본부라면 상생기업으로 검토할 만하다.

최근 차액가맹금 이슈로 프랜차이즈 업계의 갈등과 분쟁이 격화되고 있다. 2024년 구입강제품목 관련하여 개정된 가맹사업법으로 인해 가맹점사업자의 권익은 한층 강화되었고, 2025년 입법 예고된 가맹점사업자단체 관련 가맹사업법 개정 움직임은 가맹점사업자의 권한을 더욱 강하게 해 줄 것으로 예상된다.

2024년 개정된 가맹사업법 주요 내용은 가맹본부가 가맹점에 공급하는 물품을 강제하는 경우 가맹계약서에 구입을 강제하는 품목종류, 공급가격, 공급가격 산정기준을 기재하는 것이다. 또한, 가맹계약서에 구입강제품목으로 기재된 물품의 공급가격이 인상되는 등 가맹점사업자에게 불리한 조건으로 변경되는 경우 가맹계약서에서 정한 절차에 따라 협의하여야 한다.

지금까지 가맹점사업자는 가맹본부가 공급하는 품목 및 공급가격에 불만이 있어도 공급가격 산정기준이나 가맹본부 수익구조 등을 알 수가 없어 이의를 제기하거나 협의를 요청하기 어려웠는데 이를 가맹계약 체결 시점에 가맹계약서에 구체적으로 기재하게 함으로써 투명한 정보를 통한 공정한 거래를 할 수 있게 된 것이다.

가맹점사업자의 권익이 강화되더라도 가맹사업법 내용을 정확히 모른다면 불공정한 거래에서도 자신의 의견을 정확히 주장하지 못해 손해를 볼 수 있다. 또 객관적인 기준으로 세심히 살피지 않으면 '착한 프랜차이즈', '좋은 프랜차이즈'로 평가되어 있으나 실제로는 법을 수시로 위반하거나 시스템이 명확하지 않아 분쟁이 잦은 가맹본부를 선택하는 오류를 범할 수도 있다. 이에 학습역량을 강화시킬 필요가 있다.

프랜차이즈 시스템은 가맹본부와 가맹점사업자가 상호 권리와 의무를 규정하는 가맹계약을 체결하고 계약기간 동안 지속적인 거래를 하며 상생하는 시스템 사업이다. 이 책에서는 프랜차이즈 계약과 창업 관점에서 가맹점 생애주기 단계별로 **정보**(Information), **계약**(Contract), **공정**(Fairness), **분쟁**(Conflict) **4가지 Main-Keyword를 제시**하고 있다.

상생 경영 가맹본부를 선택하기 위해 필수로 검토하여야 하는 **4가지 Main-Keyword 내용을 기준으로 하부로 7개씩 Sub-Keyword 총 28개**를 정리하여 키워드별 예비창업자가 필수로 숙지해야 하는 내용을 구체적이면서 이해하기 쉽게 질의하고 응답하는 "Q&A" 구조로 설명하고 있다. 설명하는 내용의 근거를 법률과 시행령 비교표로 기재하여 한 눈에 볼 수 있게 정리함으로써 쉽고 명확하게 이해할 수 있다.

이 책은 **2024년 개정된 가맹사업법 법률 및 시행령, 2024년 12월 기준 13개 업종으로 세분화된 업종별 표준계약서, 구입강제품목 가맹계약서 기재방법 가이드라인 내용이 반영**되어 최신 정보를 제공하고 있다.

프랜차이즈 클리닉 에피소드 코너를 통해 실제 분쟁조정 사례를 검토하고, 분쟁 사전 예방을 위해 경영 관점 가맹점 창업 시 **투자수익률 산출을 위한 분석 Tip**과 법률 관점 **정보공개서, 가맹계약서, 예상매출액 산정서 등 가맹분야 표준양식 Deep Dive** 내용을 중점적으로 참고한다면 프랜차이즈 계약과 창업 분야의 학습역량을 강화하는데 큰 도움이 될 것이다.

창업은 많은 비용이 소요되고 다양한 외부환경 등의 변화로 실패할 위험이 높기 때문에 관심 업종과 자신에게 적합한 가맹본부 및 브랜드를 선택하기 위한 정보를 수집하는데 충분한 시간을 갖고 학습역량을 강화한 뒤 시작하는 것이 바람직하다.

이 책이 자신만의 기준을 갖고 목표 달성을 위해 성실히 노력하는 가맹희망자에게 상생 가맹본부를 발굴하는 혜안을 키울 수 있는 지침서가 되길 바란다.

2025. 8.

세종대학교 광개토관에서

차 례

Main-Keyword Ⅰ 정보(Information): 가맹계약 체결 전 "수집정보" 검토 시 유의 사항

Main-Keyword Ⅱ 계약(Contract): 가맹계약 기간 중 "계약이행" 검토 시 유의 사항

Keyword 03 계약해지 92

Keyword 04 권리변동 101

Main-Keyword Ⅲ 공정(Fairness): 가맹사업 진행 중 "불공정성" 검토 시 유의 사항

가맹사업법을 알면 가맹점 성공이 보인다. 가맹사업은 가맹본부와 가맹점 간의 공정한 거래를 바탕으로 양 당사자 모두 신의에 따라 성실하게 이행하여야 한다. 프랜차이즈 가맹점 창업을 준비하면서 가맹사업법을 숙지한다면 최소한 불공정한 거래를 하는 가맹본부를 잘못 선택하는 실수를 줄일 수 있다.

프랜차이즈 가맹점 창업을 준비하면서 정보를 탐색하다 보면 정보공개서, 인근가맹점 현황문서, 가맹계약서, 예상매출액 산정서 등 용어가 생소하여 문서가 의미하는 바를 정확히 이해하기 어렵다. 또한, 프랜차이즈 가맹점을 준비하는 예비창업자로서 가맹본부가 제공한 문서를 해석하는 기준 및 필수로 인지해야 하는 중요한 제도를 잘 이해하지 못해 어려움을 겪는 경우가 많다.

가맹사업법에는 가맹본부가 반드시 해야 하는 **"제공"** 의무를 가맹사업거래의 공정화로 규정하고 있다. 정보를 탐색하면서 충분한 시간을 갖고 검토하여야 하는 의무는 가맹희망자에게 있으나, 정보를 제공하여야 하는 의무와 숙고기간을 준수해야 하는 의무를 가맹본부에게 부여함으로써 정보의 비대칭을 완화하고 가맹희망자의 신중한 선택을 유도하고 있다.

또 다른 관점에서 공정한 가맹사업 거래를 유도하기 위해 가맹사업법에는 가맹본부에게 절대로 해서는 안 되는 **"금지"** 의무를 두고 있다. 허위·과장 및 기만적인 정보제공 행위와 소위 갑질로 인식되는 불공정거래 행위가 바로 강하게 금지되는 규정이다.

가맹사업법은 공정거래법에서 파생된 특별법으로 사회적 약자를 보호하기 위해 강행규정으로 마련하고, 강행규정의 "제공" 의무와 "금지" 의무에 대해 가맹본부는 여타 이유를 막론하고 무조건 지키도록 하고 있다. 이를 위반하는 경우 공정거래위원회는 시정조치 또는 시정권고 등 행정명령과 과징금 등의 행정벌로 제재하거나, 위반 정도가 심각할 경우 검찰에 고발하여 형사처벌을 받게 하기도 한다.

상생하는 가맹본부를 발굴하기 위해서는 가맹희망자가 가맹계약 체결 전 "수집정보"를 충분한 시간을 갖고 신중하게 검토하는 것이 무엇보다 중요하다. 본 장에서는 가맹사업과 관련된 어려운 용어 및 생소한 내용을 이해하기 쉽게 KeyWord 별로 요약·정리해 줌으로써 예비창업자의 "수집정보"를 충실히 숙지할 수 있는 가이드라인을 제시하고자 한다.

Main-Keyword Ⅰ

정보(Information)

가맹계약 체결 전 "수집정보" 검토 시 유의 사항

Keyword 01

가맹사업법

Q1. 프랜차이즈란?

A1. "프랜차이즈(franchise)"란 특정 기업이 자기 회사의 상표, 노하우, 경영 시스템 등을 다른 사람에게 제공하고, 그 대가로 로열티 등의 가맹금을 받는 사업 형태를 말한다.

프랜차이즈 사업은 가맹본부(franchisor)가 직접 운영하는 매장만으로 구성된 직영사업(直營事業)과 가맹본부와 가맹점사업자(franchisee)가 가맹계약을 체결하고 계약기간 동안 동일한 브랜드를 사용하며 가맹본부의 지원・교육・통제 하에 매장을 운영하는 가맹사업(加盟事業)으로 구분된다.

Q2. 가맹사업이란?

A2. "가맹사업"은 가맹본부와 가맹점사업자가 사적 계약을 통해 거래하는 시스템이기에 사업자 간 공정한 거래를 유도하기 위해서는 외부의 법적 통제가 필요하다. 이에 가맹사업의 공정한 거래질서를 확립하고 가맹본부와 가맹점사업자가 대등한 지위에서 상호보완적으로 균형있게 발전시키기 위해 2002년 5월 13일 「가맹사업거래의 공정화에 관한 법률(이하 '가맹사업법')」이 제정되어 2002년 11월 1일 시행되었다.

"가맹사업"은 가맹본부와 가맹점사업자가 각자 독립된 사업자등록증을 보유하고 가맹본부의 영업표지를 공유하면서 지속적인 거래 관계를 유지하는 것을 전제로 한다. 가맹본부는 일정한 품질기준과 영업방침을 제시하고, 경영 및 영업활동 등에 대해 지원・교육・통제하여야 하며, 가맹점사업자는 이의 대가로 가맹금을 부담하여야 한다. 이의 조건을 "모두" 충족하는 경우에만 가맹사업법 적용을 받는다.

참고사항 : 가맹사업법 적용 조건

조건	내용
1. 가맹본부가 가맹점사업자에게 영업표지 사용을 허락	영업표지의 상표 등록여부와 관계없이 제3자가 독립적으로 인식할 수 있을 정도면 가능
2. 가맹점사업자는 일정한 품질기준이나 영업방식에 따라 상품 또는 용역을 판매	가맹본부가 가맹점사업자의 주된 사업과 무관한 상품 등만 공급하는 경우에는 가맹사업이 아님
3. 가맹본부는 경영 및 영업활동 등에 대한 지원, 교육, 통제를 수행	가맹본부의 영업방침을 따르지 않는 경우 아무런 불이익이 없다면 가맹사업이 아님
4. 영업표지 사용 및 경영·영업활동 등에 대한 지원·교육의 대가로 가맹금 지급	가맹본부가 가맹점사업자에게 도매가격 이상으로 물품을 공급하는 경우도 가맹금 지급에 해당
5. 계속적 거래관계	일시적 지원한 하는 경우는 가맹사업이 아님

출처: 공정거래위원회 가맹사업거래 홈페이지

Keyword 근거 법령

가맹사업법

법률 제2조(정의)
가맹본부가 가맹점사업자로 하여금 자기의 상표·서비스표·상호·간판 그 밖의 영업표지를 사용하여 일정한 품질기준이나 영업방식에 따라 상품 또는 용역을 판매하도록 함과 아울러 이에 따른 경영 및 영업활동 등에 대한 지원·교육과 통제를 하며, 가맹점사업자는 영업표지의 사용과 경영 및 영업활동 등에 대한 지원·교육의 대가로 가맹본부에 가맹금을 지급하는 계속적인 거래관계를 말한다.

Q3. 가맹사업법 주요 내용은?

A3. 가맹사업을 진행하는 가맹본부 및 가맹점사업자 모두 가맹사업법 전체 내용을 숙지하고 가맹사업을 진행하는 것은 어려운 일이다. 그러나 양 당사자 모두 가맹사업법 적용 대상자이기에 전체 내용의 흐름을 파악하는 것은 필요하다.

가맹사업법은 가맹본부의 준수사항 7가지와 가맹점사업자 준수사항 12가지를 정하고 신의에 따라 성실하게 이행할 것을 기본원칙으로 한다. 가맹사업거래의 공정화 기준에 따라 공정한 거래를 유도하기 위해 가맹본부에게 '제공' 의무와 '금지' 의무 등을 강행규정으로 두고, 가맹본부와 가맹점 간 분쟁 발생 시 해결하는 절차와 공정거래위원회가 이를 관리 감독하기 위한 사건처리절차 등으로 구성되어 있다.

참고사항 : 가맹사업법 요약

가맹사업법 개관
(법률 : 2024.07.03. 시행/시행령: 2024.12.05. 시행)

총 칙

가맹점사업자의 준수사항 12 — **신의성실의 원칙** — 가맹본부의 준수사항 7

분쟁조정 등

가맹거래사 제도
가맹점사업자단체 협의
공정거래협약체결 권장
분쟁조정협의회 제도
분쟁조정 – 가맹거래사
분쟁조정 성립
(조정조서 – 재판상 화해 효력)

가맹사업거래의 공정화

정보공개서 등록+변경: 별표 1
정보공개서 사전(14일) 제공
인근가맹점현황문서 사전(14일) 제공
가맹계약서 사전(14일) 제공
허위 · 과장된 정보제공 금지
예산매출액산정서 사전(계약체결 시) 제공
가맹계약서 필수사항 21개(12+9) 기재
(구입강제품목 – 공급가격 + 산정기준 + 변경협의 기재)
가맹금 예치/가맹금 반환
불공정거래행위 금지 – 유형 + 기준: 별표 2
부당한 점포환경개선 강요 금지
부당한 영업시간 구속 금지
부당한 영업지역 침해 금지
광고 · 판촉행사 사전 동의 + 집행내역 통보
가맹계약 갱신요구권 10년 보장
가맹계약 해지 제한 – 2개월 내 2회 이상

사건처리절차 등

서면실태조사 공표
시정조치 or 시정권고
과징금
(위반기간 동안 관련 매출액의 2%)
벌칙
과태료
전속고발
보복조치 금지
징벌적(3배)손해배상 제도
신고포상금 제도

Q4. 가맹사업법 적용 대상은?

A4. 가맹사업법은 가맹점사업자가 가맹금의 최초 지급일부터 6개월까지의 기간동안 가맹본부에 지급하는 가맹금이 100만원 이하이거나, 가맹본부의 연간 매출액이 5천만원(직영점 운영 시 2억원) 이하이거나, 가맹본부와 가맹계약을 맺은 가맹점사업자의 수가 5개 미만인 경우를 소규모 가맹본부로 규정하고 이 중 어느 하나에 해당하는 경우에는 가맹사업법 법률 및 시행령을 적용하지 않는다.

다만, 소규모 가맹본부일지라도 가맹사업법 법률 제6조의2(정보공개서의 등록 등), 제6조의3(정보공개서 등록의 거부), 제6조의4(정보공개서 등록의 취소), 제6조의5(가맹금 예치), 제7조(정보공개서의 제공의무 등), 제9조(허위 · 과장된 정보제공 등의 금지), 제10조(가맹금의 반환), 제15조의2(가맹점사업자피해보상보험계약 등) 규정은 모든 가맹사업거래에 적용한다.

법률 제3조 (소규모가맹본부에 대한 적용배제 등)	시행령 제5조 (소규모가맹본부에 대한 적용배제 등)
① 이 법은 다음 각 호의 어느 하나에 해당하는 경우에는 적용하지 아니한다. <개정 2012. 2. 17., 2013. 8. 13.> 1. 가맹점사업자가 가맹금의 최초 지급일부터 6개월까지의 기간동안 가맹본부에게 지급한 가맹금의 총액이 100만원 이내의 범위에서 ***대통령령으로 정하는 금액***을 초과하지 아니하는 경우 2. 가맹본부의 연간 매출액이 2억원 이내의 범위에서 ***대통령령으로 정하는 일정규모*** 미만인 경우. 다만, 가맹본부와 계약을 맺은 가맹점사업자의 수가 5개 이상의 범위에서 ***대통령령으로 정하는 수*** 이상인 경우는 제외한다. ② 제1항에도 불구하고 제6조의2부터 제6조의5까지, 제7조, 제9조, 제10조 및 제15조의2는 모든 가맹사업거래에 대하여 적용한다. <신설 2013. 8. 13., 2021. 5. 18.> [제목개정 2021. 5. 18.]	① 법 ***제3조제1항제1호에서 "대통령령으로 정하는 금액"***이란 100만원을 말한다. <개정 2012. 5. 7., 2014. 2. 11.> ***② 법 제3조제1항제2호 본문에서 "대통령령으로 정하는 일정규모"***란 5천만원[해당 가맹사업과 같은 품질기준이나 영업방식에 따라 상품이나 용역을 판매하는 직영점(가맹본부의 책임과 계산하에 직접 운영하는 점포를 말한다. 이하 같다)을 개설하여 운영하고 있는 경우에는 해당 직영점의 매출액을 포함하여 5천만원]을 말한다. 다만, 가맹본부가 가맹사업을 시작하기 전에 직영점을 개설하여 운영한 기간이 1년 이상인 경우에는 2억원(직영점의 매출액을 포함하여 2억원)으로 한다. <개정 2020. 4. 28., 2021. 11. 19.> ③ 제2항에 따른 금액의 산정은 바로 전 사업연도의 손익계산서상의 매출액으로 한다. 다만, 가맹본부가 손익계산서를 작성하지 아니하는 경우에는 「부가가치세법」에 따른 바로 전 2개 과세기간의 부가가치세확정신고서상의 과세표준과 면세수입금액을 합한 금액으로 한다. <신설 2008. 1. 31., 2010. 10. 13.> ④ 가맹본부가 가맹사업을 시작한 후 1년이 지나지 아니한 경우에는 사업을 시작한 때부터 마지막으로 부가가치세확정신고를 한 때까지의 부가가치세확정신고서(부가가치세확정신고를 하지 아니한 경우에는 부가가치세예정신고서)상의 과세표준과 면세수입금액을 합한 금액을 제3항 단서의 금액으로 본다. <신설 2008. 1. 31., 2010. 10. 13.> ⑤ 법 ***제3조제1항제2호 단서에서 "대통령령으로 정하는 수"***란 5개를 말한다. <신설 2014. 2. 11.> [제목개정 2021. 11. 19.]

Q5. 가맹사업거래 주체 용어는?

A5. 가맹사업을 거래하는 주체는 크게 가맹본부와 가맹점사업자로 나뉜다. 다만, 가맹점사업자는 가맹계약 체결 전후 거래 주체의 역할이 다르기에 가맹희망자와 가맹점사업자로 명칭을 다르게 사용하고, 가맹본부의 업무 일부를 대행하는 주체도 존재하므로 가맹사업거래 주체에 대한 명칭을 숙지할 필요가 있다.

참고사항 : 가맹사업거래 주체 구분

주체	설명
1. 가맹본부	가맹사업과 관련하여 가맹점사업자에게 가맹점운영권을 부여하는 사업자를 말한다.
2. 가맹점사업자	가맹사업과 관련하여 가맹본부로부터 가맹점운영권을 부여받은 사업자를 말한다.
3. 가맹희망자	가맹계약을 체결하기 위하여 가맹본부나 가맹지역본부와 상담하거나 협의하는 자를 말한다.
4. 가맹지역본부	가맹본부와의 계약에 의하여 일정한 지역 안에서 가맹점사업자의 모집, 상품 또는 용역의 품질유지, 가맹점사업자에 대한 경영 및 영업활동 지원·교육·통제 등 가맹본부 업무의 전부 또는 일부를 대행하는 사업자를 말한다.
5. 가맹중개인	가맹본부 또는 가맹지역본부로부터 가맹점사업자를 모집하거나 가맹계약을 준비 또는 체결하는 업무를 위탁받은 자를 말한다.

출처: 가맹사업법 – 법률

Q6. 가맹지역본부 역할은?

A6. 가맹지역본부(이하 "가맹지사")는 가맹본부의 업무의 효율성 제고를 위해 가맹본부와 가맹지사 계약을 체결하고 가맹점 모집, 가맹계약 체결, 가맹금 수령, 가맹점 관리, 물품공급 등 가맹본부의 일부 업무를 대행한다. 가맹희망자는 가맹계약을 체결하기 전 가맹본부와 가맹지사 간 계약체결 여부와 가맹본부가 부여한 권한 범위에 대해 가맹본부에 직접 확인하여야 한다.

가맹지사가 가맹점 모집만 대행하는 것이 아니라 가맹계약 체결, 가맹금 수령, 가맹점 관리, 물품공급 등의 업무를 계약기간 동안 함께하는 경우라면 가맹본부, 가맹지사, 가맹점사업자 3자 간 가맹계약을 체결하여 가맹지사의 업무가 가맹본부의 일부 업무를 대행한다는 사실을 명문화하는 것이 안전하다.

추가로, 가맹본부 또는 가맹지사는 가맹점사업자를 모집하거나 가맹계약을 준비 또는 체결하는 업무를 위탁하기 위해 가맹중개인과 협업하기도 한다. 이 경우 일부 가맹중개인은 가맹점 모집 업무만 진행하고, 일부 가맹중개인은 가맹계약 체결 업무까지 진행하기도 한다.

가맹중개인이 가맹계약 체결 업무까지 진행하는 경우 가맹중개인이 개점 업무 관련하여 설명한 거래조건에 대해 가맹계약서에 기재해 두어야 가맹본부와 안전하게 거래를 유지할 수 있다.

Q7. 가맹본부 자격 기준은?

A7. 가맹본부는 가맹사업과 관련하여 가맹점을 운영할 수 있는 계약상의 권리인 "가맹점 운영권"을 가맹점사업자에게 부여하여야 한다. 이에 가맹본부는 가맹사업을 운영할 수 있는 권리를 우선적으로 확보하여야 합법적인 가맹사업을 영위할 수 있다.

가맹본부가 가맹점을 모집할 수 있는 자격을 확보하기 위해서는 해당 브랜드의 "정보공개서"를 작성하여 공정거래위원회 또는 시·도지사에 접수하고 등록을 완료하여야 한다.

정보공개서를 신규로 등록하기 위해서는 등록신청일 현재 가맹본부가 직영점 1개 이상을 직접 운영하고 있어야 하고, 해당 직영점은 1년 이상 운영되고 있어야 한다. 즉, 신규 정보공개서는 직영점 1개 이상을 1년 이상 운영한 경력이 있어야 등록을 완료할 수 있다.

그러나 다른 법령에 따라 일정 요건을 갖추어 별도의 면허, 자격 등을 취득한 경우 등 사실상 사업방식이 이미 검증되어 직영점 운영 의무를 적용할 필요가 없는 경우에는 직영점 1개 이상을 1년 이상 운영한 경력이 없어도 신규 정보공개서를 등록할 수 있다.

2021년 11월 19일 새롭게 가맹사업을 시작하고자 하는 가맹본부에게 직영점 1개 이상을 1년 이상 운영한 후에 가맹점을 모집하도록 가맹사업법이 개정 시행된 이유는 그 동안 가맹본부가 사업방식의 검증 없이 무분별하게 가맹점을 모집함에 따라 부실한 가맹사업 운영으로 투자금 손실 등 가맹점 피해 가능성이 높았다는 지적 때문이다.

직영점 운영을 통해 사업방식이 검증된 가맹본부만 가맹점을 모집할 수 있게 함으로써 가맹희망자의 가맹금 피해를 예방할 수 있고, 가맹점사업자의 권익을 보호하는 데 기여할 것으로 기대하고 있다.

Keyword 근거 법령

가맹사업법

법률 제6조의3(정보공개서 등록의 거부 등)	시행령 제5조의5(정보공개서 등록의 거부 등)
① 공정거래위원회 및 시·도지사는 제6조의2에 따른 정보공개서 등록 신청이 다음 각 호의 어느 하나에 해당하는 경우에는 정보공개서의 등록을 거부하거나 그 내용의 변경을 요구할 수 있다. <개정 2016. 12. 20., 2018. 1. 16., 2021. 5. 18.> 1. 정보공개서나 그 밖의 신청서류에 거짓이 있거나 필요한 내용을 적지 아니한 경우 2. 정보공개서에 기재된 가맹사업의 내용에 다른 법률에서 금지하고 있는 사항이 포함되어 있는 경우 3. 제6조의2제1항에 따라 정보공개서를 신규로 등록하는 경우 등록 신청일 현재 정보공개서에 기재된 가맹사업과 영업표지가 동일하고 같은 품질기준이나 영업방식에 따라 상품이나 용역을 판매하는 직영점이 없거나, 그 운영기간(해당 직영점을 가맹본부가 운영하기 전에 가맹본부의 임원이 운영한 경우 대통령령으로 정하는 바에 따라 임원이 운영한 기간도 직영점 운영기간으로 본다)이 1년 미만인 경우. 다만, 가맹본부가 가맹사업의 영위를 위하여 관련 법령에 따라 허가·면허를 받아야 하는 등 ***직영점 운영이 불필요하다고 인정되는 사유로 대통령령으로 정하는 경우***에는 이 규정을 적용하지 아니한다.	① 법 제6조의3제1항제3호 본문에 따라 가맹본부의 직영점 운영기간으로 보는 임원의 직영점 운영기간은 가맹본부의 정보공개서 등록 신청 당시 해당 가맹본부의 임원으로 재직 중인 임원이 직영점을 운영한 모든 기간으로 한다. ② 법 ***제6조의3제1항제3호 단서에서 "대통령령으로 정하는 경우"***란 다음 각 호의 경우를 말한다. 1. 가맹본부가 가맹사업의 영위를 위해 관련 법령에 따라 허가·면허 등을 받거나 신고·등록 등을 한 경우 2. 가맹본부가 국내 또는 국외에서 정보공개서를 등록하려는 업종과 같은 업종의 사업을 1년 이상 영위한 경우 3. 그 밖에 제1호 및 제2호에 준하는 경우로서 가맹본부의 직영점 운영이 불필요하다고 공정거래위원회가 정하여 고시하는 경우 [본조신설 2021. 11. 19.] [종전 제5조의5는 제5조의6으로 이동 <2021. 11. 19.>]

참고사항 : 프랜차이즈 구조

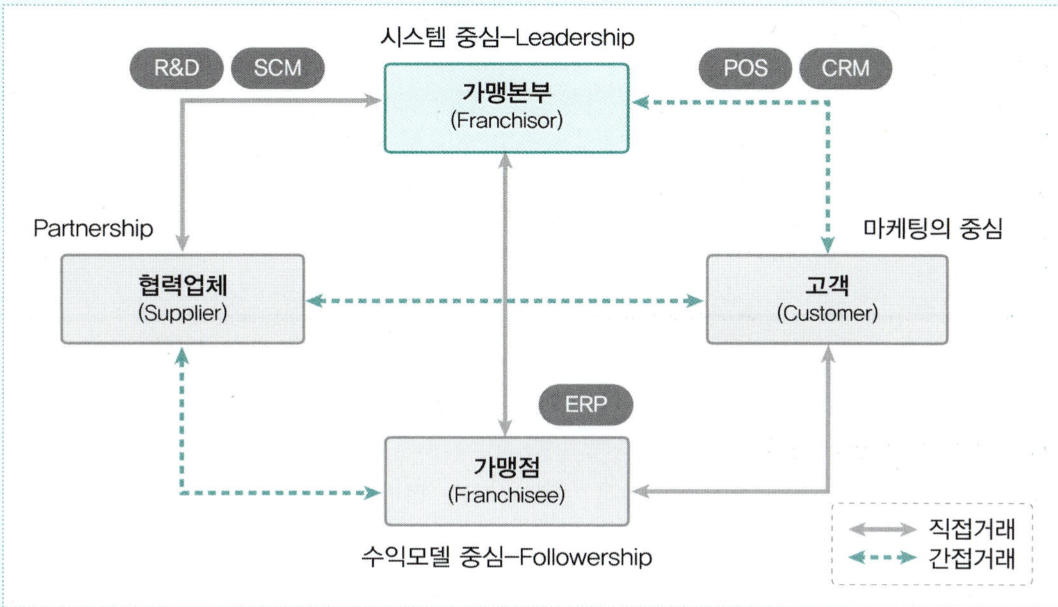

참고사항 : 프랜차이즈 시스템

고객가치		마케팅 관점 프랜차이즈 시스템은 조직의 목적을 달성하기 위해 바람직한 고객가치를 창출(B2C)하고 가맹점의 개발과 관리(B2B) 등의 제반 활동을 수행하는 전사적 프로세스(B2B2C)임
경영전략	• 환경분석 • 비전 및 목표 수립	
고객의 정의	• Step 1: Customer STP • Step 2: Franchisee STP	

Franchise Marketing Mix: F4 Schema

본원적 활동	Format (Store Model)	Fee & Royalty	Franchising Process	Franchise Communication
프랜차이즈 가치사슬	• 브랜딩 • 상권 및 입지 • 상품 및 용역 • 가격 • 점포디자인 • 고객서비스	• 가맹비 • 로열티 • 차액가맹금 • 경제적이익 • 특수관계인 • 기타가맹금	• 가맹점 개발 • 가맹점 모집 • 계약 체결 • 개점 • 물품공급 • 교육 및 훈련 • 슈퍼바이징 • 폐점	• 가맹본부 홍보 판촉 • 가맹점 홍보 판촉 • 고객관계관리
지원 활동	CEO, R&D, 인사, 조직, 재무, 회계, 기획관리, 운영관리, 법률서비스, CSR, ESG 등			

Keyword 02

신의성실원칙

Q1. 신의성실 원칙이란?

A1. 가맹사업법은 가맹사업의 공정한 거래질서를 확립하고 가맹본부와 가맹점사업자가 대등한 지위에서 상호 보완적으로 균형있게 발전하도록 함으로써 소비자 복지의 증진과 국민경제의 건전한 발전에 이바지함을 목적으로 한다.

이 목적을 달성하기 위해 가맹사업거래의 기본원칙으로 가맹본부와 가맹점사업자 가맹사업 양 당사자는 가맹사업을 영위함에 있어서 각자의 업무를 신의에 따라 성실하게 수행하여야 한다.

Q2. 가맹본부 준수사항은?

A2. 가맹본부는 신의성실 원칙에 따라 다음 각 호의 사항을 준수하여야 한다.

1. 가맹사업의 성공을 위한 사업구상
2. 상품이나 용역의 품질관리와 판매기법의 개발을 위한 계속적인 노력
3. 가맹점사업자에 대하여 합리적 가격과 비용에 의한 점포설비의 설치, 상품 또는 용역 등의 공급
4. 가맹점사업자와 그 직원에 대한 교육·훈련
5. 가맹점사업자의 경영·영업활동에 대한 지속적인 조언과 지원
6. 가맹계약기간중 가맹점사업자의 영업지역 안에서 자기의 직영점을 설치하거나 가맹점사업자와 유사한 업종의 가맹점을 설치하는 행위의 금지
7. 가맹점사업자와의 대화와 협상을 통한 분쟁해결 노력

Q3. 가맹점사업자 준수사항은?

A3. 가맹점사업자는 신의성실 원칙에 따라 다음 각 호의 사항을 준수하여야 한다.

1. 가맹사업의 통일성 및 가맹본부의 명성을 유지하기 위한 노력
2. 가맹본부의 공급계획과 소비자의 수요충족에 필요한 적정한 재고유지 및 상품진열
3. 가맹본부가 상품 또는 용역에 대하여 제시하는 적절한 품질기준의 준수
4. 제3호의 규정에 의한 품질기준의 상품 또는 용역을 구입하지 못하는 경우 가맹본부가 제공하는 상품 또는 용역의 사용
5. 가맹본부가 사업장의 설비와 외관, 운송수단에 대하여 제시하는 적절한 기준의 준수
6. 취급하는 상품・용역이나 영업활동을 변경하는 경우 가맹본부와의 사전 협의
7. 상품 및 용역의 구입과 판매에 관한 회계장부 등 가맹본부의 통일적 사업경영 및 판매전략의 수립에 필요한 자료의 유지와 제공
8. 가맹점사업자의 업무현황 및 제7호의 규정에 의한 자료의 확인과 기록을 위한 가맹본부의 임직원 그 밖의 대리인의 사업장 출입허용
9. 가맹본부의 동의를 얻지 아니한 경우 사업장의 위치변경 또는 가맹점운영권의 양도 금지
10. 가맹계약기간중 가맹본부와 동일한 업종을 영위하는 행위의 금지
11. 가맹본부의 영업기술이나 영업비밀의 누설 금지
12. 영업표지에 대한 제3자의 침해사실을 인지하는 경우 가맹본부에 대한 영업표지침해사실의 통보와 금지조치에 필요한 적절한 협력

Q4. 시정명령이란?

A4. 공정거래위원회는 가맹본부가 가맹사업법을 위반하는 경우 그 위반내용의 시정을 위해 필요한 계획 또는 행위의 보고 그 밖에 위반행위의 시정에 필요한 조치를 명할 수 있다.

또한, 공정거래위원회는 시정조치를 명할 시간적 여유가 없는 경우에는 시정방안을 마련하여 이에 따를 것을 권고할 수 있다. 가맹본부가 이의 시정권고를 수락한 때에는 시정조치를 한 것으로 본다.

참고사항 : 시정명령 대상 위반 조항 및 내용

위반 조항	위반 내용	위반 조항	위반 내용
제6조의5 제1항 · 제4항	가맹금 예치 등	제12조의3 제1항 · 제2항	부당한 영업시간 구속 금지
제7조제3항	정보공개서의 제공의무 등	제12조의4	부당한 영업지역 침해 금지
제9조제1항	허위 · 과장된 정보제공 등의 금지	제12조의5	보복조치의 금지
제10조제1항	가맹금의 반환	제12조의6 제1항	광고 · 판촉행사의 실시 및 집행 내역 통보
제11조 제1항 · 제2항	가맹계약서의 기재사항 등	제14조의2 제5항	가맹점사업자단체의 거래조건 변경협의 등
제12조제1항	불공정거래행위의 금지	제15조의2 제3항 · 제6항	가맹점사업자피해보상보험계약 등
제12조의2 제1항 · 제2항	부당한 점포환경개선 강요 금지 등	–	–

Keyword 근거 법령

가맹사업법

법률 제33조(시정조치)	법률 제34조(시정권고)
① 공정거래위원회는 제6조의5제1항 · 제4항, 제7조제3항, 제9조제1항, 제10조제1항, 제11조제1항 · 제2항, 제12조제1항, 제12조의2제1항 · 제2항, 제12조의3제1항 · 제2항, 제12조의4, 제12조의5, 제12조의6제1항, 제14조의2제5항, 제15조의2제3항 · 제6항을 위반한 가맹본부에 대하여 가맹금의 예치, 정보공개서등의 제공, 점포환경개선 비용의 지급, 가맹금 반환, 위반행위의 중지, 위반내용의 시정을 위한 필요한 계획 또는 행위의 보고 그 밖에 위반행위의 시정에 필요한 조치를 명할 수 있다. <개정 2007. 8. 3., 2013. 8. 13., 2016. 3. 29., 2018. 1. 16.> ② ~ ③ 생략	① 공정거래위원회는 이 법의 규정을 위반한 가맹본부에 대하여 제33조의 규정에 의한 시정조치를 명할 시간적 여유가 없는 경우에는 대통령령이 정하는 바에 따라 시정방안을 마련하여 이에 따를 것을 권고할 수 있다. 이 경우 그 권고를 수락한 때에는 시정조치를 한 것으로 본다는 뜻을 함께 통지하여야 한다. <개정 2016. 3. 29.> ② 제1항의 규정에 의한 권고를 받은 가맹본부는 그 권고를 통지받은 날부터 10일 이내에 이를 수락하는 지의 여부에 관하여 공정거래위원회에 통지하여야 한다. <개정 2016. 3. 29.> ③ 제1항의 규정에 의한 권고를 받은 가맹본부가 그 권고를 수락한 때에는 제33조의 규정에 의한 시정조치를 받은 것으로 본다. <개정 2016. 3. 29.>

Q5. 과징금이란?

A5. 공정거래위원회는 시정명령 및 시정권고 등 시정조치를 명령한 가맹본부에 대하여 해당 가맹본부가 위반기간 동안 관련 매출액의 100분의 2를 곱한 금액을 초과하지 않는 범위에서 과징금을 부과할 수 있다. 다만, 가맹본부가 매출액이 없거나 매출액의 산정이 곤란한 경우에는 5억원을 초과하지 않는 범위에서 부과할 수 있다.

공정거래위원회가 가맹본부에 과징금을 부과하는 경우 위반행위의 내용 및 정도, 위반행위의 기간 및 횟수, 위반행위로 취득한 이익의 규모 등을 고려하여야 한다.

Keyword 근거 법령 　　　　가맹사업법

법률 제35조(과징금)	시행령 제34조(과징금의 산정방법 등)
① 공정거래위원회는 제6조의5제1항·제4항, 제7조제3항, 제9조제1항, 제10조제1항, 제11조제1항·제2항, 제12조제1항, 제12조의2제1항·제2항, 제12조의3제1항·제2항, 제12조의4, 제12조의5, 제12조의6제1항, 제14조의2제5항, 제15조의2제3항·제6항을 위반한 가맹본부에 대하여 ***대통령령으로 정하는 매출액(대통령령으로 정하는 사업자***의 경우에는 영업수익을 말한다. 이하 같다)에 100분의 2를 곱한 금액을 초과하지 아니하는 범위에서 과징금을 부과할 수 있다. 다만, 그 위반행위를 한 가맹본부가 매출액이 없거나 매출액의 산정이 곤란한 경우로서 ***대통령령으로 정하는 경우***에는 5억원을 초과하지 아니하는 범위에서 과징금을 부과할 수 있다. <개정 2016. 3. 29., 2018. 1. 16.> ② 공정거래위원회는 제1항에 따라 과징금을 부과하는 경우에는 다음 각 호의 사항을 고려하여야 한다. 1. 위반행위의 내용 및 정도 2. 위반행위의 기간 및 횟수 3. 위반행위로 취득한 이익의 규모 등 ③ ~ ⑤ 생략 ⑥ 제1항에 따른 ***과징금의 부과기준은 대통령령으로 정한다.***	① 법 ***제35조제1항 본문에서 "대통령령으로 정하는 매출액"***이란 해당 가맹본부가 위반기간(위반행위의 개시일부터 종료일까지의 기간을 말한다. 이하 이 조에서 같다) 동안 관련 가맹점사업자 또는 가맹희망자에게 판매한 상품이나 용역의 매출액 또는 이에 준하는 금액(이하 "관련매출액"이라 한다)을 말한다. <개정 2014. 2. 11.> ② 법 제35조제1항 본문에서 ***"대통령령으로 정하는 사업자"***란 상품 또는 용역의 대가의 합계액을 재무제표 등에서 영업수익으로 적는 사업자를 말한다. <신설 2014. 2. 11.> ③ 법 제35조제1항 단서에서 ***"대통령령으로 정하는 경우"***란 다음 각 호의 어느 하나에 해당하는 경우를 말한다. <신설 2014. 2. 11.> 1. 영업중단 등으로 인하여 영업실적이 없는 경우 2. 위반기간 등을 확정할 수 없어 관련매출액의 산정이 곤란한 경우 3. 재해 등으로 인하여 매출액 산정자료가 소멸 또는 훼손되는 등 객관적인 매출액의 산정이 곤란한 경우 ④ 법 제35조제1항에 따른 ***과징금의 부과기준은 별표 4의2와 같다.*** <신설 2014. 2. 11.> ⑤ 생략

Q6. 과태료란?

A6. 가맹본부가 가맹사업법 일부 조항을 위반하는 경우 공정거래위원회 및 시·도지사는 과태료를 부과할 수 있다.

과태료란 사회적 질서유지를 위해 행정법상 의무를 위반한 자에게 행정청이 부과하는 금전적 제재금으로 일종의 행정처분이다.

과태료 부과 기준은 가맹사업법 시행령 [별표 5] 기준으로 적용되며, 세부 내용은 다음과 같다.

참고사항 : 과태료 부과 기준

시행령 [별표 5] 2. 개별기준

(단위: 만원)

위반행위	근거 법조문	과태료 금액		
		1차 위반	2차 위반	3차 이상 위반
가. 법 제6조의2제2항 본문을 위반하여 기한 내에 변경등록을 하지 않거나 거짓으로 변경등록을 한 경우	법 제43조 제6항제1호	200	500	1,000
나. 법 제6조의2제2항 단서를 위반하여 신고를 하지 않거나 거짓으로 신고한 경우	법 제43조 제7항제1호	60	150	300
다. 법 제9조제3항을 위반하여 같은 항 각 호의 어느 하나에 해당하는 정보를 서면으로 제공하지 않은 경우	법 제43조 제6항제2호	500	700	1,000
라. 법 제9조제4항을 위반하여 근거자료를 비치하지 않거나 자료요구에 응하지 않은 경우	법 제43조 제6항제3호	500	700	1,000
마. 법 제9조제5항을 위반하여 예상매출액 산정서를 제공하지 않은 경우	법 제43조 제6항제4호	500	700	1,000
바. 법 제9조제6항을 위반하여 예상매출액 산정서를 보관하지 않은 경우	법 제43조 제6항제5호	500	700	1,000
사. 법 제11조제3항을 위반하여 가맹계약서를 보관하지 않은 경우	법 제43조 제6항제6호	140	350	700
아. 법 제12조의6제2항을 위반하여 광고 또는 판촉행사 비용의 집행 내역을 통보하지 않거나 열람 요구에 응하지 않은 경우	법 제43조 제6항제7호	500	700	1,000
자. 법 제29조제4항을 위반하여 가맹거래사임을 표시하거나 유사한 용어를 사용한 경우	법 제43조 제7항제2호	60	150	300

차. 법 제32조의2제2항에 따른 자료를 제출하지 않거나 거짓의 자료를 제출한 경우 1) 가맹본부 2) 가맹본부의 임원 3) 가맹본부의 종업원 또는 이에 준하는 법률상 이해관계에 있는 자	법 제43조제1항 제1호, 같은 조 제3항 및 제4항	 250 50 25	 500 100 50	 1,000 200 100
카. 법 제32조의2제4항을 위반하여 가맹점사업자로 하여금 자료를 제출하지 않게 하거나 거짓 자료를 제출하도록 요구한 경우 1) 가맹본부 2) 가맹본부의 임원 3) 가맹본부의 종업원 또는 이에 준하는 법률상 이해관계에 있는 자	법 제43조제1항 제1호의2, 같은 조 제3항 및 제4항	 250 50 25	 500 100 50	 1,000 200 100
타. 법 제37조제1항의 규정에 의하여 준용되는 「독점규제 및 공정거래에 관한 법률」 제66조의 규정에 의한 질서유지명령에 응하지 않은 경우	법 제43조제5항	50	75	100
파. 법 제37조제1항의 규정에 의하여 준용되는 「독점규제 및 공정거래에 관한 법률」 제81조제1항제1호의 규정에 위반하여 정당한 사유 없이 2회 이상 출석하지 않은 경우 1) 가맹본부 2) 가맹본부의 임원 3) 가맹본부의 종업원 또는 이에 준하는 법률상 이해관계에 있는 자	법 제43조제1항 제2호, 같은 조 제3항 및 제4항	 1,000 200 200	 2,500 500 500	 5,000 1,000 1,000
하. 법 제37조제1항의 규정에 의하여 준용되는 「독점규제 및 공정거래에 관한 법률」 제81조제1항제3호 또는 같은 조 제6항의 규정에 의한 보고 또는 필요한 자료나 물건의 제출을 정당한 사유없이 하지 않거나, 허위의 보고 또는 자료나 물건을 제출한 경우 1) 가맹본부 2) 가맹본부의 임원 3) 가맹본부의 종업원 또는 이에 준하는 법률상 이해관계에 있는 자	법 제43조제1항 제3호, 같은 조 제3항 및 제4항	 2,000 1,000 1,000	 5,000 2,500 2,500	 10,000 5,000 5,000
거. 법 제37조제1항의 규정에 의하여 준용되는 「독점규제 및 공정거래에 관한 법률」 제81조제2항의 규정에 의한 조사를 정당한 사유없이 거부·방해 또는 기피한 경우	법 제43조제1항제4호	5,000	7,500	10,000

Q7. 벌칙이란?

A7. 공정거래위원회는 가맹본부가 가맹사업법을 위반하는 경우 징역 또는 벌금을 부과할 수 있다. 해당 위반행위에 따라 징역 기한 및 벌금의 금액은 상이하다. 참고로, 가맹사업법 규정 중 가장 강하게 처벌하는 조항은 제9조(허위·과장된 정보제공 등의 금지) 규정이고, 이의 위반행위를 한 자는 5년 이하의 징역 또는 3억원 이하의 벌금에 처한다.

추가로, 양벌규정을 적용하여 법인의 대표자나 법인 또는 개인의 대리인, 사용인, 그 밖의 종업원이 그 법인 또는 개인의 업무에 관하여 벌칙에 해당하는 위반행위를 하는 경우, 그 행위자를 벌하는 외에 그 법인 또는 개인에게도 해당 벌금을 부과할 수 있다.

참고사항 : 벌칙 대상 위반 조항 및 내용

위반 조항	위반 내용	벌칙
제9조제1항	허위·과장의 정보제공행위나 기만적인 정보제공행위를 한 자	5년 이하의 징역 또는 3억원 이하의 벌금
제12조의5	가맹점사업자에게 불이익을 주는 행위를 하거나 다른 사업자로 하여금 이를 행하도록 한 자	3년 이하의 징역 또는 1억원 이하의 벌금
제33조제1항	시정조치의 명령에 따르지 아니한 자	
37조제4항	「독점규제 및 공정거래에 관한 법률」 제119조를 위반한 자	
제6조의5제1항	가맹점사업자로부터 예치가맹금을 직접 수령한 자	2년 이하의 징역 또는 5천만원 이하의 벌금
제7조제3항	숙고기간을 위반하여 가맹금을 수령하거나 가맹계약을 체결한 자	
제15조의2제6항	가맹점사업자피해보상보험계약 등을 체결하였다는 사실을 나타내는 표지 또는 이와 유사한 표지를 제작하거나 사용한 자	
제29조의2	가맹거래사 등록증을 빌려주거나 빌린 자 또는 이를 알선한 자	1년 이하의 징역 또는 1천만원 이하의 벌금
제6조의5제4항	거짓이나 그 밖의 부정한 방법으로 예치가맹금의 지급을 요청한 자	예치가맹금의 2배에 상당하는 금액 이하의 벌금

법률 제41조(벌칙)	법률 제42조(양벌규정)
① 제9조제1항의 규정에 위반하여 허위·과장의 정보제공행위나 기만적인 정보제공행위를 한 자는 5년 이하의 징역 또는 3억원 이하의 벌금에 처한다. <개정 2007. 8. 3., 2013. 8. 13.> ② 다음 각 호의 어느 하나에 해당하는 자는 3년 이하의 징역 또는 1억원 이하의 벌금에 처한다. <개정 2007. 8. 3., 2018. 1. 16., 2020. 12. 29.> 1. 제12조의5를 위반하여 가맹점사업자에게 불이익을 주는 행위를 하거나 다른 사업자로 하여금 이를 행하도록 한 자 2. 제33조제1항에 따른 시정조치의 명령에 따르지 아니한 자 3. 제37조제4항의 규정에 의하여 준용되는 「독점규제 및 공정거래에 관한 법률」 제119조를 위반한 자 ③ 다음 각 호의 어느 하나에 해당하는 자는 2년 이하의 징역 또는 5천만원 이하의 벌금에 처한다. <개정 2007. 8. 3., 2013. 8. 13.> 1. 제6조의5제1항을 위반하여 가맹점사업자로부터 예치가맹금을 직접 수령한 자 2. 제7조제3항을 위반하여 가맹금을 수령하거나 가맹계약을 체결한 자 3. 제15조의2제6항을 위반하여 가맹점사업자피해보상보험계약 등을 체결하였다는 사실을 나타내는 표지 또는 이와 유사한 표지를 제작하거나 사용한 자 ④ 제29조의2를 위반하여 가맹거래사 등록증을 빌려주거나 빌린 자 또는 이를 알선한 자는 1년 이하의 징역 또는 1천만원 이하의 벌금에 처한다. <신설 2022. 1. 4.> ⑤ 제6조의5제4항을 위반하여 거짓이나 그 밖의 부정한 방법으로 예치가맹금의 지급을 요청한 자는 예치가맹금의 2배에 상당하는 금액 이하의 벌금에 처한다. <신설 2007. 8. 3., 2022. 1. 4.>	법인의 대표자나 법인 또는 개인의 대리인, 사용인, 그 밖의 종업원이 그 법인 또는 개인의 업무에 관하여 제41조의 위반행위를 하면 그 행위자를 벌하는 외에 그 법인 또는 개인에게도 해당 조문의 벌금형을 과(科)한다. 다만, 법인 또는 개인이 그 위반행위를 방지하기 위하여 해당 업무에 관하여 상당한 주의와 감독을 게을리하지 아니한 경우에는 그러하지 아니하다. [전문개정 2010. 3. 22.]

Keyword 03

가맹금

Q1. 가맹금이란?

A1. "가맹금"이란 명칭이나 지급형태가 어떻든 간에 가맹본부가 가맹희망자나 가맹점사업자에게 수령하는 대가를 총칭하는 용어이다. 가맹금에 대한 용어 정의는 가맹사업법 법률, 정보공개서 표준양식, 프랜차이즈 표준계약서에 각각 다른 내용으로 정리되어 있다.

가맹사업법에서는 가맹금에 대하여 가맹본부의 영업표지 사용 허락 및 영업활동지원 대가, 채무액이나 손해배상액 지급 담보 대가, 개점 시 설비나 상품 등 공급 대가, 영업 중 영업표지 사용 및 관리 대가, 그밖에 가맹점사업자가 가맹본부에 지급하는 모든 대가로 지급하는 성격에 따라 5가지로 구분하고 있다.

가맹금을 지급하는 시점에 따라 가맹금을 최초가맹금과 계속가맹금으로 구분하기도 한다. 최초가맹금은 정보공개서 표준양식과 프랜차이즈 표준계약서에서 모두 사용하는 용어이나, 계속가맹금은 프랜차이즈 표준계약서에서만 사용하고 있다.

그 외에도 가맹사업을 영위하기 위해 필요한 물품을 가맹본부나 가맹본부의 협력업체, 가맹본부의 특수관계인이 가맹점에 공급하면서 얻는 대가로 차액가맹금, 가맹본부의 경제적 이익, 특수관계인의 경제적 이익 등의 명칭에 해당하는 가맹금 용어도 있다.

법률 제2조(정의)	시행령 제3조(가맹금의 정의)
이 법에서 사용하는 용어의 정의는 다음과 같다. <개정 2007. 8. 3., 2013. 8. 13., 2020. 12. 29., 2021. 5. 18.> 1. ~ 5. 생략 6. "가맹금"이란 명칭이나 지급형태가 어떻든 간에 다음 각 목의 어느 하나에 해당하는 대가를 말한다. 다만, 가맹본부에 귀속되지 아니하는 것으로서 ***대통령령으로 정하는 대가***를 제외한다. 가. 가입비·입회비·가맹비·교육비 또는 계약금 등 가맹점사업자가 영업표지의 사용허락 등 가맹점운영권이나 영업활동에 대한 지원·교육 등을 받기 위하여 가맹본부에 지급하는 대가 나. 가맹점사업자가 가맹본부로부터 공급받는 상품의 대금 등에 관한 채무액이나 손해배상액의 지급을 담보하기 위하여 가맹본부에 지급하는 대가 다. 가맹점사업자가 가맹점운영권을 부여받을 당시에 가맹사업을 착수하기 위하여 가맹본부로부터 공급받는 정착물·설비·상품의 가격 또는 부동산의 임차료 명목으로 가맹본부에 지급하는 대가 라. 가맹점사업자가 가맹본부와의 계약에 의하여 허락받은 영업표지의 사용과 영업활동 등에 관한 지원·교육, 그 밖의 사항에 대하여 가맹본부에 정기적으로 또는 비정기적으로 지급하는 대가로서 ***대통령령으로 정하는 것*** 마. 그 밖에 가맹희망자나 가맹점사업자가 가맹점운영권을 취득하거나 유지하기 위하여 가맹본부에 지급하는 모든 대가	① 「가맹사업거래의 공정화에 관한 법률」(이하 "법"이라 한다) ***제2조제6호 각 목 외의 부분 단서에서 "대통령령으로 정하는 대가"***란 다음 각 호의 어느 하나에 해당하는 대가를 말한다. <개정 2008. 1. 31., 2021. 1. 5.> 1. 소비자가 신용카드를 사용하여 가맹점사업자의 상품이나 용역을 구매한 경우에 가맹점사업자가 신용카드사에 지급하는 수수료 2. 소비자가 상품권을 사용하여 가맹점사업자의 상품이나 용역을 구매한 경우에 가맹점사업자가 상품권 발행회사에 지급하는 수수료나 할인금 3. 소비자가 「전자금융거래법」 제2조제11호에 따른 직불전자지급수단·선불전자지급수단 또는 전자화폐를 사용하거나 「전자금융거래법」 제2조제19호에 따른 전자지급결제대행 서비스를 이용하여 가맹점사업자의 상품이나 용역을 구매한 경우에 가맹점사업자가 지급수단 발행회사나 지급결제 대행회사에 지급하는 수수료나 할인금 4. 법 제2조제6호다목에 따라 가맹본부에 지급하는 대가 중 적정한 도매가격(도매가격이 형성되지 아니하는 경우에는 가맹점사업자가 정상적인 거래관계를 통하여 해당 물품이나 용역을 구입·임차 또는 교환할 수 있는 가격을 말하며 가맹본부가 해당 물품이나 용역을 다른 사업자로부터 구입하여 공급하는 경우에는 그 구입가격을 말한다. 이하 같다) 5. 그 밖에 가맹본부에 귀속되지 않는 금전으로서 소비자가 제3의 기관에 지급하는 것을 가맹본부가 대행하는 것 ② 법 ***제2조제6호라목에서 "대통령령으로 정하는 것"***이란 다음 각 호의 어느 하나에 해당하는 대가를 말한다. <신설 2008. 1. 31.> 1. 가맹점사업자가 상표 사용료, 리스료, 광고 분담금, 지도훈련비, 간판류 임차료·영업지역 보장금 등의 명목으로 정액 또는 매출액·영업이익 등의 일정 비율로 가맹본부에 정기적으로 또는 비정기적으로 지급하는 대가

	2. 가맹점사업자가 가맹본부로부터 공급받는 상품 · 원재료 · 부재료 · 정착물 · 설비 및 원자재의 가격 또는 부동산의 임차료에 대하여 가맹본부에 정기적으로 또는 비정기적으로 지급하는 대가 중 적정한 도매가격을 넘는 대가. 다만 가맹본부가 취득한 자신의 상품 등에 관한 「특허법」에 따른 권리에 대한 대가는 제외한다. ③ 공정거래위원회는 제1항제4호 및 제2항제2호에 따른 적정한 도매가격을 정하여 고시할 수 있다. <개정 2008. 1. 31.>

Q2. 최초가맹금이란?

A2. 최초가맹금은 정보공개서 표준양식 및 프랜차이즈 표준계약서에서 사용하는 용어로 가맹점사업자가 영업표지의 사용허락 등 가맹점운영권이나 영업활동에 대한 지원 · 교육 등을 받기 위하여 가맹본부에 지급하는 대가를 말한다.

최초가맹금 종류로는 가입비, 입회비, 가맹비, 최초 교육 · 훈련비, 상권조사비, 장소선정지원비, 매뉴얼제공비, 오픈지원비, 개점지원비, 홍보판촉비 등이 있다.

최초가맹금은 가맹계약서에 규정되어 있는 내용을 근거로 정보공개서에 기재하여야 한다. 이에 정보공개서와 가맹계약서 문서 간 일치 여부를 반드시 검토하여야 한다.

참고로, 최초가맹금은 예치대상 가맹금에 해당하기에 개점 전 가맹본부가 직접 수령할 수 없고 예치하여야 한다.

Q3. 계속가맹금이란?

A3. 계속가맹금은 프랜차이즈 표준계약서에서만 사용하는 용어로 가맹점사업자가 가맹사업에 착수한 이후 가맹사업을 유지하기 위하여 영업표지의 사용과 영업활동 등에 관한 지원 · 교육, 그 밖의 사항과 관련하여 가맹본부에 정기적으로 또는 비정기적으로 지급하는 모든 대가를 말한다.

계속가맹금 종류로는 상표사용료, 영업표지 사용료, 교육비, 수시교육비, 경영지원비, 광고비, 판촉비, 상품 및 원 · 부재료 마진 등이 있다.

정보공개서 표준양식의 "영업 중의 부담" 항목이 프랜차이즈 표준계약서의 "계속가맹금" 항목에 해당하며, 상표사용료, 로열티, 리스료, 광고・판촉 분담금, 교육・훈련비, 간판류 임차료, 영업표지 변경 등에 따른 간판변경 비용, 영업지역 보장금, 시설・각종 기기의 교체・보수 비용, 점포환경개선 비용, 회계처리 비용, POS 사용료, 지연이자 등이 이에 해당한다.

계속가맹금 또한 가맹계약서에 규정되어 있는 내용을 근거로 정보공개서에 기재하여야 한다. 이에 정보공개서 가맹계약서 문서 간 일치 여부를 반드시 검토하여야 한다.

Q4. 차액가맹금이란?

A4. 차액가맹금이란 가맹점사업자가 해당 가맹사업을 운영하는 과정에서 가맹본부가 가맹점사업자에게 가맹본부 또는 가맹본부가 지정한 자와 거래할 것을 강제 또는 권장하여 공급받는 품목에 대하여 가맹본부에 지급하는 대가 중 적정한 도매가격을 넘는 대가를 말한다.

차액가맹금 용어는 시행령 [별표 1] 정보공개서의 기재사항에 정의되어 있으며, 정보공개서에 "가맹점당 평균 차액가맹금 지급금액" 및 "가맹점당 평균매출액 대비 평균 차액가맹금 지급 금액의 비율"을 필수로 기재하여야 한다.

가맹점당 평균 차액가맹금 지급금액을 산정하는 기준은 정보공개서 표준양식에 "가맹본부가 가맹점사업자에게 직접 공급한 강제 또는 권장 품목의 매출액의 합에서 해당 품목의 매입액의 합을 뺀 차액을 6개월 이상 운영한 가맹점수로 나눈 금액"으로 기재되어 있다.

차액가맹금은 "적정한 도매가격을 넘는 대가"를 기재하는 것으로 가맹본부가 가맹점에 물품을 공급하기 위하여 소요되는 구입대금 뿐만 아니라 그 구입 및 배송을 위하여 들어간 경비도 차감할 수 있다.

가맹점당 평균매출액 대비 평균 차액가맹금 지급금액의 비율은 가맹점이 가맹본부에 지급한 차액가맹금의 합계액을 가맹점에서 고객에게 판매한 매출액의 합계액으로 나눈 비율로 6개월 이상 영업한 가맹점을 기준으로 산정하여 기재하여야 한다.

시행령 [별표 1] 정보공개서의 기재사항

5. 가맹점사업자의 부담
  나. 영업 중의 부담
    1) 내용 생략
    2) 가맹점사업자가 해당 가맹사업을 운영하는 과정에서 가맹본부가 가맹점사업자에게 가맹본부 또는 가맹본부가 지정한 자와 거래할 것을 강제 또는 권장하여 공급받는 품목에 대하여 가맹본부에 지급하는 대가 중 적정한 도매가격을 넘는 대가(이하 "차액가맹금"이라 한다)와 관련한 다음의 사항(부동산 임차료가 포함된 경우와 포함되지 않은 경우를 나누어 기재하며, 가맹본부가 직접 제조하거나 생산하여 가맹점사업자에게 공급하는 품목에 대한 정보는 기재하지 않을 수 있다)
      가) 직전 사업연도의 가맹점당 평균 차액가맹금 지급금액[직전 사업연도 영업기간이 6개월 이상인 가맹점이 가맹본부에 지급한 차액가맹금의 합계액(직전 사업연도의 영업기간이 1년 미만인 가맹점의 경우 지급한 차액가맹금을 1년치로 환산한 금액을 반영한다)/직전 사업연도 영업기간이 6개월 이상인 가맹점 수]
      나) 직전 사업연도의 가맹점당 매출액 대비 차액가맹금 지급금액의 비율[직전 사업연도 영업기간이 6개월 이상인 가맹점이 가맹본부에 지급한 차액가맹금의 합계액/직전 사업연도 영업기간이 6개월 이상인 가맹점 매출액의 합계액]
    3) 내용 생략

Q5. 경제적 이익이란?

A5. 경제적 이익이란 가맹본부가 가맹점사업자에게 개점 시 인테리어 등 설비 및 기기·장비, 집기·비품 등을 공급하거나, 영업 중 원·부재료 등을 공급하기 위해 가맹본부의 협력업체와 거래할 강제 또는 권장 품목을 정하여 거래를 주선하고 가맹본부가 지정한 협력업체로부터 금전, 물품, 용역, 그 밖의 경제적으로 얻는 이익을 말한다.

경제적 이익은 가맹본부가 지정한 협력업체를 통해 판매장려금 등으로 직접 수령하는 가맹본부의 경제적 이익과 가맹본부가 가맹본부의 대표나 임원, 가족 등 특수관계인이 설립한 회사와 거래할 강제 품목을 정하여 주선하고 특수관계인이 경제적 이익을 수취하는 특수관계인의 경제적 이익으로 구분된다.

가맹본부의 경제적 이익이나 특수관계인의 경제적 이익은 가맹본부가 가맹점으로부터 수령하는 가맹금의 종류로 볼 수 있고, 가맹점이 협력업체나 특수관계인에게 지급하는 물품가격에 영향을 미치는 내용으로 모두 정보공개서에 기재하여야 하며, 특수관계인이 가맹점에 가맹본부가 강제하는 물품을 공급하면서 특수관계인의 협력업체로부터 수령한 판매장려금 등이 있는 경우도 기재하도록 하고 있다.

Q6. 가맹금예치란?

A6. 가맹금예치 제도는 가맹점사업자가 영업을 시작하기 전에 가맹본부가 가맹금만 수취하고 사라지거나 개점을 정상적으로 지원하지 않는 등의 문제를 사전에 예방하고 가맹점사업자의 안정적인 개점업무를 지원하기 위해 제정되었다.

예치가맹금은 가맹본부가 수취하는 가맹금 중에서 가맹점운영권이나 영업활동에 대한 지원·교육 등을 받기 위한 대가와 물품대금 등의 채무액이나 손해배상을 담보하기 위하여 지급하는 대가로 가맹비, 교육비, 개점행사비, 보증금 등에 한한다.

참고로, 가맹본부가 계약체결 전이나 정보공개서 제공 전에 계약금이나 상권·입지 조사비용, 기타 명목으로 요구하는 금전도 모두 포괄적인 가맹비에 해당하기 때문에 예치대상 가맹금에 해당한다.

가맹본부는 가맹희망자나 가맹점사업자로 하여금 가맹계약 체결 전 예치가맹금을 직접 수령하면 안 되고 가맹본부와 금융기관장과 공동명의로 개설된 예치계좌에 입금하도록 안내하여야 한다.

입금 이후 가맹점사업자가 영업을 개시하였거나 가맹계약 체결일로부터 2개월이 경과한 경우 가맹본부는 예치가맹금을 예치기관에 요청하여 수령할 수 있다.

다만, 가맹본부가 가맹점사업자피해보상보험계약 등을 체결한 경우 가맹희망자나 가맹점사업자는 예치가맹금을 가맹본부에 직접 지급할 수 있다. 이 경우 가맹희망자나 가맹점사업자는 반드시 보험증권을 수령하고 예치가맹금을 지급하여야 분쟁 등이 발생한 경우 보험사에 피해보상을 요구할 수 있다.

가맹점사업자피해보상보험이란 가맹본부가 가맹희망자로부터 예치가맹금을 직접 수령하고 개점 전 여타의 사유로 중도해지 시 가맹점사업자의 피해를 보상하기 위해 체결하는 보험계약이다. 가맹본부는 다음의 어느 하나에 해당하는 보험계약을 체결할 수 있다.

1. 「보험업법」에 따른 보험계약
2. 가맹점사업자 피해보상금의 지급을 확보하기 위한 「금융위원회의 설치 등에 관한 법률」 제38조에 따른 기관의 채무지급보증계약
3. 가맹사업법 법률 제15조의3에 따라 설립된 공제조합과의 공제계약

가맹점사업자피해보상보험계약 등을 체결한 가맹본부는 그 사실을 나타내는 표지를 사용할 수 있고, 보험에 가입하고 가맹희망자에게 증권을 제공한 경우 가맹본부는 예치가맹금을 직접 수령할 수 있다. 예치가맹금을 예치할 것인지, 가맹점사업자피해보상보험에 가입할 것인지는 가맹본부가 선택할 수 있다.

Keyword 근거 법령

가맹사업법

법률 제6조의5(가맹금 예치 등)	시행령 제5조의8(가맹금의 예치기관)
이 법에 ① 가맹본부는 가맹점사업자(가맹희망자를 포함한다. 이하 이 조, 제15조의2 및 제41조제3항제1호에서 같다)로 하여금 가맹금(제2조제6호가목 및 나목에 해당하는 대가로서 금전으로 지급하는 경우에 한하며, 계약체결 전에 가맹금을 지급한 경우에는 그 가맹금을 포함한다. 이하 "예치가맹금"이라 한다)을 ***대통령령으로 정하는 기관***(이하 "예치기관"이라 한다)에 예치하도록 하여야 한다. 다만, 가맹본부가 제15조의2에 따른 가맹점사업자피해보상보험계약 등을 체결한 경우에는 그러하지 아니하다. <개정 2016. 3. 29.> ② ~ ⑧ 생략	법 ***제6조의5제1항 본문에서 "대통령령으로 정하는 기관"***(이하 "예치기관"이라 한다)이란 다음 각 호의 기관을 말한다. <개정 2008. 7. 29., 2010. 10. 13.> 1. 「은행법」 제2조제1항제2호 및 같은 법 제5조에 따른 금융회사 2. 「우체국 예금·보험에 관한 법률」에 따른 체신관서 3. 「보험업법」에 따른 보험회사 4. 「자본시장과 금융투자업에 관한 법률」에 따른 신탁업자 [본조신설 2008. 1. 31.] [제5조의7에서 이동, 종전 제5조의8은 제5조의9로 이동 <2021. 11. 19.>]

참고사항 : 가맹금 예치 서류

[서식 5] 가맹금예치신청서

■ 가맹사업거래의 공정화에 관한 법률 시행령 [별지 제5호서식] <개정 2021. 11. 19.>

가맹금예치신청서

※ 아래 유의사항을 읽고 작성하시기 바랍니다.

접수번호	접수일	처리기간 즉시
신청인	상호(가맹점명)	
	성명(대표자)	
	주소(사무소)	전화번호
가맹본부	상호(영업표지)	
	성명(대표자)	
	주소(사무소)	전화번호
예치가맹금	₩ (금 원 정)	
신청인의 계좌		
가맹본부의 계좌		

「가맹사업거래의 공정화에 관한 법률」 제6조의5제1항 본문 및 같은 법 시행령 제5조의9제2항에 따라 위와 같이 예치가맹금을 예치해 줄 것을 신청합니다.

년 월 일

신청인 (서명 또는 인)

예치기관의 장 (지점장) 귀하

예치기관이 주의해야 할 사항

1. 예치기관의 장은 예치가맹금을 예치한 경우에는 지체 없이 예치신청인에게 예치증서를 내주어야 합니다.
2. 예치기관의 장은 예치가맹금의 예치일부터 7일 이내에 예치가맹금 예치증서를 첨부하여 예치가맹금을 예치한 사실을 가맹본부에 통지해야 합니다.
3. 예치기관의 장은 예치가맹금의 예치 및 그 관리로 인해 발생하는 비용을 관리수수료로서 예치가맹금의 수령인이 수령할 금액에서 공제할 수 있습니다.

210㎜×297㎜[백상지 80g/㎡]

[서식 6] 가맹금예치증서

■ 가맹사업거래의 공정화에 관한 법률 시행령 [별지 제6호서식] <개정 2021. 11. 19.>

가맹금 예치증서

예치번호			
예치신청인 (가맹점명)			
수령인 (영업표지)			
예치기관명		계좌번호	
예치금액	₩ (금 원 정)		
예치이율	연 %	관리수수료	₩

「가맹사업거래의 공정화에 관한 법률」 제6조의5제1항 본문 및 같은 법 시행령 제5조의9제4항 · 제5항에 따라 위와 같이 예치가맹금을 예치하였음을 증명합니다.

년 월 일

예치기관의 장(지점장) 인

예치기관이 주의해야 할 사항

1. 예치기관의 장은 예치가맹금을 예치한 경우에는 지체 없이 예치신청인에게 예치증서를 내주어야 합니다.
2. 예치기관의 장은 예치가맹금의 예치일부터 7일 이내에 본 증서를 첨부하여 예치가맹금을 예치한 사실을 가맹본부에 통지해야 합니다.
3. 예치기관의 장은 예치가맹금의 예치 및 그 관리로 인하여 발생하는 비용을 관리수수료로서 가맹금의 수령인이 수령할 금액에서 공제할 수 있습니다.

가맹점사업자가 주의해야 할 사항

1. 가맹점사업자가 영업을 시작하거나 가맹계약 체결일부터 2개월이 지난 경우에는 이 예치가맹금은 가맹본부에 지급됩니다.
2. 다만, 다음의 경우에는 예치가맹금 지급보류 요청서를 작성하여 예치기관에 요청하면 예치가맹금 지급이 보류됩니다.
   가. 가맹점사업자가 예치가맹금을 반환받기 위하여 소를 제기한 경우
   나. 가맹점사업자가 예치가맹금을 반환받기 위하여 알선, 조정, 중재 등을 신청한 경우
   다. 가맹점사업자가 예치가맹금 반환 사유가 발생하여 가맹본부를 공정거래위원회에 신고한 경우

210mm×297mm[백상지 120g/㎡]

[서식 7] 예치가맹금 지급(반환) 요청서

■ 가맹사업거래의 공정화에 관한 법률 시행령 [별지 제7호서식] <개정 2021. 11. 19.>

예치가맹금 [ ] 지급 요청서 / [ ] 반환 요청서

※ 아래 유의사항을 읽고 작성하시기 바라며, [ ]에는 해당되는 곳에 √표를 합니다.

접수번호	접수일	처리기간 일반 10일 분쟁발생시 30일	
신청인	해당 지위	[ ] 가맹본부	[ ] 가맹점사업자
	상호명(대표자)		
	주소(사무소)		전화번호
요청내용	요청사항	[ ] 지급	[ ] 반환
	요청사유	[ ] 가맹점사업자의 영업개시 [ ] 분쟁조정 · 시정조치 등 완료	[ ] 계약체결 후 2개월 경과 [ ] 가맹본부의 동의
예치가맹금	₩ (금 원 정)		
예치번호/예치일			
입금 계좌			

「가맹사업거래의 공정화에 관한 법률」 제6조의5제3항 · 제6항 · 제7항 및 같은 법 시행령 제5조의10제1항 · 제3항 · 제4항에 따라 위와 같이 예치가맹금을 지급(반환)해 줄 것을 요청합니다.

년 월 일

신청인 (서명 또는 인)

예치기관의 장 (지점장) 귀하

첨부서류	1. 요청사유를 증명하는 서류 2. 가맹점사업자의 영업 개시 사실 증명서류 또는 가맹점사업자의 확인서(가맹본부가 요청하는 경우로서 가맹점사업자가 영업을 개시한 경우만 해당합니다) 3. 가맹본부의 동의서(가맹점사업자가 요청하는 경우로서 가맹본부의 동의를 받아 요청하는 경우만 해당합니다)	수수료 없음

예치기관이 주의해야 할 사항

1. 예치기관의 장은 가맹본부가 예치가맹금의 지급을 요청하는 경우에는 10일 이내에 지급해야 합니다. 다만, 가맹본부가 거짓이나 그 밖의 부정한 방법으로 지급을 요청한 경우에는 예치가맹금의 지급요청을 거부하거나 가맹본부에 그 내용의 변경을 요구해야 합니다.
2. 예치기관의 장은 가맹본부 또는 가맹점사업자가 분쟁조정 등의 결과나 시정조치 결과를 첨부하여 예치가맹금의 지급 또는 반환을 요청하는 경우에는 요청일부터 30일 이내에 그 결과에 따라 예치가맹금을 가맹본부에 지급하거나 가맹점사업자에게 반환해야 합니다.
3. 예치기관의 장은 가맹점사업자가 가맹본부의 동의를 받아 예치가맹금의 반환을 요청하는 경우에는 요청일부터 10일 이내에 예치가맹금을 가맹점사업자에게 반환해야 합니다.

210㎜×297㎜[백상지 80g/㎡]

[서식 8] 예치가맹금 지급보류 요청서

■ 가맹사업거래의 공정화에 관한 법률 시행령 [별지 제8호서식] <개정 2021. 11. 19.>

예치가맹금 지급보류 요청서

※ 아래 유의사항을 읽고 작성하시기 바라며, [ ]에는 해당되는 곳에 √표를 합니다.

접수번호	접수일	처리기간 3일	
신청인	상호(가맹점명)		
	성명(대표자)		
	주소(사무소)	전화번호	
가맹본부	상호(영업표지)		
	성명(대표자)		
	주소(사무소)	전화번호	
보류사유	[ ] 제소(提訴) [ ] 중재 신청	[ ] 알선 신청 [ ] 공정위 신고	[ ] 조정 신청 [ ] 기타
예치가맹금	₩ (금 원 정)		
예치번호/예치일	/		

「가맹사업거래의 공정화에 관한 법률」 제6조의5제5항 및 같은 법 시행령 제5조의10제2항에 따라 위와 같이 예치가맹금 지급을 보류해 줄 것을 요청합니다.

년 월 일

신청인 (서명 또는 인)

예치기관의 장 (지점장) 귀하

첨부서류	보류사유를 증명하는 서류	수수료 없음

예치기관이 주의해야 할 사항

1. 예치기관의 장은 가맹본부가 예치가맹금의 지급을 요청하는 경우에는 10일 이내에 지급해야 합니다. 다만, 가맹본부가 거짓이나 그 밖의 부정한 방법으로 지급을 요청한 경우에는 예치가맹금의 지급요청을 거부하거나 가맹본부에 그 내용의 변경을 요구해야 합니다.
2. 예치기관의 장은 가맹본부 또는 가맹점사업자가 분쟁조정 등의 결과나 시정조치 결과를 첨부하여 예치가맹금의 지급 또는 반환을 요청하는 경우에는 요청일부터 30일 이내에 그 결과에 따라 예치가맹금을 가맹본부에 지급하거나 가맹점사업자에게 반환해야 합니다.
3. 예치기관의 장은 가맹점사업자가 가맹본부의 동의를 받아 예치가맹금의 반환을 요청하는 경우에는 요청일부터 10일 이내에 예치가맹금을 가맹점사업자에게 반환해야 합니다.

210㎜×297㎜[백상지 80g/㎡]

출처: 가맹사업법 – 시행령 – 서식

Q7. 가맹금반환이란?

A7. 가맹희망자나 가맹점사업자는 가맹본부의 귀책사유가 있는 경우 가맹본부에 지급한 가맹금에 대해 반환을 요청할 수 있다. 가맹사업법에서는 가맹본부의 귀책사유가 있는 경우를 4가지로 정하고 있으며, 세부 내용은 다음과 같다.

1. 가맹사업법 법률 제7조제3항을 위반한 경우로 정보공개서 및 인근가맹점 현황문서를 제공하지 않았거나 제공한 날부터 14일이 지나지 않은 시점에서 가맹계약을 체결하거나 최초가맹금을 수령한 경우
2. 가맹사업법 법률 제9조제1항을 위반한 경우로 허위·과장된 정보제공 행위를 한 경우
3. 가맹사업법 법률 제9조제1항을 위반한 경우로 기만적인 정보제공 행위를 한 경우
4. 정당한 사유 없이 가맹사업을 일방적으로 중단한 경우

가맹본부의 귀책사유를 근거로 가맹금반환을 요청하고자 하는 가맹점사업자는 가맹계약 체결 전 또는 4개월 이내에 서면으로 반환을 요청하여야 하고, 요청받은 가맹본부는 1개월 이내에 가맹금을 지급하여야 한다.

가맹본부가 반환하는 가맹금은 가맹계약의 체결경위, 금전 등 지급대가의 성격, 가맹계약 기간 및 계약이행 기간, 당사자의 귀책정도 등을 고려하여 정해진다. 따라서 정보공개서 및 가맹계약서에 가맹금 종류마다 대가의 성격이 구체적으로 기재되어 있는지 반드시 확인하여야 한다.

예를 들어, 가맹비의 대가는 지원하는 내역에 대해 구체적으로 기재되어 있지 않으면 반환대상 가맹금을 정함에 있어서 가맹본부와 가맹점사업자 간 이견이 많다. 가맹비가 구체적으로 구분되어 있지 않으면 가맹본부 귀책사유 시 전액 반환대상 가맹금에 해당할 수 있고, 구체적으로 구분되어 있으면 이미 이행한 업무는 반환대상 가맹금에서 제외할 수 있기 때문이다.

가맹본부가 정당한 사유 없이 가맹사업을 중단하는 경우 가맹금 반환을 요청할 수 있지만 이미 가맹본부가 사라진 후인 경우가 있다. 이런 경우에는 실제로 가맹금을 돌려받기 어려우므로 가맹본부 선정 시 재무현황 등 다양한 시각의 정보를 수집하여 신중히 결정하여야 한다.

법률 제10조(가맹금의 반환)	시행령 제10조(가맹금 반환의 요구)
① 가맹본부는 다음 각 호의 어느 하나에 해당하는 경우에는 가맹희망자나 가맹점사업자가 대통령령으로 정하는 사항이 적힌 서면으로 요구하는 날부터 1개월 이내에 가맹금을 반환하여야 한다. <개정 2007. 8. 3., 2013. 8. 13.> 1. 가맹본부가 제7조제3항을 위반한 경우로서 가맹희망자 또는 가맹점사업자가 가맹계약 체결 전 또는 가맹계약의 체결일부터 4개월 이내에 가맹금의 반환을 요구하는 경우 2. 가맹본부가 제9조제1항을 위반한 경우로서 가맹희망자가 가맹계약 체결 전에 가맹금의 반환을 요구하는 경우 3. 가맹본부가 제9조제1항을 위반한 경우로서 허위 또는 과장된 정보나 중요사항의 누락된 내용이 계약 체결에 중대한 영향을 준 것으로 인정되어 가맹점사업자가 가맹계약의 체결일부터 4개월 이내에 가맹금의 반환을 요구하는 경우 4. 가맹본부가 정당한 사유 없이 가맹사업을 일방적으로 중단하고 가맹점사업자가 ***대통령령으로 정하는 가맹사업의 중단일***부터 4개월 이내에 가맹금의 반환을 요구하는 경우 ② 제1항의 규정에 의하여 반환하는 가맹금의 금액을 정함에 있어서는 가맹계약의 체결경위, 금전이나 그 밖에 지급된 대가의 성격, 가맹계약기간, 계약이행기간, 가맹사업당사자의 귀책정도 등을 고려하여야 한다. <개정 2007. 8. 3.>	법 제10조제1항에 따라 가맹금의 반환을 요구하고자 하는 가맹점사업자 또는 가맹희망자는 다음 각 호의 사항이 기재된 서면으로 요구하여야 한다. <개정 2008. 1. 31.> 1. 가맹금의 반환을 요구하는 가맹점사업자 또는 가맹희망자의 주소·성명 2. 가맹본부가 허위 또는 과장된 정보를 제공하거나 중요사항을 누락한 사실 3. 가맹본부가 허위 또는 과장된 정보를 제공하거나 중요사항을 누락하여 계약체결에 중대한 영향을 준 것으로 인정되는 사실 4. 가맹본부가 정당한 이유없이 가맹사업을 일방적으로 중단한 사실과 그 일자 5. 반환대상이 되는 가맹금의 금액 6. 가맹본부가 정보공개서를 제공하지 아니한 사실 또는 정보공개서를 제공한 날부터 14일(가맹희망자가 정보공개서에 대하여 변호사 또는 법 제27조에 따른 가맹거래사의 자문을 받은 경우에는 7일)이 지나지 아니한 상태에서 가맹희망자로부터 가맹금을 수령하거나 가맹희망자와 가맹계약을 체결한 사실과 그 날짜

에 · 피 · 소 · 드

01 계약 체결 후 개점 전 해지 시 가맹금 전액 반환 가능?

출처: 한국공정거래조정원 | 2022-11-29 | 기타도소매 가맹본부의 가맹금 반환 등 관련 분쟁조정 사례

1. 사건의 개요

가. 분쟁의 경위

신청인은 피신청인이 정보공개서 사전 제공의무 및 가맹금 예치 의무를 위반하였음을 이유로 가맹계약을 해지하고 가맹금 전액을 반환하여야 한다고 주장하면서 이 사건 분쟁조정을 신청하였다.

나. 사안의 쟁점

이 사안의 경우 피신청인이 신청인으로부터 수령한 가맹금을 반환하지 아니한 행위가 가맹금 반환 의무 위반 행위에 해당하는지 여부가 문제된다.

2. 분쟁사실 및 당사자 주장

가. 분쟁사실

신청인은 피신청인과 가맹계약을 체결하고 같은 날 피신청인의 법인계좌로 가맹금 5,000천 원을 지급하였다.

신청인은 가맹점 개설 과정에서 메뉴 선정 등에 대하여 피신청인과 이견을 좁히지 못하고 피신청인에게 계약해지 및 가맹금 반환을 요구하였으나, 피신청인이 기투입한 비용이 5,000천 원을 초과하였다고 주장하며 가맹금 반환을 거부하여 이 사건 분쟁이 발생하였다.

나. 당사자 주장

1) 신청인 주장

신청인은 피신청인이 정보공개서 수령확인증에 정보공개서 제공일자를 소급 기재하도록 하였고, 가맹금을 예치하도록 하지 않고 법인계좌로 직접 수령하였으므로 가맹금 5,000천 원을 반환하여야 한다고 주장한다.

2) 피신청인 주장

피신청인은 신청인에게 가맹사업법에서 정한 방법에 따라 정보공개서를 제공하였고, 가맹금은 신청인이 임의로 자신의 법인계좌로 지급하였다고 주장한다.

또한 피신청인은 신청인이 단순 변심하여 가맹계약 해지를 요구하였고, 기투입한 비용이 가맹금을 초과하여 반환할 금원이 없다고 주장한다.

3. 검토 및 조정

▶ **관련 법 규정 및 심사지침**

가맹사업법 제6조의5【가맹금 예치 등】 ① 가맹본부는 가맹점사업자로 하여금 가맹금(제2조 제6호가목 및 나목에 해당하는 대가로서 금전으로 지급하는 경우에 한하며, 계약체결 전에 가맹금을 지급한 경우에는 그 가맹금을 포함한다)을 대통령령으로 정하는 기관에 예치하도록 하여야 한다. 다만, 가맹본부가 제15조의2에 따른 가맹점사업자피해보상보험계약 등을 체결한 경우에는 그러하지 아니하다.

가맹사업법 제7조【정보공개서의 제공의무 등】 ① 가맹본부는 가맹희망자에게 제6조의2제1항 및 제2항에 따라 등록 또는 변경등록한 정보공개서를 내용증명우편 등 제공시점을 객관적으로 확인할 수 있는 대통령령으로 정하는 방법에 따라 제공하여야 한다.
③ 가맹본부는 등록된 정보공개서 및 인근가맹점 현황문서(이하 "정보공개서등"이라 한다)를 제1항의 방법에 따라 제공하지 아니하였거나 정보공개서등을 제공한 날부터 14일(가맹희망자가 정보공개서에 대하여 변호사 또는 제27조에 따른 가맹거래사의 자문을 받은 경우에는 7일로 한다)이 지나지 아니한 경우에는 다음 각 호의 어느 하나에 해당하는 행위를 하여서는 아니 된다.

1. 가맹희망자로부터 가맹금을 수령하는 행위. 이 경우 가맹희망자가 예치기관에 예치가맹금을 예치하는 때에는 최초로 예치한 날(가맹본부가 가맹희망자와 최초로 가맹금을 예치하기로 합의한 때에는 그 날)에 가맹금을 수령한 것으로 본다.
2. 가맹희망자와 가맹계약을 체결하는 행위

가맹사업법 제10조【가맹금의 반환】 ① 가맹본부는 다음 각 호의 어느 하나에 해당하는 경우에는 가맹희망자나 가맹점사업자가 대통령령으로 정하는 사항이 적힌 서면으로 요구하는 날부터 1개월 이내에 가맹금을 반환하여야 한다.

1. 가맹본부가 제7조제3항을 위반한 경우로서 가맹희망자 또는 가맹점사업자가 가맹계약체결 전 또는 가맹계약의 체결일부터 4개월 이내에 가맹금의 반환을 요구하는 경우

② 제1항의 규정에 의하여 반환하는 가맹금의 금액을 정함에 있어서는 가맹계약의 체결경위, 금전이나 그 밖에 지급된 대가의 성격, 가맹계약기간, 계약이행기간, 가맹사업당사자의 귀책정도 등을 고려하여야 한다.

▶ **분쟁조정협의회의 판단**

가. 정보공개서 제공의무 위반 여부

신청인은 피신청인으로부터 정보공개서 등을 제공받지 못하였다고 주장하나, 신청인이 정보공개서 수령확인증에 가맹계약체결 한 달 전 정보공개서를 제공받았다고 자필로 작성하고 서명한 사실이 확인된 반면, 신청인이 제출한 자료만으로 피신청인이 정보공개서 등의 제공의무를 위반하였는지 여부는 확인되지 아니한다.

나. 가맹금 예치의무 위반 여부

피신청인이 신청인으로 하여금 가맹금을 예치기관에 예치하도록 하였다거나 가맹점사업자피해보상보험계약을 체결한 사실을 확인되지 아니하여 가맹금 예치의무를 위반하였다고 봄이 상당하므로 신청인이 임의로 자신의 법인계좌로 가맹금을 지급한 것으로 가맹사업법을 위반하지 아니하였다는 피신청인의 주장은 받아들이기 어렵다.

다. 조정안 검토

위 검토내용을 종합하면 피신청인이 가맹사업법 제6조의5 제1항의 가맹금 예치의무를 위반하였다고 볼 여지가 상당하다.

다만 피신청인이 가맹점 개설을 위한 인테리어 작업을 착수한 사실이 확인되는 점, 신청인이 계약해지를 희망하고 피신청인 역시 계약해지를 전제로 가맹금 일부를 반환할 의사를 밝힌 점 등을 고려하여 가맹금의 30%에 해당하는 1,500천 원을 피신청인이 가맹계약을 위해 투입한 비용으로 보고 가맹금 5,000천 원에서 위 금액을 공제한 3,500천 원을 반환하라는 내용의 조정안을 제시함이 타당하다.

라. 조정 주문

신청인과 피신청인은 가맹계약을 해지하고 피신청인은 신청인에게 가맹금 3,500천 원을 반환한다.

4. 조정 결과

양당사자가 협의회 조정안을 수락하여 주문과 같은 내용의 조정이 성립되었다.

프랜차이즈 클리닉

가맹금은 가맹본부가 가맹점사업자에게 지원해 주는 대가로 가맹점사업자가 가맹본부에 부담하는 금전적인 대가다. 즉, Give & Take 대가이기에 지원해주는 업무와 부담하는 대가의 가치가 동일해야 갈등이 발생하지 않는다.

가맹금은 종류를 명확히 구분하고, 해당 내역에 따라 제공하는 업무를 정보공개서와 가맹계약서에 구체적으로 기재하고, 사전제공을 통해 확인할 수 있어야 한다. 특히, 최초가입비나 가맹비 등은 가맹본부가 가맹계약 체결 시부터 개점할 때까지 지원해 주는 업무 대가이기에 항목별 이행 여부를 구체적으로 확인하여야 한다.

여타의 사유로 중도해지 시 반환하는 가맹금의 금액을 정함에 있어서는 가맹계약의 체결경위, 금전이나 그 밖에 지급된 대가의 성격, 가맹계약기간, 계약이행기간, 가맹사업당사자의 귀책정도 등을 고려하여야 하기에 사전에 가맹금 종류에 따른 지원 내역과 대가 내역을 구체적으로 검토 후 가맹계약을 체결하여야 한다.

Keyword 04

허위과장정보

Q1. 허위 · 과장 정보제공 금지란?

A1. 가맹본부는 홈페이지나 박람회, 회사소개서, 전단지, 배너, 기타 광고물과 홍보기사 등을 통해 점포예정지의 예상수익이나 현재 영업 중인 가맹점사업자의 과거수익에 대해 안내하고 가맹희망자는 그 내용을 사실로 믿고 가맹계약을 체결하는 경우가 많다.

이에 가맹사업법에서는 가맹희망자나 가맹점사업자들이 객관적 근거가 부족한 정보를 믿고 가맹사업을 시작하게 되어 실패할 수 있는 위험을 조금이라도 줄여주기 위해 가맹본부의 허위·과장된 정보제공행위를 금지하고 있다.

또한, 장래나 과거의 예상수익에 관한 정보를 제공할 경우 반드시 서면으로 제공하도록 하고, 그 산출 근거를 사무실에 비치하여 언제든지 열람할 수 있도록 가맹본부에 의무를 부과하고 있다.

허위·과장된 정보제공 등의 금지 규정은 정보공개서 뿐만 아니라 홈페이지, 회사소개서 등 홍보책자, 전단지, 배너, 박람회 홍보물, 수익이나 매출 관련 정보 등 가맹본부가 제공하는 모든 정보를 포함한다.

가맹본부가 이를 위반하는 경우 공정거래위원회는 시정조치 및 시정권고 등의 시정명령, 위반기간 동안 관련 매출액 2% 이내의 과징금, 5년 이하의 징역 또는 3억원 이하의 벌금, 손해액의 3배를 배상하여야 하는 징벌적 손해배상책임 등의 제재를 가할 수 있다.

Q2. 허위 · 과장 정보제공 행위란?

A2. 허위·과장된 정보제공 행위란 가맹본부가 가맹희망자나 가맹점사업자에게 제공하는 정보가 사실과 다르거나 사실이 부풀려진 경우를 말한다. 객관적인 근거가 없는 정보를 제공하거나, 사실 여부가 확인되지 않은 정보를 제공하는 등의 행위는 허위·과장된 정보제공 행위에 해당할 수 있다. 허위·과장된 정보제공 행위의 유형은 시행령과 표준고시에서 실제 사례를 구체적으로 예시하고 있다.

Keyword 근거 법령 — 가맹사업법

법률 제9조 (허위·과장된 정보제공 등의 금지)	시행령 제8조 (허위·과장의 정보제공행위 등의 유형)
① 가맹본부는 가맹희망자나 가맹점사업자에게 정보를 제공함에 있어서 다음 각 호의 행위를 하여서는 아니 된다. <개정 2013. 8. 13.> 1. 사실과 다르게 정보를 제공하거나 사실을 부풀려 정보를 제공하는 행위(이하 "허위·과장의 정보제공행위"라 한다) 2. 계약의 체결·유지에 중대한 영향을 미치는 사실을 은폐하거나 축소하는 방법으로 정보를 제공하는 행위(이하 "기만적인 정보제공행위"라 한다) ② 제1항 ***<u>각 호의 행위의 유형은 대통령령</u>***으로 정한다. <신설 2013. 8. 13.>	① 법 ***<u>제9조제1항제1호에 따른 허위·과장의 정보제공행위의 유형</u>***은 다음 각 호와 같다. 1. 객관적인 근거 없이 가맹희망자의 예상수익상황을 과장하여 제공하거나 사실과 다르게 가맹본부가 최저수익 등을 보장하는 것처럼 정보를 제공하는 행위 2. 가맹희망자의 점포 예정지 상권의 분석 등과 관련하여 사실 여부가 확인되지 아니한 정보를 제공하는 행위 3. 가맹본부가 취득하지 아니한 지식재산권을 취득한 것처럼 정보를 제공하는 행위 4. 제1호부터 제3호까지의 규정에 따른 행위에 준하여 사실과 다르게 또는 사실을 부풀려 정보를 제공하는 행위로서 공정거래위원회가 정하여 고시하는 행위

Q3. 기만적인 정보제공 행위란?

A3. 기만적인 정보제공 행위란 계약의 체결·유지에 중대한 영향을 미치는 사실을 은폐하거나 축소하는 경우를 말한다. 정보공개서에 중요사항을 기재하지 않았거나, 가맹희망자나 가맹점사업자가 "사전에 알았더라면 계약을 체결하지 않았다"고 주장할 만한 정보를 누락한 경우 기만적인 정보제공 행위에 해당할 수 있다. 기만적인 정보제공 행위의 유형은 시행령과 표준고시에서 실제 사례를 구체적으로 예시하고 있다.

법률 제9조 (허위 · 과장된 정보제공 등의 금지)	시행령 제8조 (허위 · 과장의 정보제공행위 등의 유형)
① 가맹본부는 가맹희망자나 가맹점사업자에게 정보를 제공함에 있어서 다음 각 호의 행위를 하여서는 아니 된다. <개정 2013. 8. 13.> 1. 사실과 다르게 정보를 제공하거나 사실을 부풀려 정보를 제공하는 행위(이하 "허위 · 과장의 정보제공행위"라 한다) 2. 계약의 체결 · 유지에 중대한 영향을 미치는 사실을 은폐하거나 축소하는 방법으로 정보를 제공하는 행위(이하 "기만적인 정보제공행위"라 한다) ② 제1항 ***각 호의 행위의 유형은 대통령령***으로 정한다. <신설 2013. 8. 13.>	① 생략 ② 법 제9조제1항제2호에 따른 기만적인 정보제공행위의 유형은 다음 각 호와 같다. 1. 중요사항을 적지 아니한 정보공개서를 가맹희망자에게 제공하는 행위 2. 가맹본부가 가맹점사업자에게 지원하는 금전, 상품 또는 용역 등이 일정 요건이 충족되는 경우에만 지원됨에도 불구하고 해당 요건을 제시하지 아니하면서 모든 경우에 지원되는 것처럼 정보를 제공하는 행위 3. 제1호 또는 제2호에 따른 행위에 준하여 계약의 체결 · 유지에 중대한 영향을 미치는 사실을 은폐하거나 축소하는 방법으로 정보를 제공하는 행위로서 공정거래위원회가 정하여 고시하는 행위 [본조신설 2014. 2. 11.]

Q4. 수익상황 정보제공 기준은?

A4. 가맹본부가 가맹희망자에게 장래의 예상매출액 또는 과거 가맹점사업자의 매출액에 대한 정보 등 수익상황 정보를 제공하는 경우에는 반드시 서면으로 하여야 하고, 그 정보의 산출 근거가 되는 자료를 사무소에 비치하여야 하며, 영업시간 중에 언제든지 가맹희망자나 가맹점사업자의 요구가 있는 경우 그 자료를 열람할 수 있도록 하여야 한다.

즉, 점포예정지의 예상매출액에 대해 구두로 제공한 정보는 허위 · 과장된 정보제공 등의 금지 규정을 위반한 것으로 수익정보를 서면으로 제공할 것을 요청하고 그 정보의 산출 근거가 되는 자료를 열람하여 사실 여부를 확인한 후 결정하여야 한다.

정보공개서 내용 중 가맹본부의 가맹사업현황 코너를 보면 "가맹점사업자당 연간 평균매출액" 현황이 정리되어 있다. 이 내용은 해당 브랜드의 전체 가맹점이 1년 동안 올린 매출액을 가맹점 수로 나눈 평균이며, 6개월 이상 영업한 1년 미만의 가맹점들은 1년으로 환산하여 산출된 것이다.

가맹점의 매출액 산정기준은 가맹본부마다 그 기준을 다르게 적용하고 있다. 어떤 가맹본부는 가맹점에서 사용하는 POS 데이터를 확인하고, 또 다른 가맹본부는 가맹점에 직접 또는 간접적으로 공급한 구입강제품목 등의 공급가격을 통해 역으로 가맹점의 매출을 추정하고 있다.

가맹점사업자당 연간 균매출액 정보는 전체 가맹점의 평균을 바탕으로 광역지방자치단체(특별시, 광역시, 특별자치시, 도, 특별자치도)로도 구분하여 기재되어 있으며, 가맹점마다 기재된 매출액 현황은 가맹본부 사무소에 비치되어 있으니 열람을 요청하면 확인할 수 있다.

Keyword 근거 법령

가맹사업법

법률 제9조(허위·과장된 정보제공 등의 금지)	시행령 제9조(예상수익상황에 대한 정보제공 등)
① ~ ② 내용 생략 ③ 가맹본부는 가맹희망자나 가맹점사업자에게 다음 각 호의 어느 하나에 해당하는 정보를 제공하는 경우에는 서면으로 하여야 한다. <개정 2007. 8. 3., 2013. 8. 13.> 1. 가맹희망자의 예상매출액·수익·매출총이익·순이익 등 장래의 예상수익상황에 관한 정보 2. 가맹점사업자의 매출액·수익·매출총이익·순이익 등 과거의 수익상황이나 장래의 예상수익상황에 관한 정보 ④ 가맹본부는 제3항에 따라 정보를 제공하는 경우에는 그 정보의 산출근거가 되는 자료로서 ***대통령령으로 정하는 자료***를 가맹본부의 사무소에 비치하여야 하며, 영업시간 중에 언제든지 가맹희망자나 가맹점사업자의 요구가 있는 경우 그 자료를 열람할 수 있도록 하여야 한다. <개정 2007. 8. 3., 2013. 8. 13.> ⑤ ~ ⑦ 내용 생략	***제9조(예상수익상황에 대한 정보제공 등)*** ① 법 ***제9조제4항에서 "대통령령으로 정하는 자료"***란 다음 각 호의 자료를 말한다. <개정 2008. 1. 31., 2010. 10. 13., 2014. 2. 11., 2020. 4. 28.> 1. 현재수익 또는 예상수익의 산출에 사용된 사실적인 근거와 예측에 관한 자료 2. 현재수익 또는 예상수익의 산출근거가 되는 다음 각 목의 자료 가. 산출근거가 되는 가맹사업의 점포(직영점과 가맹점을 포함한다. 이하 같다)의 수 나. 해당 가맹사업의 전체 점포 수 대비 가목에 따른 점포의 수 다. 가목에 따른 각 점포와 점포예정지와의 거리 3. 최근의 일정기간 동안에 가맹본부나 가맹중개인이 표시 또는 설명하는 현재수익 또는 예상수익과 같은 수준의 수익을 올리는 가맹점사업자의 수와 그 비율(이 경우 최근의 일정기간에 대하여 시작하는 날짜와 끝나는 날짜를 표시하여야 한다) ② 공정거래위원회는 제1항의 규정에 의한 자료에 대하여 업종별·업태별 또는 용도별로 세부적인 사항을 정하여 고시할 수 있다.

Q5. 예상매출액 산정서란?

A5. 예상매출액 산정서란 가맹희망자의 점포예정지에서 영업개시일부터 1년간 발생할 것으로 예상되는 매출액의 최저액과 최고액으로 획정된 범위 및 그 산출근거가 작성되어 있는 문서를 말한다. 예상매출액 산정서에 기재된 매출액의 최고액은 그 매출액의 최저액의 1.7배를 초과하면 안 된다.

예상매출액 산정서는 가맹본부와 가맹점사업자 간 분쟁 발생 시 기본적으로 검토되는 문서로 가맹계약 체결일로부터 5년간 보관해야 하는 의무를 가맹본부에 부여하고 있다. 또한, 작성방법에 대해 표준고시를 제정하여 사용하도록 권장하고 있다.

Keyword 근거 법령

가맹사업법

법률 제9조(허위・과장된 정보제공 등의 금지)	시행령 제9조(예상수익상황에 대한 정보제공 등)
① ~ ④ 내용 생략 ⑤ 제3항에도 불구하고 다음 각 호의 어느 하나에 해당하는 가맹본부는 가맹계약을 체결할 때 가맹희망자에게 ***대통령령으로 정하는 예상매출액의 범위*** 및 그 산출 근거를 서면(이하 "예상매출액 산정서"라 한다)으로 제공하여야 한다. <신설 2013. 8. 13.> 1. 중소기업자(「중소기업기본법」 제2조제1항 또는 제3항에 따른 자를 말한다)가 아닌 가맹본부 2. 직전 사업연도 말 기준으로 가맹본부와 계약을 체결・유지하고 있는 가맹점사업자(가맹본부가 복수의 영업표지를 보유하고 있는 경우에는 동일 영업표지를 사용하는 가맹점사업자에 한정한다)의 수가 ***대통령령으로 정하는 수*** 이상인 가맹본부 ⑥ 가맹본부는 예상매출액 산정서를 가맹계약 체결일부터 5년간 보관하여야 한다. <신설 2013. 8. 13.> ⑦ 공정거래위원회는 예상매출액 산정서의 표준양식을 정하여 사용을 권장할 수 있다. <신설 2013. 8. 13.>	③ 법 ***제9조제5항 각 호 외의 부분에서 "대통령령으로 정하는 예상매출액의 범위"***란 가맹희망자의 점포 예정지에서 영업개시일부터 1년간 발생할 것으로 예상되는 매출액의 최저액과 최고액으로 획정된 범위를 말한다. 이 경우 그 매출액의 최고액은 그 매출액의 최저액의 1.7배를 초과해서는 아니 된다. <신설 2014. 2. 11.> ④ 제3항에도 불구하고 가맹희망자의 점포 예정지가 속한 해당 특별시・광역시・특별자치시・도・특별자치도(이하 "시・도"라 한다)에 해당 가맹본부의 가맹점(직전 사업연도의 영업기간이 6개월 이상인 가맹점으로 한정한다. 이하 이 항에서 같다)이 5개 이상 있는 경우에는 그 점포 예정지에서 가장 인접한 가맹점 5개 중 별표 1의3에 따른 직전 사업연도 매출환산액이 가장 작은 가맹점과 가장 큰 가맹점을 제외한 나머지 3개 가맹점의 같은 표에 따른 직전 사업연도 매출환산액 중 최저액과 최고액으로 획정된 범위로 제3항에 따른 범위를 갈음할 수 있다. <신설 2014. 2. 11., 2018. 12. 18.> ⑤ 법 ***제9조제5항제2호에서 "대통령령으로 정하는 수"***란 100개를 말한다. <신설 2014. 2. 11.> [제목개정 2014. 2. 11.]

Q6. 예상매출액 산정서 제공의무란?

A6. 가맹점 창업을 준비하는 가맹희망자는 점포예정지에서 어느 정도의 매출을 올릴 수 있는지 직접 사업타당성을 검토한 후 가맹계약을 체결하는 것이 바람직하다. 그러나 가맹본부의 아이템에 대한 전문성이 부족한 가맹희망자가 매출을 합리적으로 예상하는 데에는 한계가 있다.

이에 가맹사업법에서는 가맹본부가 가맹희망자에게 가맹계약을 체결할 때 예상매출액의 범위 및 그 산출근거가 기재된 "예상매출액 산정서"를 서면으로 제공할 것을 의무화하고 있다.

다만, 예상매출액이란 말 그대로 매출액을 예측하는 것일 뿐이지 꼭 그 매출액이 보장된다는 의미는 아니다. 매출은 상권이나 입지, 매장 크기, 아이템의 특성, 소비자의 소비특성, 점주역량 및 종업원의 서비스 등 다양한 요소에 의해 영향을 받기 때문에 그 누구도 매출을 보장하기는 어렵다.

참고로, 박람회의 배너나 홈페이지에 게재된 수익성 분석내용을 검토할 때 가장 유의하여야 하는 사항은 "산정기준의 객관성"이다. 일 최고 매출, 월 최고 매출 등의 부분 정보만 기재되어 있다면 객관적인 산정기준이라 볼 수 없기에 허위·과장된 정보에 해당할 수 있다.

매출 정보는 업종에 따라 성수기 또는 비수기, 계절 등의 영향을 받을 수 있으므로 가능하면 연간 데이터를 확인하는 것이 중요하다.

따라서, 상생 가맹본부 선정 시 현재 가맹점의 매출액이나 매출에 따른 수익구조의 타당성, 매출을 예측한 산정기준의 타당성 등을 기준으로 심사숙고하여 검토할 필요가 있다.

예상매출액 산정서는 중소기업자가 아닌 가맹본부(ex. 대기업, 「중소기업기본법」 제2조 제1항 또는 제3항에 따른 자) 또는 직전 사업연도 말 기준으로 동일한 영업표지를 사용하는 가맹점사업자가 100개 이상인 가맹본부만 제공할 의무가 있으나, 제공의무가 없는 가맹본부가 제공해도 된다.

Q7. 허위 · 과장된 정보는 주로 어떤 식으로 표현되나?

A7. 수많은 매체를 통해 쏟아지는 광고들의 사실여부를 확인하기란 쉽지 않다. 하지만 근거 없는 주장이나 실증되지 않은 내용들의 광고를 잘 구분하는 것이 허위 · 과장 광고의 피해에서 벗어나는 길임에는 분명하다. 따라서 사전에 허위 · 과장 광고의 유형이나 사례 등을 숙지하여 가맹본부의 일방적인 광고 및 홍보를 검증할 필요가 있다.

박람회 현장에 가면 "일 최고 매출", "월 최고 매출", "일일 매출 현황" 등의 내용으로 실제 점포명까지 공개되어 있는 배너가 즐비하게 늘어서 있다. 현재 해당 가맹점이 높은 수익을 올리고 있다고 광고하여 전체 가맹점이 모두 잘되는 것처럼 오인하게 한다.

매출 관련 정보는 최소한 6개월에서 1년 이상의 데이터만 신뢰하여야 한다. 정보공개서의 가맹점사업자당 연간평균 매출액도 6개월 이상의 데이터만 활용하고, 예상매출액 산정서도 6개월 이상 또는 1년 간 매출이 있는 가맹점만 대상으로 작성한다.

특히 계절영향을 받는 브랜드는 무조건 1년 간 매출 현황을 확인하는 것이 바람직하다. 매출이나 수익에 대한 내용은 가맹희망자가 그 진위 여부를 가리기 힘들다. 때문에 가맹점을 방문하여 실제 매출이 얼마나 오르는지 반드시 확인하여야 한다.

이 외에도 가맹본부의 연혁이나 전문분야를 과장하는 경우도 있고, 원조라는 문구 등으로 최초임을 강조하는 사례도 그 진위 여부를 확인해야 한다.

제3금융권이나 대부업체들과 손잡고 가맹점을 모집하는 사례도 있다. "자기 자본 없이도 바로 창업 가능" 등이 그것이다. 실제 가맹희망자는 신용제공 동의서를 제공하고도 직접 대출금을 수령하지 못하고, 가맹본부가 인테리어나 설비 리스료 등의 명목으로 대부업체로부터 직접 대출금을 수령하고, 가맹점은 나중에 고금리의 원리금 상환 통보서만 받는 사례이다.

일부 가맹본부는 공동투자자 모집이라는 형태로 매장에 직접 투자를 유치하여 매장은 가맹본부가 운영하고 투자자는 투자금의 몇 %나 월 수익 ○○○원을 보장한다는 광고를 하는 사례도 있다. 이는 유사수신행위에 해당할 우려가 있는 경우로 주의해야 한다.

에 · 피 · 소 · 드

02 홈페이지 매출정보가 사실과 다르면 허위 정보?

출처: 한국공정거래조정원 | 2021-03-31 | 패스트푸드 가맹본부의 허위과장정보제공 관련 분쟁조정 사례

1. 사건의 개요

가. 분쟁의 경위

신청인은 피신청인이 운영하는 홈페이지를 통해 예상수익률 정보 등을 제공받고 피신청인과 가맹계약을 체결하였으나 계약체결 후 위 정보가 허위·과장된 정보임을 주장하면서 이 사건 분쟁이 발생하였다.

나. 사안의 쟁점

이 사안의 경우 피신청인이 신청인에게 사실과 다르게 정보를 제공하거나 사실을 부풀려 정보를 제공하는 행위를 하였는지 여부가 문제된다.

2. 분쟁사실 및 당사자 주장

가. 분쟁사실

신청인은 피신청인이 운영하는 홈페이지에 가맹점의 예상수익률이 매출액의 약 30%대라는 정보를 보고 피신청인과 가맹계약을 체결하였다.

이후, 신청인은 피신청인이 객관적인 근거가 없는 예상수익률 정보를 신청인에게 제공하는 등 허위·과장된 정보제공 행위를 하였다는 취지로 분쟁조정을 신청하였다.

나. 당사자 주장

1) 신청인 주장

피신청인이 홈페이지에 게시한 예상수익률은 실제 지출되는 비용들의 상당 부분이 고려되지 않은 채 과다하게 산정되었고, 신청인은 객관적인 근거가 없는 위 예상수익률 정보를 믿고 계약을 체결하였다.

2) 피신청인 주장

피신청인은 신청인에게 예상수익률 정보 등을 제공한 사실이 없으며, 홈페이지에 기재된 정보는 실제 운영 중인 점포들의 데이터를 바탕으로 작성한 것이다.

3. 검토 및 조정

▸ **관련 법 규정 및 심사지침**

가맹사업법 제9조【허위 · 과장된 정보제공 등의 금지】 ① 가맹본부는 가맹희망자나 가맹점사업자에게 정보를 제공함에 있어서 다음 각 호의 행위를 하여서는 아니 된다.

1. 사실과 다르게 정보를 제공하거나 사실을 부풀려 정보를 제공하는 행위(이하 "허위 · 과장의 정보제공행위"라 한다)

② 제1항 각 호의 행위의 유형은 대통령령으로 정한다.

가맹사업법 시행령 제8조【허위 · 과장의 정보제공행위 등의 유형】 ① 법 제9조제1항제1호에 따른 허위 · 과장의 정보제공행위의 유형은 다음 각 호와 같다.

1. 객관적인 근거 없이 가맹희망자의 예상수익상황을 과장하여 제공하거나 사실과 다르게 가맹본부가 최저수익 등을 보장하는 것처럼 정보를 제공하는 행위

▸ **조정원의 조정방향**

담당 조사관은 피신청인에게 가맹본부가 홈페이지에 정보를 공개하는 행위는 가맹희망자에 대한 정보제공행위로 볼 수 있고, 객관적인 근거 없이 산정된 예상수익률 정보를 가맹점사업자에게 제공하는 행위는 가맹사업법 위반 행위에 해당할 여지가 있다는 의견을 제시하였다.

4. 조정 결과

당사자들은 '피신청인은 신청인에게 신청인이 이 사건 가맹점을 개설하기 위해 투자한 비용의 일부를 손해배상금으로 지급한다.'는 내용으로 합의하여 이 사건 조정이 성립하였다.

프랜차이즈 클리닉

가맹희망자가 창업아이템을 정하고 가맹본부를 비교 검토하기 위해 가장 쉽게 접하는 정보가 홈페이지 내용이다. 가맹본부 소개, 브랜드 소개, 개설 비용, 수익성 분석 등 가맹점 창업 정보를 수집 분석하는 과정에 가맹희망자가 반드시 검증하여야 하는 내용은 "객관적인 근거"이다.

홈페이지에 공개되어 있는 개설 비용, 매출 추정, 비용 추정, 예상수익률, 투자대비수익률 등 투자비용과 예상수익 등의 기초 정보를 검토할 때는 추정방법의 객관적인 산정 기준이 무엇인지를 구체적으로 검토하여야 한다.

가맹본부가 제공하는 정보나 홈페이지에 기재되어 있는 정보는 창업을 준비하기 위해서 기초 정보로만 활용하여야 한다. 신뢰할 수 있는 정보를 수집할 수 있는 가장 좋은 방법은 해당 브랜드의 가맹점을 방문하여 점주의 협조를 얻어 실제 데이터를 확인하는 것이다. 수익구조, 비용구조, 가맹본부와의 관계 등을 직접 면담하고 검토해 보면 홈페이지 정보 및 가맹본부에서 제공하는 정보를 객관적으로 검토할 수 있다.

Keyword 05

정보공개서

Q1. 정보공개서란?

A1. 정보공개서란 가맹본부의 일반 현황, 가맹본부의 가맹사업 현황, 가맹본부와 그 임원의 법 위반 사실, 가맹점사업자의 부담, 영업활동에 대한 조건 및 제한, 가맹사업의 영업개시에 관한 상세한 절차와 소요기간, 가맹본부의 경영 및 영업활동 등에 대한 지원, 교육·훈련에 대한 설명, 가맹본부의 직영점 현황 등을 수록한 문서를 말한다.

정보공개서는 가맹사업법 시행령 [별표 1]에서 정하는 규정에 따라 작성되어야 하고, 정보공개서의 중요기재사항이 기재되지 않는 경우 공정거래위원회는 정보공개서 등록을 거부할 수 있다.

정보공개서에 기재된 내용은 가맹희망자가 가맹계약 체결을 전제로 검토하는 정보에 해당한다. 사전에 학습했듯이 가맹본부는 가맹희망자에게 정보를 제공함에 있어서 허위·과장되거나 기만적인 정보를 제공하면 안 된다.

가맹본부가 작성한 정보공개서 내용에 문제가 있는 경우, 즉 사실과 다르거나 사실을 부풀린 허위·과장된 정보가 포함되어 있거나, 중요사항이 기재되어 있지 않은 경우 허위·과장된 정보제공 등의 금지 규정을 위반한 것이 된다.

이 경우 공정거래위원회는 시정조치 및 시정권고 등의 시정명령, 위반기간 동안 관련 매출액 2% 이내의 과징금, 5년 이하의 징역 또는 3억원 이하의 벌금, 손해액의 3배를 배상하여야 하는 징벌적 손해배상책임 등의 제재를 가할 수 있다.

참고사항 : 정보공개서 필수기재사항

시행령 [별표 1] 정보공개서의 기재사항(제4조제1항 관련)

1. 정보공개서의 표지

가. 정보공개서라는 한글 표시

나. 다음의 문장

이 정보공개서는 귀하께서 체결하려는 가맹계약 및 해당 가맹사업에 대한 전반적인 정보를 담고 있으므로 그 내용을 정확하게 파악한 후에 계약체결 여부를 결정하시기 바랍니다. 「가맹사업거래의 공정화에 관한 법률」에 따라 가맹희망자에게는 정보공개서의 내용을 충분히 검토하고 판단할 수 있도록 일정한 기간이 주어집니다. 따라서 이 정보공개서를 제공받은 날부터 14일(변호사나 가맹거래사의 자문을 받은 경우에는 7일)이 지날 때까지는 가맹본부가 귀하로부터 가맹금을 받거나 귀하와 가맹계약을 체결할 수 없습니다.

이 정보공개서는 법령에서 정한 기재사항을 담고 있는 것에 불과하며 그 내용의 사실 여부를 한국공정거래조정원이나 가맹사업 분야의 전문성을 갖춘 법인·단체 중 해당 업무를 수행할 수 있다고 공정거래위원회가 인정하여 고시하는 기관에서 모두 확인한 것은 아닙니다. 또한, 귀하께서는 어디까지나 가맹계약서의 내용에 따라 가맹사업을 운영하게 되므로 정보공개서의 내용에만 의존하여서는 아니 됩니다.

다. 가맹본부의 상호, 영업표지, 주된 사무소의 소재지, 가맹사업과 관련하여 가맹본부가 운영하는 인터넷 홈페이지 주소, 가맹사업 담당부서, 가맹사업 안내 전화번호

라. 정보공개서의 등록번호 및 최초 등록일

마. 정보공개서의 최종 등록일

2. 가맹본부의 일반 현황

가. 가맹본부의 설립일(법인인 경우 법인설립등기일, 개인인 경우 최초 사업자등록일을 말한다), 법인등록번호(법인인 경우만 해당한다) 및 사업자등록번호

나. 가맹본부 및 가맹본부의 특수관계인[「독점규제 및 공정거래에 관한 법률 시행령」 제4조제1항제1호에 따른 동일인관련자(가맹본부가 아닌 자의 사용인은 제외한다) 및 같은 영 제14조제1항제1호에 따른 특수관계인을 말한다. 이하 같다] 중 정보공개일 현재 최근 3년 동안 가맹사업을 경영한 적이 있거나 경영하고 있는 특수관계인의 명칭, 상호, 영업표지, 주된 사무소의 소재지, 대표자의 이름, 대표전화번호(회사인 경우에는 회사의 대표번호를, 개인인 경우에는 주된 사무소의 대표번호를 기재한다. 이하 같다)

다. 가맹본부가 외국기업인 경우에는 가맹본부 및 가맹본부의 특수관계인 중 정보공개일 현재 최근 3년 동안 국내에서 가맹사업을 경영한 적이 있거나 경영하고 있는 특수관계인의 명칭, 상호, 영업표지, 국내의 주된 사무소의 소재지, 대표자의 이름, 대표전화번호, 국내에서 영업을 허락받은 기간(가맹본부가 다른 사업자에게 국내에서 가맹사업운영권을 부여한 경우에만 기재한다)

라. 가맹본부가 정보공개 바로 전 3년간 다른 기업(정보공개일 현재 최근 3년 동안 가맹사업을 경영한 적이 있거나 경영하고 있는 경우만 해당한다)을 인수·합병(다른 기업의 가맹사업 관련 사업을 양수 또는 양도한 경우도 포함한다. 이하 같다)하거나 다른 기업에 인수·합병된 경우 해당 기업의 명칭, 상호, 주된 사무소의 소재지, 대표자의 이름

마. 가맹희망자가 앞으로 경영할 가맹사업(이하 "해당 가맹사업"이라 한다)의 명칭, 상호, 서비스표, 광고, 그 밖의 영업표지

바. 가맹본부의 정보공개 바로 전 3개 사업연도의 재무상황에 관한 다음의 정보

1) 연도별 대차대조표 및 손익계산서. 다만, 가맹본부가 재무제표를 작성하지 아니하는 경우에는 매출액을 확인할 수 있는 「부가가치세법」에 따른 부가가치세신고서 등의 증명서류로 대신할 수 있다.

2) 연도별 가맹사업 관련 매출액(영업표지별로 나누어 기재하되, 분류가 어려운 경우에는 그 합계를 기재할 수 있다. 또한 관련 매출액 산정이 곤란한 경우 추정된 매출액임을 밝히고 상한과 하한을 표시한다)과 구체적인 산정기준

3) 개인사업자가 법인사업자로 전환한 경우 종전 개인사업자의 1)의 정보(정보공개 바로 전 3개 사업연도 정보만 해당한다)

사. 가맹본부의 현 임원(「독점규제 및 공정거래에 관한 법률」 제2조제6호에 따른 임원을 말한다. 이하 같다)의 명단(가맹사업 관련 임원과 관련되지 아니하는 임원을 나누어 기재한다) 및 정보공개일 현재 최근 3년 동안의 개인별 사업경력(재직했던 직위 및 사업기간을 포함한다)

아. 가맹본부의 정보공개 바로 전 사업연도 말 현재 임직원 수(상근·비상근 임원과 직원을 나누어 기재한다)

자. 가맹본부 및 가맹본부의 특수관계인이 정보공개일 현재 최근 3년 동안 가맹사업을 경영하였거나 경영하고 있는 경우 그러한 사실(영업표지별로 나누어 기재한다)

차. 가맹본부가 가맹점사업자에게 사용을 허용하는 지식재산권에 관한 다음의 정보

1) 등록 및 등록신청 여부(산업재산권의 경우 특허청 등록·등록신청 여부, 등록이 거부된 경우 그 사실, 등록·출원번호 및 등록일·출원일을 포함한다)

2) 지식재산권 소유자 및 등록신청자의 이름

3) 사용이 허용되는 지식재산권의 등록 만료일

4) 가맹본부가 지식재산권의 사용을 허용받은 기간 및 사용 범위

3. 가맹본부의 가맹사업 현황

가. 해당 가맹사업을 시작한 날

나. 해당 가맹사업의 연혁(해당 가맹사업을 시작한 날 이후 해당 가맹사업을 경영한 가맹본부의 상호, 주된 사무소의 소재지, 대표자의 이름, 가맹사업 경영 기간)

다. 해당 가맹사업의 업종

라. 정보공개 바로 전 3개 사업연도 말 현재 영업 중인 해당 가맹사업의 전국 및 광역지방자치단체별 가맹점 및 직영점 총 수(가맹점과 직영점을 나누어 기재한다)

마. 해당 가맹사업과 관련하여 정보공개 바로 전 3년간 신규 개점, 계약 종료, 계약 해지, 명의 변경의 사정이 있는 가맹점의 수(연도별로 나누어 기재한다)

바. 해당 가맹사업 외에 가맹본부 및 가맹본부의 특수관계인이 경영하는 가맹사업의 업종, 영업표지 및 사업 시작일과 정보공개 바로 전 3개 사업연도 말 현재 영업 중인 가맹점 및 직영점의 총 수

사. 직전 사업연도에 영업한 가맹점사업자(전국 및 광역지방자치단체별로 나누어 기재하되, 바로 전 사업연도 말 현재 5명 미만의 가맹점사업자가 영업 중인 지역은 기재를 생략할 수 있다)당 지역별 연간 평균 매출액(정확한 매출액이 산정되지 아니하는 경우에는 추정된 매출액임을 밝히고, 상한과 하한을 표시하며, 매장 전용 면적 3.3㎡당 연간 평균 매출액을 함께 적는다)과 구체적인 산정기준

아. 직전 사업연도 말 현재 영업 중인 가맹점사업자의 평균 영업기간(각 가맹점사업자의 최초 가맹계약 체결일부터 직전 사업연도 말까지 영업한 일수를 모두 더하여 총 가맹점사업자의 수로 나눈 기간을 말한다)

자. 해당 가맹사업을 경영하는 가맹지역본부(가맹본부가 직접 운영하는 지역사무소 등을 포함한다. 이하 이 목에서 같다)에 관한 다음의 정보

1) 가맹지역본부의 상호, 주된 사무소의 소재지, 대표자의 이름, 대표전화번호, 관리지역, 가맹본부와 맺은 계약기간

2) 가맹지역본부가 가맹계약 체결의 상대방인지 여부

3) 가맹지역본부가 관리하는 바로 전 사업연도 말 현재 영업 중인 가맹점 수)

차. 해당 가맹사업과 관련하여 가맹본부가 정보공개 바로 전 사업연도에 지출한 광고비 및 판촉비(광고 및 판촉 수단별로 나누어 기재하되, 분류가 어려운 경우에는 총액만 기재한다)

카. 가맹금 예치에 관한 사항

1) 해당 업무를 수행하는 기관의 상호, 담당 지점이나 부서의 이름과 소재지, 안내 전화번호

2) 가맹금 예치절차

3) 가맹희망자 또는 가맹점사업자의 소재지에 따라 예치기관이 달라지는 경우 관련된 정보

타. 피해보상보험계약 등의 체결 내역(해당 사실이 있는 경우만 기재한다)

1) 보험금액

2) 보장범위 및 지급조건

3) 보험금의 수령절차

4) 그 밖에 필요한 사항

4. 가맹본부와 그 임원의 법 위반 사실 등

가. 정보공개일 현재 최근 3년 동안 가맹사업거래와 관련하여 법, 「독점규제 및 공정거래에 관한 법률」 또는 「약관의 규제에 관한 법률」을 위반하여 공정거래위원회로부터 시정권고 이상의 조치를 받거나 공정거래위원회 또는 시・도지사로부터 법 제6조의4제1항에 따른 정보공개서 등록취소 처분을 받은 사실

나. 정보공개일 현재 최근 3년 동안 가맹사업거래와 관련하여 법 또는 「독점규제 및 공정거래에 관한 법률」을 위반하거나, 사기・횡령・배임 등 타인의 재물이나 재산상 이익을 영득 또는 이득하는 죄로 받은 유죄의 확정판결과 관련된 민사소송에서 패소의 확정판결을 받았거나, 민사상 화해를 한 사실

다. 정보공개일 현재 최근 3년 동안 사기・횡령・배임 등 타인의 재물이나 재산상 이익을 영득 또는 이득하는 죄를 범하여 형의 선고를 받은 사실

5. 가맹점사업자의 부담

가. 영업개시 이전의 부담

1) 가맹점사업자가 해당 가맹사업을 시작하기 위하여 가맹본부에게 지급하여야 하는 대가의 내역과 그 반환조건 및 반환할 수 없는 경우에는 그 사유(계약금, 가입비, 할부금의 첫 지급액, 선급임차료, 교육비, 개점행사비 등 대가에 포함되는 구체적인 내용을 나누어 기재한다)

2) 보증금·담보목적물 등 계약 종료 시 가맹점사업자에게 반환되는 대가(가맹점사업자의 귀책사유 등으로 반환되지 아니하는 경우에는 그 사유를 기재한다)

3) 예치가맹금의 범위와 그 금액(가맹본부가 피해보상보험계약 등에 가입한 경우에도 법 제6조의5제1항에 따라 예치대상이 되는 가맹금의 액수를 기재한다)

4) 1)과 2) 외에 가맹점사업자 사업을 시작하는 데에 필요한 다른 대가(위치나 점포 크기 등에 따른 비용의 차이를 예시하되, 정확한 금액이 산정되지 않는 경우에는 추정된 금액임을 밝히고 상한과 하한을 표시하며, 매장 전용 면적 3.3㎡당 비용을 함께 적는다)의 내역, 지급대상과 그 반환조건 및 반환될 수 없는 경우에는 그 사유

   가) 필수설비·정착물·인테리어 비용(가맹사업의 통일성을 위하여 가맹본부가 강제 또는 권장하는 경우만 해당한다)

   나) 최초로 공급되는 상품의 비용 또는 용역의 비용

   다) 설계 및 감리 비용

   라) 그 밖의 필요 비용

5) 가맹점 입지 선정 주체 및 선정 기준

6) 가맹점사업자와 그 종업원의 채용 및 교육에 대한 기준

7) 가맹점 운영에 필요한 설비, 장비, 정착물 등의 물품 내역 및 공급 방법·공급 업체(가맹본부 또는 가맹본부가 지정한 자가 공급하는 경우만 해당한다)

나. 영업 중의 부담

1) 상표 사용료, 리스료, 광고·판촉료, 교육훈련비, 간판류 임차료, 영업표지 변경에 따른 비용, 리모델링(remodeling) 비용, 재고관리 및 회계처리 비용, 판매시점 관리 시스템(POS)을 포함한 운영 시스템 유지 비용 등 가맹점사업자가 해당 가맹사업을 경영하기 위하여 가맹본부 또는 가맹본부가 지정한 자에게 정기적으로 또는 비정기적으로 지급하여야 하는 모든 대가의 내역과 그 반환조건 및 반환될 수 없는 경우에는 그 사유(각각의 내역을 나누어 기재한다)

2) 가맹점사업자가 해당 가맹사업을 운영하는 과정에서 가맹본부가 가맹점사업자에게 가맹본부 또는 가맹본부가 지정한 자와 거래할 것을 강제 또는 권장하여 공급받는 품목에 대하여 가맹본부에 지급하는 대가 중 적정한 도매가격을 넘는 대가(이하 "차액가맹금"이라 한다)와 관련한 다음의 사항(부동산 임차료가 포함된 경우와 포함되지 않은 경우를 나누어 기재하며, 가맹본부가 직접 제조하거나 생산하여 가맹점사업자에게 공급하는 품목에 대한 정보는 기재하지 않을 수 있다)

가) 직전 사업연도의 가맹점당 평균 차액가맹금 지급금액[직전 사업연도 영업기간이 6개월 이상인 가맹점이 가맹본부에 지급한 차액가맹금의 합계액(직전 사업연도의 영업기간이 1년 미만인 가맹점의 경우 지급한 차액가맹금을 1년치로 환산한 금액을 반영한다)/직전 사업연도 영업기간이 6개월 이상인 가맹점 수]

나) 직전 사업연도의 가맹점당 매출액 대비 차액가맹금 지급금액의 비율[직전 사업연도 영업기간이 6개월 이상인 가맹점이 가맹본부에 지급한 차액가맹금의 합계액/직전 사업연도 영업기간이 6개월 이상인 가맹점 매출액의 합계액]

3) 가맹본부가 재고관리 · 회계처리 등에 관하여 가맹점사업자를 감독하는 내역

다. 계약 종료 후의 부담(부담이 없는 경우에는 그 사실을 기재한다)

1) 계약 연장이나 재계약 과정에서 가맹점사업자가 추가로 부담하여야 할 비용(점포 이전이 필요할 경우 그 비용도 포함한다)

2) 가맹본부의 사정에 의한 계약 등의 종료 시 조치사항

가) 가맹본부가 가맹사업을 다른 사업자에게 양도하는 경우 기존 가맹점사업자와의 계약승계 여부

나) 가맹본부가 사용을 허락한 지식재산권의 유효기간이 만료되는 경우 조치사항

다) 가맹본부가 해당 가맹사업을 중단하는 경우 조치사항

3) 가맹점사업자가 다른 사업자에게 가맹점운영권을 이전하려는 경우, 가맹점사업자 또는 다른 사업자가 가맹본부에 부담하여야 할 대가

4) 계약종료 후 조치사항(가맹본부 또는 가맹본부가 지정한 자가 공급한 물품의 반품조건 등 재고물품 처리 방안을 포함한다)

6. 영업활동에 대한 조건 및 제한

가. 가맹점사업자가 해당 가맹사업을 시작하거나 경영하기 위하여 필요한 모든 부동산 · 용역 · 설비 · 상품 · 원재료 또는 부재료의 구입 또는 임차에 관한 다음의 사항

1) 가맹본부가 가맹점사업자에게 가맹본부 또는 가맹본부가 지정한 자와 거래할 것을 강제 또는 권장할 경우 그 강제 또는 권장의 대상이 되는 품목, 품목별 차액가맹금 수취 여부 및 공정거래위원회 고시로 정하는 주요 품목별 직전 사업연도 공급가격의 상 · 하한[가맹본부가 직접 공급하는 품목과 가맹본부가 지정한 자가 공급하는 품목을 구분하여 기재한다. 다만, 가맹사업이 소매업(편의점 등 소비자에 대해 각종 잡화를 종합적으로 판매하는 업종을 의미한다)에 해당하거나 차액가맹금을 수취하지 않는 경우에는 해당 정보의 기재를 생략할 수 있다]

2) 가맹본부가 가맹점사업자에게 가맹본부 또는 가맹본부가 지정한 자로부터 구입하도록 강제한 것과 관련하여 가맹본부의 특수관계인이 경제적 이익을 취하고 있는 경우 해당 특수관계인의 명칭, 가맹본부와 특수관계인 간 관계의 내용, 경제적 이익의 대상이 되는 상품 또는 용역의 명칭, 그 직전 사업연도에 해당 특수관계인에게 귀속된 경제적 이익의 내용(매출액, 임대수익 등을 의미하며, 정확한 금액이 산정되지 않는 경우에는 추정된 금액임을 밝히고 상한과 하한을 표시한다)

3) 가맹본부가 가맹점사업자에게 가맹본부 또는 가맹본부가 지정한 자와 거래할 것을 강제 또는 권장한 품목과 관련하여 가맹본부가 직전 사업연도에 납품업체, 용역업체 등으로부터 금전, 물품, 용역, 그 밖의 경제적 이익을 얻는 경우 해당 납품업체, 용역업체 등의 명칭, 그 경제적 이익의 내용[금전인 경우 판매장려금, 리베이트(rebate) 등 그 명칭에 관계없이 그 합계액을 기재하되, 정확한 금액이 산정되지 않는 경우에는 추정된 금액임을 밝혀 상한과 하한을 표시하고, 금전이 아닌 경우에는 해당 상품이나 용역의 명칭·수량 등을 기재한다. 이하 4)에서도 같다]

4) 가맹본부가 가맹점사업자에게 가맹본부의 특수관계인과 거래(특수관계인의 상품 또는 용역이 가맹점사업자에게 직접 공급되거나 제3의 업체를 매개로 공급되는 경우를 포함한다)할 것을 강제한 품목과 관련하여 특수관계인이 직전 사업연도에 납품업체, 용역업체 등으로부터 경제적 이익을 얻는 경우 해당 납품업체, 용역업체 등의 명칭, 그 경제적 이익의 내용

나. 가맹본부의 온라인·오프라인 판매에 관한 사항

1) 바로 전 사업연도 말 기준 연간 국내 매출액(연간 국내 매출액을 산정하기 곤란한 불가피한 사정이 있는 경우에는 공정거래위원회가 정하여 고시하는 바에 따라 산정한 매출액을 말한다) 중 온라인과 오프라인의 매출액 비중. 이 경우 온라인 매출액 비중은 가맹본부가 직접 운영하는 온라인몰 매출액과 다른 자가 운영하는 온라인몰 매출액으로, 오프라인 매출액 비중은 가맹점 매출액과 그 밖의 오프라인 매출액으로 각각 구분하여 적는다.

2) 바로 전 사업연도 말 기준 국내 판매상품 중 온라인과 오프라인 전용 판매상품의 비중

다. 삭제 <2014.2.11>

라. 상품 또는 용역, 거래상대방 및 가맹점사업자의 가격 결정을 제한하는 경우 이에 관한 상세한 내용

1) 가맹점사업자에게 지정된 상품 또는 용역만을 판매하도록 제한할 필요가 있는 경우에는 그 제한내용

2) 가맹점사업자의 거래상대방에 따라 상품 또는 용역의 판매를 제한할 필요가 있는 경우에는 그 제한내용

3) 가맹점사업자가 판매하는 상품 또는 용역의 가격을 정하여 이에 따르도록 권장하거나, 가맹점사업자가 판매가격을 결정·변경하기 전에 가맹본부와 협의할 필요가 있는 경우에는 그 제한내용

마. 가맹점사업자의 영업지역을 보호하기 위한 구체적인 내용

1) 법 제12조의4에 따라 가맹계약 체결 시 가맹점사업자의 영업지역을 설정하여 가맹계약서에 적는다는 사실과 가맹계약기간 중에는 정당한 사유 없이 가맹점사업자의 영업지역에서 동일한 업종의 직영점·가맹점(가맹본부 또는 그 계열회사가 운영하는 직영점·가맹점으로 한정한다)을 설치하지 아니한다는 사실(가맹본부 또는 그 계열회사가 보유하고 있는 영업표지 중 해당 가맹사업과 동일한 업종의 영업표지가 존재하는 경우 그 영업표지도 함께 적는다)

2) 영업지역의 설정 기준

3) 가맹계약 갱신과정에서 영업지역을 재조정할 수 있는 사유 및 영업지역을 재조정하는 경우에 가맹점사업자에게 미리 알리는 절차와 동의를 받는 방법
4) 가맹점사업자가 가맹본부로부터 보장받는 영업지역 밖의 고객에게 상품 및 용역을 판매하는 데 따르는 제한
5) 가맹본부가 가맹점사업자의 영업지역 내에서 대리점, 다른 영업표지를 사용한 가맹점 등을 통하여 가맹점사업자가 거래하는 상품이나 용역과 동일하거나 유사하여 대체재 관계에 놓일 수 있는 상품이나 용역을 거래하고 있는 경우 이에 관한 내용
6) 가맹본부가 온라인, 홈쇼핑, 전화권유판매 등을 통하여 가맹점사업자가 거래하는 상품이나 용역과 동일하거나 유사하여 대체재 관계에 놓일 수 있는 상품이나 용역을 거래하고 있는 경우 이에 관한 내용
7) 그 밖에 영업지역에 관한 내용

바. 계약기간, 계약의 갱신·연장·종료·해지 및 수정에 관한 상세한 내용
1) 가맹계약의 기간(계약 갱신 기간을 포함하며, 여러 가지의 기간이 있으면 모두 기재한다)
2) 계약 갱신 거절 사유
3) 계약 연장이나 재계약에 필요한 절차
4) 계약 종료, 해지 사유 및 그 절차(가맹본부 및 가맹점사업자의 권리를 각각 기재한다)
5) 계약 수정의 사유, 사전 통보 여부 및 동의 절차

사. 가맹점운영권의 환매·양도·상속 및 대리행사, 경업금지, 영업시간 제한, 가맹본부의 관리·감독 등에 관한 상세한 내용
1) 가맹점운영권의 환매 및 양도에 필요한 절차
2) 가맹점운영을 대행하거나 위탁할 수 있는지와 그에 필요한 요건
3) 가맹점사업자의 경업금지 범위(경업금지 기간, 업종, 지역을 기재한다)
4) 영업시간 및 영업일수 등의 제한에 대한 내용
5) 가맹점사업자가 고용하도록 권장되는 종업원 수 및 가맹점사업자가 직접 영업장에서 근무해야 하는지 여부
6) 가맹본부가 가맹점사업자의 영업장을 관리·감독하는지와 관리·감독하는 항목

아. 광고 및 판촉 활동
1) 광고의 목적(상품광고인지 가맹점 모집광고인지 등)에 따른 가맹본부와 가맹점사업자의 비용분담기준
2) 가맹점사업자가 가맹본부와 별개로 광고 및 판촉을 하려는 경우에 필요한 조건 및 절차

자. 해당 가맹사업의 영업비밀 보호 등에 관한 내용(가맹점사업자가 누설하지 아니하여야 할 영업비밀의 범위 및 그 기간을 포함한다)

차. 가맹계약 위반으로 인한 손해배상에 관한 사항

7. 가맹사업의 영업 개시에 관한 상세한 절차와 소요기간

가. 가맹계약 체결을 위한 상담·협의 과정에서부터 가맹점 영업 개시까지 필요한 절차(시간 순서대로 기재하되 변호사나 가맹거래사의 자문을 받는 방법을 포함한다)

나. 각 절차에 걸리는 기간(기간이 늘어날 수 있다는 점과 그 사유를 기재하되, 정확한 기간이 산정되지 아니하는 경우에는 추정된 기간임을 밝히고 상한과 하한을 포함한 구간으로 표시한다)

다. 각 절차에 드는 비용(절차별로 구체적으로 기재하되, 정확한 비용이 산정되지 아니하는 경우에는 추정된 비용임을 밝히고 상한과 하한을 포함한 구간으로 표시한다)

라. 가맹계약 체결 이후 일어날 수 있는 분쟁의 해결 절차

8. 가맹본부의 경영 및 영업활동 등에 대한 지원(지원사항이 없는 경우에는 그 사실을 적는다)

가. 가맹점사업자의 점포환경개선 시 가맹본부의 비용지원에 관한 사항(법 제12조의2제2항에 따라 의무적으로 지급하여야 하는 최소한의 비용을 지급하는 경우라도 해당 내용을 적는다)

나. 판매촉진행사 시 인력지원 등 가맹본부가 지원하는 사항이 있는 경우 그 구체적 내용

다. 가맹본부가 가맹점사업자의 경영활동에 대한 자문을 하는 경우 그 구체적 방식 및 내용

라. 가맹본부가 가맹희망자 또는 가맹점사업자에게 직접 신용을 제공하거나 각종 금융기관의 신용 제공을 주선하는 경우에는 신용 제공에 대한 구체적 조건 및 신용 제공 금액

마. 가맹본부가 가맹점사업자의 안정적인 점포 운영을 위한 경영상 지원 제도를 운용하는 경우 지원 조건 및 금액

9. 교육·훈련에 대한 설명(교육·훈련 계획이 없는 경우에는 그 사실을 기재한다)

가. 교육·훈련의 주요내용(집단 강의 및 실습 교육을 구분한다) 및 필수적 사항인지 여부

나. 가맹점사업자에게 제공되는 교육·훈련의 최소시간

다. 가맹점사업자가 부담하는 교육·훈련비용

라. 교육·훈련을 받아야 하는 주체(가맹점사업자가 자기 대신에 지정한 자도 교육·훈련을 받을 수 있는 경우에는 이를 기재한다)

마. 정기적이고 의무적으로 실시되는 교육·훈련에 가맹점사업자가 불참할 경우에 가맹본부로부터 받을 수 있는 불이익

10. 다음 각 목의 직영점 운영 현황

가. 바로 전 사업연도 말 기준 전체 직영점의 명칭 및 소재지

나. 바로 전 사업연도 말 기준 전체 직영점의 평균 운영기간(각 직영점의 영업개시일부터 바로 전 사업연도 말까지의 영업한 일수를 모두 더하여 총 직영점의 수로 나눈 기간을 말한다)

다. 바로 전 사업연도 말 기준 전체 직영점의 연간 평균 매출액(연간 평균 매출액을 산정하기 곤란한 불가피한 사정이 있는 경우에는 공정거래위원회가 정하여 고시하는 바에 따라 산정한 매출액을 말한다)

Q2. 인근가맹점 현황문서란?

A2. 가맹사업법에는 가맹본부가 가맹희망자에게 정보공개서를 제공할 때 인근가맹점 현황문서를 함께 제공하도록 하고 있다. 이는 가맹희망자가 현재 영업 중인 가맹점의 현장을 직접 방문하여 정보공개서 내용과 함께 검토한다면 보다 효율적으로 사업타당성을 검토할 수 있기 때문이다.

인근가맹점 현황문서에는 가맹희망자의 장래 점포지에서 가장 인접한 가맹점 10개의 상호, 소재지, 전화번호가 기재되어 있다. 가맹희망자는 제공된 가맹점의 목록을 중심으로 해당 가맹점을 방문하면서 다양한 정보를 수집할 수 있다.

가맹본부에 대한 가맹점의 만족도, 현재 매출 및 수익에 대한 적정성, 가맹본부의 가맹점에 대한 지원내용, 물품공급에 대한 안정성, 광고·판촉 등에 대한 가맹본부의 지원 유무, 교육·훈련에 대한 지속적인 지원 유무, 다른 가맹점과의 관계, 가맹점에 대한 가맹본부의 관리 능력 등을 현장을 통해 파악할 수 있으며, 이러한 내용을 정보공개서의 내용과 비교하며 분석한다면 더욱 도움이 될 것이다.

Q3. 정보공개서 등록의무란?

A3. 가맹본부가 가맹점을 모집하기 위해서는 반드시 해당 브랜드의 정보공개서를 가맹사업법 시행령 [별표 1] 정보공개서의 기재사항에서 정한 기준에 따라 작성하여 공정거래위원회 또는 특별시장·광역시장·특별자치시장·도지사·특별자치도지사(이하 "시·도지사")에 등록하여야 한다.

정보공개서가 처음으로 등록되면 정보공개서 등록번호, 최초등록일이 부여되고 이 내용은 정보공개서 표지에 기재하여야 한다.

Q4. 정보공개서 변경의무란?

A4. 가맹본부는 등록한 정보공개서의 기재사항 중 변경사항이 발생하는 경우, 정기 또는 수시로 변경등록 및 변경신고를 하여야 한다. 특히, 매 사업연도가 끝난 후 가맹본부 현황 및 가맹사업 현황 등의 중요사항에 대해 법인사업자는 120일 이내, 재무제표를 작성하는 개인사업자는 180일 이내에 매년 정기적으로 변경등록 업무를 진행하여야 한다.

정보공개서 변경등록이 완료되면 최종등록일이 부여되고 이의 내용은 정보공개서 표지에 기재하도록 하고 있다. 정보공개서의 중요사항을 기한 내에 변경등록하지 않을 경우 공정거래위원회 또는 시·도지사가 직권으로 정보공개서 등록을 취소하고 과태료를 부과할 수 있다.

정보공개서의 변경사항 및 변경기한은 가맹사업법 시행령 [별표 1의2]에 규정되어 있으며 자세한 내용은 다음과 같다.

참고사항 : 정보공개서 변경 기준

시행령 [별표 1의2] 정보공개서의 변경 사항 및 변경 기한(제5조의3제1항 관련)		
구분	정보공개서 기재사항	변경 기한
변경 등록 사항	별표 1 제1호: 전체 별표 1 제2호: 가목, 나목(가맹본부와 관련된 정보만 해당한다), 다목부터 마목까지, 사목(대표자와 관련된 정보만 해당한다) 및 자목 별표 1 제3호: 나목 별표 1 제4호: 전체	변경사유가 발생한 날부터 30일
	별표 1 제2호: 차목 별표 1 제3호: 자목1) 및 2) 별표 1 제5호: 가목, 나목1)·3) 및 다목 별표 1 제6호: 라목부터 차목까지 별표 1 제8호: 전체 별표 1 제9호: 전체	변경사유가 발생한 분기가 끝난 후 30일
	별표 1 제2호: 바목 및 아목 별표 1 제3호: 다목부터 아목까지, 자목3) 및 차목 별표 1 제5호: 나목2) 별표 1 제6호: 가목 및 나목 별표 1 제10호: 전체	매 사업연도가 끝난 후 120일. 다만, 재무제표를 작성하는 개인사업자인 가맹본부는 매 사업연도가 끝난 후 180일 이내에 정보공개서 변경등록을 신청할 수 있다.
변경 신고 사항	별표 1 제2호: 나목(가맹본부의 특수관계인과 관련된 정보만 해당한다), 사목(대표자 이외의 임원과 관련 된 정보만 해당한다) 별표 1 제3호: 가목, 카목 및 타목 별표 1 제7호: 전체	변경사유가 발생한 분기가 끝난 후 30일

출처: 가맹사업법 – 시행령 – [별표 1의2]

Q5. 정보공개서 제공의무란?

A5. 가맹본부의 정보공개서 제공의무는 가맹본부와 가맹희망자 간의 정보 비대칭을 해소하기 위해 마련된 제도이다. 가맹희망자가 가맹본부의 정보를 수집하는 데 한계가 있을 것을 염려하여 가맹사업법에서는 가맹본부가 가맹희망자에게 가맹계약을 체결하거나 최초가맹금 수령하기 14일 전에 "등록된 정보공개서 및 인근가맹점 현황문서"를 서면으로 제공할 것을 의무화하고 있다.

가맹본부는 정보공개서 및 인근가맹점 현황문서를 제공함에 있어서 제공시점을 객관적으로 확인할 수 있는 방법(직접 전달, 내용증명우편, 정보통신망 게시, 전자우편)으로 가맹희망자에게 제공하여야 하고, 가맹희망자에게 제공한 날로부터 14일이 지나지 않은 경우에는 가맹금을 수령하거나 가맹계약을 체결하면 안 된다.

Q6. 정보공개서 제공방법은?

A6. 가맹본부가 가맹희망자에게 등록된 정보공개서를 제공하는 경우 서면으로 제공하여야 한다. 서면으로 제공할 때에는 제공시점을 객관적으로 확인할 수 있는 방법을 활용하여야 하고, 가맹사업법 시행령에 정한 다음의 4가지 방법 중 하나를 선택하여야 한다.

1. 가맹희망자에게 정보공개서를 직접 전달하는 방법
2. 가맹희망자에게 정보공개서의 제공시점을 확인할 수 있는 내용증명우편으로 제공하는 방법
3. 정보통신망을 이용하여 정보공개서의 내용을 게시한 후 게시사실을 가맹희망자에게 알리는 방법
4. 전자우편, 문자메시지 또는 이동통신 단말장치에서 사용되는 애플리케이션을 이용하여 전자적 파일을 보내는 방법

정보공개서를 온라인으로 제공하는 경우, 문서의 형태로 인쇄 또는 출력 가능하도록 해야 서면으로 제공한 것으로 인정되고, 전자적 파일의 발송시간과 수신시간의 확인이 가능한 방법으로 하여야 완전하게 제공한 것임을 입증할 수 있다.

참고로, 정보공개서 제공방법은 인근가맹점 현황문서, 가맹계약서, 예상매출액 산정서 등의 제공방법 및 광고·판촉행사 관련 집행 내역 통보방법에도 적용된다.

Q7. 정보공개서 핵심내용은?

A7. 정보공개서는 **가맹사업법 시행령 [별표 1] 정보공개서의 기재사항** 기준에 따라 10가지 항목으로 구분되어 있다. 정보공개서 주요 내용을 항목별로 요약 정리하면 다음과 같다.

NO	항목	세부 내용
1	표지	– 정보공개서 표시, 주의사항 문구 – 가맹본부의 상호, 주소, 전화번호, 영업표지 및 로고 등 – 정보공개서 등록번호, 최초등록일, 최종등록일 등
2	가맹본부 일반현황	– 가맹본부의 일반 정보, 특수관계인 및 계열회사 현황 – 인수·합병 현황, 해당 가맹사업의 임원 현황 및 임직원 수 – 재무 현황, 다른 가맹사업 현황, 지식재산권 현황 등
3	가맹사업 현황	– 가맹사업 시작일, 연혁, 업종, 가맹점의 평균 영업기간 – 직영점 및 가맹점 수, 가맹점 변동 현황, 가맹점당 평균 매출액 현황 – 다른 브랜드 현황, 가맹지역본부(지사) 현황, 광고·판촉 지출 현황 – 가맹금 예치 및 피해보상보험계약 현황 등
4	법 위반 사실	– 가맹사업법, 약관법, 공정거래법 위반 사실 – 가맹사업과 관련된 민, 형사상 법 위반 사실
5	가맹점사업자의 부담	– 영업개시 이전 부담: 가맹비, 보증금, 설비·집기 등 개설 비용 – 영업 중 부담: 로열티 및 차액가맹금 등 유지 비용 – 계약종료 후 부담: 계약갱신 비용, 영업양도 비용, 종료 절차 등
6	영업활동 조건 및 제한	– 공급품목 거래형태 및 거래상대방, 차액가맹금 수취여부 – 공급가격 상·하한, 가맹본부 및 특수관계인의 경제적 이익 – 판매상품 및 권장가격, 영업지역 설정 보호 기준, 다른 유통채널 현황 – 계약기간, 계약갱신, 계약종료, 계약해지 – 환매, 양도, 상속, 대리, 경업, 영업시간, 관리감독 내용 – 광고 및 판촉 분담 기준, 영업비밀 보호, 계약위반 시 손해배상 등
7	영업개시 절차 및 비용	– 상담부터 영업개시까지 필요한 절차, 기간, 비용 – 분쟁 해결 절차 등
8	경영 영업 활동 지원	– 점포환경개선 지원 – 개점 시 판촉 지원, 영업 중 안정 지원 – 신용 지원 – 경영활동 자문 등
9	교육 훈련	– 교육·훈련 내용, 교육 시간, 교육 비용, 불참 시 불이익 등
10	직영사업 현황	– 직영점 명칭 및 소재지 – 직영점 평균 운영 기간 – 직영점 연간 평균 매출액 현황 등

출처: 가맹사업법 – 시행령 – [별표 1]

에 · 피 · 소 · 드

03 가맹희망자가 정보공개서 숙고기간 면제해 주면 합법?

출처: 한국공정거래조정원 | 2019-10-30 | 오락 가맹본부의 정보공개서 미제공 관련 분쟁조정 사례

1. 사건의 개요

가. 분쟁의 경위

신청인은 피신청인과 가맹계약을 체결하는 과정에서 계약 체결 당일 피신청인으로부터 정보공개서를 제공받아 충분한 검토 기간 없이 가맹계약을 체결하게 되어 이 사건 분쟁이 발생하였다.

나. 사안의 쟁점

이 사안의 경우 피신청인이 신청인에게 계약 당일에 정보공개서를 제공한 행위가 가맹본부의 정보공개서 사전 제공 의무를 위반한 행위로 볼 수 있는지가 문제된다.

2. 분쟁사실 및 당사자 주장

가. 분쟁사실

신청인은 2019. 3. 22. 피신청인과 '△△ ○○점 가맹계약'(이하 '이사건 계약'이라 한다)을 체결하였다.

피신청인은 이 사건 계약 당일 신청인에게 정보공개서를 제공하면서 신청인에게 '정보공개서 제공 확인서'라는 서류에 정보공개서 제공일을 2019. 3. 15.로 기재하라고 요구하였고, 신청인은 피신청인의 요구에 따라 정보공개서 제공일을 기재하고 날인하였다.

나. 당사자 주장

1) 신청인 주장

피신청인은 이 사건 계약 당일에서야 신청인에게 정보공개서를 제공하여 신청인은 이 사건 계약 체결에 대하여 충분히 검토할 시간이 없이 사건 계약을 체결하게 되었고, 신청인은 △△ ○○점을 운영하며 금전적 손실이 누적되고 있으므로 피신청인은 이 사건 계약을 해지하고 신청인에게 손해배상금을 지급하여야 한다.

2) 피신청인 주장

피신청인은 신청인이 이 사건 계약을 빨리 체결하고 싶다고 요구하여 불가피하게 정보공개서 제공일을 허위로 기재하게 한 것일 뿐이다.

3. 검토 및 조정

▶ **관련 법 규정 및 심사지침**

> **가맹사업법 제7조【정보공개서의 제공 의무 등】** ③ 가맹본부는 등록된 정보공개서 및 인근 가맹점 현황문서(이하 "정보공개서등"이라 한다)를 제1항의 방법에 따라 제공하지 아니하였거나 정보공개서등을 제공한 날부터 14일(가맹희망자가 정보공개서에 대하여 변호사 또는 제27조에 따른 가맹거래사의 자문을 받은 경우에는 7일로 한다)이 지나지 아니한 경우에는 다음 각 호의 어느 하나에 해당하는 행위를 하여서는 아니 된다.
>
> 1. 가맹희망자로부터 가맹금을 수령하는 행위. 이 경우 가맹희망자가 예치기관에 예치가맹금을 예치하는 때에는 최초로 예치한 날(가맹본부가 가맹희망자와 최초로 가맹금을 예치하기로 합의한 때에는 그 날)에 가맹금을 수령한 것으로 본다.
> 2. 가맹희망자와 가맹계약을 체결하는 행위

▶ **조정원의 조정 방향**

담당 조사관은 피신청인에게 정보공개서를 제공한 날부터 14일이 지나지 않은 시점에 가맹희망자와 가맹계약을 체결한 행위가 가맹사업법에서 규정하는 정보공개서 사전 제공 의무를 위반한 행위로 볼 수 있다는 점을 설명하고, 피신청인이 신청인에게 손해배상금을 지급하거나 신청인으로부터 지급받는 가맹금을 감액하는 방향으로 조정을 진행하였다.

4. 조정 결과

당사자는 '피신청인은 신청인으로부터 매월 지급받는 가맹금을 기존 가맹금의 1/3으로 감액한다'는 내용으로 합의하여 이 사건 조정이 성립하였다.

프랜차이즈 클리닉

가맹본부가 가맹점사업자와 가맹계약을 체결하기 위해서는 정보공개서, 인근가맹점 현황문서, 가맹계약서를 사전에 제공하고 가맹희망자가 정보를 충분히 숙지할 수 있도록 14일의 숙고기간을 부여하여야 한다. 예상매출액 산정서는 가맹계약을 체결할 때까지 제공하면 된다.

이 내용은 가맹희망자를 보호하기 위해 특별법으로 제정된 가맹사업법의 강행규정이다. 가맹본부와 가맹희망자 모두 여타의 이유 불문하고 "무조건" 숙고기간을 준수하여야 하는 당사자이지 상호 합의 하에 이 기간을 단축할 수 없다는 의미이다.

가맹희망자가 가맹본부에 숙고기간 단축을 먼저 요구한다는 것은 자신이 법으로 보호받을 수 있는 혜택을 포기하는 행위이고 이로 인한 위험을 증가시키는 행위다. 가맹점 창업을 위해 정보를 충분히 검토해야 하는 의무는 가맹희망자에게 있음에도 불구하고 가맹사업법에서 정보를 검토할 충분한 기간을 부여하도록 가맹본부에게 의무를 부담시키는 이유를 깊이 숙고해볼 필요가 있다.

Keyword 06

가맹계약서

Q1. 가맹계약서란?

A1. 가맹계약서란 가맹본부와 가맹점사업자의 상호 권리와 의무를 규정하는 법률 문서이다. 가맹계약서는 가맹사업의 구체적 내용과 조건을 기재하고 이에 대해 가맹본부 및 가맹점사업자가 각자의 역할에 대해 신의에 따라 성실하게 지키겠다고 약속하는 문서이다.

가맹본부가 가맹희망자에게 정보를 의무적으로 제공해야 하는 문서로는 정보공개서, 인근가맹점 현황문서, 예상매출액 산정서, 가맹계약서 4가지가 있다. 이 4가지 중 문서 성격 상 가장 중요한 문서는 무엇일까? 단언컨대 **가맹계약서**라 말할 수 있다.

정보공개서, 인근가맹점 현황문서, 예상매출액 산정서는 가맹계약 체결 전 정보를 제공하는 역할을 하는 문서이고, 가맹계약서는 가맹계약 체결 후 가맹본부가 가맹점사업자를 통제하는 역할을 하는 문서이다.

가맹사업은 가맹본부와 가맹점사업자 간 계속적 거래를 전제로 한다. 가맹계약서는 계약기간 동안 신의에 따라 성실하게 이행할 구체적인 조건을 제시한 문서이기에 위 4가지 문서 중 가장 중요한 성격을 갖는다.

Q2. 가맹계약서 필수기재 사항은?

A2. 가맹계약서가 중요한 문서인 만큼 가맹사업법에는 가맹계약서에 반드시 포함하여야 하는 “필수기재사항”으로 법률에 12가지, 시행령에 9가지를 규정하고 있다. 따라서 계약자유의 원칙에도 불구하고 가맹계약서는 반드시 21가지 사항을 포함하여야 한다.

법률 제11조 (가맹계약서의 기재사항 등)	시행령 제12조 (가맹사업당사자의 권리 · 의무에 관한 사항)
① 생략 ② 가맹계약서는 다음 각호의 사항을 포함하여야 한다. <개정 2007. 8. 3., 2018. 10. 16., 2024. 1. 2.> 1. 영업표지의 사용권 부여에 관한 사항 2. 가맹점사업자의 영업활동 조건에 관한 사항 3. 가맹점사업자에 대한 교육 · 훈련, 경영지도에 관한 사항 4. 가맹금 등의 지급에 관한 사항 5. 영업지역의 설정에 관한 사항 6. 계약기간에 관한 사항 7. 영업의 양도에 관한 사항 8. 계약해지의 사유에 관한 사항 9. 가맹희망자 또는 가맹점사업자가 가맹계약을 체결한 날부터 2개월(가맹점사업자가 2개월 이전에 가맹사업을 개시하는 경우에는 가맹사업개시일)까지의 기간 동안 예치가맹금을 예치기관에 예치하여야 한다는 사항. 다만, 가맹본부가 제15조의2에 따른 가맹점사업자 피해보상보험계약 등을 체결한 경우에는 그에 관한 사항으로 한다. 10. 가맹희망자가 정보공개서에 대하여 변호사 또는 제27조에 따른 가맹거래사의 자문을 받은 경우 이에 관한 사항 11. 가맹본부 또는 가맹본부 임원의 위법행위 또는 가맹사업의 명성이나 신용을 훼손하는 등 사회상규에 반하는 행위로 인하여 가맹점사업자에게 발생한 손해에 대한 배상의무에 관한 사항 12. 가맹본부가 가맹점사업자에게 가맹본부 또는 가맹본부가 지정한 자와 거래할 것을 강제할 경우 그 강제의 대상이 되는 부동산 · 용역 · 설비 · 상품 · 원재료 또는 부재료 · 임대차 등의 종류 및 공급 가격 산정방식에 관한 사항 13. 그 밖에 가맹사업당사자의 권리 · 의무에 관한 사항으로서 ***대통령령이 정하는 사항*** ③ 생략	법 ***제11조제2항제13호에서 "대통령령이 정하는 사항"***이란 다음 각 호의 어느 하나에 해당하는 사항을 말한다. <개정 2003. 6. 13., 2010. 10. 13., 2018. 12. 18. 2024.06.04.> 1. 가맹금 등 금전의 반환조건에 관한 사항 2. 가맹점사업자의 영업설비 · 집기 등의 설치와 유지 · 보수 및 그 비용의 부담에 관한 사항 3. 가맹계약의 종료 및 해지에 따른 조치 사항 4. 가맹본부가 가맹계약의 갱신을 거절할 수 있는 정당한 사유에 관한 사항 5. 가맹본부의 영업비밀에 관한 사항 6. 가맹계약 위반으로 인한 손해배상에 관한 사항 7. 가맹본부와 가맹점사업자 사이의 거래조건 변경협의 및 분쟁 해결 절차에 관한 사항 8. 가맹본부가 다른 사업자에게 가맹사업을 양도하는 경우에는 종전 가맹점사업자와의 계약에 관한 사항 9. 가맹본부의 지식재산권 유효기간 만료 시 조치에 관한 사항 [시행일: 2024. 12. 5.] 제12조제7호

Q3. 가맹계약서 제공의무란?

A3. 가맹사업법에서는 가맹본부가 가맹희망자에게 가맹계약을 체결 또는 최초가맹금 수령하기 14일 전에 "가맹계약서"를 서면으로 제공할 것을 의무화하고 있다. 따라서, 가맹희망자는 가맹계약서 전체 내용에 대해 충분한 시간을 갖고 신중히 검토하여야 한다.

Keyword 근거 법령 　　　　　　　　　　　　**가맹사업법**

법률 제11조(가맹계약서의 기재사항 등)
① 가맹본부는 가맹희망자가 가맹계약의 내용을 미리 이해할 수 있도록 제2항 각 호의 사항이 적힌 문서를 가맹희망자에게 제공한 날부터 14일(가맹희망자가 가맹계약서의 내용에 대하여 변호사 또는 제27조에 따른 가맹거래사의 자문을 받은 경우에는 7일로 한다)이 지나지 아니한 경우에는 다음 각 호의 어느 하나에 해당하는 행위를 하여서는 아니 된다. <개정 2007. 8. 3., 2017. 4. 18., 2023. 8. 8.> 1. 가맹희망자로부터 가맹금을 수령하는 행위. 이 경우 가맹희망자가 예치기관에 예치가맹금을 예치하는 때에는 최초로 예치한 날(가맹희망자가 최초로 가맹금을 예치하기로 가맹본부와 합의한 날이 있는 경우에는 그 날)에 가맹금을 수령한 것으로 본다. 2. 가맹희망자와 가맹계약을 체결하는 행위 ② ~ ③ 생략

Q4. 약관이란?

A4. 약관이란 일방 당사자가 다수의 상대방과 계약을 체결하기 위해 일정한 형식에 의하여 미리 마련한 계약의 내용을 말한다. 가맹계약서는 가맹본부가 다수의 가맹점과 계약체결을 위해 일정한 형식에 의해 미리 만들어둔 문서이므로 약관에 해당된다.

따라서, 가맹계약서도 약관으로써의 성격을 갖고 있기에 가맹사업법 뿐만 아니라 「약관의 규제에 관한 법률(이하 "약관법")」의 적용도 받는다.

Q5. 약관법 주요 내용은?

A5. 약관은 한글로 작성되어야 하고, 표준화 및 체계화된 용어를 사용하여 알아보기 쉽게 작성하여야 한다. 사업자는 약관에 기재된 중요한 내용을 고객이 이해할 수 있도록 설명하여야 하고, 사업자가 명시 설명 의무를 이행하지 않은 경우 해당 약관을 계약의 내용으로 주장할 수 없다.

참고사항 : 가맹계약서와 약관법의 관계

가맹계약서와 약관의 관계

약관이란 그 명칭이나 형태 또는 범위에 상관없이 계약의 한쪽 당사자가 여러 명의 상대방과 계약을 체결하기 위하여 일정한 형식으로 미리 마련한 계약의 내용을 말한다.

"약관의 규제에 관한 법률(이하 '약관법')"은 사업자가 그 거래상의 지위를 남용하여 불공정한 내용의 약관을 작성하여 거래에 사용하는 것을 방지하고 불공정한 내용의 약관을 규제함으로써 건전한 거래질서를 확립하고, 이를 통하여 소비자를 보호하고 국민생활을 균형 있게 향상시키는 것을 목적으로 한다.

가맹계약서는 가맹본부가 다수의 가맹점과 계약체결을 위하여 일정한 형식에 의해 미리 만들어둔 문서이기에 가맹사업법 뿐만 아니라 약관법 적용도 받는다.

약관법에 의해 가맹계약서를 준비하고 체결하는 가맹본부는 약관법에서 정한 규정을 준수하여야 한다. 약관법 전체 내용 중 가맹사업 양 당사자가 숙지하여야 하는 주요 내용은 다음과 같다.

1. 약관의 작성 및 설명의무
   ① 사업자는 고객이 약관의 내용을 한글로 작성하고, 표준화·체계화된 용어를 사용하며, 약관의 중요한 내용을 알아보기 쉽게 작성하여야 한다.
   ② 사업자는 약관에 정하여져 있는 중요한 내용을 고객이 이해할 수 있도록 설명하여야 한다.
   ③ 사업자가 설명의무를 위반하여 계약을 체결한 경우에는 해당 약관을 계약의 내용으로 주장할 수 없다.

2. 개별약정의 우선
   약관에서 정하고 있는 사항에 관하여 사업자와 고객이 약관의 내용과 다르게 합의한 사항이 있을 때에는 그 합의 사항은 약관보다 우선한다.

3. 약관의 해석
   ① 약관은 신의성실의 원칙에 따라 공정하게 해석되어야 하며 고객에 따라 다르게 해석되어서는 안 된다.
   ② 약관의 뜻이 명백하지 아니한 경우에는 고객에게 유리하게 해석되어야 한다.

4. 약관의 일반원칙
   ① 신의성실의 원칙을 위반하여 공정성을 잃은 약관 조항은 무효이다.
   ② 약관의 내용 중 고객에게 부당하게 불리하거나 예상하기 어려운 조항은 무효로 한다.
   ③ 계약 당사자의 책임에 관하여 배제, 제한, 가중 등 사업자 면책 조항은 무효로 한다.
   ④ 고객에게 부당하게 과중한 지연 손해금 등의 손해배상 의무를 부담시키는 약관 조항은 무효로 한다.

5. 일부 무효의 특칙
   약관의 전부 또는 일부의 조항이 계약의 내용이 되지 못하는 경우나 무효인 경우 계약은 나머지 부분만으로 유효하게 존속한다. 다만, 유효한 부분만으로는 계약의 목적 달성이 불가능하거나 그 유효한 부분이 한쪽 당사자에게 부당하게 불리한 경우에는 그 계약은 무효로 한다.

출처: 약관법

Q6. 가맹계약서 법적양식은?

A6. 가맹계약서는 가맹사업법 법률 및 시행령에서 정한 필수기재사항 21가지를 포함하여 가맹본부가 자율적으로 작성할 수 있다. 다만, 공정거래위원회는 가맹본부에게 건전한 가맹사업거래질서를 확립하고 불공정한 내용의 가맹계약이 통용되는 것을 방지하기 위하여 일정한 가맹사업거래에서 표준이 되는 가맹계약서의 작성 및 사용을 권장하고 있다.

Keyword 근거 법령 　　가맹사업법

법률 제11조의2(표준가맹계약서)
① 공정거래위원회는 건전한 가맹사업거래질서를 확립하고 불공정한 내용의 가맹계약이 통용되는 것을 방지하기 위하여 일정한 가맹사업거래에서 표준이 되는 가맹계약서(이하 "표준가맹계약서"라 한다)를 마련하고, 가맹본부, 가맹본부로 구성된 사업자단체, 가맹점사업자 및 제14조의2에 따른 가맹점사업자단체에 이를 사용하도록 권장할 수 있다. ② 가맹본부, 가맹본부로 구성된 사업자단체, 가맹점사업자 및 제14조의2에 따른 가맹점사업자단체는 공정거래위원회에 표준가맹계약서의 제정 또는 개정을 요청할 수 있다. ③ 공정거래위원회는 표준가맹계약서의 제정 또는 개정을 위하여 필요한 경우 이해관계자 또는 가맹사업거래에 관한 학식과 경험이 풍부한 전문가 등으로부터 의견을 들을 수 있다. ④ 제1항부터 제3항까지에서 규정한 사항 외에 표준가맹계약서의 제정 또는 개정에 필요한 세부사항은 공정거래위원회가 정하여 고시한다. [본조신설 2023. 6. 20.]

Q7. 가맹계약서 핵심내용은?

A7. 공정거래위원회가 2024년 12월 말 기준 최종 고시한 표준계약서는 업종 특성에 따라 치킨업, 커피업, 피자업, 기타외식업, 편의점업, 화장품업, 세탁업, 건강기능식품업, 자동차정비업, 기타도소매업, 교육서비스업, 이미용업, 기타서비스업 등 13개 업종으로 구분되어 있다.

"프랜차이즈(기타외식업) 표준계약서" 목차는 가맹계약서 필수기재사항 21가지를 포함하여 총 53개 조항으로 구분되어 있고, 예시로 기타외식업 표준계약서 목차를 정리하면 다음과 같다.

참고사항 : 프랜차이즈(기타외식업) 표준계약서 목차

Keyword 07

사전제공문서

Q1. 사전제공문서는 모두 숙고기간이 동일한가?

A1. 사전제공문서 숙고기간이란 가맹희망자가 가맹계약을 체결 또는 최초가맹금을 지급하기 14일 전에 가맹본부가 제공한 정보공개서, 인근가맹점 현황문서, 가맹계약서, 예상매출액 산정서 4개 문서를 검토하는 기간을 말한다.

가맹본부는 가맹희망자에게 정보공개서를 제공할 때 인근가맹점 현황문서를 함께 제공하여야 한다. 다만, 정보공개서 제공시점에 가맹희망자의 장래 점포예정지가 확정되지 않은 경우에는 확정되는 즉시 제공하여야 한다.

정보공개서, 인근가맹점 현황문서, 가맹계약서 숙고기간은 14일로 동일하다. 그러나, 예상매출액 산정서는 가맹계약을 체결할 때 제공하면 된다. 즉, 사전제공문서 4개의 숙고기간이 모두 동일한 것은 아니다.

정보는 수집하는 가맹희망자가 충분히 검토해야 하는 의무가 있으나 가맹사업법에서는 가맹점 창업 시 가맹본부의 속도감 있는 영업행위로 인해 가맹희망자가 충동적이거나 순간적인 결정으로 잘못된 선택을 하는 여지를 사전에 차단하고 가맹희망자에게 충분히 고민할 시간을 가맹본부가 직접 부여하도록 하고 있다.

"시간이 없는데 숙고기간이고 뭐고 빨리 계약하고 점포를 오픈하자."고 서두르는 가맹희망자를 종종 보게 되는데 가맹점 창업은 충분한 검토와 준비를 거쳐야 한다. 하루 이틀 영업하고 그만둘 사업이 아니라 적어도 몇 년 이상 지속하며 안정적으로 투자금을 회수하기 위해서는 충분히 검토하고 결정하여야 한다.

참고사항 : 날짜 계산 Q&A

Q1. 정보공개서, 인근가맹점 현황문서, 가맹계약서를 5월 1일 오전 10시에 동시에 제공한 경우, 가맹계약을 체결하거나 가맹금을 수령할 수 있는 가장 빠른 날짜는?

A1. **5월 16일:** 문서를 제공한 날부터 14일이 지나야 가맹계약을 체결하거나 가맹금을 수령할 수 있다. 일반적으로 14일이 지난날은 15일이라고 생각할 수 있으나, 민법에 초일(제공한 당일)은 산입하지 않는다는 규정이 있어 16일(제공일+15일)부터 가능하다.

Q2. 정보공개서를 5월 1일, 인근가맹점 현황문서를 5월 2일, 가맹계약서를 5월 3일, 예상매출액 산정서 5월 4일, 총 4회에 걸쳐 제공한 경우, 가맹계약을 체결하거나 가맹금을 수령할 수 있는 가장 빠른 날짜는?

A2. **5월 18일:** 정보공개서, 인근가맹점 현황문서, 가맹계약서 숙고기간은 14일이나, 예상매출액 산정서는 가맹계약을 체결할 때 제공하면 된다. 따라서 숙고기간이 동일한 문서 중 가장 나중에 제공한 문서인 "가맹계약서"를 기준으로 숙고기간을 산정하여야 한다.

Q3. 정보공개서를 5월 1일, 인근가맹점 현황문서를 5월 2일, 가맹계약서를 5월 3일, 예상매출액 산정서 5월 4일, 총 4회에 걸쳐 제공하고 정보공개서와 가맹계약서를 가맹거래사에게 자문을 받은 경우, 가맹계약을 체결하거나 가맹금을 수령할 수 있는 가장 빠른 날짜는?

A3. **5월 11일:** 정보공개서와 가맹계약서를 변호사나 가맹거래사에게 자문을 받은 경우 숙고기간은 14일에서 7일로 단축된다.

Keyword 근거 법령

민법

법률 제1편 총칙 제6장 기간
제155조(본장의 적용범위) 기간의 계산은 법령, 재판상의 처분 또는 법률행위에 다른 정한 바가 없으면 본장의 규정에 의한다. **제156조(기간의 기산점)** 기간을 시, 분, 초로 정한 때에는 즉시로부터 기산한다. **제157조(기간의 기산점)** 기간을 일, 주, 월 또는 연으로 정한 때에는 기간의 초일은 산입하지 아니한다. 그러나 그 기간이 오전 영시로부터 시작하는 때에는 그러하지 아니하다. **제158조(나이의 계산과 표시)** 나이는 출생일을 산입하여 만(滿) 나이로 계산하고, 연수(年數)로 표시한다. 다만, 1세에 이르지 아니한 경우에는 월수(月數)로 표시할 수 있다. **제159조(기간의 만료점)** 기간을 일, 주, 월 또는 연으로 정한 때에는 기간말일의 종료로 기간이 만료한다. **제160조(역에 의한 계산)** ① 기간을 주, 월 또는 연으로 정한 때에는 역에 의하여 계산한다. ② 주, 월 또는 연의 처음으로부터 기간을 기산하지 아니하는 때에는 최후의 주, 월 또는 연에서 그 기산일에 해당한 날의 전일로 기간이 만료한다. ③ 월 또는 연으로 정한 경우에 최종의 월에 해당일이 없는 때에는 그 월의 말일로 기간이 만료한다. 제161조(공휴일 등과 기간의 만료점) 기간의 말일이 토요일 또는 공휴일에 해당한 때에는 기간은 그 익일로 만료한다.

Q2. 사전제공문서는 모두 제공방법이 동일한가?

A2. 가맹사업법에서는 정보공개서를 제공할 때 인근가맹점 현황문서를 제공하도록 하고 있기에 인근가맹점 현황문서 제공방법도 정보공개서 제공방법과 동일하다고 해석할 수 있다. 그러나, 가맹계약서나 예상매출액 산정서 제공방법은 명문화된 규정이 없다.

가맹사업법에서 정한 규정은 없으나 가맹계약서와 예상매출액 산정서도 사전 제공 의무가 있고, 이를 제공하였다는 사실을 가맹본부가 입증해야 하기에 정보공개서와 동일한 방법으로 제공하는 것이 바람직하다.

추가로, 가맹본부가 매 사업연도 종료 후 3개월 이내에 가맹점사업자에게 통지하여야 하는 광고·판촉행사 관련 집행 내역 통보 방법도 정보공개서 제공방법을 적용한다.

Keyword 근거 법령

가맹사업법

시행령 제6조(정보공개서의 제공 등)

① 가맹본부(가맹지역본부 또는 가맹중개인이 가맹점사업자를 모집하는 경우를 포함한다. 이하 같다)는 법 제7조제1항에 따라 가맹희망자에게 정보공개서를 제공할 경우에는 다음 각 호의 어느 하나에 해당하는 방법에 따라야 한다. 다만, 제3호 및 제4호의 경우에는 문서의 형태로 인쇄 또는 출력이 가능하도록 하는 조치를 취해야 한다. <개정 2008. 1. 31., 2014. 2. 11., 2015. 1. 6., 2023. 11. 16.>

1. 가맹희망자에게 정보공개서를 직접 전달하는 방법. 이 경우 다음 각 목의 모든 사항을 적은 서면을 작성(가목부터 다목까지의 사항은 가맹희망자가 자필로 작성하는 것을 말한다)하여 가맹희망자에게 주어야 한다.
   가. 정보공개서를 제공받았다는 사실, 제공받은 일시 및 장소
   나. 가맹희망자의 성명·주소 및 전화번호
   다. 가맹희망자의 서명 또는 기명날인
   라. 가맹본부의 서명 또는 기명날인
2. 가맹희망자에게 정보공개서의 제공시점을 확인할 수 있는 내용증명우편으로 제공하는 방법
3. 정보통신망을 이용하여 정보공개서의 내용을 게시한 후 게시사실을 가맹희망자에게 알리는 방법. 이 경우 가맹본부는 특정 가맹희망자가 정보공개서의 내용을 읽어 본 시간을 그 가맹희망자 및 가맹본부가 확인할 수 있는 시스템을 마련하여야 한다.
4. 전자우편, 문자메시지 또는 이동통신단말장치에서 사용되는 애플리케이션을 이용하여 가맹희망자에게 정보공개서의 내용이 포함된 전자적 파일을 보내는 방법. 이 경우 가맹본부는 전자적 파일의 발송시간과 수신시간의 확인이 가능한 방법으로 해야 한다.

② ~ ③ 생략

Q3. 사전제공문서는 모두 보관의무가 있나?

A3. 사전제공문서 중 가맹계약서와 예상매출액 산정서는 보관의무가 있으나, 정보공개서와 인근가맹점 현황문서는 보관의무가 없다. 그러나 분쟁발생 시 모두 검토가 필요한 문서이므로 사전제공문서 4개를 함께 보관하는 것이 바람직하다.

가맹계약서는 계약체결일 이후부터 계약종료일 이후까지 분쟁발생 시 근거가 되는 문서이기에 가맹계약 종료일로부터 3년간 보관하여야 한다. 예상매출액 산정서는 개약체결일 이후부터 계약기간 중 분쟁 발생 시 근거가 되는 문서이기에 가맹계약 체결일로부터 5년간 보관하여야 한다.

가맹사업법에는 사전제공문서 보관의무를 가맹본부에게만 부여하고 있으나, 가맹점사업자도 분쟁을 대비하기 위해서는 보관하는 것이 바람직하다.

Keyword 근거 법령 — 가맹사업법

법률 제9조(허위 · 과장된 정보제공 등의 금지)	법률 제11조(가맹계약서의 기재사항 등)
① ~ ⑤ 생략 ⑥ 가맹본부는 예상매출액 산정서를 가맹계약 체결일부터 5년간 보관하여야 한다. <신설 2013. 8. 13.>	① ~ ② 생략 ③ 가맹본부는 가맹계약서를 가맹사업의 거래가 종료된 날부터 3년간 보관하여야 한다.

Q4. 인근가맹점 현황문서 인접한 가맹점 선정 기준은?

A4. 인근가맹점 현황문서는 가맹희망자의 장래 점포예정지에서 가장 인접한 가맹점 10개의 상호, 소재지 및 전화번호가 적힌 문서를 말한다.

"가장 인접한 가맹점"의 기준은 정보공개서 제공시점에 점포 예정지가 속한 광역지방자치단체, 즉 특별시, 광역시, 특별자치시, 도, 특별자치도로 구분된 17개 행정구역 내에서 영업 중인 가맹점으로 행정구역을 우선으로 구분하고, 해당 행정구역 내 점포예정지에서 가장 가까운 거리에 있는 가맹점 10개를 선정하여야 한다. 광역지방자치단체에서 영업 중인 가맹점의 수가 10개 미만인 경우에는 해당 광역지방자치단체 내의 가맹점 전체 현황을 기재한다.

Q5. 예상매출액 산정서 인근 가맹점 활용 시 가맹점 선정 기준은?

A5. 예상매출액 산정서는 표준고시에서 정하는 기준에 따라 작성하는 경우 "가맹본부 예측에 의한 방식"과 "인근 가맹점 매출액을 활용하는 방식" 중 가맹희망자의 점포예정지에 따라 선택하여 작성할 수 있다.

작성 원칙은 "가맹본부 예측에 의한 방식"이나, 가맹희망자의 점포예정지가 속한 광역자치단체, 즉 특별시, 광역시, 특별자치시, 도, 특별자치도로 구분된 17개 행정구역 내에 해당 가맹본부의 직전 사업연도 말 기준 6개월 이상 매출액이 있는 가맹점이 5개 이상 있는 경우 예외 조항의 기준에 따라 "인근 가맹점 매출액을 활용하는 방식"으로 작성할 수 있다.

예상매출액 산정서 "인근 매출액을 활용하는 방식"으로 작성하는 경우 "인근 가맹점"은 해당 광역자치단체 내 점포예정지로부터 가장 가까운 거리에 있는 가맹점 5개를 선정한다.

Q6. 인근가맹점 현황문서와 예상매출액 산정서 가맹점 선정 기준 차이점은?

A6. 인근가맹점 현황문서와 예상매출액 산정서 가맹점 선정기준은 가맹희망자의 점포예정지가 속한 해당 특별시, 광역시, 특별자치시, 특별자치도 등 광역자치단체 행정구역을 우선으로 정하고 점포예정지로부터 가장 가까이에 있는 가맹점을 선정한다는 점에서 공통점이 있다.

차이점은 인근가맹점 현황문서는 "정보공개서 제공시점" 인근 가맹점을 선정하는 것이고, 예상매출액 산정서는 "직전 사업연도의 영업기간이 6개월 이상인 가맹점"으로 선정한다는 것이다.

또한, 예상매출액 산정서의 가맹점은 작성일 기준 가맹점이 계약기간이 만료되거나 해지로 "종료"된 가맹점인 경우에도 직전 사업연도의 영업기간이 6개월 이상인 가맹점에 해당되면 기재하여야 한다.

참고로, 가맹사업법 시행령 제9조제4항 "해당 가맹본부의 가맹점이 5개 이상 있는 경우"에 대해 "예상매출액 산정서 제공시점에 폐업 등으로 가맹본부와의 가맹사업거래가 종료된 가맹점을 포함하여야 하는지"에 대한 해석이 프랜차이즈 업계에 다양하게 제기되었다.

이에 대해 2024년 10월 14일 법제처 법령해석총괄과에서는 "직전 사업연도의 영업기간이 6개월 이상이고 직전 사업연도 말 기준으로 가맹본부와 계약을 체결 유지한 가맹점으로서 예상매출액 산정서 제공시점에는 폐업 등으로 가맹본부와의 가맹사업 거래가 종료된 가맹점 중에는 매출액이 낮아 폐업을 한 가맹점이 포함될 가능성이 있는 바, 만약 이를 제외하고 예상매출액의 범위를 산정할 경우 점포 예정지의 정확한 예상수익상황을 가맹희망자에게 제공하기 어려울 수 있다는 점을 고려하면, 예상매출액 산정의 기준이 되는 '해당 가맹본부의 가맹점'에 이 사안 폐업 등의 가맹점이 포함된다고 해석하는 것이 예상수익상황에 대한 정확한 정보제공이라는 해당 규정의 입법 취지에 부합하는 해석이다"고 답변하였다.

Keyword 근거 법령

가맹사업법

법률 제7조(정보공개서의 제공의무 등)	시행령 제9조(예상수익상황에 대한 정보제공 등)
② 가맹본부는 제1항에 따라 정보공개서를 제공할 경우에는 가맹희망자의 장래 점포 예정지에서 가장 인접한 가맹점 10개(정보공개서 제공시점에 가맹희망자의 장래 점포 예정지가 속한 광역지방자치단체에서 영업 중인 가맹점의 수가 10개 미만인 경우에는 해당 광역지방자치단체 내의 가맹점 전체)의 상호, 소재지 및 전화번호가 적힌 문서(이하 "인근가맹점 현황문서"라 한다)를 함께 제공하여야 한다. 다만, 정보공개서를 제공할 때 장래 점포 예정지가 확정되지 아니한 경우에는 확정되는 즉시 제공하여야 한다. <신설 2013. 8. 13.>	④ 제3항에도 불구하고 가맹희망자의 점포 예정지가 속한 해당 특별시·광역시·특별자치시·도·특별자치도(이하 "시·도"라 한다)에 해당 가맹본부의 가맹점(직전 사업연도의 영업기간이 6개월 이상인 가맹점으로 한정한다. 이하 이 항에서 같다)이 5개 이상 있는 경우에는 그 점포 예정지에서 가장 인접한 가맹점 5개 중 별표 1의3에 따른 직전 사업연도 매출환산액이 가장 작은 가맹점과 가장 큰 가맹점을 제외한 나머지 3개 가맹점의 같은 표에 따른 직전 사업연도 매출환산액 중 최저액과 최고액으로 획정된 범위로 제3항에 따른 범위를 갈음할 수 있다. <신설 2014. 2. 11., 2018. 12. 18.>

Q7. 예상매출액 산정서 작성 시 원칙과 예외 매출액 산출 기준이 동일한가?

A7. 예상매출액 산정서는 가맹희망자의 점포예정지에서 1년 간 발생할 예상매출액의 범위 및 산출근거를 기재한 문서이다. 가맹본부가 직접 정한 기준이 아니라 공정거래위원회가 제시한 표준고시 기준에 따라 작성하는 경우 "가맹본부 예측에 의한 방식"과 "인근 가맹점 매출액을 활용하는 방식"으로 구분하여 작성할 수 있다.

예상매출액 산정서 작성 시 원칙은 "가맹본부 예측에 의한 방식"이다. 이 경우 점포예정지와 점포 및 상권 특성이 가장 유사한 가맹점을 선정하여 실제매출액을 더하여 가맹점 수로 나눈 "평균매출액"을 구하고, 이를 통해 최고값과 최저값을 구하여 기재한다.

"인근 가맹점 매출액을 활용하는 방식"은 예외 규정이다. 점포예정지가 속한 해당 광역지방자치단체 내 가맹점이 5개 이상 있는 경우 점포예정지로부터 가장 가까운 5개 가맹점들의 매출액과 전용면적을 활용하여 "매출환산액"을 구하고, 이를 통해 최고값과 최저값을 구하여 기재한다.

결론적으로, 원칙인 "가맹본부 예측에 의한 방식"과 예외의 "인근 가맹점 매출액을 활용하는 방식"의 매출액을 산출 기준은 다르다.

Keyword **근거 법령** — 가맹사업법

시행령 제9조(예상수익상황에 대한 정보제공 등)	
③ 법 ***제9조제5항 각 호 외의 부분에서 "대통령령으로 정하는 예상매출액의 범위"***란 가맹희망자의 점포 예정지에서 영업개시일부터 1년간 발생할 것으로 예상되는 매출액의 최저액과 최고액으로 획정된 범위를 말한다. 이 경우 그 매출액의 최고액은 그 매출액의 최저액의 1.7배를 초과해서는 아니 된다. <신설 2014. 2. 11.>	④ 제3항에도 불구하고 가맹희망자의 점포 예정지가 속한 해당 특별시·광역시·특별자치시·도·특별자치도(이하 "시·도"라 한다)에 해당 가맹본부의 가맹점(직전 사업연도의 영업기간이 6개월 이상인 가맹점으로 한정한다. 이하 이 항에서 같다)이 5개 이상 있는 경우에는 그 점포 예정지에서 가장 인접한 가맹점 5개 중 별표 1의3에 따른 직전 사업연도 매출환산액이 가장 작은 가맹점과 가장 큰 가맹점을 제외한 나머지 3개 가맹점의 같은 표에 따른 직전 사업연도 매출환산액 중 최저액과 최고액으로 획정된 범위로 제3항에 따른 범위를 갈음할 수 있다. <신설 2014. 2. 11., 2018. 12. 18.>

에 · 피 · 소 · 드

04 예상매출액 산정서 매출보다 실제 매출이 저조하면 허위 정보?

출처: 한국공정거래조정원 | 2019-03-07 | 편의점 가맹본부의 허위.과장정보 제공 관련 분쟁조정 사례

1. 사건의 개요

가. 분쟁의 경위

신청인은 피신청인으로부터 '○○○지점'(이하 '이 사건 가맹점'이라 한다) 운영권을 부여받은 가맹사업자이고, 피신청인은 '◇◇◇'를 영업표지로 하여 편의점 가맹사업을 영위하는 가맹본부인데, 신청인은 피신청인이 가맹계약 체결 전 신청인에게 매출액에 대한 허위·과장정보를 제공하여 손해가 발생하였으므로 피신청인으로부터 손해배상금을 지급받아야 한다고 주장하며 조정을 신청하였다.

나. 사안의 쟁점

이 사안의 경우 피신청인이 신청인에게 예상매출액 산정서와 다른 예상 일 평균 매출액을 제공한 행위가 허위·과장정보 제공에 해당하는지 여부가 문제된다.

2. 분쟁사실 및 당사자 주장

가. 분쟁사실

신청인은 2017. 7월초 편의점 가맹본부인 피신청인의 직원 □□□과 편의점 개점에 대한 상담을 하였는데 □□□은 신청인에게 △△△지점 및 ▲▲▲지점의 매출액을 근거로 신청인이 개점하고자 하는 ○○○지점(이하 '이 사건 가맹점'이라 한다)의 예상 일 평균 매출액이 2,700,000원이라는 내용의 자료를 제공하였다.

신청인은 2017. 7. 18. 피신청인과 이 사건 가맹점의 가맹계약을 체결하고 피신청인에게 가입비 등을 지급하였고, 피신청인은 신청인에게 예상매출액 산정서를 제공하였는데, 예상매출액 산정서에 기재된 예상매출액이 □□□으로부터 안내받은 금액보다 낮았다. 이에 신청인은 □□□에게 두 자료의 예상매출액이 다른 이유 등에 대하여 문제를 제기하였는데 □□□은 예상매출액 산정서 제공은 요식행위에 불과하고 자신이 신청인에게 제공한 자료가 더 정확하다고 답변하였다.

신청인은 2018. 8. 1.부터 이 사건 가맹점을 운영하기 시작하였고 2019. 6. 12. 가맹점 매출이 예상보다 낮아 운영이 어렵다는 이유로 가맹계약을 중도 해지하였다.

나. 당사자 주장

1) 신청인 주장

신청인은 □□□이 신청인에게 이 사건 가맹점의 예상 일 평균 매출액이 2,700,000원이라고 안내하여 이 안내를 신뢰하고 이 사건 가맹점을 운영하였는데 실제 일 평균 매출액이 2,700,000원에 못 미치는 금액이므로 피신청인은 신청인에게 27,446,365원의 손해배상금을 지급하여야 한다고 주장한다.

2) 피신청인 주장

피신청인은 □□□이 퇴사하여 신청인의 주장을 확인할 수 없고, 이 사건 가맹계약 체결 전 신청인에게 예상 매출액 산정서를 제공하였으므로 피신청인의 의무를 다 한 것이라고 주장한다.

3. 검토 및 조정

▸ 관련 법 규정 및 심사지침

가맹사업법 제9조【허위·과장된 정보제공 등의 금지】① 가맹본부는 가맹희망자나 가맹점사업자에게 정보를 제공함에 있어서 다음 각 호의 행위를 하여서는 아니 된다.

1. 사실과 다르게 정보를 제공하거나 사실을 부풀려 정보를 제공하는 행위(이하 "허위·과장의 정보제공행위"라 한다)
2. 계약의 체결·유지에 중대한 영향을 미치는 사실을 은폐하거나 축소하는 방법으로 정보를 제공하는 행위(이하 "기만적인 정보제공행위"라 한다)

4. 조정 결과

양당사자는 피신청인이 신청인에게 16,000,000원을 지급한다는 내용으로 합의하여 조정이 성립되었다.

 # 프랜차이즈 클리닉

예상매출액 산정서는 가맹본부가 가맹계약 체결할 때까지 가맹희망자에게 제공하면 된다. 예상매출액 산정서는 가맹본부가 직접 작성방법을 정하여 기재할 수 있으나 작성방법의 어려움에 도움을 주고자 공정거래위원회가 제시한 표준고시를 통해 작성할 수 있다.

가맹희망자의 점포예정지에서 개점 후 1년 동안 올릴 매출액을 추정하는 방법으로 해당 브랜드에 속한 전국 가맹점의 매출 현황을 근거로 "가맹본부 예측방식" 또는 "인근가맹점 활용방식"을 선택하여 작성할 수 있다. 이 문서에 활용되는 매출액은 실제 6개월~1년 이상 영업한 가맹점의 데이터만 사용할 수 있다.

가맹본부가 가맹희망자에게 제공하는 매출관련 정보는 실 데이터에 근거하여 제시하여야 하며, 이를 추정한다면 그 근거를 명확히 하여야 한다. 가맹본부에서 일 매출, 월 매출 등의 정보로 매출 정보를 제공한다면 객관적인 정보라고 보기 어렵기 때문에 구체적인 산출근거를 확인 후 가맹계약을 체결하여야 한다.

memo

가맹본부의 가맹점 관리시스템을 보면 동반성장 의지가 보인다. 가맹본부가 추구하는 가맹점 관리시스템은 가맹계약서에 모두 반영되어 있다. 상생하는 가맹본부를 찾아 오랫동안 멀리 함께 상생하기 위해서는 가맹본부가 중요한 영업방침으로 가맹계약서에 기재한 "계약이행" 내용을 구체적으로 검토하고 정확히 숙지한 후 가맹계약을 체결하여야 한다.

프랜차이즈는 가맹본부의 영업표지 및 노하우를 가맹점사업자가 가맹계약 기간동안 빌려서 사용하고 가맹계약 기간이 종료되면 원상으로 복구하여 반환해야 하는 구조를 갖고 있다. 때문에 가맹계약서에서 중요하게 검토되어야 하는 내용 중 첫 번째가 "계약기간"이다.

가맹계약 기간이 연계되는 계약내용은 크게 가맹계약 갱신, 가맹계약 해지, 종료 절차, 가맹점운영권 양도양수 등이다. 투자한 금액을 아직 회수하지 못했는데 가맹계약이 종료되면 그에 따른 손실은 고스란히 가맹점사업자의 몫이기 때문에 가맹계약 기간과 관련 있는 중요한 "계약이행" 내용은 가맹계약 체결 시 반드시 검토하여야 한다.

가맹점사업자는 가맹계약 기간만료 전 180일~90일 기간 동안 가맹계약 갱신을 요구할 수 있는 "계약갱신요구권"이 있다. 이 기간은 최초 가맹계약 기간을 포함하여 10년 동안 보호된다. 가맹점사업자가 귀책 사유가 없는 한 가맹계약은 법적으로 보호되고, 가맹본부는 가맹점사업자의 귀책사유가 있는 경우 가맹계약을 해지하거나 갱신을 거절할 수 있다.

가맹본부는 가맹계약 체결 후 계약기간 동안 가맹점을 지원 · 교육 · 통제한다. 가맹본부는 가맹계약 체결 후 개점 시 지원, 영업 중 지원, 경영지도, 가맹점 점검 등을 통해 지속적으로 가맹사업 동일성을 유지하도록 가맹점을 관리한다. 가맹본부가 가맹계약 체결 시 중요한 영업방침으로 고지한 내용이나 가맹계약 상 거래조건을 정당한 사유 없이 이행하지 않을 경우 가맹계약은 종료될 수 있다.

본 장에서는 가맹본부와 가맹점사업자가 계약기간 동안 상생하기 위해 가맹계약 기간 중 반드시 준수해야 하는 "계약이행" 조건을 이해하기 쉽게 KeyWord 별로 요약 · 정리해 줌으로써 동반성장 의지가 있는 가맹본부를 선별하는 가이드라인을 제시하고자 한다.

Main-Keyword Ⅱ

계약(Contract):
가맹계약 기간 중 "계약이행" 검토 시 유의 사항

01. 계약체결
02. 계약갱신
03. 계약해지
04. 권리변동
05. 경영지원
06. 교육지원
07. 관리통제

Keyword 01

계약체결

Q1. 가맹계약 체결 시 가장 처음으로 검토해야 하는 내용은?

A1. 가맹계약을 체결하기 전에 가장 먼저 검토할 내용이 가맹계약 기간이다. 가맹계약 기간은 투자금을 회수할 수 있는 기간으로 안정적인 투자금 회수를 위한 적정한 가맹계약 기간이 보장되는지를 검토하는 것이 무엇보다 중요하다.

가맹본부의 가맹계약 기간은 업종 및 브랜드 특성에 따라 상이하며, 가맹계약 체결 시 계약기간은 총 투자금액의 규모, 투자금액의 안정적인 회수기간, 업종의 특성 등을 감안하여 신중하게 결정하여야 한다.

가맹점 창업은 많은 자본을 투자하는 사업이다. 가맹희망자는 자기자본뿐만 아니라 은행의 대출이나 정부 정책자금 등 타인자본을 활용하여 사업을 시작하기도 한다. 가맹점을 개점하기 위하여 인테리어나 간판 등 설비 투자하는 매몰비용은 해당 사업 외 다른 용도로 사용할 수 없는 기회비용적 성격을 가지고 있다.

따라서, 계약기간이 길면 길수록 가맹점사업자 입장에서는 안정적인 초기 투자금 회수 기간을 보장받게 되는 유리한 측면이 있기 때문에 해당 가맹사업을 위해 투자한 자금의 회수를 위한 안정적인 계약기간이 필수적으로 요구된다.

가맹사업 양 당사자 모두에게 계약체결일과 계약종료일을 포함하여 가맹계약 기간이 중요한 또 다른 이유는 계약의 기간만료로 갱신할 때 조건변경 통지기간을 설정하거나 계약을 중도에 해지할 때 위약금을 산정하는 등 계약관리 업무의 기준점이 되기 때문이다.

Q2. 가맹계약 체결 시 도장 직인 대신 사인 서명해도 되나?

A2. 가맹계약서 문서의 마지막 장에 도장을 찍는 행위를 '날인'이라 한다. 보통 이 곳에는 '서명 또는 날인'이라고 기재되어 있고, 이곳에 도장을 찍는 경우도 있고 사인(sign)을 하는 경우도 있다.

가맹계약서 체결 시 반드시 도장을 찍어야만 계약이 유효한 것은 아니며, 도장 직인 대신 서명 사인 만으로도 법적 효력이 인정된다. 법률상 계약의 성립은 당사자 간의 합의로 이루어지며, 계약서에 도장 직인이나 사인 서명 중 하나만 있어도 법적 효력이 있다.

중요한 계약일수록 도장과 서명을 함께 요구하는 경우가 많지만, 이는 위조나 분쟁 방지를 위한 실무적 권고일 뿐 필수 요건은 아니다. 다만, 서명만 할 경우 추후 당사자 중 한쪽이 계약 체결 사실을 부인할 가능성이 있으므로, 인감도장이나 직인을 함께 사용하는 것이 분쟁 예방에 더 유리할 수 있다.

Q3. 가맹계약 체결 시 각 장마다 내용확인 도장을 찍는 이유는?

A3. 가맹계약 체결 시 각 장마다 도장을 찍는 것은 해당 장의 내용을 당사자가 직접 확인하고 동의했다는 표시이다. 이는 계약서의 모든 조항을 꼼꼼히 읽고, 중요사항을 고지받고 내용을 이해하였는지 확인한 뒤 계약에 동의한다는 의사표시의 증거가 된다.

가맹계약서는 약관에 해당되기에 약관법 적용을 받는다. 가맹본부가 가맹계약 체결 시 각 장마다 내용확인 도장을 찍는 이유는 약관법에 정해진 중요사항 고지의무를 이행했음을 확인받기 위함이 가장 크다.

가맹본부는 계약 관련 분쟁이 발생했을 때, 각 장마다 도장이 있으면 "계약 당사자가 전체 내용을 모두 확인하고 동의했다"는 점을 입증하는 데 유리하다. 만약 일부 장에 도장이 없으면, 해당 부분에 대해 "내용을 몰랐다"거나 "동의하지 않았다"고 주장할 여지가 생길 수 있다.

실제로 많은 가맹계약 분쟁이 계약서의 일부 조항에 대한 이해 부족이나 미확인에서 비롯된다. 각 장마다 도장을 찍는 것은 당사자 모두에게 계약 내용을 꼼꼼히 확인하도록 유도하는 실무적 안전장치 역할을 하기 때문에 가맹계약 체결 시 반드시 중요사항에 대해 확인하고 이해한 후 체결하여야 한다.

Q4. 가맹계약 체결 시 각 장마다 접어서 도장을 찍는 이유는?

A4. 각 장마다 도장을 찍는 행위를 '간인'이라 한다. 간인은 여러 장으로 구성된 계약서의 각 장 사이에 도장을 걸쳐 찍는 것을 말한다. 이를 통해 계약서의 모든 페이지가 하나로 연결된 동일한 문서임을 확인할 수 있다.

간인은 계약서의 위·변조 및 조작을 방지하고, 모든 장이 하나의 동일한 계약서임을 증명하기 위한 목적이 있다. 계약서가 여러 장으로 되어 있는데, 중간 장에 도장이나 서명이 없다면 누군가 중간 내용을 바꿔치기하거나, 일부를 빼거나, 추가할 위험이 있다. 간인을 찍으면 이런 행위를 어렵게 만들어 분쟁을 예방할 수 있다.

실무적으로는 계약 당사자 모두가 신뢰할 수 있도록 하기 위해 간인을 권장하지만, 법적으로는 간인이 필수는 아니다. 즉, 간인이 없더라도 계약서 자체의 효력이 무효가 되지는 않는다. 다만, 분쟁이 발생했을 때 계약서의 진정성을 입증하는 데 간인이 있으면 더 유리할 수 있다.

추가로, 가맹본부와 가맹점이 각각 1부씩 나누어 가질 때 계약서와 계약서를 붙여 놓고 도장을 찍는 행위, 즉, 계약서를 여러 부 작성할 때 각 부가 동일한 계약서임을 증명하기 위해 첫 장을 나란히 놓고 도장을 걸쳐 찍는 방식을 '계인'이라 한다. 이 또한 여러 문서가 서로 연관되어 있음을 증명하는 데 목적이 있다.

Q5. 가맹계약 체결 시 가맹계약서 외 문서에도 도장을 찍는 이유는?

A5. 가맹계약을 체결할 때 가맹계약서뿐만 아니라 관련된 부속 문서, 예를 들어, 확인서, 동의서 등에도 도장을 찍는 경우가 있다. 본 계약서와 별도의 확인서, 동의서, 이행각서, 첨부서류 등이 있을 때, 모든 문서에 도장을 찍으면 이 문서들이 서로 연관되어 있음을 설명하는 것이다.

분쟁이 발생했을 때 각 문서에 도장이 찍혀 있으면 당사자들이 해당 문서의 내용에 동의했다는 점을 입증하는 데 유리하다. 도장이 없는 경우 한쪽이 "이 문서는 동의하지 않았다"라고 주장할 여지가 생기지만 도장이 있으면 동의 및 확인의 증거로 입증된다.

Q6. 가맹계약 체결 전자문서로 해도 되나?

A6. 가맹계약은 전자문서, 전자계약으로 체결해도 법적 효력이 인정된다. 전자문서도 가맹계약서 원본과 동일한 법적 효력이 있으므로 전자계약 체결 후 종이 가맹계약서를 추가로 작성하지 않아도 된다. 전자서명 또한 당사자 간의 약정이 있으면 실제 서명 또는 날인한 것과 동일한 효력이 있다. 공인전자서명뿐 아니라 당사자 간 약정에 따른 전자서명도 법적으로 인정된다.

다만, 전자문서로 가맹계약을 체결할 때에는 계약 양 당사자 모두 내용을 열람하는 데 동의하여야 하고, 전자서명 등으로 본인임을 확인할 수 있어야 하며, 계약내용 중 중요사항에 대해 각 장마다 고지하고 확인했다는 절차가 입증되어야 약관법까지 준수할 수 있다.

Keyword **근거 법령** — 전자문서 및 전자거래기본법, 전자서명법

전자문서 및 전자거래기본법 법률 제4조(전자문서의 효력)	전자서명법 법률 제3조(전자서명의 효력)
① 전자문서는 전자적 형태로 되어 있다는 이유만으로 법적 효력이 부인되지 아니한다. <개정 2020. 6. 9.> ② 보증인이 자기의 영업 또는 사업으로 작성한 보증의 의사가 표시된 전자문서는 「민법」 제428조의2제1항 단서에도 불구하고 같은 항 본문에 따른 서면으로 본다. <신설 2016. 1. 19.>	① 전자서명은 전자적 형태라는 이유만으로 서명, 서명날인 또는 기명날인으로서의 효력이 부인되지 아니한다. ② 법령의 규정 또는 당사자 간의 약정에 따라 서명, 서명날인 또는 기명날인의 방식으로 전자서명을 선택한 경우 그 전자서명은 서명, 서명날인 또는 기명날인으로서의 효력을 가진다.

Q7. 가맹계약 체결 대리인이 해도 되나?

A7. 가맹계약은 대리인이 체결할 수 있다. 법적으로 대리인이 적법한 대리권을 가지고 있다면 가맹희망자나 가맹점사업자의 대리인이 가맹계약을 체결해도 그 효력은 본인에게 미친다. 적법한 대리권이란 대리인이 본인을 위하여 가맹계약을 체결한다는 사실을 표시하는 것이다.

대리인이 가맹계약을 체결할 때에 위임장, 인감증명서 등 대리권을 증명할 수 있는 서류를 반드시 제출해야 하고, 본인의 동의 하에 이루어져야 한다. 가족인 경우 가족관계증명서 등을 추가로 제출하여야 한다.

다만, 가맹계약 체결은 가맹본부와 가맹점사업자 간 계약기간 동안 각자의 권리와 의무를 신의에 따라 성실히 이행하겠다고 약속하는 절차다. 이에 가맹본부는 실제로 점포를 운영하는 가맹점사업자와 가맹계약을 직접 체결하여야 지속적인 거래관계에서 지원, 교육, 통제를 가장 효율적으로 할 수 있다.

Keyword 02

계약갱신

Q1. 최초 계약기간이 만료되면 자동 종료되나?

A1. 일반 계약은 상호 합의 하에 체결한 계약서에 기재된 계약기간이 만료되면 자동 종료된다. 그러나 가맹사업법은 약자를 보호하고자 만들어진 특별법이기에 최초 계약기간이 만료되더라도 자동으로 종료되지 않도록 명문화되어 있다.

가맹점 창업을 시작하기 위해서는 가맹본부가 정한 기준에 따라 인테리어, 간판 등을 설비하고, 기기 · 장비, 집기 · 비품 등을 구입하기 위해 큰 비용이 소요된다. 가맹본부가 정한 계약기간 내 투자금을 회수하지 못한다면 모두 매몰비용이 된다.

최초 가맹계약 기간으로 설정된 기간이 원금을 회수하는데 충분한 기간이 아니거나 원금을 회수하였더라도 원하는 만큼의 충분한 이익을 얻지 못했다면 가맹점사업자는 가맹계약을 연장하여 사업이 지속되길 희망할 것이다.

이에 가맹점사업자가 가맹계약기간 만료 전 180일부터 90일까지 사이에 가맹계약의 갱신을 요구하는 경우 가맹본부는 정당한 사유 없이 이를 거절할 수 없고, 가맹점사업자의 귀책사유가 없는 한 갱신계약 기간으로 연장할 수 있다.

가맹본부나 가맹점사업자 양 당사자가 계약기간 만료 시까지 계약종료에 대하여 아무런 의사표시를 하지 않는 경우 가맹계약은 기존 계약내용과 동일한 조건으로 묵시적으로 자동 연장된다. 따라서 가맹점사업자가 더 이상 가맹본부와 계약관계를 존속하고 싶지 않은 경우 가맹계약기간 만료일 전 180일부터 90일 사이에 종료의 의사표시를 하여야 한다.

Q2. 계약기간이 만료되기 전 가맹점사업자가 계약갱신을 요구할 수 있나?

A2. 가맹사업법에는 가맹계약의 기간이 만료되는 경우 계약을 갱신할 것인지에 대한 결정권을 가맹점사업자에게 우선적으로 부여하고 있다.

또한, 가맹계약의 갱신을 정당하게 요구할 수 있는 권리를 최초 가맹계약 기간을 포함하여 10년을 부여하고 있다. 즉, 가맹점 창업을 시작하기 위해서 소요된 투자금과 충분한 이익을 얻을 수 있는 기간을 10년으로 보고 안정적인 가맹사업을 영위할 수 있는 기간을 보장받는 것이다.

참고로, 가맹점사업자의 계약갱신요구권은 최초 가맹계약 기간을 포함한 전체 가맹계약기간이 10년을 초과하지 않는 범위 내에서만 행사할 수 있다. 즉, 10년 동안만 계약갱신을 요구할 수 있다는 것이다.

그러나 이 내용은 가맹점사업자가 갱신을 요구할 수 있는 권리만 없어지는 것이지 가맹계약이 10년이 지나면 자동 종료되거나 종료될 수 있다는 의미는 아니다.

가맹점사업자의 계약갱신요구권이 사라진다고 해서 가맹본부가 가맹계약을 종료할 수 있는 권리가 생기는 것은 아니기 때문에 10년이 지나도 가맹점사업자의 귀책사유가 없는 한 가맹계약의 갱신은 지속될 수 있다.

Q3. 계약갱신을 요구했는데 가맹본부가 거절하면 종료되나?

A3. 가맹본부는 가맹점사업자가 가맹계약기간 만료 전 180일부터 90일까지 사이에 가맹계약의 갱신을 요구하는 경우 "정당한 사유 없이" 이를 거절하지 못한다.

다만, 가맹점사업자가 가맹계약 상의 가맹금을 지급하지 않았거나, 다른 가맹점사업자에게 통상적으로 적용되는 계약조건을 수락하지 않거나, 가맹본부의 중요한 영업방침을 지키지 않는 등 가맹본부에 가맹사업법에서 정한 "정당한 사유"가 있는 경우에는 가맹계약의 갱신을 거절할 수 있다.

가맹본부가 갱신을 거절할 수 있는 정당한 사유가 있어 갱신 요구를 거절하는 경우에는 그 요구를 받은 날부터 15일 이내에 가맹점사업자에게 거절 사유를 적어 서면으로 통지하여야 한다.

법률 제13조(가맹계약의 갱신 등)	시행령 제14조(가맹계약의 갱신거절사유 등)
① 가맹본부는 가맹점사업자가 가맹계약기간 만료 전 180일부터 90일까지 사이에 가맹계약의 갱신을 요구하는 경우 정당한 사유 없이 이를 거절하지 못한다. 다만, 다음 각 호의 어느 하나에 해당하는 경우에는 그러하지 아니하다. 1. 가맹점사업자가 가맹계약상의 가맹금 등의 지급의무를 지키지 아니한 경우 2. 다른 가맹점사업자에게 통상적으로 적용되는 계약조건이나 영업방침을 가맹점사업자가 수락하지 아니한 경우 3. 가맹사업의 유지를 위하여 필요하다고 인정되는 것으로서 다음 각 목의 어느 하나에 해당하는 가맹본부의 중요한 영업방침을 가맹점사업자가 지키지 아니한 경우 가. 가맹점의 운영에 필요한 점포·설비의 확보나 법령상 필요한 자격·면허·허가의 취득에 관한 사항 나. 판매하는 상품이나 용역의 품질을 유지하기 위하여 필요한 제조공법 또는 서비스기법의 준수에 관한 사항 다. 그 밖에 가맹점사업자가 가맹사업을 정상적으로 유지하기 위하여 필요하다고 인정되는 것으로서 ***대통령령으로 정하는 사항*** ② 가맹점사업자의 계약갱신요구권은 최초 가맹계약기간을 포함한 전체 가맹계약기간이 10년을 초과하지 아니하는 범위 내에서만 행사할 수 있다. ③ 가맹본부가 제1항에 따른 갱신 요구를 거절하는 경우에는 그 요구를 받은 날부터 15일 이내에 가맹점사업자에게 거절 사유를 적어 서면으로 통지하여야 한다. ④ 생략	① 법 ***제13조제1항제3호다목에서 "대통령령으로 정하는 사항"***이란 다음 각 호의 어느 하나에 해당하는 사항을 말한다. 1. 가맹본부의 가맹사업 경영에 필수적인 지식재산권의 보호에 관한 사항 2. 가맹본부가 가맹점사업자에게 정기적으로 실시하는 교육·훈련의 준수에 관한 사항. 다만, 가맹점사업자가 부담하는 교육·훈련 비용이 같은 업종의 다른 가맹본부가 통상적으로 요구하는 비용보다 뚜렷하게 높은 경우는 제외한다. ② 생략

Q4. 가맹본부가 계약갱신을 먼저 요구해도 되나?

A4. 가맹본부는 가맹점사업자의 귀책사유가 없는 한 일방적으로 가맹계약을 종료할 수 없다.

다만, 가맹점사업자의 귀책사유가 있어 계약 갱신을 거절하고자 하거나 가맹점사업자에게 계약의 조건을 변경하여 체결하고자 하는 경우에는 가맹계약 기간만료 전 180일부터 90일까지 사이에 조건의 변경에 대한 통지나 가맹계약을 갱신하지 않는다는 사실의 통지를 서면으로 하여야 한다.

가맹본부가 가맹점사업자에게 이를 서면으로 하지 않는 경우에는 계약 만료 전의 가맹계약과 같은 조건으로 다시 가맹계약을 체결한 것으로 본다.

Keyword 근거 법령 　　　　가맹사업법

법률 제13조(가맹계약의 갱신 등)	시행령 제14조(가맹계약의 갱신거절사유 등)
① ~ ③ 생략 ④ 가맹본부가 제3항의 거절 통지를 하지 아니하거나 가맹계약기간 만료 전 180일부터 90일까지 사이에 가맹점사업자에게 조건의 변경에 대한 통지나 가맹계약을 갱신하지 아니한다는 사실의 통지를 서면으로 하지 아니하는 경우에는 계약 만료 전의 가맹계약과 같은 조건으로 다시 가맹계약을 체결한 것으로 본다. 다만, 가맹점사업자가 계약이 만료되는 날부터 60일 전까지 이의를 제기하거나 가맹본부나 가맹점사업자에게 천재지변이나 그 밖에 ***대통령령으로 정하는 부득이한 사유가 있는 경우***에는 그러하지 아니하다. [전문개정 2007. 8. 3.]	① 생략 ② 법 제13조제4항 단서에서 "대통령령으로 정하는 부득이한 사유"란 다음 각 호의 어느 하나에 해당하는 경우를 말한다. 1. 가맹본부나 가맹점사업자에게 파산 신청이 있거나 강제집행절차 또는 회생절차가 개시된 경우 2. 가맹본부나 가맹점사업자가 발행한 어음·수표가 부도 등으로 지급거절된 경우 3. 가맹점사업자에게 중대한 일신상의 사유 등이 발생하여 더 이상 가맹사업을 경영할 수 없게 된 경우 [전문개정 2008. 1. 31.]

Q5. 가맹본부가 계약갱신을 거절하면 불공정거래행위에 해당하나?

A5. 가맹본부는 가맹점사업자와의 계약을 갱신함에 있어서 가맹사업법에서 정한 정당한 사유가 없이는 거절할 수 없다. 또한, 불공정거래행위 유형 또는 기준으로 정해져 있는 부당한 계약갱신의 거절 행위를 하면 안 된다.

시행령 [별표 2] 불공정거래행위의 유형 또는 기준

1. 거래거절

법 제12조제1항제1호에 해당하는 행위의 유형 및 기준은 다음 각 목의 어느 하나와 같다. 다만, 가맹점사업자의 계약위반 등 가맹점사업자의 귀책사유로 가맹사업의 거래관계를 지속하기 어려운 사정이 발생하는 경우에는 그러하지 아니하다.

가. 영업지원 등의 거절 – 내용 생략

나. 부당한 계약갱신의 거절

1) 가맹본부가 정당한 사유 없이 가맹점의 영업지역에 직영점을 설치할 목적으로 가맹점사업자의 계약갱신 요구를 거절하는 행위. 다만, 가맹본부가 가맹점사업자로부터 가맹점을 양수하거나, 가맹점사업자가 계약갱신 요구를 하지 않은 경우로서 가맹본부가 법 제13조제4항에 따라 가맹계약을 갱신하지 않는다는 사실을 통지함으로써 가맹계약이 종료된 경우는 제외한다.

2) 가맹본부가 정당한 사유 없이 특정 가맹점사업자에 대해서만 차별적으로 계약갱신 요구를 거절하는 행위. 다만, 가맹본부가 소속 가맹점사업자에게 공통적으로 적용되는 평가기준, 평가시기, 평가방식 등을 포함한 계약갱신 기준(이하 "평가기준 등"이라 한다)을 사전에 통지하고 평가기준 등에 따라 가맹점 평가를 실시한 후 그 결과에 따라 계약갱신 요구를 거절하는 행위는 제외한다.

3) 가맹본부의 요구에 따른 점포환경개선 비용 중 가맹점사업자가 부담한 금액, 점포환경개선 후 가맹점 영업 기간, 해당 기간 동안의 가맹점 수익상황 등에 비추어 가맹점사업자가 점포환경개선 비용을 회수할 수 있는 충분한 기간이 경과하지 않았음에도 불구하고 정당한 사유 없이 가맹점사업자의 계약갱신 요구를 거절하는 행위

4) 1)부터 3)까지에 준하는 행위로서 가맹본부가 부당하게 가맹점사업자와의 계약갱신을 거절하는 행위

다. 부당한 계약해지 – 내용 생략

출처: 가맹사업법 – 시행령

Q6. 갱신 계약기간은 최초 계약기간과 동일한가?

A6. 최초 계약기간을 가맹본부가 자율적으로 정할 수 있는 것처럼 갱신 계약기간도 자율적으로 정할 수 있다. 최초 계약기간과 갱신 계약기간을 동일하게 부여하는 경우도 있고, 다르게 부여하는 경우도 있으며, 이 내용은 정보공개서와 가맹계약서에 모두 기재되어 있다.

예를 들어, 최초 계약기간은 5년 또는 3년이더라도 갱신 계약기간을 1년으로 정하고 해마다 갱신계약을 체결하는 가맹본부도 있다. 갱신 계약기간을 짧게 부여하는 경우 갱신 계약조건의 변경이 자주 발생할 수도 있다.

Q7. 계약기간은 반드시 지켜야 하나?

A7. 가맹본부와 가맹점사업자 모두 가맹계약서에 상호 권리와 의무를 약속하는 직인을 찍었기에 가맹계약서에 기재된 모든 내용은 신의에 따라 성실하게 이행하여야 한다. 즉, 계약기간도 양 당사자 모두 반드시 지켜야 하는 의무이다.

그럼에도 어느 일방의 당사자가 계약기간을 지키지 못하는 경우 귀책사유가 있는 당사자가 계약을 위반함으로써 상대방에게 발생하는 손해를 배상하고 계약을 종료할 수 있다. 즉, 가맹계약서에 중도해지 시 손해배상예정액으로 부담하여야 하는 위약금이나 위약별 등의 조항이 있는 경우 부담하여야 한다.

참고사항 : 장기점포 계약갱신 가이드라인

가맹사업법은 가맹점사업자의 계약갱신요구권을 10년 간 인정하고 이를 위한 구체적인 갱신절차를 규정하고 있다.

그러나 10년이 지난 후의 계약갱신 기준 및 절차에 대해서는 규정하고 있지 않다. 때문에 가맹계약기간 10년이 지나면 가맹본부가 가맹점사업자의 귀책사유가 없음에도 특별한 사유 없이 가맹계약을 종료하고 있어 분쟁의 원인이 되고 있다.

가맹점사업자에게 10년 간 계약갱신요구권을 부여하고, 가맹본부에게 부당한 계약갱신 거절의 불공정거래행위를 금지하고 있으나 계약갱신 거절의 부당성이 인정되는 불공정거래행위를 개별적으로 판단하는데 시간이 소요되어 계약갱신 거절된 후 가맹점사업자를 구제하는데 한계가 있다.

가맹본부의 사업기간이 장기화됨에 따라 장기점포의 계약갱신 거절 문제는 지속적으로 발생할 수 있는 구조적인 문제이기에 공정거래위원회가 2019년 5월 28일 "가맹분야 장기점포 계약갱신 가이드라인"을 제정하여 발표하였다.

장기점포 운영자는 오랜 기간 동안 상권개척, 고객확보를 통해 브랜드의 발전에 기여해온 측면이 있는 만큼, 사업파트너로서 Win-Win 관계를 정립하기 위해 특별한 사유가 없는 한 계약을 갱신하여야 가맹점사업자가 가맹본부를 신뢰하고 안정적으로 경영활동에 전념할 수 있게 된다.

가이드라인에서는 장기점포 운영자가 실정법 위반, 영업방침 위배 등 법정 갱신거절 사유에 해당하지 않는 경우 원칙적으로 갱신을 허용하도록 하였다.

예측가능성 제고를 위해 사전에 공지된 평가시스템에 따라 계약 갱신 여부를 결정하도록 하고, 가맹점사업자에게 이의제기 절차를 보장하도록 하였으며, 평가결과 계약갱신 거부 대상이 되더라도 일정기간 재계약을 위한 유예기간을 부여하도록 하였다.

공정거래위원회는 장기점포의 안정적 계약갱신을 위한 가이드라인의 주요 내용을 공개하고, 가맹본부와 가맹점사업자가 상생협약 체결 시 사용할 수 있도록 가이드라인의 주요 내용이 담긴 표준 협약(안)을 규정하여 이의 사용을 권장하고 있다.

평가시스템의 요소

- (투명성) 평가지표·배점·가중치·평가방식 등(이하 평가지표 등)을 사전에 공개
- (수용성) 가맹점주의 의견을 수렴하여 평가지표 등의 적절성을 재검토
- (피드백) 매년 평가 실시 후 결과를 통지하고, 이의제기 시 검토결과를 통지

장기점포와의 계약갱신 절차

기간	주체	내용	단계
180일 전 ~ 150일 전	본부	• 계약갱신 가능여부 및 사유 통지 - 법상 '정당한 사유'가 인정되는 경우 - 사전 통지된 평가기준에 미달	본부의 절차 개시
150일 전 ~ 120일 전	점주	• 거절사유에 대한 이의제기 • 유예기간 신청	본부-점주 협의를 통한 유예기간 부여
120일 전 ~ 90일 전	본부	• 검토결과 및 사유 통지	
90일 전 ~ 60일 전	점주	• 계약갱신 재요청 - 갱신 거절의 부당성 제시	분쟁의 내부화
60일 전 ~ 30일 전	본부	• 검토결과 및 사유 통지	
30일 전 ~ 계약종료	본부 점주	• 양수도를 위한 협력	원활한 폐점

[붙임 1] 가이드라인

장기점포의 안정적 계약갱신을 위한 가이드라인

1. 목적

이 가이드라인은 가맹본부가 최초 가맹계약기간을 포함한 전체 가맹계약기간이 10년을 앞두고 있거나 10년을 초과한 가맹점사업자(이하 "장기점포 운영자" 라 한다)와 계약갱신 여부를 판단하는 기준 및 관련 절차 등을 규정함으로써 가맹본부의 「가맹사업거래의 공정화에 관한 법률(이하 "가맹사업법"이라 한다)」 위반을 사전에 예방하고 장기점포 운영자의 안정적 경영여건을 보장하여 가맹본부와 가맹점사업자가 균형 있게 발전할 수 있도록 함을 목적으로 한다.

2. 기본원칙

가. 장기점포 운영자는 브랜드 가치 제고, 상권개척 등 가맹본부의 수익 증대에 장기간 기여해 온 가맹점사업자이므로 가맹본부는 장기점포 운영자에 대한 계약을 안정적으로 보장한다.

나. 장기점포 운영자 또한 관련 법령, 가맹본부의 중요한 영업방침 등을 준수함으로써 가맹본부의 명성을 유지하기 위해 노력한다.

3. 가맹본부가 장기점포 운영자와의 계약갱신 여부를 결정하는 기준

가맹본부는 장기점포 운영자의 계약의 안정성을 보장하기 위해, 장기점포 운영자가 계약갱신에 대하여 다음과 같은 특별한 사유에 해당하지 않는 한 계약을 갱신한다.

가. 장기점포 운영자에게 가맹사업법 제13조 제1항 각호의 사유가 있는 경우

나. 가맹점사업자에게 사전에 통지된 기준에 따라 운영되는 평가시스템에서 장기점포 운영자가 사전에 통지된 수준 이하의 평가를 받은 경우

4. 가맹점 평가시스템

가맹본부는 장기점포 운영자와의 계약갱신 여부를 공정하고 투명하게 결정하기 위한 목적으로 다음과 같은 가맹점 평가시스템을 도입하여 운영한다.

가. 가맹본부는 가맹사업의 성공적 운영을 위해 가맹점사업자가 준수하여야 할 사항을 반영하여 평가지표를 마련한다. 이 경우 평가지표, 평가지표에 부여된 배점, 평가지표별 가중치, 평가방식 등 가맹점 평가와 관련된 사항(이하 "평가지표 등" 이라 한다)을 사전에 공개한다.

나. 가맹본부는 가맹점사업자 또는 가맹점사업자단체가 평가지표 등에 대한 의견을 제시한 경우, 평가지표 등의 적절성을 주기적으로 재검토한다.

다. 가맹본부는 장기점포 운영자를 포함한 모든 가맹점사업자에 대하여 매년 평가지표 등에 따른 평가를 실시한다. 가맹본부는 평가결과를 개별적으로 통지하고, 가맹점사업자가 요구하는 경우 이를 열람할 수 있도록 한다.

라. 가맹본부는 가맹점사업자에게 평가결과를 통지한 날로부터 30일의 기간 동안 이의를 제기할 수 있는 기간을 보장한다.

마. 가맹점사업자가 이의를 제기한 경우, 가맹본부는 이의제기일로부터 45일 내에 이의제기에 대한 검토결과 및 그 사유를 통지한다.

5. 관련 법령의 준수

3.에도 불구하고 가맹본부는 다음과 같이 가맹사업법 등 관련 법령에 반하여 부당하게 장기점포 운영자의 계약갱신 요청을 거절하여서는 아니 된다. 다음과 같은 행위는 부당한 계약갱신 거절에 해당할 수 있다.

가. 가맹본부의 권유 또는 요구에 따라 장기점포 운영자가 점포환경개선 등 일정 금액을 투자하였음에도 불구하고 가맹본부가 투자금액을 회수할 수 있는 충분한 기간이 경과되기 전에 장기점포 운영자의 계약갱신 요청을 거절하는 경우

나. 장기점포 운영자의 가맹점사업자단체 구성 · 가입 · 활동 등을 이유로 장기점포 운영자의 계약갱신 요청을 거절하는 경우

다. 장기점포 운영자가 가맹본부의 부당한 점포환경개선 강요, 부당한 영업시간 구속, 부당한 영업지역 침해 등에 불응하거나 이의를 제기하였다는 이유로 장기점포 운영자의 계약갱신 요청을 거절하는 경우

라. 장기점포 운영자가 분쟁조정 신청, 공정거래위원회의 서면실태조사에 대한 협조, 공정거래위원회에 대한 신고 및 조사에 대한 협조 등 관련 법령에 의해 허용되는 행위를 하였다는 이유로 장기점포 운영자의 계약갱신 요청을 거절하는 경우

6. 계약갱신의 절차

가맹본부와 장기점포 운영자는 계약갱신 여부를 결정함에 있어 다음과 같은 절차를 준수한다.

가. 가맹본부는 계약기간 만료일로부터 180일 내지 150일 전까지의 기간 내에 장기점포 운영자에 대하여 계약갱신 가능 여부 및 그 사유(계약갱신이 불가능하다는 사실을 통지하는 경우에는 3.에 규정된 사유)를 통지한다.

나. 가맹본부로부터 계약갱신이 불가능하다는 사실을 통지받은 장기점포 운영자는 거절 통지를 받은 날부터 30일 내에 계약갱신 거절사유에 대한 이의를 제기하거나, 해당 사유를 시정할 것을 조건으로 일정 기간 동안 가맹계약을 연장해줄 것을 신청(이하 "유예기간 신청" 이라 한다)할 수 있다.

다. 장기점포 운영자로부터 이의제기 또는 유예기간 신청을 받은 가맹본부는 신청을 받은 날로부터 30일 내에 장기점포 운영자의 이의제기 또는 유예기간 신청에 대한 검토결과 및 그 사유를 통지한다.

라. 장기점포 운영자는 6.다.에 따른 통지를 받은 날로부터 30일 내에 가맹본부가 5.에 해당된다는 사실을 근거로 계약갱신을 요청할 수 있다.

마. 장기점포 운영자로부터 6.라.에 따른 이의제기를 받은 가맹본부는 신청을 받은 날로부터 30일 내에 이의제기에 대한 검토결과 및 그 사유를 통지한다.

7. 계약종료에 따른 조치

가맹본부는 장기점포 운영자와 계약을 종료하려는 경우, 해당 점포에 대한 양수도가 원활히 이루어질 수 있도록 성실히 협력한다.

8. 협약의 체결

가맹본부는 가맹점사업자와 가이드라인의 주요 내용이 담긴 협약을 체결할 수 있다.

[붙임 2] 가이드라인에 따른 표준 협약(안)

장기점포의 안정적 계약갱신을 위한 상생협약(안)

영업표지 [영업표지명]의 가맹점사업자(이하 "가맹점사업자" 라 한다)와 [가맹본부명](이하 "가맹본부" 라 한다)는 다음과 같이 장기점포의 안정적 경영여건 보장을 위한 상생협약(이하 "상생협약" 이라 한다)을 체결한다.

Ⅰ. 목적

이 협약은 가맹본부가 최초 가맹계약기간을 포함한 전체 가맹계약기간이 10년을 앞두고 있거나 10년을 초과한 가맹점사업자(이하 "장기점포 운영자" 라 한다)의 계약갱신 여부를 판단하는 기준 및 절차 등을 규정함으로써 장기점포 운영자의 계약갱신이 안정적으로 이루어질 수 있도록 하여 가맹본부와 가맹점사업자가 균형 있게 발전할 수 있도록 함을 목적으로 한다.

Ⅱ. 기본원칙

장기점포 운영자는 브랜드 가치 제고, 상권개척 등 가맹본부의 수익 증대에 장기간 기여해 온 가맹점사업자이므로 가맹본부는 장기점포 운영자의 계약갱신을 안정적으로 보장한다. 한편, 장기점포 운영자 역시 관련 법령, 가맹본부의 중요한 영업방침 등을 준수함으로써 가맹본부의 명성을 유지하기 위해 노력한다.

1. 가맹본부는 Ⅲ.에 규정된 특별한 사유가 없는 한 장기점포 운영자의 계약갱신 요구를 거절하지 않는다.

2. 가맹본부는 장기점포 운영자에 대한 계약갱신 여부를 공정하고 투명하게 결정하기 위한 목적으로 Ⅳ.에 규정된 가맹점 평가시스템을 도입하여 운영한다.

3. 가맹본부는 Ⅴ.에 따라 계약갱신 여부를 결정함에 있어 가맹사업거래의 공정화에 관한 법률(이하 "가맹사업법" 이라 한다) 등 관련 법령을 준수한다.

4. 가맹본부와 장기점포 운영자는 계약갱신시 Ⅵ.에 규정된 절차를 준수한다.

Ⅲ. 계약갱신 기준

5. 가맹본부는 다음 각 호에 해당하는 경우가 아닌 한 장기점포 운영자가 요청한 계약의 갱신을 거절하지 않는다.

5.1. 가맹사업법상 계약갱신 거절 사유

장기점포 운영자에게 가맹사업법 제13조 제1항 각호의 사유가 있는 경우

5.2. 평가결과 일정 기준에 미달하는 경우

Ⅳ.에 규정된 가맹점 평가시스템에 따른 평가 결과, 장기점포 운영자가 [예: 2년 연속 최하위 등급]에 해당하는 평가점수를 받은 경우

Ⅳ. 가맹점 평가시스템

6. 가맹본부는 장기점포 운영자와의 계약갱신 여부를 공정하고 투명하게 결정하기 위한 목적으로 아래와 같이 가맹점 평가시스템을 도입하여 운영한다.

6.1. 가맹본부는 가맹점별 목표 매출액·매장 위생상태·가맹점사업자의 영업능력 등 가맹사업의 성공적 운영에 필요한 평가지표를 마련하고, 각 평가지표별 가중치, 평가횟수 및 평가방식 등 평가와 관련된 세부사항(이하 "평가지표 등" 이라 한다)을 결정하여 이를 가맹점사업자가 확인할 수 있도록 전자게시판 등을 통해 공지한다.

6.2. 가맹본부는 가맹점사업자 또는 가맹점사업자단체가 평가지표 등에 대한 의견을 제시한 경우 평가지표 등의 적절성을 매년 재검토한다.

6.3. 가맹본부는 장기점포 운영자를 포함한 모든 가맹점사업자에 대하여 매년 평가지표 등에 따른 평가를 실시한다. 가맹본부는 평가결과를 개별적으로 통지하고, 가맹점사업자가 요구하는 경우 이를 열람할 수 있도록 한다.

6.4. 가맹점사업자는 가맹본부가 평가결과를 통지한 날로부터 30일 내에 평가결과에 대해 이의를 제기할 수 있다.

6.5. 가맹본부는 6.4.에 따른 이의제기일로부터 45일 내에 이의제기에 대한 검토결과 및 그 사유를 가맹점사업자에게 통지한다.

Ⅴ. 관련 법령의 준수

7. 가맹본부의 권유 또는 요구에 따라 장기점포 운영자가 점포환경개선 등 일정 금액을 투자한 경우, 가맹본부는 투자금액을 회수할 수 있는 충분한 기간을 주어야 하며 그 기간 동안 장기점포 운영자의 계약갱신 요청을 거절하지 않는다.

8. 가맹본부는 가맹점사업자단체의 구성·가입·활동 등을 이유로 장기점포 운영자의 계약갱신 요청을 거절하지 않는다.

9. 가맹본부는 부당한 점포환경개선 강요, 부당한 영업시간 구속, 부당한 영업지역 침해 등에 불응하거나 이의를 제기하였다는 이유로 장기점포 운영자의 계약갱신 요청을 거절하지 않는다.

10. 가맹본부는 장기점포 운영자의 분쟁조정 신청, 공정거래위원회의 서면실태조사에 대한 협조, 공정거래위원회에 대한 신고 및 조사에 대한 협조 등 관련 법령에 의해 허용되는 행위를 하였다는 이유로 장기점포 운영자의 계약갱신 요청을 거절하지 않는다.

Ⅵ. 계약갱신의 절차

11. 가맹본부와 장기점포 운영자는 계약갱신 여부를 결정함에 있어 다음과 같은 절차를 준수한다.

11.1. 가맹본부는 장기점포 운영자와의 계약기간 만료일로부터 180일 내지 150일 전까지의 기간 내에 계약갱신 가능 여부 및 그 사유(본 협약 Ⅲ.5.에 따른 사유를 의미한다)를 문서로 통지한다.

11.2. 장기점포 운영자는 계약갱신을 거절하는 내용을 통보받은 날부터 30일 내에 계약갱신 거절사유에 대한 이의를 제기하거나, 해당 사유를 시정할 것을 조건으로 [예: 1년 또는 2년간] 가맹계약을 연장해줄 것을 신청(이하 "유예기간 신청" 이라 한다)할 수 있다.

11.3. 장기점포 운영자로부터 이의제기 또는 유예기간 신청을 받은 가맹본부는 신청을 받은 날로부터 30일 내에 장기점포 운영자의 이의제기 또는 유예기간 신청에 대한 검토결과 및 그 사유를 장기점포 운영자에게 통지한다.

11.4. 11.3.에도 불구하고 계약갱신 거절을 통지받은 장기점포 운영자는 가맹본부의 갱신 거절이 Ⅴ.에 해당한다는 사유로 가맹본부에 대하여 이의를 제기할 수 있다.

11.5. 장기점포 운영자로부터 11.4.에 따른 이의제기를 받은 가맹본부는 신청을 받은 날로부터 30일 내에 이의제기에 대한 검토결과 및 그 사유를 장기점포 운영자에게 통지한다.

Ⅶ. 계약종료에 따른 조치

12. 가맹본부는 장기점포 운영자와 계약을 종료하려는 경우, 해당 점포에 대한 양수도가 원활히 이루어질 수 있도록 성실히 협력하여야 한다.

출처: 공정거래위원회 – 20190528 가맹분야 장기점포 계약갱신 가이드라인 – 보도자료

프랜차이즈 클리닉

에 · 피 · 소 · 드

05 가맹계약기간 10년 지나면 가맹본부는 계약갱신 의무 없다?

출처: 한국공정거래조정원 | 2024-07-18 | 편의점 가맹본부의 계약갱신 거절 관련 분쟁조정 사례

1. 사건의 개요

가. 분쟁의 경위

신청인은 가맹계약 종료 전 피신청인에게 계약갱신을 요구하였으나, 피신청인이 일방적으로 계약종료를 통지하였다고 주장하면서 계약갱신을 요구하여 이 사건 분쟁이 발생하였다.

나. 사안의 쟁점

이 사안의 경우 피신청인이 정당한 사유 없이 신청인의 계약갱신 요구를 거절하였는지 등이 문제된다.

2. 분쟁사실 및 당사자 주장

가. 분쟁사실

신청인은 2005년경 피신청인의 영업표지로 편의점을 운영하는 내용의 가맹계약을 체결하였는데, 이후 당사자는 가맹계약기간을 2024년 초까지 연장하였다.

신청인은 계약기간 만료일로부터 4달 전 피신청인에게 계약갱신을 요구하였는데, 피신청인이 이에 응하지 아니하고 신청인에게 계약종료를 통보하여 이 사건 분쟁이 발생하였다.

나. 당사자 주장

1) 신청인 주장

피신청인에게 계약기간이 만료되기 4달 전부터 계약갱신을 요구하였으나, 피신청인이 별다른 이유 없이 계약종료를 통보한 것이 부당하므로, 이 사건 가맹계약을 갱신하여야 한다.

2) 피신청인 주장

이 사건 가맹계약을 갱신하여야 할 의무가 없으므로 신청인에게 계약종료를 통보한 행위는 정당하다.

3. 검토 및 조정

▶ **관련 법 규정 및 심사지침**

> 가맹사업법 제13조【가맹계약의 갱신 등】① 가맹본부는 가맹점사업자가 가맹계약기간 만료 전 180일부터 90일까지 사이에 가맹계약의 갱신을 요구하는 경우 정당한 사유 없이 이를 거절하지 못한다. 다만, 다음 각 호의 어느 하나에 해당하는 경우에는 그러하지 아니하다.
>
> 1. 가맹점사업자가 가맹계약상의 가맹금 등의 지급의무를 지키지 아니한 경우
> 2. 다른 가맹점사업자에게 통상적으로 적용되는 계약조건이나 영업방침을 가맹점사업자가 수락하지 아니한 경우
> 3. 가맹사업의 유지를 위하여 필요하다고 인정되는 것으로서 다음 각 목의 어느하나에 해당하는 가맹본부의 중요한 영업방침을 가맹점사업자가 지키지 아니한 경우
>
> ② 가맹점사업자의 계약갱신요구권은 최초 가맹계약기간을 포함한 전체 가맹계약기간이 10년을 초과하지 아니하는 범위 내에서만 행사할 수 있다.

▶ **조정원의 조정 방향**

담당 조사관은 신청인에게 피신청인과의 가맹계약기간이 이미 10년을 초과하여 계약갱신요구권의 행사가 어려울 수 있다는 점을 신청인에게 설명하였다.

또한 담당 조사관은 신청인이 오랫동안 가맹점을 성실히 운영하여 피신청인의 매출에 상당부분을 기여한 공로를 고려하여 볼 만한다는 점을 피신청인에게 언급하였다.

4. 조정 결과

양당사자가 조정원의 의견을 받아들여 '신청인과 피신청인은 계약기간을 연장한다.'는 내용으로 합의하여 이 사건 조정이 성립되었다.

프랜차이즈 클리닉

최초계약 기간을 포함하여 10년이 지나 가맹점사업자의 계약갱신요구권이 소멸되면 가맹사업법에 10년 이후에 대해 명문화된 내용이 없어 가맹본부는 기간만료에 따른 가맹계약 종료권이 생기는 것으로 해석하여 가맹점사업자의 귀책사유가 없음에도 종료 통지를 하고 있다.

이를 원만하게 해결하기 위해 공정거래위원회는 2019년 5월 28일 "장기점포 계약갱신 가이드라인"을 제정하여 발표하였다. 가맹본부는 특별한 사유가 없는 한 계약을 갱신하여야 하고, 사전에 공지된 평가시스템에 따라 계약갱신 여부를 결정할 수 있도록 갱신 기준과 이의제기 절차 등을 투명하게 운영하여야 한다. 이 가이드라인은 강제하는 규정은 아니지만 분쟁조정 및 불공정을 판단하는 근거가 된다.

Keyword 03

계약해지

Q1. 가맹계약 해지 시 가장 처음으로 검토해야 하는 사항은?

A1. 가맹계약 해지 요구는 가맹사업 양 당사자 누구나 할 수 있다. 계약해지로 인해 손해를 입은 당사자는 상대방에게 손해배상을 요구할 수 있다. 손해배상을 청구하기 위해서는 계약해지의 원인이 누구에게 있는지 명확히 하는 것이 무엇보다 중요하다.

가맹계약 해지는 가맹본부와 가맹점사업자가 상호 합의하여 원만하게 종료하는 것이 가장 좋은 방법이다. 그러기 위해서는 해지의 원인과 귀책사유의 당사자를 정확히 기재하고 손해배상 및 종료 후 상호 이행하여야 하는 각자의 입장을 정리하여 해지합의서를 작성하는 것이 바람직하다.

최근 지속되는 경기 불황으로 가맹점사업자가 매출이 부진하여 가맹계약 종료를 희망하면서 가맹본부에 중도해지 위약금 면제를 요구하는 경우가 늘고 있다.

최근 개정된 가맹사업법은 가맹점사업자가 영업을 개시한 날이 속하는 달의 다음 달부터 1년 동안의 평균 매출액이 가맹본부가 제공한 예상매출액의 최저액에 미달하여 가맹점사업자가 계약을 중도에 해지하는 경우 가맹본부가 계약해지에 따른 기대이익 상실을 이유로 위약금을 부과하는 행위에 대해 부당한 영업위약금 부과행위의 불공정거래행위로 보고 있다.

다만, 가맹점사업자의 가맹계약 위반, 가맹본부가 제시한 경영방침 미 준수 또는 이에 준하는 사유로 인하여 평균 매출액이 예상매출액의 최저액에 미달한 경우는 중도해지 위약금 면제를 요구할 수 없으니 주의하여야 한다.

일부 가맹본부는 건강 악화로 인해 병원에 입원하거나 해외로 이민을 가는 등 가맹점사업자의 부득이한 경우에는 위약금을 면제하면서 가맹계약 해지를 승인해 주기도 한다.

이는 가맹사업법에 규정된 내용이 아니라 가맹본부마다 자율적으로 정하는 규정이기 때문에 가맹계약 체결 전 정보공개서와 가맹계약서의 가맹계약 해지와 관련된 내용을 잘 검토해 볼 필요가 있다.

시행령 [별표 2] 불공정거래행위의 유형 또는 기준

4. 부당한 손해배상의무 부과행위

법 제12조제1항제5호에 해당하는 행위의 유형 및 기준은 다음 각 목의 어느 하나와 같다.

가. 과중한 위약금 설정·부과행위

1) 계약 중도해지 시 과중한 위약금 설정·부과 행위

계약해지의 경위 및 거래당사자 간 귀책사유 정도, 잔여계약기간의 정도, 중도해지 후 가맹본부가 후속 가맹점사업자와 계약을 체결하기 위하여 통상 소요될 것으로 예상되는 기간에 상당하는 손해액 등에 비추어 부당하게 과중한 위약금을 설정하여 계약을 체결하거나 이를 부과하는 행위

2) 과중한 지연손해금 설정·부과행위

상품 또는 용역에 대한 대금지급의 지연 시 지연경위, 정상적인 거래관행 등에 비추어 과중한 지연손해금을 설정하여 계약을 체결하거나 이를 부과하는 행위

나. 소비자 피해에 대한 손해배상의무 전가행위

가맹본부가 가맹점사업자에게 공급한 물품의 원시적 하자 등으로 인하여 소비자 피해가 발생한 경우까지도 부당하게 가맹점사업자가 손해배상의무를 모두 부담하도록 계약을 체결하는 행위

다. 부당한 영업위약금 부과행위

가맹점사업자가 영업을 개시한 날이 속하는 달의 다음 달부터 1년간의 평균 매출액이 가맹본부가 법 제9조제3항 및 제5항에 따라 제공한 예상매출액의 최저액에 미달하여 가맹점사업자가 계약을 중도에 해지하는 경우에 가맹본부가 계약 해지에 따른 기대이익 상실을 이유로 위약금을 부과하는 행위. 다만, 가맹점사업자의 가맹계약 위반, 가맹본부가 제시한 경영방침 미준수 또는 이에 준하는 사유로 인하여 평균 매출액이 예상매출액의 최저액에 미달한 경우는 제외한다.

라. 그 밖의 부당한 손해배상의무 부과행위

가목 또는 나목에 준하는 경우로서 가맹점사업자에게 부당하게 손해배상의무를 부담하도록 하거나 가맹본부가 부담해야 할 손해배상의무를 가맹점사업자에게 전가하는 행위

Q2. 가맹계약 내용을 위반하면 즉시 해지되나?

A2. 가맹점사업자가 가맹본부의 중요한 영업방침을 위반하거나, 로열티 또는 물품대금 등 가맹금을 미납하거나, 기타 가맹계약 조건을 위반하는 경우 가맹본부는 가맹계약 해지를 검토할 수 있다. 이 경우 가맹본부는 가맹사업법에서 정한 절차적 규정을 준수하여야 하며, 절차를 지키지 않은 가맹계약 해지는 그 사유의 정당성을 떠나 무조건 무효가 된다.

가맹본부는 가맹점사업자가 가맹계약을 1회 위반한 사유로 가맹계약을 해지할 수 없다. 가맹본부가 가맹점사업자와의 가맹계약을 해지하려면 2개월 이상의 유예기간을 두고 계약의 위반 사실을 구체적으로 밝히고 이를 시정하지 않으면 그 계약을 해지한다는 사실을 2회 이상 서면으로 통지하고 이를 시정하지 않는 경우 해지할 수 있다.

가맹본부가 가맹점사업자의 귀책사유로 가맹계약을 중도에 해지하기 위해서는 가맹사업법에서 정한 절차를 준수하여야 한다. 그러나 가맹점사업자가 가맹계약을 중도에 해지하는 절차는 가맹사업법에 명문화되어 있지 않다.

Keyword 근거 법령 — 가맹사업법

법률 제14조(가맹계약해지의 제한)
① 가맹본부는 가맹계약을 해지하려는 경우에는 가맹점사업자에게 2개월 이상의 유예기간을 두고 계약의 위반 사실을 구체적으로 밝히고 이를 시정하지 아니하면 그 계약을 해지한다는 사실을 서면으로 2회 이상 통지하여야 한다. 다만, 가맹사업의 거래를 지속하기 어려운 경우로서 ***대통령령이 정하는 경우***에는 그러하지 아니하다. <개정 2007. 8. 3.> ② 제1항의 규정에 의한 절차를 거치지 아니한 가맹계약의 해지는 그 효력이 없다.

Q3. 가맹본부가 해지한다고 말로만 해도 즉시 해지되나?

A3. 가맹사업법에는 가맹본부가 가맹계약을 해지하려는 경우에는 가맹점사업자에게 2개월 이상의 유예기간을 두고 계약의 위반 사실을 구체적으로 밝히고 이를 시정하지 않으면 그 계약을 해지한다는 사실을 "서면"으로 2회 이상 통지하여야 한다고 규정되어 있다.

즉, 구두로 경고하거나 해지 절차를 정상적으로 이행하지 않은 가맹계약의 해지는 효력이 없다.

Q4. 가맹본부가 즉시 해지할 수도 있나?

A4. 일반적으로 절차를 지키지 않은 가맹계약 해지는 해지사유의 정당성을 떠나 무조건 무효가 된다. 그럼에도 불구하고 가맹사업법에는 가맹사업거래를 지속하기 어려운 경우로 가맹본부가 가맹점사업자와 가맹계약을 즉시 해지할 수 있는 9가지 사유가 규정되어 있음에 주의하여야 한다.

가맹사업법이 가맹점사업자를 보호하자는 취지의 법이지만 가맹점사업자가 고의 또는 악의적으로 가맹본부 및 고객에게 위해를 끼친다면 즉시 가맹점 운영을 저지하는 것이 바람직할 수 있다. 따라서 가맹본부는 부득이한 경우 가맹계약을 즉시 해지할 수 있다.

가맹본부가 즉시 해지할 수 있는 사유에 대해서는 가맹사업법에 명시되어 있으며, 9가지로 한정하고 있다. 참고로, 가맹본부가 임의의 규정을 즉시 해지사유로 기재하고 상호 약정하는 경우일지라도 임의의 규정으로 즉시 해지하는 것은 무효이다.

가맹본부나 가맹점사업자 모두 파산신청이 있거나 강제집행절차 또는 회생절차가 개시된 경우, 발행한 어음·수표가 부도 등으로 지급 정지된 경우, 천재지변, 중대한 일신상의 사유 등으로 더 이상 가맹사업을 경영할 수 없게 된 경우 가맹사업 양 당사자는 각자의 상대방에 대하여 즉시 해지를 요구할 수 있다.

가맹점사업자가 가맹본부의 명성이나 신용을 뚜렷이 훼손하여 가맹사업에 중대한 장애를 초래한 경우에도 가맹본부는 즉시 해지를 요구할 수 있다. 다만, 가맹점사업자가 온라인이나 오프라인 등에 가맹본부를 비방하는 내용을 올리는 등의 행위만으로는 즉시 해지할 수 없다.

가맹본부는 가맹점사업자가 가맹사업 운영과 관련되는 법령을 위반하여 다음의 내용으로 행정처분을 받거나 법원 판결을 받음으로써 가맹본부의 명성이나 신용을 뚜렷이 훼손시켜야 즉시 해지할 수 있다.

1. 위법사실을 시정하라는 내용의 행정처분
2. 위법사실을 처분사유로 하는 과징금·과태료 등 부과처분
3. 위법사실을 처분사유로 하는 영업정지 명령

가맹점사업자가 정당한 사유 없이 연속하여 7일 이상 영업을 중단한 경우에도 가맹본부는 즉시 해지할 수 있다. 해외여행 등 장기간 여행을 떠나거나 질병 등의 사유로 장기입원을 하는 등 부득이한 경우로 영업을 정상적으로 진행하기 어려운 경우에는 반드시 가맹본부와 사전에 협의하여야 한다.

Keyword 근거 법령

가맹사업법

시행령 제15조(가맹계약의 해지사유)

법 ***제14조제1항 단서에서 "대통령령이 정하는 경우"***란 다음 각 호의 어느 하나에 해당하는 경우를 말한다. <개정 2008. 1. 31., 2010. 10. 13., 2015. 3. 30., 2020. 4. 28., 2021. 1. 5.>

1. 가맹점사업자에게 파산 신청이 있거나 강제집행절차 또는 회생절차가 개시된 경우
2. 가맹점사업자가 발행한 어음·수표가 부도 등으로 지급정지된 경우
3. 천재지변, 중대한 일신상의 사유 등으로 가맹점사업자가 더 이상 가맹사업을 경영할 수 없게 된 경우
4. 가맹점사업자가 가맹점 운영과 관련되는 법령을 위반하여 다음 각 목의 어느 하나에 해당하는 행정처분을 받거나 법원 판결을 받음으로써 가맹본부의 명성이나 신용을 뚜렷이 훼손하여 가맹사업에 중대한 장애를 초래한 경우
   가. 위법사실을 시정하라는 내용의 행정처분
   나. 위법사실을 처분사유로 하는 과징금·과태료 등 부과처분
   다. 위법사실을 처분사유로 하는 영업정지 명령
5. 가맹점사업자가 가맹점 운영과 관련되는 법령을 위반하여 자격·면허·허가 취소 또는 영업정지 명령(15일 이내의 영업정지 명령을 받은 경우는 제외한다) 등 그 시정이 불가능한 성격의 행정처분을 받은 경우. 다만, 법령에 근거하여 행정처분을 갈음하는 과징금 등의 부과 처분을 받은 경우는 제외한다.
6. 가맹점사업자가 법 제14조제1항 본문에 따른 가맹본부의 시정요구에 따라 위반사항을 시정한 날부터 1년(계약갱신이나 재계약된 경우에는 종전 계약기간에 속한 기간을 합산한다) 이내에 다시 같은 사항을 위반하는 경우. 다만, 가맹본부가 시정을 요구하는 서면에 다시 같은 사항을 1년 이내에 위반하는 경우에는 법 제14조제1항의 절차를 거치지 아니하고 가맹계약이 해지될 수 있다는 사실을 누락한 경우는 제외한다.
7. 가맹점사업자가 가맹점 운영과 관련된 행위로 형사처벌을 받은 경우
8. 가맹점사업자가 뚜렷이 공중의 건강이나 안전에 급박한 위해를 일으킬 염려가 있는 방법이나 형태로 가맹점을 운영하고 있으나, 행정청의 시정조치를 기다리기 어려운 경우
9. 가맹점사업자가 정당한 사유 없이 연속하여 7일 이상 영업을 중단한 경우

Q5. 계약을 위반하여 시정명령 받고 즉시 시정했는데 가맹본부가 해지 요구해도 되나?

A5. 가맹점사업자가 가맹계약을 위반한 사실에 대하여 가맹본부의 시정명령을 즉시 시정했다면 가맹본부는 가맹계약을 해지할 수 없다.

다만, 가맹점사업자가 가맹본부의 시정요구에 따라 위반사항을 시정한 날부터 1년 이내에 다시 같은 사항을 위반하는 경우에 가맹본부는 2개월 기간의 유예기간을 두고 2회 이상 시정명령 절차를 거치지 않고 즉시 해지할 수 있다.

시정한 날부터 1년 이내의 기간은 계약갱신이나 재계약된 경우 종전 계약기간에 속한 기간을 합산하여 산정하고, 같은 사항을 위반하는 범위는 동일한 위반 내용에 대해 협의의 범위로 해석하여야 한다.

가맹본부가 시정을 요구하고 1년 이내에 가맹점사업자가 동일한 위반을 하는 사유로 가맹본부가 즉시 해지하기 위해서는 가맹본부가 처음으로 시정을 요구하는 서면에 다시 같은 사항을 1년 이내에 위반하는 경우에는 법에서 정한 해지 절차를 거치지 않고 가맹계약이 해지될 수 있다는 사실을 반드시 기재하여야 한다.

Q6. 청소년에게 주류를 판매하다 30일 영업정지 받으면 즉시 해지되나?

A6. 주류를 판매하는 가맹점은 미성년자임을 미처 확인하지 못하고 술을 판매하여 영업정지를 받을 수 있다는 점도 대비하여야 한다. 최근에는 청소년들이 술을 마시고 돈을 내지 않기 위해 일부러 신고하는 경우도 있어서 주류를 판매하는 가맹점의 어려움이 증가하고 있다.

15일이 초과하는 영업정지는 가맹계약이 즉시 해지될 수 있는 사유이기 때문에 더욱 주의를 기울여야 한다. 가맹본부는 가맹점사업자가 가맹점 운영과 관련되는 법령을 위반하여 자격·면허·허가 취소 또는 영업정지 명령 등 그 시정이 불가능한 성격의 행정처분을 받은 경우 가맹계약을 즉시 해지할 수 있다.

그러나 가맹점사업자가 15일 이내의 영업정지 명령을 받았거나, 법령에 근거하여 행정처분을 갈음하는 과징금 등의 부과 처분을 받은 경우에는 가맹본부가 즉시 해지할 수 없다.

Q7. 가맹계약 해지 시 위약금, 위약벌 등 부담해야 하나?

A7. 가맹점사업자가 가맹본부의 귀책사유가 없음에도 가맹계약 해지를 요구하는 경우가 있다. 이 경우 가맹본부는 가맹점사업자에게 중도 해지에 따른 손해배상예정액으로 위약금 또는 위약벌을 요구하는 경우가 있다.

이는 가맹점사업자가 가맹계약기간을 지키지 않아 가맹본부에 발생할 것으로 예상되는 손해배상예정액으로 해석하여야 한다.

이 내용은 가맹계약 체결을 위해 검토하여야 하는 정보공개서 및 가맹계약서에 기재되어 있어야 하고, 이 내용을 검토한 후 가맹계약을 체결하였다면 그에 따른 위약금 또는 위약벌은 부담하여야 한다.

다만, 위약금 또는 위약벌 금액의 산정기준의 타당성을 추가로 검토한 후 지급할 필요가 있다.

Keyword 근거 법령 — 가맹사업법

시행령 제12조의2(위약금의 부당성 판단기준)
법 ***제12조제1항제5호에서 "계약의 목적과 내용, 발생할 손해 등 대통령령으로 정하는 기준"***이란 다음 각 호의 기준을 말한다. 1. 계약의 목적과 내용 2. 발생할 손해액의 크기 3. 당사자 간 귀책사유 유무 및 정도 4. 해당 업종의 정상적인 거래관행 [본조신설 2014. 2. 11.]

에 · 피 · 소 · 드

06 브랜드 이미지 실추시키면 즉시 해지 가능?

출처: 한국공정거래조정원 | 2020-01-31 | 교육 가맹본부의 가맹계약 해지 관련 분쟁조정 사례

1. 사건의 개요

가. 분쟁의 경위

신청인은 피신청인과 가맹계약을 체결하고 피신청인의 영업표지를 사용하여 학원을 운영하던 중 피신청인이 신청인에게 계약 해지를 통보하여 이 사건 분쟁이 발생하였다.

나. 사안의 쟁점

이 사안의 경우 피신청인이 신청인에게 계약 해지를 통보한 행위가 가맹사업법에서 규정하는 부당한 계약 해지 행위에 해당하는지가 문제된다.

2. 분쟁사실 및 당사자 주장

가. 분쟁사실

신청인은 2018. 3월경 교육 가맹본부인 피신청인과 '□□ ○○점(이하 '이 사건 가맹점'이라 한다) 가맹계약'(이하 '이 사건 계약'이라 한다)을 체결하고 이 사건 가맹점 운영을 시작하였다.

피신청인은 2018. 9월경 신청인이 이 사건 가맹점 학생의 부모와 언쟁을 벌였다는 이유로 이 사건 계약의 해지를 통보하였다.

나. 당사자 주장

1) 신청인 주장

피신청인이 학부모 한 명의 일방적인 이야기만 듣고 이 사건 계약을 해지하는 것은 부당하다.

2) 피신청인 주장

피신청인은 학부모들로부터 신청인에 대한 불만사항을 지속적으로 듣고 있었고, 신청인이 피신청인 영업표지에 대한 이미지를 실추시키고 있다고 판단하여 계약 해지를 통보한 것이다.

3. 검토 및 조정

▶ **관련 법 규정 및 심사지침**

> 가맹사업법 제14조 【가맹계약해지의 제한】 ① 가맹본부는 가맹계약을 해지하려는 경우에는 가맹점사업자에게 2개월 이상의 유예기간을 두고 계약의 위반 사실을 구체적으로 밝히고 이를 시정하지 아니하면 그 계약을 해지한다는 사실을 서면으로 2회 이상 통지하여야 한다. 다만, 가맹사업의 거래를 지속하기 어려운 경우로서 대통령령이 정하는 경우에는 그러하지 아니하다.
> ② 제1항의 규정에 의한 절차를 거치지 아니한 가맹계약의 해지는 그 효력이 없다.

▶ **조정원의 조정 방향**

피신청인이 신청인에게 시정요구 없이 가맹계약의 해지를 통보한 것은 가맹사업법 제14조 가맹계약해지의 제한에 따라 해지 효력이 없다고 볼 수 있어 담당 조사관은 이 사건 계약을 유지하는 방향으로 조정을 시도하였다.

그러나 신청인과 피신청인은 이미 상호 간의 신뢰가 무너져 더 이상 이 사건 계약을 유지할 수 없다고 진술하여 이 사건 계약을 해지하고 피신청인이 신청인에게 손해배상금을 지급하는 방향으로 조정을 진행하였다.

4. 조정 결과

당사자는 '신청인과 피신청인은 가맹계약을 해지하고 피신청인은 신청인에게 계약 해지에 따른 손해배상금 1,000,000원을 지급한다'는 내용으로 합의하여 이 사건 조정이 성립하였다.

프랜차이즈 클리닉

가맹본부가 가맹점과의 계약을 중도에 해지하기 위해서는 가맹계약의 불이행이나 가맹점 운영과 관련되는 법령의 위반 등 가맹점사업자의 귀책사유가 있어야 한다. 이 경우 가맹본부는 구체적인 위반사실을 2개월 이상의 유예기간을 두고 2회 이상 시정을 요구하는 절차를 준수하여야 한다.

그러나 가맹점의 중대한 귀책사유가 있는 경우에는 가맹본부가 즉시 해지할 수도 있다. 가맹사업법 시행령에서 9가지 사유를 구체적으로 제시하고 있다. 그 내용 중 가맹본부의 명성이나 신용을 뚜렷이 훼손하는 중대한 장애를 초래한 경우도 포함되어 있다.

다만, 이 경우는 "가맹점사업자가 가맹점 운영과 관련되는 법령을 위반하여 행정처분, 과징금, 과태료 부과 처분, 영업정지 명령 등 행정처분을 받거나 법원 판결을 받음으로써" 가맹본부의 명성이나 신용을 뚜렷이 훼손하여 가맹사업에 중대한 장애를 초래한 경우라는 전제 내용을 확인하여야 한다.

Keyword 04

권리변동

Q1. 가맹점 운영을 대리인이 해도 되나?

A1. 대리경영이란 가맹점사업자가 매장을 직접 운영하기 어려운 경우 또는 어려운 업무에 대해 범위를 정하고 대리인에게 지정한 범위 내의 업무에 대해 권리와 의무를 위임하는 형태의 경영을 말하고, 점장 운영은 가맹점사업자가 직접 운영하며 점포를 총괄하여 관리하는 업무를 이행하는 피고용인을 고용하는 형태의 경영을 말한다.

일반적으로 점장은 가맹점사업자가 직접 운영하면서 매장을 총괄하여 관리하는 책임자의 역할을 부여할 뿐이지 가맹점사업자의 업무를 대리하는 경영은 아니기 때문에 대리인과 점장은 업무의 권한과 책임에 있어서는 큰 차이가 있다.

대리경영을 하는 경우 가맹점사업자는 대리인의 업무에 대해 권한과 범위를 명확하게 부여하여야 하고, 책임소재를 명확히 해 둘 필요가 있기 때문에 대리인과 계약을 체결하는 것이 좋다. 또한, 가맹본부의 교육 및 매장 운영을 총괄하는 점포관리자의 책임도 다하여야 하기 때문에 가맹본부에 사전 승인을 받아야 한다.

Q2. 가맹점 운영을 위탁업체에 맡겨도 되나?

A2. 가맹점은 가맹점사업자 명의로 되어 있고, 실제 운영은 제3의 업체가 맡아하면서 수익을 배분하는 형태의 경영을 하는 가맹점이 있다. 이런 경우를 위탁경영이라 한다.

가맹본부는 위탁경영 가능 여부에 대해 정보공개서 및 가맹계약서에 기재하고 있으며, 가맹본부가 위탁경영을 인정하는 경우 가맹본부의 승인 하에 가능하다.

위탁경영도 대리경영과 마찬가지로 위탁업체의 업무에 대해 권한과 책임을 명확히 하기 위해 계약을 체결하여야 한다. 특히 위탁경영은 수익이 나는 경우의 배분과 손실이 나는 경우의 배분 문제를 명확히 하지 않으면 분쟁이 발생할 수 있으니 계약 내용에 이를 명확히 기재해 둘 필요가 있다.

Q3. 사업자등록증 대표자가 변경되면 가맹본부에 알려야 하나?

A3. 개인사업자가 사업자등록증의 대표자를 변경하는 것은 가맹본부와 가맹계약을 체결한 주체인 당사자가 변경되는 것으로 가맹본부에 사전 승인을 받아야 한다. 대부분 가맹본부는 가맹점 운영의 주체가 변경되지 않는 상태에서 명의자만 변경되는 경우 계약기간의 변경이 없고, 점포관리자의 교육 등이 필요하지 않기 때문에 별도의 조건 없이 승인을 해주고 있다.

그러나, 가맹점 운영의 주체가 변경되면서 명의자도 변경된다면 점포관리자의 교육을 이수하여야 하는 조건을 부여하고, 그에 따른 비용을 청구할 수 있다.

Q4. 가맹점을 다른 사람에게 양도하려면 가맹본부에 알려야 하나?

A4. 가맹점을 다른 사람에게 양도하는 것은 점포 및 시설의 권리만 양도하는 것이지 가맹본부와 체결한 가맹계약 관계까지 포괄하여 양도하는 것은 아니다. 따라서 가맹사업운영권의 양도양수 관련해서는 반드시 가맹본부에 사전 승인을 받은 후 진행하여야 한다.

가맹본부의 승인 없이 가맹점을 양도하는 경우 가맹점사업자의 일방적인 가맹계약 해지로 볼 수 있으며, 이 경우 일방적인 중도해지로 가맹본부에 손해를 배상해야 할 수도 있다. 또한, 양수인은 가맹점으로 인정을 받을 수 없으며, 간판 포함 실내외 가맹본부의 영업표지를 철거해야 할 수도 있다.

가맹본부의 승인 없이 양도하는 경우, 양도인-양수인-가맹본부 모두에게 손해가 있을 수 있으므로 양도양수 전에 3자 간의 계약관계를 반드시 명확히 해두어야 한다.

참고로, 가맹본부는 양도인과 합의해지로 종료하였기에 가맹계약 종료 후 동종의 영업을 하는 경업행위를 금지시키기 어렵다. 그러나 양수인은 권리금을 주고 양도인의 영업권 등을 구매한 당사자이므로 상법 제41조 규정에 따라 양도인의 동종영업을 금지시킬 수 있다.

가맹사업뿐만 아니라 일반 매장을 양도양수하는 경우에도 권리금계약서 등에 양도인 및 제3자로 하여금 양도 후 동일지역에서 동일업종을 하지 않겠다는 경업금지 내용을 기재하여 양도인의 의사를 명확히 해 둘 필요가 있다.

Keyword **근거 법령** **상법**

법률 제41조(영업양도인의 경업금지)
① 영업을 양도한 경우에 다른 약정이 없으면 양도인은 10년간 동일한 특별시・광역시・시・군과 인접 특별시・광역시・시・군에서 동종영업을 하지 못한다. ② 양도인이 동종영업을 하지 아니할 것을 약정한 때에는 동일한 특별시・광역시・시・군과 인접 특별시・광역시・시・군에 한하여 20년을 초과하지 아니한 범위 내에서 그 효력이 있다.

Q5. 가맹계약 체결자가 사망한 경우 상속인이 가맹점을 운영해도 되나?

A5. 상속인이 직접 가맹점을 운영하고자 하는 경우 가맹본부와 피상속인과 체결된 가맹계약은 상속인에게 포괄 상속될 수 있다. 가맹점을 상속인이 직접 운영하기 위해서는 상속개시일로부터 3개월 이내에 상속 사실을 가맹본부에 통지하고 승인을 받아야 한다.

다만, 상속인이 미성년자이거나 피성년후견인 및 피한정후견인인 경우에는 가맹점 운영권을 상속받을 수 없고, 상속인이 상속 자격이 안 되거나 상속인이 가맹점 운영을 포기하는 경우 가맹계약은 종료된다.

상속인이 가맹점을 포괄 상속받는 경우 상속인은 최초가맹금에 해당하는 가맹비 등은 추가로 부담하지 않아도 되고, 계약이행보증금 등이 있는 경우에는 상속인에게 이월된다. 다만, 상속인은 점포관리자가 받아야 하는 교육을 이수하여야 하고, 이에 대한 비용은 상속인이 부담하여야 한다.

Q6. 가맹점운영권을 가맹본부가 인수하라고 요구할 수 있나?

A6. 가맹본부가 가맹점을 사들이는 형태를 환매제도라고 한다. 환매제도는 가맹본부의 선택사항으로 정보공개서에 운영 여부에 대해 기재하도록 하고 있다.

환매제도를 운영하는 가맹본부에게는 인수할 것을 정당하게 요구할 수 있으나, 운영하지 않는 가맹본부에게 요구하는 것은 어렵다.

Q7. 가맹본부가 다른 가맹본부에게 가맹사업운영권을 양도해도 되나?

A7. 가맹사업은 가맹점과 가맹점 간의 명의가 변경되는 양도양수가 비일비재하게 진행되지만 간혹 가맹본부도 브랜드를 다른 회사에 양도양수 하는 경우가 있다. 이 경우 가맹점사업자 입장에서는 계약체결 당사자가 변경되는 것이기 때문에 가맹본부의 귀책사유로 인한 중도해지 상황이 발생된다.

가맹본부는 가맹사업을 타인 또는 다른 회사에 양도하는 경우 반드시 가맹점사업자의 동의를 받아야 한다. 가맹점사업자는 가맹본부의 가맹사업을 양수할 타인 또는 다른 회사를 검토하고 가맹사업운영권 양도에 동의하고 계약관계를 유지하기 위해 새로운 가맹본부와 가맹계약을 체결할 수 있다.

그러나 가맹점사업자가 이에 동의하지 않을 경우 가맹본부와 가맹계약을 종료하고 계약관계를 탈퇴할 수 있다. 이 경우 가맹점사업자는 계약관계를 탈퇴한 가맹본부에 남은 가맹계약 기간을 고려하여 일부 가맹금의 반환을 요구할 수 있고, 입은 손해가 있는 경우 손해배상을 요구할 수 있다.

에 · 피 · 소 · 드

07 장기운영 점포 갱신 시 점포 이전 확장 요구 가능?

출처: 한국공정거래조정원 | 2022-06-07 | 생활용품 소매점 가맹본부의 불이익제공 관련 분쟁조정 사례

1. 사건의 개요

가. 분쟁의 경위

신청인은 피신청인이 장기운영 점포인 이 사건 가맹점에 대하여 계약 갱신을 거절하는 등의 불이익 제공 행위를 하였다고 주장하며 이 사건 분쟁조정을 신청하였다.

나. 사안의 쟁점

이 사안의 경우 피신청인이 신청인에게 일방적인 계약 종료 통지를 하였는지 여부가 문제된다.

2. 분쟁사실 및 당사자 주장

가. 분쟁사실

신청인은 피신청인과 2012. 3.경 가맹계약(이하 '이 사건 가맹계약'이라 함)을 체결하고 2022. 3.경까지 ○○ ○○○점(이하 '이 사건 가맹점'이라 함)을 운영하기로 하였다.

신청인이 피신청인에게 계약기간 연장 희망 의사를 밝히자 피신청인은 기존 매장에서의 계약 연장은 불가하나, 좋은 위치로 확장 이전할 경우 재계약이 가능하다고 안내하였다.

이에 신청인은 피신청인에게 이전할 가맹점 후보지를 제안하였으나 피신청인은 이를 거절하였고, 신청인에게 가맹계약 종료 통지서를 발송하였다.

신청인은 피신청인에게 2024. 12. 31.까지 계약기간을 연장하여 줄 것을 요청하였으나 피신청인이 이를 거부하여 이 사건 분쟁조정을 신청하였다.

나. 당사자 주장

1) 신청인 주장

신청인은 가맹계약기간 연장을 위하여 피신청인의 요구에 따라 확장 이전을 위한 후보지를 물색하였으나, 피신청인이 명확하지 않은 기준을 이유로 이를 모두 거절하였다.

2) 피신청인 주장

피신청인은 이 사건 가맹계약 만료일 전 신청인에게 서면으로 갱신거절을 통보하였으므로 적법하게 갱신이 거절되었다.

3. 검토 및 조정

▶ 관련 법 규정 및 심사지침

가맹사업법 제12조【불공정거래행위의 금지】 ① 가맹본부는 다음 각 호의 어느 하나에 해당하는 행위로서 가맹사업의 공정한 거래를 저해할 우려가 있는 행위를 하거나 다른 사업자로 하여금 이를 행하도록 하여서는 아니된다.

3. 거래상의 지위를 이용하여 부당하게 가맹점사업자에게 불이익을 주는 행위

▶ 조정원의 조정방향

담당 조사관은 피신청인에게 공정위에서 발표한 가맹분야 '장기점포의 안정적 계약갱신을 위한 가이드라인'에서 정한 정당한 사유가 없는 한 피신청인의 행위를 불공정거래행위로 볼 수 있다는 사정을 설명하였고, 이 사건 분쟁을 조정 절차를 통해 계약기간을 연장하는 방향으로 분쟁을 해결하자고 설득하였다.

이에 당사자가 수차례 협의를 진행하면서 계약기간을 일부 연장하는 내용으로 합의하였다.

4. 조정 결과

당사자는 '이 사건 가맹 계약 기간을 2023. 6. 31.까지로 연장한 후 계약을 해지한다.'는 내용으로 합의하여 이 사건 조정이 성립하였다.

프랜차이즈 클리닉

가맹본부와 가맹점과의 계약갱신 과정에서 가맹점사업자가 계약을 갱신을 요구하는 경우 가맹본부는 정당한 사유 없이 거절할 수 없다. 그러나 가맹점사업자가 가맹금 등을 부담하지 않거나, 다른 가맹점사업자에게 통상적으로 적용되는 계약조건이나 영업방침을 수락하지 않거나 지키지 않는 경우 갱신 요구를 거절할 수 있다.

또한, 가맹본부도 계약기간 만료 전 180일부터 90일 사이에 가맹점사업자에게 조건의 변경에 대한 통지를 하고 계약갱신 조건에 대해 협의할 수 있다. 이 경우 가맹본부가 로열티 인상, 점포 확장이나 이전 등을 요구하는 것이 정당한가에 대해서는 불공정 여부를 검토하여야 한다.

가맹본부는 계약갱신 시 직영점을 설치할 목적, 특정 가맹점사업자에 대한 차별, 점포환경개선 비용 미회수 등의 사유가 있는 경우 계약갱신을 거절하면 불공정거래행위가 된다.

추가로, 갱신계약 조건으로 로열티 인상, 점포 확장이나 이전 등을 요구하는 행위는 부당한 계약조항의 설정 또는 변경이나 불이익 제공 등의 거래상 지위남용의 불공정거래행위가 될 수 있다. 이는 양도양수 시에도 참고할 필요가 있다.

Keyword 05

경영지원

Q1. 개점 시 인테리어 등은 가맹본부가 직접 시공해 주나?

A1. 가맹사업은 가맹사업 동일성 유지를 위해 브랜드 외관의 통일성과 상품 및 서비스의 동일성을 핵심적인 수단으로 하고 있다. 따라서 인테리어나 설비 등은 가맹본부가 매뉴얼을 제공하고 가맹점은 매뉴얼을 준수하며 시공하여야 한다.

이 과정에서 가맹본부는 지정업체를 선정하여 직접 설계·시공하는 경우도 있고, 가맹본부가 설계만 해주는 경우도 있으며, 가맹점사업자가 선정한 설비업체를 통해 설계·시공 및 진행·완료 현황을 종합 검수·감리 또는 관리·감독 하는 경우도 있다.

가맹본부가 인테리어 등을 가맹본부 또는 가맹본부의 지정업체로 강제하고자 하는 경우에는 가맹본부의 상표권을 보호하고 상품 또는 용역의 동일성을 유지하기 어렵다는 사실이 객관적으로 인정되는 경우로서 해당 사실에 관하여 미리 정보공개서를 통하여 가맹점사업자에게 알리고 계약을 체결할 경우만 인정된다.

인테리어 및 간판 등 시공 업무는 가맹점사업자가 직접 업체를 선정하여 시공한다고 하여 가맹사업 동일성을 유지하기 어렵다는 사실이 객관적으로 인정되기 어렵다. 시공업체가 시공 매뉴얼을 준수한다면 거래상대방은 꼭 가맹본부나 지정업체를 통해서 하지 않아도 된다.

다만, 시공 품목 중 독점으로 수입한 자재 또는 물품이 있는 등 가맹본부의 상표권 보호 및 가맹사업 동일성 유지를 위해 필요한 경우로 정보공개서를 통해 사전에 안내한 경우에는 반드시 가맹본부 또는 가맹본부의 지정업체서 시공해야 한다.

Q2. 개점 시 기기장비, 집기비품 등은 가맹본부가 직접 공급해 주나?

A2. 가맹본부는 가맹사업 동일성 유지를 위하여 가맹점을 운영하기 위한 필수품목 리스트를 매뉴얼로 제공해야 한다. 가맹점사업자가 독립 창업을 하지 않고 가맹점 창업을 하는 이유는 가맹본부의 차별화된 전문성뿐만 아니라 편리성도 있기 때문이다.

가맹본부는 가맹점사업자가 편리하게 업무를 진행할 수 있도록 전체 공급품목 리스트를 작성하고 각각의 공급처, 거래의 필수 및 선택 여부, 연락처 등을 제공할 필요가 있다.

이는 가맹본부가 가맹점사업자에게 가맹비를 수령하였기에 의무적으로 제공해야 하는 지원업무에 해당할 수 있으며, 이를 제공하지 않는 가맹본부에 가맹점사업자는 정당하게 요구할 권리가 있다.

참고로, 가맹본부나 가맹본부의 지정업체가 공급하는 물품의 경우 사후 A/S나 관리 등의 책임 소재를 분명히 할 필요가 있다. 구입 후 가맹본부와 공급업체 간에 문제 발생 시 서로 책임을 회피하는 경우가 발생하면 그 피해가 가맹점에 돌아갈 우려가 있기 때문이다.

Q3. 개점 시 홍보판촉, 인력지원 등은 가맹본부가 직접 지원해 주나?

A3. 일부 가맹본부는 개점 시 판매를 촉진하기 위해 개점 이벤트를 제공하거나, 전단지 배포, 블로그 개설 및 쿠폰, 경품, 무료 사용(시음, 시식), 1+1 행사, 묶음 할인행사 등 홍보판촉 업무를 지원하고 있다. 또한 개점일 또는 개점일 전후 바쁜 업무를 지원하기 위해 홀 및 주방 인력을 파견하기도 한다.

가맹본부가 판촉을 위해 지원해 주는 업무는 가맹본부의 비용으로 순수하게 지원하는 경우도 있지만, 별도의 비용을 청구하기도 한다. 따라서 정보공개서 개설 비용 내역에 개점홍보비, 홍보판촉비, 기타 소모품 등의 내용을 구체적으로 검토할 필요가 있다.

가맹본부가 순수하게 지원하는 업무일지라도 가맹점사업자가 부담하는 가맹비의 대가 내역에 산정되어 있다고 볼 수 있어 실질적으로 가맹점사업자가 부담하는 가맹비 대가 내역의 적정성과 연계하여 검토해 볼 필요가 있다.

Q4. 개점 후 가맹본부는 가맹점을 운영하는데 지속적으로 도와주나?

A4. 가맹사업은 계약기간 동안 계속적인 거래관계를 전제로 한다. 가맹본부가 가맹점을 개점하기 위해 다양한 업무를 지원하고, 이를 유지 발전시키기 위해서는 가맹본부의 지속적인 지원이 필요하다. 따라서 가맹본부는 슈퍼바이징을 통해 가맹점을 지속적으로 관리하고 있다.

가맹본부는 정기 또는 수시 교육을 진행하고, 가맹점 전반에 대해 경영지도를 하기도 하며, 전국 가맹점 영업의 활성화를 위하여 가맹본부의 기획으로 광고·판촉 행사를 진행하기도 한다.

또한, 가맹점의 체계적인 손익관리를 위해 회계처리 업무를 대행해 주기도 한다. ERP 프로그램을 활용하여 재고 및 주문을 효율적으로 관리하는 시스템을 지원하기도 하고, 가맹점의 매출 및 판매시점에서의 업무를 원활하게 해주는 POS 프로그램을 개발하여 공급하기도 한다.

다만, 가맹본부가 관리지원을 할 때 소요되는 비용은 가맹점사업자가 부담하는 경우가 많다. 따라서 가맹점사업자는 가맹계약 체결 전 가맹본부가 관리지원 업무의 구체적인 내용과 로열티, 광고·판촉 분담금, ERP 또는 POS 사용료 등으로 가맹본부에 지급하는 비용의 적정성을 연계하여 검토할 필요가 있다.

로열티 지급 횟수와 슈퍼바이저 방문 횟수는 반드시 일치하지 않는다. 또한, 가맹점 관리의 기준을 반드시 방문으로 한정하고 있지 않으며, 수시로 관리하는 경우 어떤 가맹본부는 분기 기준 1회를 진행하기도 하지만 어떤 가맹본부는 월 4회 이상의 관리를 진행하기도 한다.

가맹점사업자가 로열티를 지급하는 이유가 지속적인 가맹본부의 관리 지원을 받을 수 있다고 생각하는 것이기 때문에 최소한 로열티를 매월 수령하는 가맹본부는 매월 1회 이상의 관리지원을 의무적으로 제공해야 한다.

슈퍼바이징 기준은 가맹본부의 개별 정책으로 가맹본부마다 정보공개서 및 가맹계약서에서 정하고 있으므로 이 문서를 연계하여 검토할 필요가 있다.

가맹본부는 가맹점 운영매뉴얼을 제공하고 이 내용 중 중요한 영업방침에 해당하는 내용은 반드시 준수하여야 한다는 사실에 대해 계약체결 시 또는 개점 전 교육내용을 통해 충분히 안내하여야 한다.

이렇게 안내한 내용은 계약기간 동안 가맹본부가 정기 또는 수시로 가맹점을 점검하고 관리하는 기준이 되며, 이를 위반하는 경우에는 시정명령, 가맹계약 해지, 계약갱신이 거절되는 등 불이익을 받을 수 있다.

참고로, 현장에서 가맹본부의 가맹점 관리체계가 미흡하다고 판단하여 외식업 표준가맹계약서에는 가맹본부는 가맹점을 방문할 때 점검하는 기준을 사전에 제시하여야 하고, 영업시간 내에 가맹점사업자의 동행 하에 점검하여야 하며, 점검결과에 대해 가맹점사업자가 이의를 제기할 수 있도록 하여야 한다는 내용을 기재하도록 권장하고 있다.

Q5. 가맹본부가 진행하는 광고 및 판촉행사는 모두 의무적으로 참여해야 하나?

A5. 가맹본부는 가맹점사업자가 비용의 전부 또는 일부를 부담하는 광고 및 판촉행사를 실시하려는 경우 그 비용의 부담에 관하여 전체 가맹점사업자 중 광고는 50% 이상, 판촉행사는 70% 이상의 가맹점사업자의 동의를 받아야 진행할 수 있다. 다만, 판촉행사는 해당 판촉행사의 비용 부담에 동의한 가맹점사업자만을 대상으로 실시할 수도 있다.

가맹본부가 가맹점사업자에게 동의를 받는 방법으로는 동의 시점을 객관적으로 확인할 수만 있다면 문서, 내용증명우편 뿐 아니라, 전자우편, 인터넷 홈페이지, 어플리케이션, 판매시점관리시스템(POS) 등 전자적 수단을 포함한 다양한 방법을 사용할 수 있다.

가맹본부가 가맹점사업자와 비용을 분담하는 광고 및 판촉행사를 진행하고자 하는 경우에는 행사 취지 및 비용 분담기준 등에 대해 사전에 고지하여 행사 참여 의사를 확인 후 동의를 받아 진행하여야 하며, 비용 분담 기준은 정보공개서 및 가맹계약서에서 정한 기준에 따라야 한다.

법률 제12조의6 (광고 · 판촉행사의 실시 및 집행 내역 통보)	시행령 제13조의5 (광고 · 판촉행사의 실시 등)
① 가맹본부는 가맹점사업자가 비용의 전부 또는 일부를 부담하는 광고나 판촉행사를 실시하려는 경우(가맹본부 및 가맹점사업자가 대통령령으로 정하는 바에 따라 체결한 광고·판촉행사의 약정에 따라 실시하는 경우는 제외한다) 그 비용 부담에 관하여 전체 가맹점사업자 중 ***대통령령으로 정하는 비율*** 이상의 가맹점사업자의 동의를 받아야 한다. 다만, 판촉행사의 경우에는 해당 판촉행사의 비용 부담에 동의한 가맹점사업자만을 대상으로 하여 이를 실시할 수 있다. ② 가맹본부는 가맹점사업자가 비용의 전부 또는 일부를 부담하는 광고나 판촉행사를 실시한 경우 그 집행 내역을 가맹점사업자에게 통보하고 가맹점사업자의 요구가 있는 경우 이를 열람할 수 있도록 하여야 한다. ③ 제1항에 따른 가맹점사업자의 동의 및 제2항에 따른 집행 내역 통보·열람의 방법과 절차 등에 관하여 필요한 사항은 대통령령으로 정한다. [전문개정 2022. 1. 4.]	① 가맹본부는 법 제12조의6제1항에 따라 광고·판촉행사의 약정을 체결하지 않고 가맹점사업자가 비용의 전부 또는 일부를 부담하는 광고나 판촉행사를 실시하려는 경우에는 문서, 내용증명우편, 전자우편, 인터넷 홈페이지, 애플리케이션 또는 판매시점 관리 시스템(POS) 등을 통해 동의시점을 객관적으로 확인할 수 있는 방법으로 가맹점사업자의 동의를 받아야 한다. <개정 2023. 11. 16.> ② 법 ***제12조의6제1항 본문에서 "대통령령으로 정하는 비율"***이란 다음 각 호의 구분에 따른 비율을 말한다. 1. 광고의 경우: 100분의 50 2. 판촉행사의 경우: 100분의 70 ③ 가맹본부 및 가맹점사업자가 법 제12조의6제1항 본문에 따른 광고·판촉행사의 약정을 체결하려는 경우에는 가맹계약과 별도로 체결해야 한다. ④ 제3항에 따라 체결하는 광고·판촉행사의 약정에는 다음 각 호의 사항이 모두 포함돼야 한다. 1. 광고나 판촉행사의 명칭 및 실시기간 2. 광고나 판촉행사의 소요 비용에 대한 가맹점사업자의 분담 비율 및 분담 한도 [본조신설 2022. 6. 7.] [종전 제13조의5는 제13조의6으로 이동 <2022. 6. 7.>]

Q6. 가맹본부가 진행하는 광고 및 판촉행사 약정체결은 수시로 해야 하나?

A6. 가맹본부는 가맹점사업자가 비용의 전부 또는 일부를 부담하는 판촉행사를 실시하려는 경우 그 비용의 부담에 관하여 전체 가맹점사업자로부터 사전 동의를 받지 않더라도 사전에 광고 및 판촉행사에 관한 약정을 체결하는 경우 실시할 수 있도록 규정하고 있다.

가맹본부가 가맹점사업자와 비용을 분담하는 광고 및 판촉행사를 실시하기 위한 약정의 형식은 가맹계약과는 다른 별도의 약정이어야 하고, 광고나 판촉행사의 명칭 및 실시기간, 소요 비용에 대한 가맹점주의 분담비율, 소요 비용에 대한 가맹점주의 분담 한도를 모두 포함하여야 하며, 가맹점주가 본인이 부담해야 하는 비용을 충분히 예측할 수 있도록 하여야 한다.

광고 및 판촉행사 약정체결은 행사가 진행되기 전까지 체결이 완료되어야 하며, 실시기간이 종료되고 새롭게 기간이 다시 시작되는 경우 새로운 약정을 체결하여야 한다. 즉, 행사마다 체결되어야 하는 것이 원칙이나 연간 행사가 기획되어 있는 경우에는 한 번에 수령할 수 있다.

Q7. 광고나 판촉행사에 참여해 비용을 분담한 경우 집행내역을 확인할 수 있나?

A7. 가맹점사업자가 비용의 전부 또는 일부를 부담하는 광고나 판촉 행사를 실시한 가맹본부는 사업연도 종료 후 3개월 이내, 즉 사업연도가 12월 31일로 끝나는 사업자의 경우 매년 3월 31일까지 집행 내역을 작성하여 정보공개서 제공방법을 준용하여 가맹점사업자에게 통보하여야 한다.

집행 내역은 광고 및 판촉행사를 진행하기 위해 사전에 가맹점사업자에게 동의 받은 내용으로 "해당 사업연도에 실시한 광고나 판촉행사별 명칭, 내용 및 실시기간, 전체 가맹점사업자로부터 지급받은 금액, 집행한 비용 및 가맹점사업자가 부담한 총액" 등을 기재하여야 한다.

가맹점사업자가 세부내용에 대하여 열람을 요청하는 경우 가맹본부는 열람의 일시 및 장소를 정하여 해당 자료를 열람할 수 있도록 하여야 한다.

시행령 제13조의6(광고 · 판촉행사 관련 집행 내역 통보 절차 등)

① 가맹본부는 법 제12조의6제2항에 따라 매 사업연도 종료 후 3개월 이내에 가맹점사업자에게 다음 각 호의 사항을 통보해야 한다. <개정 2022. 6. 7.>

1. 해당 사업연도에 실시한 광고나 판촉행사(해당 사업연도에 일부라도 비용이 집행된 경우를 포함한다. 이하 같다)별 명칭, 내용 및 실시기간
2. 해당 사업연도에 광고나 판촉행사를 위하여 전체 가맹점사업자로부터 지급받은 금액
3. 해당 사업연도에 실시한 광고나 판촉행사별로 집행한 비용 및 가맹점사업자가 부담한 총액

② 가맹본부가 가맹점사업자에게 제1항에 따른 통보를 하는 경우에는 제6조제1항 각 호의 어느 하나에 해당하는 방법을 준용한다. 다만, 제6조제1항제3호 후단은 준용하지 아니한다.

③ 가맹본부는 법 제12조의6제2항에 따라 가맹점사업자가 집행 내역의 열람을 요구하는 경우 열람의 일시 및 장소를 정하여 해당 자료를 열람할 수 있도록 해야 한다. <개정 2022. 6. 7.>

[본조신설 2016. 9. 29.] [제13조의5에서 이동 <2022. 6. 7.>]

에 · 피 · 소 · 드

08 판촉행사 진행 시 동의하지 않은 가맹점에 행사비용 청구 가능?

출처: 한국공정거래조정원 | 2024-11-29 | 외식 가맹본부의 판촉행사 실시 관련 분쟁조정 사례

1. 사건의 개요

가. 분쟁의 경위

신청인은 피신청인이 신청인에게 판촉행사 참여를 강제하였다고 주장하면서 행사비용을 청구하지 말 것을 요구하여 이 사건 분쟁이 발생하였다.

나. 사안의 쟁점

이 사안의 경우 피신청인이 판촉행사 실시 전 가맹점사업자 동의 절차를 준수하였는지 등이 문제된다.

2. 분쟁사실 및 당사자 주장

가. 분쟁사실

신청인은 2023년경 피신청인의 영업표지로 외식 가맹점을 운영하는 내용의 가맹계약을 체결하고 가맹점 운영을 개시하였다.

피신청인은 2024년 판촉행사를 실시하고 그 비용을 신청인에게 청구하였는데, 신청인은 피신청인이 강제로 판촉행사를 실시하였다고 주장하며 이를 거절하여 이 사건 분쟁이 발생하였다.

나. 당사자 주장

1) 신청인 주장

피신청인이 신청인에게 판촉행사를 강요하여 부득이하게 참여하게 되었으므로, 행사비용을 피신청인에게 지급할 수 없다.

2) 피신청인 주장

신청인을 포함한 대부분의 가맹점사업자들에게 판촉행사 참여 동의서를 받고 판촉행사를 실시하였으므로 절차상 문제가 없다.

3. 검토 및 조정

▶ **관련 법 규정 및 심사지침**

> 가맹사업법 제12조의6【광고·판촉행사의 실시 및 집행 내역 통보】① 가맹본부는 가맹점사업자가 비용의 전부 또는 일부를 부담하는 광고나 판촉행사를 실시하려는 경우(가맹본부 및 가맹점사업자가 대통령령으로 정하는 바에 따라 체결한 광고·판촉행사의 약정에 따라 실시하는 경우는 제외한다) 그 비용 부담에 관하여 전체 가맹점사업자 중 대통령령으로 정하는 비율 이상의 가맹점사업자의 동의를 받아야 한다. 다만, 판촉행사의 경우에는 해당 판촉행사의 비용 부담에 동의한 가맹점사업자만을 대상으로 하여 이를 실시할 수 있다.

▶ **조정원의 조정 방향**

담당 조사관은 당사자가 동의서가 작성하여 판촉행사 실시에 합의하였다고 볼 여지가 있다는 점을 신청인에게 설명하였다.

또한, 담당 조사관은 피신청인에게도 신청인이 동의서를 부인하고 있어 신청인이 부담하여야 할 행사비용을 경감하여 줄 수는 없는지 요청하였다.

4. 조정 결과

양당사자가 조정원의 의견을 받아들여 '피신청인은 신청인의 행사비용을 절반으로 감액한다.'는 내용으로 합의하여 이 사건 조정이 성립되었다.

프랜차이즈 클리닉

가맹본부가 가맹점사업자와 일부 또는 전부의 비용을 분담하여 광고 또는 판촉행사를 진행하고자 하는 경우 광고는 전체 가맹점사업자의 50%, 판촉행사는 전체 가맹점사업자의 70% 동의를 사전에 받아야 한다. 해당 비율의 동의를 받지 못한 경우 광고 또는 판촉행사는 진행하면 안 되나, 판촉행사는 동의한 가맹점사업자만을 대상으로 실시할 수 있다.

법에서 정해진 동의 비율 이상을 받은 경우 가맹본부는 전체 가맹점사업자를 대상으로 광고 또는 판촉행사를 진행할 수 있다. 다만, 이 과정에서 동의하지 않는 가맹점사업자들이 비용 분담을 거부하는 경우 이를 강제할 수 있는지 여부다.

가맹본부가 진행하는 광고 또는 판촉행사는 전체 가맹점사업자에게 혜택이 공유된다. 즉, 비용 분담을 하거나 하지 않거나 공유되는 혜택에 대해 가맹본부는 강제하고 싶겠지만 사안에 따라 동의하지 않은 가맹점사업자에게 강제하거나 불이익을 제공하는 경우 부당한 강요 또는 불이익제공의 거래상 지위남용의 불공정거래행위가 될 수도 있다.

Keyword 06

교육지원

Q1. 개점 준비를 위한 교육은 며칠이 적당한가?

A1. 가맹점을 개점하기 위해 가맹본부가 가장 중요하게 지원하는 업무가 교육·훈련이다. 가맹본부마다 신규 교육, 최초 교육, 개점 교육 등 명칭은 다르지만 가맹사업 동일성 유지를 위하여 각종 매뉴얼을 명확히 인지시키고, 상품이나 용역의 품질관리와 판매 기법 등의 기준을 정확히 제시하는 가장 효율적인 방법이 교육·훈련이다.

개점 준비를 위한 교육 일정은 이론 교육 및 실무 교육을 포함하여야 하고, 점포 운영, 상품 제조, 고객 서비스, 기기 사용법 등 점포를 운영하기 위한 전반적인 교육으로 진행되어야 하며, 1일 몇 시간, 1일 몇 시부터 몇 시까지 등 교육 일정, 교육 인원, 교육 담당자 등의 구체적인 교육 내용이 브랜드 특성에 맞게 갖추어져 있어야 한다.

Q2. 개점 준비를 위한 교육은 현장실습이 포함되나?

A2. 개점 준비를 위한 교육은 이론 교육과 실무 교육이 포함되어야 한다. 가맹본부에서 이론 교육을 진행하고 현장에서 실습하는 방법을 활용하여 실무 교육을 진행하는 가맹본부도 있다. 직영점을 활용하거나 인근 가맹점의 협조를 얻어 현장에서 실무 교육을 진행하기도 한다.

개점 교육 시간 및 세부 내용, 교육 비용 등은 정보공개서에 구체적으로 기재되어 있다. 개점 교육을 이수하여야 하는 인원 수와 교육 비용 등도 기재되어 있고, 개점 전 교육을 이수하여야 하는 주체 및 불이익 등에 대해서도 기재되어 있으니 반드시 정보공개서 내용을 확인하여야 한다.

Q3. 개점 준비를 위한 교육이 미비하면 개점 못하나?

A3. 가맹점을 지속적으로 관리하기 위해서는 개점 교육이 무엇보다 중요하다. 가맹본부가 진행하는 개점 교육 내용은 구체적으로 무엇인지, 교육의 이수가 필수인지, 개점 승인조건에 해당하는지 등의 여부를 확인하여 가맹점 개점에 차질이 발생하지 않도록 점검해 두어야 한다.

개점 교육의 구체적인 내용은 교육일정표를 통해 확인할 수 있다. 개점 교육을 이수하고 테스트를 통과하지 못한 경우 보수 교육 등이 있는지, 개점 교육 비용이 교육 내용 및 교육 일정 대비 적정한지 등을 반드시 검토하여야 한다.

가맹사업은 교육사업이라고 불릴 만큼 교육·훈련 내용이 중요하다. 만약 가맹본부가 교육일정표 등도 없이 형식적인 교육에 그치거나 교육 프로그램 자체가 없다면 가맹점 선택에 대해 재고해 볼 필요가 있다.

교육·훈련에 관한 구체적인 프로그램이 없다는 것은 가맹본부가 제시하는 가맹사업의 모델이 제대로 구축되어 있지 않다고도 해석할 수 있으므로 신중히 검토하여야 한다.

Q4. 개점 당일 가맹본부의 인력지원 업무는 교육 일정에 포함되나?

A4. 개점을 위해 준비된 교육은 개점일 전에 완료되어야 한다. 개점일 전에 교육이 완료되지 않으면 고객에게 정상적인 서비스를 진행할 수 없기 때문에 개점하면 안 된다. 그럼에도 간혹 가오픈 등을 진행하면서 가 오픈일 및 개점일 이후 지원 업무까지 교육 일정으로 안내하기도 한다.

개점 교육으로 책정된 금액은 정확히 개점 전 교육 비용으로 정산되어야 한다. 개점 전 교육 일정에 따라 교육을 진행하고, 이를 테스트하여 고객서비스가 정상적으로 진행될 수 있는지 점검하고, 테스트 통과 후 수료증을 발급하고, 개점 승인 절차를 통해 개점일을 확정하여야 한다.

따라서, 개점 당일 가맹본부의 인력지원은 교육 일정이 아니라 가맹본부의 개점을 위한 지원 내역이다. 이 금액은 교육 비용이 아니라 최초가맹금 중 가맹비에 해당하는 내역에서 지원금으로 정산되어야 한다.

Q5. 개점 후에도 교육을 정기적으로 진행해 주나?

A5. 가맹본부는 개점 후에도 지속적으로 정기 또는 수시로 교육을 지원한다. 이는 가맹점사업자가 가맹점을 운영하면서 지속적으로 경영마인드를 고취시키고, 익숙한 일을 반복적으로 진행함에 따라 빠질 수 있는 매너리즘에서 탈피할 수 있는 여건을 마련하고자 함이다. 또한 신메뉴 개발 및 매장 운영의 개선을 위해서 가맹본부는 정기 또는 수시 교육을 진행하며 필수로 이수해야 하는 의무를 부여하기도 한다.

가맹본부가 정하는 필수 교육을 가맹점사업자가 부득이하게 이수하지 못할 것을 대비하여 최근에는 교육 프로그램을 오프라인 및 온라인으로 병행하여 진행한다. 업종이나 회사 특성, 교육 내용에 따라 다르겠지만 오프라인으로 진행한 교육 내용을 동영상 등으로 제작하여 배포하거나 홈페이지에 게재하여 열람하게 하거나 유튜브 등을 통해 배포하기도 하고, 온라인 교육 대행업체 등을 통해 진행하기도 한다.

Q6. 개점 후에 진행하는 교육은 모두 의무적으로 참여해야 하나?

A6. 가맹점 개점 후에도 가맹본부는 가맹점사업자가 매너리즘에 빠지지 않도록 정기 또는 수시로 교육을 진행하여야 하고, 가맹점사업자는 성실하게 적극적으로 이수하여야 한다. 가맹본부가 개점 후 진행하는 교육은 정기 교육, 수시 교육, 보수 교육, 특별 교육 등 명칭이 다양하다.

정기적으로 실시하는 교육과 수시로 진행하는 교육은 구분하여 안내하여야 하고, 가맹본부가 중요한 영업방침으로 반드시 이수하여야 조건을 제시한 필수 교육과 선택 교육도 구분하여 제시하여야 한다. 가맹본부가 필수로 정한 교육은 정보공개서와 가맹계약서에 구체적으로 기재하여야 하며, 가맹점사업자는 필수 교육을 정당한 사유 없이 이수하지 않을 경우 가맹계약 갱신 거절 사유가 될 수 있으니 주의하여야 한다.

Q7. 개점 후에 진행하는 교육 비용은 모두 무료인가?

A7. 개점 후 진행하는 교육 비용 관련 내용은 정보공개서 및 가맹계약서에 명시되어 있다. 문서에 교육 종류와 금액이 명시되어 있다면 이 금액은 가맹점사업자에게 수령하는 최대 금액이어야 하고, 실제 교육 비용은 반드시 이 금액보다 적어야 한다.

교육 비용은 교육을 이수하여야 하는 인원 수에 따라 달라질 수도 있고, 교육을 진행하는 사람에 따라 달라질 수 있고, 교육 일정 통지 시 사전에 안내하여야 한다.

Keyword 07

관리통제

Q1. 개점 후 가맹본부는 매월 방문하며 관리해 주나?

A1. 가맹본부가 가맹점사업자를 관리하기 위해 매월 방문하는지 여부는 정보공개서 및 가맹계약서에 명시되어 있다. 다만, 가맹본부가 가맹점사업자를 관리하는 방법이 방문만이 아닐 수 있으므로, 기재되어 있는 다양한 관리 방법이 가맹점사업자 입장에서 적절한지 검토해 볼 필요가 있다.

가맹본부가 가맹점사업자를 위해 지원, 교육, 통제하는 것이 의무라면 이의 대가로 가맹점사업자는 가맹금을 부담하는 것이 의무이다. 즉, 개점 후 가맹본부가 가맹점사업자에 이 의무를 다하기 위해 정기 또는 수시로 가맹점을 방문 또는 소통하여 관리하고 가맹점사업자는 이의 대가로 로열티를 부담하는 것이다.

가맹점사업자는 가맹본부의 지원 및 관리의 대가로 상표사용료 또는 로열티의 명칭으로 비용을 부담한다. 그런데 부담하는 대가만큼 가맹본부의 지원 및 관리 역량이 불만족하다면 적절한 지원 방법을 가맹본부에 역으로 제안하여 만족도를 높일 필요가 있다.

가맹본부는 가맹점을 효율적으로 통제하고 가맹사업 동일성 유지를 위하여 가맹점사업자가 반드시 준수해야 하는 사항을 중요한 영업방침으로 정하고 있다.

이의 내용은 정보공개서 및 가맹계약서에 구체적으로 기재되어 있고, 가맹점사업자가 14일 동안 충분히 숙고하여 검토하였기에 가맹계약체결 후에는 반드시 준수하여야 한다.

만약, 가맹점사업자가 계약기간 동안 가맹점의 준수사항을 위반하는 사례가 빈번할 경우 계약기간 만료 후 갱신이 거절될 수 있고, 물품공급이 중단될 수 있으며, 가맹계약이 해지될 수도 있다. 따라서 가맹본부가 정하는 통제범위의 내용은 신중히 검토할 필요가 있다.

Q2. 가맹본부가 가맹점에 방문하는 일정은 사전에 협의하나?

A2. 가맹본부가 가맹점을 방문하는 일정이 정기적이라면 방문 시 다음 방문일정을 협의하여 정한다. 그러나 비정기적으로 방문한다면 사전에 유무선 등의 방법으로 방문일정을 협의하고 방문하여야 한다. 가맹점을 사전 협의 없이 방문하여 가맹점이 불편함을 느낀다면 협조를 요청하는 것도 방법이다.

가맹본부가 가맹점사업자의 경영 상태를 파악하기 위해 점포를 방문하는 경우 가맹점사업자는 가맹본부의 임직원이 점포에 출입할 수 있도록 허용하여야 하고, 점포에 출입하여 방문 점검이 원활하게 이루어 질 수 있도록 협조하여야 한다. 또한, 가맹점의 방문 점검 방법은 가맹본부와 가맹점사업자가 협의하여야 한다.

가맹본부 임직원이 점포에 출입하여 임의로 방문 점검을 진행하여 가맹점이 불이익을 받지 않도록 방문 점검 시 가맹점사업자나 점포관리자가 동행하여야 한다. 다만, 상호 합의 하에 동행하지 않고 점포를 방문 점검할 수 있으며, 점검 결과에 대해 이의가 있는 경우 이에 대해 협의하여야 한다.

Q3. 가맹본부가 가맹점을 관리하는 기준은 사전에 안내해 주나?

A3. 가맹본부가 가맹점을 관리하는 목적은 전국 가맹사업 동일성 유지를 위함이다. 가맹점사업자의 경영 상태를 파악하고, 점포의 청결, 위생, 각종 설비 관리, 원·부재료 관리, 매뉴얼 준수여부, 기타 가맹계약 상 준수여부 등을 대상으로 한다.

가맹본부가 전국 가맹사업 동일성 유지를 위하여 가맹점을 가장 기본적으로 점검하는 내용은 고객에게 판매하는 상품 및 용역의 품질 기준과 원·부재료 대한 품질 기준, 가맹점 관리 기준 준수 여부이다. 이는 가맹사업법의 가맹점사업자 준수사항에도 정해져 있을 만큼 중요한 영업방침에 해당하는 내용이기 때문이다.

가맹본부가 정한 상품 및 용역의 품질 기준 및 가맹점 관리 기준은 가맹계약 체결과 동시에 제공한 각종 운영 매뉴얼로 정리되어 있고, 각종 운영 매뉴얼을 개점 교육을 통해 자세히 안내되었기 때문에 가맹점사업자도 계약기간 동안 중요하게 지켜야하는 사항임을 충분히 숙지하고 있어야 한다.

따라서, 가맹본부는 가맹점사업자가 이를 준수하지 않을 경우에는 계약기간 만료 후 갱신을 거절할 수 있고, 물품공급을 중단할 수 있으며, 가맹계약을 해지할 수 있으므로 가맹점사업자는 가맹본부가 중요한 영업방침으로 정하는 사항은 반드시 중요하게 준수하여야 한다.

참고사항 : 가맹본부의 산업안전보건법 준수 의무

가맹사업은 가맹사업법 외에도 업종 특성에 따라 준수하여야 하는 법령이 많이 있다. 대표적으로 가맹계약서가 약관에 해당하기에 "약관법" 적용을 받는다. 사전제공 문서 숙고기간 산정 관련하여 "민법"에서 정한 기간의 규정도 준수하여야 하고, 가맹사업법 적용 외 범위는 "공정거래법" 적용을 받는다.

가맹본부는 상표사용료를 받고 있기에 지적재산권 관련 "특허법"도 연관되어 있고, 경업금지 관련하여 "부정경쟁방지 및 영업비밀보호법"도 연계되어 있다. 그 외에도 인테리어 설비 관련하여 "건설산업기본법"도 준수하여야 하고, 간판 설비 관련하여 "옥외광고물 등 관리법"도 준수하여야 하며, 식품제조 관련하여 "제조물책임법"도 준수하여야 한다.

최근 산업재해로 인한 사고사망자 수가 증가함에 따라 산업재해로 인한 피해를 획기적으로 줄이고 안전하고 건강하게 일할 수 있는 여건을 조성하기 위하여 2020년 1월 16일 "산업안전보건법" 보호대상이 다양한 고용형태의 노무제공자가 포함될 수 있도록 확대되었다. 이 때 가맹점사업자도 보호대상에 포함되었다.

가맹본부는 가맹점사업자에게 가맹점의 설비나 기계, 원자재 또는 상품 등을 공급하는 경우에 가맹점사업자와 그 소속 근로자의 산업재해 예방을 위하여 가맹점의 안전 및 보건에 관한 프로그램을 마련・시행하도록 하는 등 일정한 조치를 하여야 한다.

법 적용 대상은 **외식업**과 **편의점** 가맹본부이다. 가맹본부가 브랜드를 여러 개 운영하는 경우 전체 브랜드의 가맹점을 합쳐서 가맹점 수가 200개 넘는 경우가 대상이고, 가맹점의 안전 및 보건에 관한 프로그램을 마련하여 정보를 제공하여야 하며, 연 1회 이상 안전 및 보건에 관한 교육을 실시하여야 한다.

법률 제79조(가맹본부의 산업재해 예방 조치)	시행령 제69조(산업재해 예방 조치 시행 대상)
① 「가맹사업거래의 공정화에 관한 법률」 제2조제2호에 따른 가맹본부 중 ***대통령령으로 정하는 가맹본부***는 같은 조 제3호에 따른 가맹점사업자에게 가맹점의 설비나 기계, 원자재 또는 상품 등을 공급하는 경우에 가맹점사업자와 그 소속 근로자의 산업재해 예방을 위하여 다음 각 호의 조치를 하여야 한다. 1. 가맹점의 안전 및 보건에 관한 프로그램의 마련·시행 2. 가맹본부가 가맹점에 설치하거나 공급하는 설비·기계 및 원자재 또는 상품 등에 대하여 가맹점사업자에게 안전 및 보건에 관한 정보의 제공 ② 제1항제1호에 따른 안전 및 보건에 관한 프로그램의 내용·시행방법, 같은 항 제2호에 따른 안전 및 보건에 관한 정보의 제공방법, 그 밖에 필요한 사항은 ***고용노동부령***으로 정한다.	법 제79조제1항 각 호 외의 부분에서 ***"대통령령으로 정하는 가맹본부"***란 「가맹사업거래의 공정화에 관한 법률」 제6조의2에 따라 등록한 정보공개서(직전 사업연도 말 기준으로 등록된 것을 말한다)상 업종이 다음 각 호의 어느 하나에 해당하는 경우로서 가맹점의 수가 200개 이상인 가맹본부를 말한다. <개정 2020. 9. 8.> 1. 대분류가 외식업인 경우 2. 대분류가 도소매업으로서 중분류가 편의점인 경우

고용노동부령 시행규칙
제96조(프로그램의 내용 및 시행) ① 법 제79조제1항제1호에 따른 안전 및 보건에 관한 프로그램에는 다음 각 호의 사항이 포함되어야 한다. 1. 가맹본부의 안전보건경영방침 및 안전보건활동 계획 2. 가맹본부의 프로그램 운영 조직의 구성, 역할 및 가맹점사업자에 대한 안전보건교육 지원 체계 3. 가맹점 내 위험요소 및 예방대책 등을 포함한 가맹점 안전보건매뉴얼 4. 가맹점의 재해 발생에 대비한 가맹본부 및 가맹점사업자의 조치사항 ② 가맹본부는 가맹점사업자에 대하여 법 제79조제1항제1호에 따른 안전 및 보건에 관한 프로그램을 연 1회 이상 교육해야 한다. **제97조(안전 및 보건에 관한 정보 제공 방법)** 가맹본부는 법 제79조제1항제2호의 안전 및 보건에 관한 정보를 제공하려는 경우에는 다음 각 호의 어느 하나에 해당하는 방법으로 제공할 수 있다. 1. 「가맹사업거래의 공정화에 관한 법률」 제2조제9호에 따른 가맹계약서의 관계 서류에 포함하여 제공 2. 가맹본부가 가맹점에 설비·기계 및 원자재 또는 상품 등을 설치하거나 공급하는 때에 제공 3. 「가맹사업거래의 공정화에 관한 법률」 제5조제4호의 가맹점사업자와 그 직원에 대한 교육·훈련 시에 제공 4. 그 밖에 프로그램 운영을 위하여 가맹본부가 가맹점사업자에 대하여 정기·수시 방문지도 시에 제공 5. 「정보통신망 이용촉진 및 정보보호 등에 관한 법률」 제2조제1항제1호에 따른 정보통신망 등을 이용하여 수시로 제공

Q4. 가맹본부가 고객에게 판매하는 상품을 강제하는 경우 반드시 판매하여야 하나?

A4. 가맹본부가 가맹사업 동일성 유지를 위하여 가맹점에서 판매하여야 하는 상품 및 용역을 정해준 경우 이는 모두 판매하여야 한다. 간혹 일부 가맹점에서 원·부재료 원가가 비싸다는 이유로 일부 상품에 스티커를 붙여놓고 판매하지 않거나 재료 소진으로 매일 품절 표기를 하기도 한다. 이는 가맹본부의 중요한 영업방침을 위반한 것으로 해석될 수도 있다.

반대로, 가맹본부가 정하지 않은 상품 및 용역을 가맹점사업자가 임의적으로 개발하여 판매하다 적발되기도 한다. 이 또한 가맹본부의 중요한 영업방침을 위반하는 행위가 될 수 있다. 만약 가맹점사업자가 부득이하게 판매하고자 하는 상품 및 용역이 있는 경우에는 반드시 사전에 가맹본부의 승인을 받은 후 판매하여야 한다.

Q5. 계약기간 중 해당 브랜드와 동일한 업종을 운영해도 되나?

A5. 가맹본부가 정보공개서 및 가맹계약서에 동일한 업종의 경업을 금지하고 있다면 다른 브랜드 및 개인 매장을 동일한 업종으로 운영하는 것은 불가능하고, 금지하지 않는다면 가능하다. 그러나 대부분 가맹본부는 계약기간 동안의 경업은 금지하고 있다.

경업금지는 가맹본부가 가맹점사업자로 하여금 계약기간 동안 해당 가맹사업과 동일한 업종에 종사하지 못하게 하는 규정으로 가맹본부가 경업금지 제도를 두는 목적은 가맹본부의 노하우나 지적재산권 등을 보호하자는 취지이다.

따라서, 가맹본부가 경업금지 의무를 가맹점에게 부과하려면 해당 브랜드의 상표권과 제조기법, 판매기법 등의 지적재산권이 명확하게 확보되어 있어야 한다. 즉, 가맹본부는 영업비밀에 해당하는 지적재산권을 법적으로나 제도적으로 명확히 해 둘 필요가 있다.

Q6. 계약기간 종료 후 해당 브랜드와 동일한 업종을 운영해도 되나?

A6. 가맹본부는 가맹점사업자가 계약기간 중 동일한 업종을 운영하는 것에 대해 가맹본부의 영업비밀이 유출될 우려가 심각하다고 판단하기 때문에 당연히 금지시킬 수 있다. 그러나 가맹계약이 종료된 이후에는 가맹점사업자의 영업의 자유가 우선되기 때문에 가맹본부가 동일한 업종의 매장이라고 해서 무조건 금지시킬 수는 없다.

따라서, 가맹점사업자는 가맹계약이 종료된 후에는 동일한 업종의 매장을 운영할 수 있다. 다만, 가맹본부의 영업비밀은 계약기간뿐만 아니라 계약기간이 종료된 후에도 보호되어야 하기 때문에 가맹점사업자가 동일한 업종의 매장을 운영하더라도 기존 가맹본부에서 습득한 노하우를 활용하여 영업하면 안 된다.

부정경쟁방지 및 영업비밀보호에 관한 법률 제2조제2호에 정의된 "영업비밀"이란, 공공연히 알려져 있지 아니하고 독립된 경제적 가치를 가지는 것으로서, 비밀로 관리된 생산방법, 판매방법, 그 밖에 영업활동에 유용한 기술상 또는 경영상의 정보를 말한다.

가맹본부는 가맹본부의 영업비밀이라는 주장에 대해 직접 입증하여야 하기에 가맹사업을 시작하기 전에 독립된 경제적 가치를 가지는 특허, 실용신안, 상표(서비스표) 등의 지적재산권을 확보하고 생산방법 등 경영 상 노하우를 비밀로 관리하기 위해 노력하여야 영업비밀이 침해되었음을 입증할 수 있다.

그럼에도 경업금지는 가맹점사업자의 직업선택의 자유를 과도하게 제한해서는 안 된다. 즉, 가맹본부의 지적재산권을 보호하기 위한 경업금지일지라도 가맹점사업자의 영업 자유를 과도하게 제한하고 재산권을 침해하는 방향으로 설정되어서는 안 된다.

이에 공정거래위원회는 정당한 사유 없이 계약종료 후 5년 또는 10년 등과 같이 과도한 기간의 경업금지 설정은 가맹점사업자의 권리를 침해할 소지가 크다고 판단하여 약관법상 무효로 보고 있다.

정보공개서 및 가맹계약서 규정에 경업금지의 업종의 범위 및 기간 등에 대한 내용이 구체적으로 기재되어 있는지 확인하고, 경업금지 기간이 길수록, 경업금지 업종이 포괄적일수록, 경업금지 지역이 넓을수록 가맹점사업자에게 불리한 내용이므로 사전에 내용을 정확히 파악해 둘 필요가 있다.

Q7. 계약기간 종료 후 폐점 시 주의해야 하는 사항은?

A7. 가맹본부와 기간만료 또는 해지로 가맹계약이 종료되는 경우 가맹점사업자는 가맹본부에서 허락받아 사용한 영업표지를 완전히 철거하여 원상으로 복구시켜야 하는 의무가 있다. 가맹계약 종료 절차는 정보공개서 및 가맹계약서에 기재되어 있으며 가맹본부의 중요한 영업방침으로 가맹점사업자는 반드시 준수하여야 한다.

철거하여야 하는 영업표지는 로고 디자인 및 가맹본부의 표식 등 제3자가 해당 브랜드를 인식할 수 있는 모든 표식을 말한다. 즉, 매장 인테리어 내 로고, 간판 내 로고, 배너 및 포스터 판촉물 내 로고 등을 말하며, 가맹본부의 운영 매뉴얼 및 보고서 등에 표식된 로고 및 가맹본부 표식도 영업표지에 해당하므로 모두 반납하거나 폐기하여야 한다.

또한, 최근에는 온라인 홍보가 발달하고 있어, 자체 제작한 블로그나 SNS 내에 기재된 브랜드명이나 회사명 또한 가맹본부의 영업표지로 삭제하여야 한다. 영업표지 철거 시점은 가맹본부에 따라 계약종료일까지로 정하기도 하고, 종료일로부터 일정기간을 부여하기도 한다.

만약 계약 종료 후 이를 이행하지 않을 경우 가맹본부는 자신의 지식재산권을 무단으로 사용하는 것에 대해 위약금이나 위약벌을 산정하여 계약이행보증금의 반환과정에서 상계 처리하기도 하고, 이의 비용을 초과하는 경우 추가로 손해배상을 청구하기도 한다.

에 · 피 · 소 · 드

09 가맹계약 종료 후 동일지역에서 동일업종 운영 불가?

출처: 한국공정거래조정원 | 2021-02-26 | 한식 가맹본부의 부당한 경업금지 의무부과 관련 분쟁조정 사례

1. 사건의 개요

가. 분쟁의 경위

신청인은 피신청인과 가맹계약을 체결하고 가맹점을 운영하던 중, 가맹계약을 갱신하지 않기로 피신청인과 합의하였는데, 피신청인이 신청인에게 가맹계약 종료 후 1년 간 동일한 지역에서 동일한 업종을 영위하지 말 것을 요구하여 이 사건 분쟁이 발생하였다.

나. 사안의 쟁점

이 사안의 경우 피신청인이 신청인의 경업금지 의무를 부당하게 부과하였는지 여부가 문제된다.

2. 분쟁사실 및 당사자 주장

가. 분쟁사실

신청인은 피신청인과 계약기간을 3년으로 하는 내용의 가맹계약을 체결하고 가맹점을 운영하였다.

신청인은 계약체결일로부터 약 2년 후 가맹계약을 갱신하지 않고 계약기간 만료에 따라 종료하기로 피신청인과 합의하였는데, 피신청인이 신청인에 대하여 가맹계약 종료 후 1년 간 동일한 지역에서 동일한 업종을 영위하지 않는다는 내용의 확약서 작성을 요구하자 이 사건 분쟁조정을 신청하였다.

나. 당사자 주장

1) 신청인 주장

피신청인이 가맹계약 종료 이후에 부과한 경업금지 의무는 신청인의 직업선택의 자유를 침해하는 것이다.

2) 피신청인 주장

신청인이 피신청인으로부터 제공받은 영업비밀을 이용할 우려가 있으므로 가맹계약 종료 이후에도 경업금지 의무를 부과해야 한다.

3. 검토 및 조정

▸ **관련 법 규정 및 심사지침**

가맹사업법 제12조【불공정거래행위의 금지】 ① 가맹본부는 다음 각 호의 어느 하나에 해당하는 행위로서 가맹사업의 공정한 거래를 저해할 우려가 있는 행위를 하거나 다른 사업자로 하여금 이를 행하도록 하여서는 아니된다.

3. 거래상의 지위를 이용하여 부당하게 가맹점사업자에게 불이익을 주는 행위

가맹사업법 시행령 제13조의【불공정거래행위의 유형 또는 기준】 ① 법 제12조제2항의 규정에 의한 불공정래행위의 유형 또는 기준은 별표 2와 같다.

[별표 2] 3. 거래상 지위의 남용

다. 부당한 계약조항의 설정 및 변경

가맹점사업자가 이행하기 곤란하거나 가맹점사업자에게 불리한 계약조항을 설정 또는 변경하거나 계약갱신과정에서 종전의 거래조건 또는 다른 가맹점사업자와의 거래조건보다 뚜렷하게 불리한 조건으로 계약조건을 설정 또는 변경하는 행위

▸ **조정원의 조정 방향**

담당 조사관은 피신청인에게 가맹계약 종료 후에도 신청인으로 하여금 동일한 업종의 사업영위를 금지하는 행위는 신청인의 직업선택의 자유를 지나치게 침해하는 행위로 볼 여지가 있다는 의견을 제시하였다.

또한, 담당 조사관은 신청인에게 피신청인이 전수한 노하우가 영업비밀로서 보호받아야 하는 법적 가치가 있는 점이 인정되고 신청인이 위 노하우를 이용한 사실이 인정될 경우 영업비밀 침해 문제가 발생할 수 있는 점을 설명하였다.

4. 조정 결과

당사자들은 '피신청인은 신청인이 피신청인과 동일한 업종의 영업을 하는 것에 대하여 문제를 제기하지 아니한다'는 내용으로 합의하여 이 사건 조정이 성립하였다.

프랜차이즈 클리닉

가맹계약 종료 후 경업 금지의무는 영업비밀 유지의무와 연계하여 검토하여야 한다. 가맹본부가 가맹점사업자에게 동일한 업종 영위를 금지시키는 이유는 가맹본부의 영업비밀이 외부로 유출되지 않게 하고자 함이다. 즉, 영업비밀 유출 금지는 계약기간 중, 계약종료 후 모두 준수하여야 한다.

영업비밀이란 공공연히 알려져 있지 않고, 독립된 경제적 가치를 가지며, 비밀로 관리되는 생산방법, 판매방법, 기타 영업활동에 유용한 기술상 또는 경영상의 정보를 말한다. 즉, 영업비밀이 성립하기 위해서는 이의 세 가지 요건을 "모두" 충족해야 한다.

가맹사업법은 가맹본부와 가맹점사업자가 대등한 지위에서 상생하는 공정한 거래를 목적으로 하고 있다. 가맹본부와 가맹점사업자 간의 거래는 "공정"하여야 하고, 불공정한 거래는 근절되어야 한다. 그런데 간혹 같은 상황에서 가맹점사업자는 불공정하다고 주장하고, 가맹본부는 공정하다고 주장한다. 따라서 가맹사업법에서 규정하고 있는 "불공정성" 기준을 정확히 숙지할 필요가 있다.

가맹본부는 정당한 사유 없이 가맹점사업자의 점포환경개선을 강요하거나, 영업시간을 구속하면 안 된다. 또한, 가맹계약 체결 시 가맹점사업자의 영업지역을 설정하여 계약기간 동안 보호하여야 하며, 이에 대해 상호 "합의" 없이 영업지역을 축소하거나 해당 지역에 직영점이나 가맹점을 개설하면 안 된다.

가맹본부가 부당하게 영업지원을 거절하거나, 정당한 사유 없이 갱신을 거절하거나, 2개월 이상의 유예기간을 두고 2회 이상 서면으로 시정명령 후 이행하지 않은 경우 가맹계약을 해지하는 절차를 따르지 않는 등의 행위는 가맹사업법에서 불공정거래행위로 규정하고 있다.

가맹본부가 가맹점사업자에게 정당한 사유 없이 구입강제품목을 정하거나 거래상대방을 강제하는 것은 불공정거래행위다. 그러나 "가맹사업을 경영하는데 필수적이라고 객관적으로 인정되고, 상표권을 보호하고 동일성을 유지하기 어렵다는 사실이 객관적으로 인정되면서, 사전에 정보공개서를 통해 알리고 가맹계약서에 포함한 경우" 강제가 가능하다. 그럼에도 구입강제품목에 대한 거래조건이 가맹점사업자에게 불리하게 변경되는 경우 협의절차를 거쳐야 공정한 거래가 된다.

일반인이 공정과 불공정의 경계를 명확히 구분하기는 어렵다. 이에 가맹사업법에서도 불공정거래행위를 유형별로 정리하고 심사지침을 추가로 제시하여 구체적인 사례를 제시하고 있다. 가맹본부는 부당하게 공정거래를 저해하여서는 안 되며, 가맹사업 동일성 유지를 위해 부득이한 경우로 한정해야 공정성을 훼손시키지 않을 것이다.

본 장에서는 가맹사업법 법령에서 정하고 있는 "금지" 규정과 시행령에서 정하고 있는 "불공정거래행위 유형 및 기준"에 대해 자세히 설명하여 공정과 불공정 경계의 잘못된 해석으로 가맹점사업자가 피해를 입지 않도록 "불공정성"에 대한 명확한 기준을 수립할 수 있는 가이드라인을 제시하고자 한다.

Main-Keyword Ⅲ

공정(Fairness): 가맹사업 진행 중 "불공정성" 검토 시 유의 사항

01. 불공정거래행위
02. 점포환경개선강요금지
03. 영업시간구속금지
04. 영업지역침해금지
05. 영업분야불공정거래
06. 물품분야불공정거래
07. 손해분야불공정거래

Keyword 01

불공정거래행위

Q1. 불공정거래행위란?

A1. 프랜차이즈 가맹사업에서의 불공정거래행위란, 가맹본부 또는 가맹점사업자 중 어느 한쪽이 상대방의 자유를 제한하거나 부당한 방법으로 불이익을 강요하는 등 가맹사업의 공정한 거래를 저해할 우려가 있는 행위 또는 다른 사업자로 하여금 그러한 행위를 하도록 하는 것을 말한다.

"공정한 거래"란 공정한 경쟁보다 넓은 개념으로 거래가 불공정하다는 것은 거래의 수단이나 방법, 내용, 조건이 부당한 경우 또는 거래를 위한 교섭이나 정보제공 등이 상대방의 합리적인 선택을 방해하는 행위까지 포함하는 개념으로 본다. 따라서 공정한 거래를 저해할 우려가 있다는 것은 거래의 수단, 방법, 내용, 조건 등에 있어 불공정하고 경쟁을 제한할 우려가 있다는 의미이다. 이에 가맹사업법에서 명시적으로 금지하고 있다.

Q2. 불공정거래행위를 금지하는 이유는?

A2. 프랜차이즈 시스템 고유의 기능인 통제에 대한 제한으로 가맹점사업자의 피해를 예방하고, 과도한 통제와 상당한 통제, 합법적 통제의 구분을 통한 투명하고 합리적인 시스템 관리의 필요성에 의하여 불공정거래행위를 법적으로 금지하는 것이다.

가맹사업법에는 가맹사업의 공정한 거래를 저해할 우려가 있는 행위를 구체적으로 명시하여 금지하고 있고 각 행위의 유형에서는 "부당하게"나 "정당한 이유 없이"를 불공정거래행위의 요건으로 규정하고 있다.

Q3. 가맹사업법 법률에서 금지하는 불공정거래행위는?

A3. 가맹사업법에서는 부당한 점포환경개선 강요 금지, 부당한 영업시간 구속 금지, 부당한 영업지역 침해 금지, 보복조치의 금지 등의 규정을 법률에서 금지하고 있다. 추가로, 광고·판촉행사의 실시 및 집행내역 통보 의무도 가맹사업법 법률에서 금지하는 불공정거래행위에 포함되어 있다.

Q4. 가맹사업법 시행령에서 금지하는 불공정거래행위는?

A4. 가맹사업법 시행령에서 일반 불공정거래행위로 정하는 기준은 거래거절, 구속조건부거래, 거래상 지위의 남용, 부당한 손해배상의무 부과행위, 그 밖의 불공정거래 행위 등 5가지로 구분되어 있다.

Keyword 근거 법령

가맹사업법

법률 제12조(불공정거래행위의 금지)	시행령 제13조(불공정거래행위의 유형 또는 기준)
① 가맹본부는 다음 각 호의 어느 하나에 해당하는 행위로서 가맹사업의 공정한 거래를 저해할 우려가 있는 행위를 하거나 다른 사업자로 하여금 이를 행하도록 하여서는 아니된다. <개정 2007. 8. 3., 2013. 8. 13., 2016. 3. 29.> 1. 가맹점사업자에 대하여 상품이나 용역의 공급 또는 영업의 지원 등을 부당하게 중단 또는 거절하거나 그 내용을 현저히 제한하는 행위 2. 가맹점사업자가 취급하는 상품 또는 용역의 가격, 거래상대방, 거래지역이나 가맹점사업자의 사업활동을 부당하게 구속하거나 제한하는 행위 3. 거래상의 지위를 이용하여 부당하게 가맹점사업자에게 불이익을 주는 행위 4. ***계약의 목적과 내용, 발생할 손해 등 대통령령으로 정하는 기준***에 비하여 과중한 위약금을 부과하는 등 가맹점사업자에게 부당하게 손해배상 의무를 부담시키는 행위 5. 제1호부터 제4호 외의 행위로서 부당하게 경쟁가맹본부의 가맹점사업자를 자기와 거래하도록 유인하는 행위 등 가맹사업의 공정한 거래를 저해할 우려가 있는 행위 ② ***제1항 각호의 규정에 의한 행위의 유형 또는 기준은 대통령령***으로 정한다.	① 법 ***제12조제2항의 규정에 의한 불공정거래행위의 유형 또는 기준***은 별표 2와 같다. ② 공정거래위원회는 필요하다고 인정하는 경우에 별표 2의 유형 또는 기준의 범위내에서 특정업종 또는 특정행위에 적용되는 세부적인 불공정거래행위의 유형 또는 기준을 정하여 고시할 수 있다.

Q5. 가맹사업법 시행령에서 정하는 불공정거래행위 유형 또는 기준이란?

A5. 가맹사업법 법률과 시행령에서 정하는 기준에 따라 불공정거래행위의 유형 또는 기준에 대하여 [별표 2]에 구체적으로 명시하여 금지하고 있다.

거래거절은 영업지원 등의 거절, 부당한 계약갱신의 거절, 부당한 계약해지로 구분하고, **구속조건부 거래**는 가격의 구속, 거래상대방의 구속, 가맹점사업자의 상품 또는 용역의 판매제한, 영업지역 준수강제, 그 밖에 가맹점사업자의 영업활동의 제한으로 구분하고 있다.

거래상 지위의 남용은 구입강제, 부당한 강요, 부당한 계약조항의 설정 또는 변경, 경영의 간섭, 판매목표 강제, 불이익 제공으로 구분하고, **부당한 손해배상의무 부과행위**는 과중한 위약금 설정·부과 행위, 소비자 피해에 대한 손해배상의무 전가행위, 부당한 영업위약금 부과행위, 그 밖의 부당한 손해배상의무 부과행위로 구분하고 있다. **그 밖의 불공정거래행위**로 경쟁가맹본부 가맹점사업자 유도 행위를 명시하고 있다.

참고사항 : 불공정거래행위의 유형 또는 기준

시행령 [별표 2] 불공정거래행위의 유형 또는 기준(제13조제1항 관련) 〈개정 2024. 6. 4.〉

1. 거래거절

법 제12조제1항제1호에 해당하는 행위의 유형 및 기준은 다음 각 목의 어느 하나와 같다. 다만, 가맹점사업자의 계약위반 등 가맹점사업자의 귀책사유로 가맹사업의거래관계를 지속하기 어려운 사정이 발생하는 경우에는 그러하지 아니하다.

가. 영업지원 등의 거절

정당한 이유없이 거래기간 중에 가맹사업을 영위하는데 필요한 부동산·용역·설비·상품·원재료 또는 부재료의 공급과 이와 관련된 영업지원, 정보공개서 또는 가맹계약서에서 제공하기로 되어 있는 경영 및 영업활동에 관한 지원 등을 중단 또는 거절하거나 그 지원하는 물량 또는 내용을 현저히 제한하는 행위

나. 부당한 계약갱신의 거절

1) 가맹본부가 정당한 사유 없이 가맹점의 영업지역에 직영점을 설치할 목적으로 가맹점사업자의 계약갱신 요구를 거절하는 행위. 다만, 가맹본부가 가맹점사업자로부터 가맹점을 양수하거나, 가맹점사업자가 계약갱신 요구를 하지 않은 경우로서 가맹본부가 법 제13조제4항에 따라 가맹계약을 갱신하지 않는다는 사실을 통지함으로써 가맹계약이 종료된 경우는 제외한다.

2) 가맹본부가 정당한 사유 없이 특정 가맹점사업자에 대해서만 차별적으로 계약갱신 요구를 거절하는 행위. 다만, 가맹본부가 소속 가맹점사업자에게 공통적으로 적용되는 평가기준, 평가시기, 평가방식 등을 포함한 계약갱신 기준(이하 "평가기준 등"이라 한다)을 사전에 통지하고 평가기준 등에 따라 가맹점 평가를 실시한 후 그 결과에 따라 계약갱신 요구를 거절하는 행위는 제외한다.

3) 가맹본부의 요구에 따른 점포환경개선 비용 중 가맹점사업자가 부담한 금액, 점포환경개선 후 가맹점 영업 기간, 해당 기간 동안의 가맹점 수익상황 등에 비추어 가맹점사업자가 점포환경개선 비용을 회수할 수 있는 충분한 기간이 경과하지 않았음에도 불구하고 정당한 사유 없이 가맹점사업자의 계약갱신 요구를 거절하는 행위

4) 1)부터 3)까지에 준하는 행위로서 가맹본부가 부당하게 가맹점사업자와의 계약갱신을 거절하는 행위

다. 부당한 계약해지

부당하게 계약기간 중에 가맹점사업자와의 계약을 해지하는 행위

2. 구속조건부 거래

법 제12조제1항제2호에 해당하는 행위의 유형 및 기준은 다음 각 목의 어느 하나와 같다.

가. 가격의 구속

정당한 이유없이 가맹점사업자가 판매하는 상품 또는 용역의 가격을 정하여 그 가격을 유지하도록 하거나 가맹점사업자가 상품 또는 용역의 가격을 결정하는 행위를 부당하게 구속하는 행위. 다만, 다음의 어느 하나에 해당하는 행위는 제외한다.

(1) 판매가격을 정하여 가맹점사업자에게 이를 따르도록 권장하는 행위

(2) 가맹점사업자에게 판매가격을 결정하거나 변경하는 경우 그 내용에 관하여 사전에 협의하도록 하는 행위. 다만, 사전협의를 통해 판매가격을 강요하는 행위는 가격을 구속하는 행위로 본다.

나. 거래상대방의 구속

부동산·용역·설비·상품·원재료 또는 부재료의 구입·판매 또는 임대차 등과 관련하여 부당하게 가맹점사업자에게 특정한 거래상대방(가맹본부를 포함한다. 이하 이 목에서 같다)과 거래할 것을 강제하는 행위. 다만, 다음의 요건을 모두 충족하는 경우에는 그러하지 아니하다.

(1) 부동산·용역·설비·상품·원재료 또는 부재료가 가맹사업을 경영하는 데에 필수적이라고 객관적으로 인정될 것

(2) 특정한 거래상대방과 거래하지 아니하는 경우에는 가맹본부의 상표권을 보호하고 상품 또는 용역의 동일성을 유지하기 어렵다는 사실이 객관적으로 인정될 것

(3) 가맹본부가 미리 정보공개서를 통하여 특정한 거래상대방과 구입·판매 또는 임대차 등의 거래를 할 것을 강제하는 부동산·용역·설비·상품·원재료 또는 부재료의 세부내역 및 그 거래상대방에 관한 정보를 가맹점사업자에게 알리고 이를 가맹계약서에 포함할 것

(4) 가맹본부가 특정한 거래상대방과 구입·판매 또는 임대차 등의 거래를 할 것을 강제하는 부동산·용역·설비·상품·원재료 또는 부재료의 세부내역, 가격, 수량, 품질 및 그 거래상대방 등 거래조건을 가맹점사업자에게 불리하게 변경하는 경우 가맹점사업자와 협의를 거칠 것

다. 가맹점사업자의 상품 또는 용역의 판매제한

가맹점사업자에게 부당하게 지정된 상품 또는 용역만을 판매하도록 하거나 거래상대방에 따라 상품 또는 용역의 판매를 제한하는 행위. 다만, 다음의 요건을 모두 충족하는 경우에는 그러하지 아니하다.

(1) 가맹점사업자의 상품 또는 용역의 판매를 제한하지 아니하는 경우에는 가맹본부의 상표권을 보호하고 상품 또는 용역의 동일성을 유지하기 어렵다는 사실이 객관적으로 인정될 것

(2) 가맹본부가 미리 정보공개서를 통하여 가맹점사업자에게 해당 사실을 알리고 가맹점사업자와 계약을 체결할 것

라. 영업지역의 준수강제

부당하게 가맹점사업자에게 영업지역을 준수하도록 조건을 붙이거나 이를 강제하는 행위. 다만, 다음 각 호의 어느 하나에 해당하는 행위는 그러하지 아니하다.

(1) 가맹본부가 가맹점사업자의 영업거점지역을 정하는 행위

(2) 가맹점사업자가 자기의 영업지역에서의 판매책임을 다한 경우에 영업지역 외의 다른 지역에서 판매할 수 있도록 하는 행위

(3) 가맹점사업자가 자기의 영업지역 외의 다른 지역에서 판매하고자 하는 경우 그 지역의 가맹점사업자에게 광고선전비 등 판촉비용에 상당하는 일정한 보상금을 지급하도록 하는 행위

마. 그 밖에 가맹점사업자의 영업활동의 제한

가목 내지 라목에 준하는 경우로서 부당하게 가맹점사업자의 영업활동을 제한하는 행위. 다만, 다음의 요건을 모두 충족하는 경우에는 그러하지 아니하다.

(1) 가맹점사업자의 영업활동을 제한하지 아니하는 경우에는 가맹본부의 상표권을 보호하고 상품 또는 용역의 동일성을 유지하기 어렵다는 사실이 객관적으로 인정될 것

(2) 가맹본부가 미리 정보공개서를 통하여 가맹점사업자에게 해당 사실을 알리고 가맹점사업자와 계약을 체결할 것

3. 거래상 지위의 남용

법 제12조제1항제3호에 해당하는 행위의 유형 및 기준은 다음 각 목의 어느 하나와 같다. 다만, 다음 각 목의 어느 하나에 해당하는 행위를 허용하지 아니하는 경우 가맹본부의 상표권을 보호하고 상품 또는 용역의 동일성을 유지하기 어렵다는 사실이 객관적으로 인정되는 경우로서 해당 사실에 관하여 가맹본부가 미리 정보공개서를 통하여 가맹점사업자에게 알리고 가맹점사업자와 계약을 체결하는 경우에는 그러하지 아니하다.

가. 구입강제 : 가맹점사업자에게 가맹사업의 경영과 무관하거나 그 경영에 필요한 양을 넘는 시설·설비·상품·용역·원재료 또는 부재료 등을 구입 또는 임차하도록 강제하는 행위

나. 부당한 강요 : 부당하게 경제적 이익을 제공하도록 강요하거나 가맹점사업자에게 비용을 부담하도록 강요하는 행위

다. 부당한 계약조항의 설정 또는 변경 : 가맹점사업자가 이행하기 곤란하거나 가맹점사업자에게 불리한 계약조항을 설정 또는 변경하거나 계약갱신과정에서 종전의 거래조건 또는 다른 가맹점사업자의 거래조건보다 뚜렷하게 불리한 조건으로 계약조건을 설정 또는 변경하는 행위

라. 경영의 간섭 : 정당한 이유없이 특정인과 가맹점을 같이 운영하도록 강요하는 행위

마. 판매목표 강제 : 부당하게 판매 목표를 설정하고 가맹점사업자로 하여금 이를 달성하도록 강제하는 행위

바. 불이익제공 : 가목부터 마목까지의 행위에 준하는 경우로서 가맹점사업자에게 부당하게 불이익을 주는 행위

4. 부당한 손해배상의무 부과행위

법 제12조제1항제5호에 해당하는 행위의 유형 및 기준은 다음 각 목의 어느 하나와 같다.

가. 과중한 위약금 설정・부과행위

1) 계약 중도해지 시 과중한 위약금 설정・부과 행위
계약해지의 경위 및 거래당사자 간 귀책사유 정도, 잔여계약기간의 정도, 중도해지 후 가맹본부가 후속 가맹점사업자와 계약을 체결하기 위하여 통상 소요될 것으로 예상되는 기간에 상당하는 손해액 등에 비추어 부당하게 과중한 위약금을 설정하여 계약을 체결하거나 이를 부과하는 행위

2) 과중한 지연손해금 설정・부과행위
상품 또는 용역에 대한 대금지급의 지연 시 지연경위, 정상적인 거래관행 등에 비추어 과중한 지연손해금을 설정하여 계약을 체결하거나 이를 부과하는 행위

나. 소비자 피해에 대한 손해배상의무 전가행위
가맹본부가 가맹점사업자에게 공급한 물품의 원시적 하자 등으로 인하여 소비자 피해가 발생한 경우까지도 부당하게 가맹점사업자가 손해배상의무를 모두 부담하도록 계약을 체결하는 행위

다. 부당한 영업위약금 부과행위
가맹점사업자가 영업을 개시한 날이 속하는 달의 다음 달부터 1년간의 평균 매출액이 가맹본부가 법 제9조제3항 및 제5항에 따라 제공한 예상매출액의 최저액에 미달하여 가맹점사업자가 계약을 중도에 해지하는 경우에 가맹본부가 계약 해지에 따른 기대이익 상실을 이유로 위약금을 부과하는 행위. 다만, 가맹점사업자의 가맹계약 위반, 가맹본부가 제시한 경영방침 미준수 또는 이에 준하는 사유로 인하여 평균 매출액이 예상매출액의 최저액에 미달한 경우는 제외한다.

라. 그 밖의 부당한 손해배상의무 부과행위
가목 또는 나목에 준하는 경우로서 가맹점사업자에게 부당하게 손해배상의무를 부담하도록 하거나 가맹본부가 부담해야 할 손해배상의무를 가맹점사업자에게 전가하는 행위

5. 그 밖의 불공정거래행위

법 제12조제1항제6호에 해당하는 행위란 가맹본부가 다른 경쟁가맹본부의 가맹점사업자를 자기와 거래하도록 하여 자기의 가맹점사업자의 영업에 불이익을 주거나 다른 경쟁가맹본부의 가맹사업에 불이익을 주는 행위를 말한다.

Q6. 공정거래위원회가 제정한 불공정거래행위 심사지침이란?

A6. 공정거래위원회는 가맹분야 불공정거래행위 유형 및 기준을 보다 구체적이고 명확하게 규정하여 가맹본부의 법 위반 행위를 예방하고자 공정위 심결례와 법원 판례를 충실히 반영하여 2024년 3월 25일 **불공정거래행위 심사지침**을 제정·시행하고 있다.

심사지침은 거래거절, 구속조건부거래, 거래상 지위의 남용 등 **일반 불공정거래행위**와 점포환경개선 강요, 부당한 영업지역 침해, 광고·판촉행사 동의의무 위반 등 **가맹사업 특유의 불공정거래행위**를 대상으로 하고 크게 ① 적용 범위, ② 위법성 심사의 일반원칙, ③ 개별행위별 위법성 판단기준으로 구성하고 있다.

적용 범위로 가맹사업 구성요소와 국내 국외 소재 가맹본부 모두 적용대상임을 명시하고, **위법성 심사의 일반원칙**으로는 가맹사업의 공정한 거래를 저해할 우려가 있는지를 중심으로 판단하고 공정거래저해성은 거래내용의 불공정성을 중심으로 판단하되 필요한 경우 경쟁제한성이나 경쟁수단의 불공정성도 고려한다. **개별행위별 위법성 판단기준**은 세부 불공정거래 행위 유형별로 대상행위, 위법성 판단기준을 규정하고 법 위반에 해당될 수 있는 구체적인 사례를 제시하고 있다.

Q7. 불공정거래행위에 대한 가맹본부 제재는?

A7. 가맹본부가 점포환경개선 강요금지, 영업시간 구속금지, 영업지역 침해금지 등 가맹사업법에서 정하는 금지 규정과 시행령에서 정한 일반 불공정거래행위를 하는 경우 공정거래위원회는 이의 추가 재발을 방지하기 위한 시정조치 및 시정권고 등의 시정명령을 할 수 있다.

또한, 위반행위의 내용 및 정도, 위반행위의 기간 및 횟수, 위반행위로 취득한 이익의 규모 등을 종합적으로 고려하여 가맹본부가 위반한 기간 동안 관련 매출액의 2% 이내(매출액 산정 불가 시 5억원 이내)에서 과징금을 부과할 수도 있다.

추가로, 공정거래위원회는 가맹사업법 법령에서 정하는 보복조치의 금지, 시행령 [별표 2]에서 정하는 영업지원 등의 거절, 부당한 계약갱신 거절, 부당한 계약해지 등 거래거절의 불공정거래행위가 발생하는 경우 손해액의 3배를 배상하여야 하는 징벌적 손해배상책임을 부과할 수 있다.

Keyword 02

점포환경개선강요금지

Q1. 점포환경개선 강요란?

A1. 점포환경개선이란 가맹점 점포의 기존 시설, 장비, 인테리어 등을 새로운 디자인이나 품질로 교체하거나 신규로 설치하는 것을 의미하며 통상 점포 리뉴얼, 점포 리모델링으로 칭한다. 이 경우 점포의 확장 또는 이전을 수반하거나 수반하지 아니하는 경우를 모두 포함한다.

가맹본부가 가맹계약을 갱신할 때 재계약을 하려면 점포를 리뉴얼하거나 확장 또는 장소를 이전해야 한다고 조건을 붙이는 경우가 있다. 또한, 양도양수를 하는 경우 양수인이 점포를 리뉴얼하는 조건으로 양도양수를 승인하기도 한다. 이를 점포환경개선 강요라 한다.

가맹점 점포를 신규로 개점하기 위해서는 인테리어 등 시설 설비와 고가의 장비 구입에 가장 많은 금액이 투자된다. 이는 기간 만료 또는 해지로 종료되는 경우 모두 매몰 비용에 해당한다. 계약의 갱신으로 계약기간이 연장되면 추가 투자금이 없기에 가맹점 이익은 증가할 수 있어 최초 계약기간 동안 개점 시 투자한 원금을 회수하고 갱신 계약기간 동안 추가 이익을 기대할 수 있다.

이 상황에 가맹본부가 계약을 갱신하면서 점포환경개선을 강요하게 되면 추가 투자금이 들어가기 때문에 추가 이익이 줄어드는 상황이라 가맹점사업자 입장에서는 특별한 귀책사유 없이 이를 수용하기 어렵다. 따라서 가맹본부는 정당한 사유 없이 부당한 점포환경개선을 강요하면 안 된다.

Q2. 가맹본부가 점포환경개선을 강요하면 반드시 따라야 하나?

A2. 가맹본부는 점포환경개선을 정당한 사유 없이 부당하게 강요하면 안 된다고 가맹사업법에 명문화되어 있다. 따라서, 가맹본부는 가맹사업법에서 정한 "정당한 사유"에 해당하는 경우에만 점포환경개선을 강요할 수 있다.

가맹본부가 정당하게 강요할 수 있는 사유로는 ① 점포 시설, 장비, 인테리어 등의 노후화가 객관적으로 인정되거나, ② 위생 또는 안전의 결함이나 이에 준하는 사유로 인하여 가맹사업 동일성울 유지하기 어렵거나 정상적인 영업에 현저한 지장을 주는 경우이다.

Keyword 근거 법령 — 가맹사업법

법률 제12조의2 (부당한 점포환경개선 강요 금지 등)	시행령 제13조의2 (점포환경개선 비용부담의 범위 및 절차 등)
① 가맹본부는 ***대통령령으로 정하는 정당한 사유*** 없이 점포환경개선을 강요하여서는 아니 된다.	① 법 ***제12조의2제1항에서 "대통령령으로 정하는 정당한 사유"***란 다음 각 호의 어느 하나에 해당하는 경우를 말한다. 1. 점포의 시설, 장비, 인테리어 등의 노후화가 객관적으로 인정되는 경우 2. 위생 또는 안전의 결함이나 이에 준하는 사유로 인하여 가맹사업의 통일성을 유지하기 어렵거나 정상적인 영업에 현저한 지장을 주는 경우

Q3. 점포환경개선 비용은 가맹점사업자가 모두 부담해야 하나?

A3. 가맹본부가 가맹점사업자에게 정당한 사유에 해당하여 점포환경개선을 강요하는 경우 가맹본부도 가맹점사업자의 점포환경개선에 소요되는 비용의 100분의 40 이내의 범위에서 부담하여야 한다.

가맹본부가 점포환경개선 비용을 부담하는 기준은 ① 점포의 확장 또는 이전을 수반하지 않는 경우 100분의 20 이내의 범위에서 부담하고, ② 점포의 확장 또는 이전을 수반하는 점포환경개선의 경우 100분의 40의 범위 내에서 부담한다.

Keyword 근거 법령

가맹사업법

법률 제12조의2 (부당한 점포환경개선 강요 금지 등)	시행령 제13조의2 (점포환경개선 비용부담의 범위 및 절차 등)
① 생략 ② 가맹본부는 가맹점사업자의 점포환경개선에 소요되는 비용으로서 ***대통령령으로 정하는 비용***의 100분의 40 이내의 범위에서 ***대통령령으로 정하는 비율***에 해당하는 금액을 부담하여야 한다. 다만, 내용 생략 ③ 생략	① ~ ② 생략 ③ 법 ***제12조의2제2항 각 호 외의 부분 본문에서 "대통령령으로 정하는 비율"***이란 다음 각 호의 구분에 따른 비율을 말한다. 1. 점포의 확장 또는 이전을 수반하지 아니하는 점포환경개선의 경우: 100분의 20 2. 점포의 확장 또는 이전을 수반하는 점포환경개선의 경우: 100분의 40

Q4. 가맹본부는 모든 부분의 점포환경개선 비용을 분담하나?

A4. 가맹본부가 정당한 사유로 요구할 수 있는 점포환경개선 범위는 간판과 인테리어 부분에 한한다.

즉, 가맹본부는 ① 간판의 교체 비용과 ② 인테리어 공사 비용 중 실내 건축 공사에 소요되는 일체의 비용에 한해 부담하고, 장비 및 집기의 교체 비용이나 가맹사업의 통일성과 관계없이 가맹점사업자가 추가 공사를 함에 따라 소요되는 비용은 부담하지 않는다.

Keyword 근거 법령

가맹사업법

시행령 제13조의2(점포환경개선 비용부담의 범위 및 절차 등)
① 생략 ② 법 ***제12조의2제2항 각 호 외의 부분 본문에서 "대통령령으로 정하는 비용"***이란 다음 각 호의 비용을 말한다. 1. 간판 교체비용 2. 인테리어 공사비용(장비·집기의 교체비용을 제외한 실내건축공사에 소요되는 일체의 비용을 말한다). 다만, 가맹사업의 통일성과 관계 없이 가맹점사업자가 추가 공사를 함에 따라 드는 비용은 제외한다.

Q5. 가맹본부가 부담하여야 하는 점포환경개선 비용 청구 방법은?

A5. 가맹점사업자가 점포환경개선 비용 분담금을 청구하기 위해서는 공사계약서 등 공사비용을 증명할 수 있는 서류를 가맹본부에 제출하여야 하고, 가맹본부는 지급 청구를 받은 날로부터 90일 이내에 지급하여야 한다.

가맹본부는 가맹점사업자 간에 별도의 합의를 통하여 1년의 범위에서 분할 지급할 수 있고, 가맹점사업자가 점포환경개선이 끝난 날로부터 3년 이내에 계약의 해지 또는 영업양도 등의 사유로 계약을 종료하는 경우 가맹본부 부담액 중 나머지 기간에 비례하는 부담액은 지급하지 않거나 이미 지급한 경우 환수할 수 있다.

Keyword 근거 법령 — 가맹사업법

시행령 제13조의2(점포환경개선 비용부담의 범위 및 절차 등)
① ~ ③ 생략 ④ 가맹점사업자는 법 제12조의2제2항 각 호 외의 부분 본문에 따른 금액(이하 "가맹본부부담액"이라 한다)의 지급을 청구하려면 가맹본부에 공사계약서 등 공사비용을 증명할 수 있는 서류를 제출하여야 한다. ⑤ 가맹본부는 제4항에 따른 지급청구일부터 90일 이내에 가맹본부부담액을 가맹점사업자에게 지급하여야 한다. 다만, 가맹본부와 가맹점사업자 간에 별도의 합의가 있는 경우에는 1년의 범위에서 가맹본부부담액을 분할하여 지급할 수 있다. ⑥ 가맹본부는 제4항 및 제5항 본문에도 불구하고 가맹점사업자가 가맹본부 또는 가맹본부가 지정한 자를 통하여 점포환경개선을 한 경우에는 점포환경개선이 끝난 날부터 90일 이내에 가맹본부부담액을 가맹점사업자에게 지급하여야 한다. <신설 2018. 4. 3.> ⑦ 가맹본부는 점포환경개선이 끝난 날부터 3년 이내에 가맹본부의 책임 없는 사유로 계약이 종료(계약의 해지 또는 영업양도를 포함한다)되는 경우에는 가맹본부부담액 중 나머지 기간에 비례하는 부담액은 지급하지 아니하거나 이미 지급한 경우에는 환수할 수 있다. <개정 2018. 4. 3.> [본조신설 2014. 2. 11.]

Q6. 가맹점사업자가 점포환경개선 비용을 모두 부담하는 경우도 있나?

A6. 정당한 사유로 점포환경개선을 강요하는 경우 가맹본부도 가맹점사업자의 점포환경개선에 소요되는 비용의 일부를 부담한다. 그러나 ① 가맹점사업자의 자발적 의사나 ② 가맹점사업자의 귀책사유로 인하여 위생·안전 및 이와 유사한 문제가 발생하여 불가피하게 점포환경개선을 하는 경우에는 가맹본부가 점포환경개선 비용을 부담하여야 하는 의무가 없다.

따라서, 가맹점사업자가 점포환경개선에 소요되는 비용을 모두 부담하여야 한다.

반대로 가맹본부가 점포환경개선 비용을 모두 부담하는 경우도 있다. 가맹본부의 정책 변경이나 가맹사업운영권 양도양수 등으로 브랜드 명칭이나 간판 등 영업표지 디자인이 변경되는 경우 전체 가맹점을 대상으로 동시에 변경하는 경우가 있다. 이 경우에는 교체에 따른 모든 비용은 가맹본부가 부담하여야 하고, 가맹점사업자에게 일부의 비용이라도 부담시킨다면 부당한 점포환경개선 강요 금지의 불공정거래행위에 해당할 수 있다.

때문에 현장에서는 동시에 변경하지 않고 가맹계약 갱신 시 다른 사업자에게 통상적으로 적용되는 조건으로 변경할 것을 요구하거나 양도양수 시 승인 조건으로 요구하는 경우가 있다. 이 경우 가맹본부와 가맹점사업자는 법에서 정한 범위 내에서 점포환경개선 분담 기준을 협의하여 정하기도 한다.

Keyword 근거 법령 　　　　가맹사업법

법률 제12조의2(부당한 점포환경개선 강요 금지 등)
① 생략 ② 가맹본부는 가맹점사업자의 점포환경개선에 소요되는 비용으로서 ***대통령령으로 정하는 비용***의 100분의 40 이내의 범위에서 ***대통령령으로 정하는 비율***에 해당하는 금액을 부담하여야 한다. 다만, 다음 각 호의 어느 하나에 해당하는 경우에는 그러하지 아니하다. 1. 가맹본부의 권유 또는 요구가 없음에도 가맹점사업자의 자발적 의사에 의하여 점포환경개선을 실시하는 경우 2. 가맹점사업자의 귀책사유로 인하여 위생·안전 및 이와 유사한 문제가 발생하여 불가피하게 점포환경개선을 하는 경우 ③ 생략

Q7. 점포환경개선 후 가맹본부가 갱신을 거절해도 되나?

A7. 가맹본부의 요구에 따른 점포환경개선 비용 중 가맹점사업자가 부담한 금액, 점포환경개선 후 가맹점 영업 기간, 해당 기간 동안의 가맹점 수익상황 등에 비추어 가맹점사업자가 점포환경개선 비용을 회수할 수 있는 충분한 기간이 경과하지 않았음에도 불구하고 정당한 사유 없이 가맹점사업자의 계약갱신 요구를 거절하는 행위는 불공정거래행위 유형 중 부당한 계약갱신의 거절에 해당한다.

에 · 피 · 소 · 드

10 점포환경개선 분담비율 협의하면 적게 부담해도 된다?

출처: 한국공정거래조정원 | 2023-03-31 | 치킨 가맹본부의 부당한 점포환경개선 강요금지 관련 분쟁조정 사례

1. 사건의 개요

가. 분쟁의 경위

신청인은 치킨 가맹점을 운영하던 중 점포를 확장하기로 결정하였는데, 피신청인이 해당 점포에 대한 환경개선공사를 진행하면서 공사비용 중 의무부담분 보다 낮은 일부만을 지원하였다고 주장하면서 공사비용에 대한 추가 지원금을 요구하여 이 사건 분쟁이 발생하였다.

나. 사안의 쟁점

이 사안의 경우 피신청인이 신청인의 점포환경개선에 소요되는 비용 중 40%에 해당하는 금액을 부담하였는지 등이 문제된다.

2. 분쟁사실 및 당사자 주장

가. 분쟁사실

신청인은 피신청인의 영업표지로 치킨 가맹점을 운영하는 내용의 가맹계약을 체결하였는데, 이후 신청인은 점포를 확장하기 위하여 피신청인에게 환경개선공사를 맡겼다.

그런데 피신청인이 환경개선공사비용 중 40%에 못 미치는 금액만을 부담하자, 신청인은 환경개선공사에 대한 추가 지원금을 피신청인에게 요구하여 이 사건 분쟁이 발생하였다.

나. 당사자 주장

1) 신청인 주장

피신청인이 신청인의 점포환경개선 공사를 진행하면서 가맹사업법에 따른 의무 부담금액 보다 약 40,000천 원 적게 부담하였으므로, 이를 신청인에게 추가로 지급하여야 한다.

2) 피신청인 주장

신청인과 협의 하에 점포환경개선 공사비용 중 부담액을 정하였을 뿐, 의도적으로 신청인에게 지원금을 지급하지 않은 사실이 없다.

3. 검토 및 조정

▸ 관련 법 규정 및 심사지침

> **가맹사업법 제12조의2【부당한 점포환경개선 강요 금지 등】** ① 가맹본부는 대통령령으로 정하는 정당한 사유 없이 점포환경개선을 강요하여서는 아니 된다.
> ② 가맹본부는 가맹점사업자의 점포환경개선에 소요되는 비용으로서 대통령령으로 정하는 비용의 100분의 40 이내의 범위에서 대통령령으로 정하는 비율에 해당하는 금액을 부담하여야 한다. 다만, 다음 각 호의 어느 하나에 해당하는 경우에는 그러하지 아니하다.
>
> **가맹사업법 시행령 제13조2【점포환경개선 비용부담의 범위 및 절차 등】** ③ 법 제12조의2 제2항 각 호 외의 부분 본문에서 "대통령령으로 정하는 비율"이란 다음 각 호의 구분에 따른 비율을 말한다.
> 2. 점포의 확장 또는 이전을 수반하는 점포환경개선의 경우: 100분의 40

▸ 조정원의 조정 방향

담당 조사관은 신청인의 점포환경개선 공사에 피신청인이 부담한 비용자료를 확인한 후, 피신청인의 지원금이 신청인이 지원 받았다고 주장한 금액보다 많다는 점을 신청인에게 설명하였다.

또한, 담당 조사관은 피신청인에게도 점포환경개선 공사에 가맹사업법상 의무 비율까지 추가로 지원해야 할 필요가 있다는 점을 설명하였다.

4. 조정 결과

분쟁당사자가 조정원의 의견을 받아들여 '피신청인은 신청인에게 추가지원금 13,000천 원을 지급한다.'는 내용으로 합의하여 이 사건 조정이 성립되었다.

프랜차이즈 클리닉

가맹본부는 가맹점사업자에게 점포환경개선을 강요하면 안 된다. 다만, 점포의 시설, 장비, 인테리어 등의 노후화가 객관적으로 인정되는 경우, 위생 또는 안전의 결함이나 이에 준하는 사유로 인하여 가맹사업의 통일성을 유지하기 어렵거나 정상적인 영업에 현저한 지장을 주는 경우 정당하게 요구할 수 있다.

가맹본부가 점포환경개선을 정당한 사유로 요구하는 경우 가맹본부도 장비 및 집기의 교체비용을 제외하고, 간판 교체비용이나 인테리어 공사비용에 대해서는 점포의 확장 또는 이전을 수반하는 경우 40%, 기본 점포환경개선의 경우 20% 부담하는 것이 전제되어야 한다.

이 비율은 법에서 정한 비율로 가맹본부는 부담하는 비율을 준수하여야 하며, 이 비율보다 추가로 지원하는 것은 가능하지만 축소하여 지원하면 안 된다. 이는 강행규정으로 가맹점주와 협의하여 가맹본부의 분담비율을 축소할 수 없고 법에서 정해진 비율은 "무조건" 준수하여야 한다.

Keyword 03

영업시간구속금지

Q1. 영업시간 구속이란?

A1. 점포를 운영하는 영업시간이나 영업일수는 점포를 운영하는 주체가 결정하는 것이 원칙이다. 그러나 가맹점 점포를 운영하는 경우 전국 가맹사업의 동일성 유지를 위해 가맹본부가 영업시간 및 영업일수를 중요한 영업방침으로 규정하는 경우 가맹점사업자는 가맹본부가 정한 규정을 준수하여야 한다.

그럼에도 가맹사업법에는 가맹본부가 정상적인 거래관행에 비추어 부당하게 가맹점사업자의 영업시간을 구속하는 행위를 불공정거래행위로 규정하고 있다. 이는 심야 영업시간대 매출이 저조하거나 가맹점사업자의 건강 문제 등으로 특별한 사정이 있는 경우 이의 사정을 우선적으로 고려하여 영업시간을 조절해야 한다는 의미이다.

따라서, 가맹점사업자는 가맹본부가 정하는 영업시간이나 영업일수를 사전에 파악해두어야 한다. 또한, 부득이한 개인 사정 등으로 영업을 불가피하게 중단하거나 영업시간을 조정하고자 하는 경우 사전에 가맹본부와 협의하여 결정하는 것이 바람직하다.

영업시간은 점포운영자가 고객에게 "이 시간에 오면 서비스를 받을 수 있다"는 약속을 의미한다. 고객과의 약속시간을 정하고 매장운영의 기준을 정하면 효율적인 점포운영이 가능하다. 명확한 영업시간 안내는 고객의 만족도를 높이는 방법이나 불규칙한 점포운영은 고객에게 혼란을 줄 수 있기에 정해진 영업시간은 준수하여야 한다.

영업시간을 늘리거나 단축하는 것은 타 경쟁업체와 차별화 전략이 될 수도 있다. 24시간 영업이나 야간 영업 등은 고객의 다양한 니즈를 충족시킬 수 있다.

Q2. 부당한 영업시간 구속 금지란?

A2. 가맹본부가 정상적인 거래 관행에 비추어 부당하게 가맹점의 영업시간을 구속하는 행위를 부당한 영업시간 구속 금지라 한다.

가맹사업법에서는 가맹본부가 ① 가맹점 점포가 위치한 상권의 특성 등의 사유로 심야 영업시간대의 매출이 그 영업에 소요되는 비용에 비하여 저조하여 일정한 기간 동안 영업손실이 발생하거나 ② 가맹점사업자가 질병의 발병과 치료 등 불가피한 사유로 인하여 필요 최소한의 범위에서 가맹점사업자가 영업시간의 단축을 요구함에도 이를 허용하지 않는 행위를 부당한 영업시간 구속 금지로 규정하고 있다.

Keyword 근거 법령

가맹사업법

법률 제12조의3 (부당한 영업시간 구속 금지)	시행령 제13조의3 (부당한 영업시간 구속 금지의 판단기준)
① 가맹본부는 정상적인 거래관행에 비추어 부당하게 가맹점사업자의 영업시간을 구속하는 행위(이하 "부당한 영업시간 구속"이라 한다)를 하여서는 아니 된다. ② 다음 각 호의 어느 하나에 해당하는 가맹본부의 행위는 부당한 영업시간 구속으로 본다. 1. 가맹점사업자의 점포가 위치한 상권의 특성 등의 사유로 ***대통령령으로 정하는 심야 영업시간대***의 매출이 그 영업에 소요되는 비용에 비하여 저조하여 ***대통령령으로 정하는 일정한 기간*** 동안 영업손실이 발생함에 따라 가맹점사업자가 영업시간 단축을 요구함에도 이를 허용하지 아니하는 행위 2. 가맹점사업자가 질병의 발병과 치료 등 불가피한 사유로 인하여 필요 최소한의 범위에서 영업시간의 단축을 요구함에도 이를 허용하지 아니하는 행위 [본조신설 2013. 8. 13.]	① 법 ***제12조의3제2항제1호에서 "대통령령으로 정하는 심야 영업시간대"***란 오전 0시부터 오전 6시까지 또는 오전 1시부터 오전 6시까지를 말한다. <개정 2018. 4. 3.> ② 법 ***제12조의3제2항제1호에서 "대통령령으로 정하는 일정한 기간"***이란 가맹점사업자가 영업시간 단축을 요구한 날이 속한 달의 직전 3개월을 말한다. <개정 2018. 4. 3.> [본조신설 2014. 2. 11.]

Q3. 영업시간을 구속하는 업종은 정해져 있나?

A3. 가맹사업법에는 부당하게 영업시간을 구속하는 행위를 금지하는 조항을 적용하는 업종에 대해 별도의 규정을 두고 있지 않다. 가맹본부가 가맹점의 영업시간을 구속하여야만 가맹사업 동일성을 유지할 수 있는 업종이 별도로 정해져 있는 것이 아니기에 정상적인 거래관행에 비추어 부당하게 가맹점의 영업시간을 구속하는 것을 금지하는 규정은 가맹사업을 진행하는 모든 업종에 적용된다.

업종과 상관없이 브랜드명이나 간판 등에 "24시" 또는 "연중무휴", "365일 영업" 등의 문구가 기재되어 있는 점포가 있다. 가맹본부가 해당 브랜드를 24시간 365일 영업하는 것을 비즈니스모델로 정하고 정보공개서 등을 통해 사전에 안내한 상태에서 가맹점사업자가 숙고기간 동안 충분히 검토하고 결정하여 가맹계약을 체결한 경우 가맹본부는 전국 가맹사업 동일성 유지를 위하여 가맹점사업자에게 영업시간을 이행할 것을 요구할 수 있다. 다만, 전국 가맹사업 동일성 보다 가맹점사업자의 부득이한 사유를 우선 적용하여야 정상적인 거래관행에 비추어 부당한 영업시간 구속에서 벗어날 수 있다.

Q4. 영업시간 단축을 요구할 수 있는 시간대는?

A4. 가맹점사업자의 점포가 위치한 상권의 특성 등의 사유로 영업시간 단축을 요구할 수 있는 시간대는 심야 영업시간대에 한하며, 심야 영업시간대란 오전 0시부터 오전 6시까지 또는 오전 1시부터 오전 6시까지를 말한다.

심야 영업시간 단축은 상권의 특성에 따라 전체 영업시간 중 3시간이나 4시간 등 일부 영업시간으로도 조정을 요청할 수 있고, 반드시 5시간이나 6시간 전체 영업시간으로 단축을 요구하여야 하는 것은 아니다.

Q5. 영업시간 단축을 요구할 수 있는 조건은?

A5. 가맹점사업자는 심야영업 시간대의 매출이 그 영업에 소요되는 비용에 비하여 저조하여 영업시간 단축을 요구한 날이 속한 달의 직전 3개월 기간 동안 영업손실이 발생함에 따라 영업시간 단축이 필요한 경우 가맹본부에 요구할 수 있다.

심야영업 시간대의 매출과 그 영업에 소요되는 비용에 대한 산정은 가맹점사업자가 직접 하여야 하며, 가맹본부가 상황 파악 후 직권으로 단축을 허용해 주는 것이 아니기 때문에 가맹점사업자가 직접 산정한 서류를 제출하며 요구하여야 한다.

Q6. 심야영업 시간대 영업시간 단축은 매월 영업손실이 발생해야 하나?

A6. 영업시간 단축을 요구하기 위해 입증해야 하는 매출 및 비용 산정 기준은 심야영업 시간대에 소요되는 변동비에 한하며, 심야시간대 영업 여부와 무관하게 부담하는 고정비인 임차료, 관리비 등은 제외되어야 한다.

또한, 3개월 기간 동안 월별로 매출이 비용보다 저조해야 하거나, 3개월 기간 내내 매출이 비용보다 저조해야 하는 것은 아니고, 3개월 기간 동안 매출 합계와 비용 합계를 비교하여 매출이 저조하여 영업손실이 발생하였음을 입증할 수 있다면 심야영업 시간대 영업 중단을 요구할 수 있다.

Q7. 심야영업 시간대가 아니어도 영업시간 단축을 요구할 수 있나?

A7. 가맹사업법에는 가맹점사업자가 질병의 발병과 치료 등 불가피한 사유로 필요 최소한의 범위에서 영업시간의 단축을 요구함에도 이를 허용하지 않는 행위도 부당한 영업시간 구속 행위로 규정하고 있다.

가맹점사업자가 가맹점을 운영하기 어려운 불가피한 사유가 질병의 발병과 치료 등만이 아닐 수 있기에 최소한의 범위에서 영업시간 단축을 요청할 수 있는 사유에 대해서는 사전에 가맹본부와 협의하여 그 기준을 정해두는 것이 바람직하다.

또한, 영업시간 단축은 가맹본부가 가맹사업의 거래를 지속하기 어려운 경우 가맹사업법에 정해진 즉시 해지 사유 중 "가맹점사업자가 정당한 사유 없이 연속하여 7일 이상 영업을 중단한 경우"와 연계하여 "정당한 사유" 기준을 함께 검토할 필요가 있다.

Keyword 04

영업지역침해금지

Q1. 영업지역이란?

A1. 가맹사업법 제2조제12호에서는 "영업지역"이란 가맹점사업자가 가맹계약에 따라 상품 또는 용역을 판매하는 지역이라고 규정되어 있다.

가맹본부는 가맹계약을 체결 시 가맹점사업자의 영업지역을 설정하여 가맹계약서에 기재하여야 하는 의무가 있다. 영업지역 설정 기준은 가맹본부가 자율적으로 정할 수 있고, 가맹계약서에 기재하는 방법 또한 문구로 작성하거나 지도로 표기하거나 가맹본부가 자유롭게 정할 수 있다.

가맹본부가 영업지역을 설정하는 목적은 가맹점사업자의 독점적·배타적 영업권을 전적으로 보장하기 위함만이 아니라 영업지역 내에서 동종업종의 브랜드 간 또는 브랜드 내의 경쟁을 촉진하여 소비자의 이익을 확대하기 위함이다.

가맹본부는 영업지역을 설정하는 기준을 수립할 때 가맹점 간 형평성을 고려하여야 하고, 가맹점 위치에 따른 인근 가맹점의 매출 하락이 예상되는 경우 등을 충분히 고려하여 구체적인 기준을 가맹계약서 및 정보공개서에 기재하여야 한다.

가맹점사업자는 최초 가맹계약 체결 시 영업지역을 설정하기 위해 가맹본부와 협의할 때 인근 가맹점과의 영업지역보다 협소하지는 않은지, 인근 점포 위치가 너무 가깝지는 않은지, 영업하면서 충돌될 여지는 없는지 등에 대해 정확히 검토 후 가맹계약을 체결하여야 한다.

Q2. 부당한 영업지역 침해 금지란?

A2. 프랜차이즈 사업은 소규모 상권을 특징으로 하고 있다. 이에 가맹점의 출점은 특정 지역에 밀착해 집중적으로 이루어지고 있다. 과도한 밀집형 출점은 가맹점 간 출혈경쟁과 기존 가맹점과의 마찰을 야기하기도 한다. 이러한 이유 때문에 가맹사업법에 가맹본부가 가맹계약 체결 시 가맹점사업자의 영업지역을 설정하여 가맹계약서에 기재하도록 하는 것이다.

가맹사업법은 부당하게 가맹본부가 가맹점사업자의 영업지역에 자신의 직영점이나 가맹점을 개설하는 것은 기존 가맹점사업자와의 계약을 통해 얻게 된 가맹본부의 이익을 이중적으로 얻게 되는 것이며, 기존 가맹점사업자의 계약상의 안정적이고 지속적인 영업상 권리를 침해할 우려가 크기 때문에 영업지역 침해를 금지하고 있다.

가맹본부가 가맹계약 상 영업지역을 보호하기로 정했음에도 불구하고 기존 가맹점 영업지역에 다른 가맹점이나 직영점을 설치하는 행위는 불공정거래행위에 해당한다.

따라서, 가맹본부가 실제로 영업지역을 독점적·배타적으로 보장하는지 여부를 반드시 확인하고 가맹계약을 체결하여야 한다.

Keyword 근거 법령 — 가맹사업법

법률 제12조의4(부당한 영업지역 침해금지)
① 가맹본부는 가맹계약 체결 시 가맹점사업자의 영업지역을 설정하여 가맹계약서에 이를 기재하여야 한다. ② ~ ③ 생략 [본조신설 2013. 8. 13.] ·

Q3. 가맹본부가 직권으로 영업지역을 변경해도 되나?

A3. 가맹본부가 가맹계약 갱신과정에서 상권의 급격한 변화 등의 사유가 발생하는 경우 가맹본부와 가맹점사업자가 합의하여 기존 영업지역을 변경할 수 있다. 즉, 영업지역의 변경은 반드시 가맹계약 양 당사자의 **"합의"**가 필요하다. 가맹사업법 시행령에서 가맹본부가 영업지역을 변경할 수 있는 사유로 정하는 규정은 다음과 같다.

법률 제12조의4(부당한 영업지역 침해금지)	시행령 제13조의4(영업지역 변경사유)
① 가맹본부는 가맹계약 체결 시 가맹점사업자의 영업지역을 설정하여 가맹계약서에 이를 기재하여야 한다. ② 가맹본부가 가맹계약 갱신과정에서 ***상권의 급격한 변화 등 대통령령으로 정하는 사유***가 발생하여 기존 영업지역을 변경하기 위해서는 가맹점사업자와 합의하여야 한다. <개정 2018. 1. 16.> ③ 생략 [본조신설 2013. 8. 13.]	법 ***제12조의4제2항에서 "상권의 급격한 변화 등 대통령령으로 정하는 사유가 발생하는 경우"***란 다음 각 호의 어느 하나에 해당하는 경우를 말한다. 1. 재건축, 재개발 또는 신도시 건설 등으로 인하여 상권의 급격한 변화가 발생하는 경우 2. 해당 상권의 거주인구 또는 유동인구가 현저히 변동되는 경우 3. 소비자의 기호변화 등으로 인하여 해당 상품·용역에 대한 수요가 현저히 변동되는 경우 4. 제1호부터 제3호까지의 규정에 준하는 경우로서 기존 영업지역을 그대로 유지하는 것이 현저히 불합리하다고 인정되는 경우 [본조신설 2014. 2. 11.]

Q4. 가맹점사업자가 직권으로 영업지역을 변경해도 되나?

A4. 가맹사업법에는 가맹점사업자가 영업지역을 변경하고자 하는 경우 가맹본부와 합의를 해야 한다거나, 불가능하다거나, 변경을 요구할 수 있는 조건 및 절차 등은 명문화되어 있지 않다. 가맹점사업자가 영업지역을 변경하는 것은 점포환경개선에 따른 비용이 발생하는 것이기 때문에 가맹본부의 강요에 따른 불공정거래행위만 아니면 된다.

그럼에도 가맹점사업자가 자발적 의사로 영업지역을 직권으로 변경하면서 가맹본부가 다른 가맹점사업자의 영업지역을 침해하는 불공정거래행위를 하게 되는 상황이 초래되기도 한다. 따라서, 가맹점사업자의 직권으로 영업지역을 변경하면 안 되고 가맹본부와 협의하여 결정하여야 한다.

가맹점사업자가 영업지역을 변경하고자 하는 경우, 가맹점사업자의 자발적인 의사로 점포를 이전하는 것임이 전제되어야 한다. 이는 점포환경개선 비용에 대해 가맹본부가 일부 부담하여야 하는지 여부가 결정되기 때문이다. 가맹점사업자의 귀책사유가 없음에도 불구하고 가맹본부의 요구나 권유로 점포를 이전하면서 영업지역을 변경하게 되는 경우 가맹본부가 전체 시공비용의 40%를 부담하여야 한다.

가맹점사업자의 자발적 의사로 영업지역 변경을 결정하고 가맹본부에 사전 승인을 요청하였다면 가맹본부는 점포를 이전하고자 하는 영업지역에 기존 가맹점이 존재하는지 여부를 확인하고, 가맹점사업자의 영업지역 변경으로 인하여 인근 가맹점 매출에 영향이 없는지, 기존 고객(소비자)에게 피해나 손해가 발생하지 않을지 등을 종합적으로 고려하여 승인하여야 한다.

추가로, 변경된 영업지역을 표기하는 가맹계약을 새롭게 체결하면서 기존의 가맹계약기간을 유지할 것인지, 새롭게 계약기간을 부여할 것인지 결정하여야 한다. 이 기준은 완전한 계약기간으로 가맹계약을 체결하는 경우 신규 가맹계약에 준하여 사전제공 의무나 가맹금 수령 조건이 달라질 수 있기 때문이다.

Q5. 해당 브랜드와 동일한 업종의 기준은?

A5. 동일한 업종이란 수요층의 지역적·인적 범위, 취급 품목, 영업형태 및 영업방식 등에 비추어 동일하다고 인식될 수 있을 정도의 업종을 말하며, 기본적으로 수요가 대체 가능한지에 여부에 따라 판단하여야 한다. 즉, 수요가 대체 가능하다면 동일업종으로 볼 가능성이 크다.

추가로, 동일 여부는 수요층의 연령대나 구매력 여부, 원·부재료의 차이, 조리방식의 차이, 생산방식의 차이, 유통방식의 차이, 배달업종인지 내점업종인지, 심야영업인지 주간영업인지, 마케팅 방식의 차이 등에 따라 검토되어야 한다.

Keyword 근거 법령 — 가맹사업법

법률 제12조의4(부당한 영업지역 침해금지)
① ~ ② 내용 생략 ③ 가맹본부는 정당한 사유 없이 가맹계약기간 중 가맹점사업자의 영업지역 안에서 가맹점사업자와 동일한 업종(수요층의 지역적·인적 범위, 취급품목, 영업형태 및 방식 등에 비추어 동일하다고 인식될 수 있을 정도의 업종을 말한다)의 자기 또는 계열회사(「독점규제 및 공정거래에 관한 법률」 제2조제12호에 따른 계열회사를 말한다. 이하 같다)의 직영점이나 가맹점을 설치하는 행위를 하여서는 아니 된다. <개정 2018. 1. 16., 2020. 12. 29.> [본조신설 2013. 8. 13.]

Q6. 가맹본부 계열회사의 동일 업종 가맹점이 해당 영업지역에 출점해도 되나?

A6. 가맹사업법에는 가맹본부는 정당한 사유 없이 가맹계약기간 중 가맹점사업자의 영업지역 안에서 가맹점사업자와 동일한 업종의 가맹본부뿐만 아니라 가맹본부 계열회사의 직영점이나 가맹점을 설치하는 행위까지 금지하고 있다.

가맹본부의 계열회사란 「독점규제 및 공정거래에 관한 법률」 제2조제12호에 따른 계열회사를 말하며, 둘 이상의 회사가 동일한 기업집단에 속하는 경우에 이들 각각의 회사를 서로 상대방의 계열회사라 한다.

Q7. 가맹본부의 다른 브랜드에 속한 가맹점이 해당 영업지역에 출점해도 되나?

A7. 가맹사업법에는 가맹본부는 정당한 사유 없이 가맹계약기간 중 가맹점사업자의 영업지역 안에서 가맹점사업자와 동일한 업종의 가맹본부의 직영점이나 가맹점을 설치하는 행위를 금지하고 있다.

영업지역 침해 금지 규정은 기존 가맹점사업자와 동일한 업종의 직영점이나 가맹점을 설치하는 행위를 금지하는 것으로 동일한 업종이 아니라면, 기존 가맹점사업자의 영업지역 내에 가맹본부가 운영하는 다른 브랜드의 가맹점이나 직영점을 설치하는 것은 가능하다.

즉, 다른 브랜드의 가맹점이 기존 브랜드와 동일한 업종이면 불가능하고, 동일한 업종이 아니면 가능하다. 가맹본부가 여러 브랜드를 운영하는 경우 업종의 동일성 여부가 중요한 문제이지 동일한 가맹본부라는 이유로 다른 브랜드의 직영점이나 가맹점을 가맹점사업자의 영업지역 내에 설치할 수 없는 것은 아니다.

에 · 피 · 소 · 드

11 영업지역 침해는 가맹계약서에 정한 기준만 지키면 된다?

출처: 한국공정거래조정원 | 2020 – 02 – 27 | 편의점 가맹본부의 영업지역 침해 관련 분쟁조정 사례

1. 사건의 개요

가. 분쟁의 경위

신청인은 피신청인과 가맹계약을 체결하고 편의점을 운영하였는데 피신청인이 신청인의 영업지역 또는 영업지역 인근에 신규 가맹점을 개점하여 이 사건 분쟁이 발생하였다.

나. 사안의 쟁점

이 사안의 경우 피신청인이 신청인의 영업지역 내에 신규 가맹점을 개점하여 신청인의 영업지역을 침해하였는지 여부가 문제된다.

2. 분쟁사실 및 당사자 주장

가. 분쟁사실

신청인은 2019. 4월 피신청인과 가맹계약(이하 '이 사건 계약'이라 한다)을 체결하고 편의점을 운영하기 시작하였는데, 이 사건 계약에 따르면 피신청인은 신청인의 편의점으로부터 도보 250m 내에는 신규 가맹점을 개점할 수 없는 것으로 규정하고 있다.

피신청인은 2019. 5월 신청인에게 신청인의 영업지역으로부터 도보 260m 거리에 신규 가맹점을 개점할 것이라고 통보하며, 신규 가맹점을 신청인의 영업지역 내에 개점하는 것은 아니지만 도의적으로 신청인에게 5,000,000원을 지급할 예정이니 동의서를 작성해달라고 요청하였고 신청인은 이에 동의하였다.

피신청인은 2019. 6월 신규 가맹점을 개점하였는데 신청인이 자신의 가맹점과 신규 가맹점과의 거리를 실측해보니 약 240m가 측정되었다고 주장하며 피신청인에게 이 사건 계약의 해지 및 위약금을 청구하였다.

나. 당사자 주장

1) 신청인 주장

피신청인이 신청인에게 신규 가맹점과 신청인과의 거리를 속여 동의서를 받아가고 신청인의 매출에 악영향을 끼쳤다.

2) 피신청인 주장

줄자를 이용하여 다시 한 번 신청인과 신규 가맹점 사이의 거리를 실측하였으나 약 260m의 거리가 측정되었으므로 신청인의 영업지역을 침해하지 않았다.

3. 검토 및 조정

▸ 관련 법 규정 및 심사지침

가맹사업법 제12조의 4【부당한 영업지역 침해금지】① 가맹본부는 가맹계약 체결 시 가맹점사업자의 영업지역을 설정하여 가맹계약서에 이를 기재하여야 한다.
② 가맹본부가 가맹계약 갱신과정에서 상권의 급격한 변화 등 대통령령으로 정하는 사유가 발생하여 기존 영업지역을 변경하기 위해서는 가맹점사업자와 합의하여야 한다. <개정 2018. 1. 16.>
③ 가맹본부는 정당한 사유 없이 가맹계약기간 중 가맹점사업자의 영업지역 안에서 가맹점사업자와 동일한 업종(수요층의 지역적·인적 범위, 취급품목, 영업형태 및 방식 등에 비추어 동일하다고 인식될 수 있을 정도의 업종을 말한다)의 자기 또는 계열회사(「독점규제 및 공정거래에 관한 법률」 제2조제3호에 따른 계열회사를 말한다. 이하 같다)의 직영점이나 가맹점을 설치하는 행위를 하여서는 아니 된다.

▸ 조정원의 조정 방향

담당 조사관은 피신청인에게 실측 주체에 따라 신청인과 신규 가맹점 사이의 거리가 차이가 나는 것은 사실이나 만약 객관적인 기준에 따른 신규 가맹점의 위치가 신청인으로부터 도보 250m 이내라면 피신청인은 가맹사업법에서 규정하는 영업지역 침해금지 의무를 위반하였을 소지가 있음을 설명하였다.

또한, 신청인과 피신청인 모두 신규 가맹점 개설 후 신청인의 매출액이 감소하고 있다는 사실에는 다툼이 없고 이 사건 분쟁을 원만히 해결하고자 하는 의사를 표시하였다.

4. 조정 결과

당사자는 조정원의 의견을 받아들여 '피신청인은 신청인에게 20,000,000원을 지급하고 신청인의 가맹점을 피신청인의 직영점으로 인수한다.'는 내용으로 합의하여 이 사건 조정이 성립하였다.

 # 프랜차이즈 클리닉

가맹본부는 가맹계약 체결 시 가맹점사업자의 영업지역을 설정하여 가맹계약서에 이를 기재하여야 한다. 가맹계약 갱신과정에서 영업지역을 변경하고자 하는 경우 가맹점사업자와 "합의"하여야 한다. 또한, 정당한 사유 없이 가맹계약기간 중 가맹점사업자의 영업지역 안에서 동일한 업종의 자기 또는 계열회사의 직영점이나 가맹점을 설치하면 안 된다.

가맹사업법에서 영업지역 침해에 대해 강하게 규정하는 이유는 가맹점사업자의 영업지역 안에서 안정적으로 영업활동을 하면서 매출의 변동을 줄이기 위함이다. 다른 브랜드의 경쟁점을 통해 이미 경쟁강도가 높은 상황을 더 악화시키지 않기 위해 가맹본부 및 계열회사의 직영점과 가맹점까지 출점을 금지시키고 있는 것이다.

영업지역 침해는 단순히 거리나 가맹계약서에 기재된 규정만을 검토할 문제가 아니다. 인근에 가맹점이 추가로 개설됨으로 인해 기존 가맹점의 매출이 하락한다면 가맹점입장에서는 가맹본부와 갈등이 발생할 수밖에 없다. 따라서 가맹계약서에서 정한 기준을 침해하는지가 아니라 기존 가맹점의 매출 하락에 영향을 주지 않는 출점을 진행하는 가맹본부를 발굴하여 상생할 필요가 있다.

Keyword 05

영업분야불공정거래

Q1. 가맹본부가 영업지원을 거절해도 되나?

A1. 가맹사업은 가맹본부와 가맹점사업자 간의 계속적 거래를 바탕으로 한다. 따라서 가맹본부는 가맹점사업자에 대하여 거래기간 중 가맹사업을 영위하는데 필요한 상품이나 용역의 공급 또는 영업의 지원을 하여야 한다. 가맹계약서에 제공하기로 되어 있는 경영 및 영업활동에 관한 지원 등을 정당한 이유 없이 또는 부당하게 중단 또는 거절하거나 그 내용을 현저히 제한한다면 불공정거래행위에 해당할 수 있다.

가맹본부가 가맹점을 점검 및 관리하고 경영지도를 하는 업무는 가맹본부의 의무에 해당한다. 이의 대가로 가맹점은 로열티를 부담하는 것이고 이의 지원이 소홀할 경우 개선을 요구할 수 있는 권리가 있다. 따라서 가맹점사업자가 요청한 경영지도를 정당한 사유 없이 지원하지 않는 행위는 영업지원 거절의 불공정거래행위에 해당할 수 있다.

그러나 가맹점사업자가 가맹본부가 정보공개서 또는 가맹계약서에서 제공하기로 되어 있는 경영 및 영업활동의 범위를 벗어난 경영지도를 요구하거나, 비용부담 없는 경영 컨설팅 등을 요구하는 경우 가맹본부는 별도의 비용 부담을 요구하거나 이를 거절할 수 있다.

추가로, 가맹본부가 가맹계약 체결 시 공급하기로 약속한 물품은 정당한 사유 없이 공급을 거절하면 안 된다. 간혹 가맹점에 공급한 물품대금이 연체되는 경우 물품공급을 중단하는 경우가 있다. 이 경우는 가맹계약이 해지되지 않은 상태에서 영업지원을 거절한 행위로 불공정거래행위에 해당할 수 있다.

즉, 가맹점에서 물품대금을 연체하는 경우 대금 납부를 독촉하는 서면 시정명령을 통해 해결하여야 하고, 2개월 이상의 유예기간을 두고 2회 이상 서면 시정명령을 통해 가맹계약을 해지하여야 하며. 가맹계약 해지가 완료된 이후 물품공급을 중단하여야 물품중단에 따른 거래거절의 불공정거래행위가 아니다.

가맹본부가 여타의 사유로 가맹사업 동일성 유지를 위하여 필수적인 품목을 공급하지 않으면 가맹점사업자는 영업을 중단하여 손해가 발생하거나 고객에게 대체품을 구입하여 판매하면서 가맹사업 동일성을 해치게 된다.

이 경우 가맹본부는 가맹점사업자에게 품질준수의무 위반에 따른 문제를 제기하고, 가맹점사업자는 가맹본부에 영업중단에 따른 손해배상을 요구하기도 한다.

이처럼 가맹본부의 정당한 이유 없는 영업지원 등의 거절, 부당한 계약갱신의 거절, 부당한 계약해지 등의 거래거절은 가맹점사업자의 심각한 손해를 발생하게 하는 행위로 금지되어야 하는 불공정거래 행위로, 거래거절의 불공정거래행위를 하는 경우 가맹본부는 가맹사업자가 입은 손해액의 3배를 배상하여야 하는 징벌적 손해배상책임도 부담하여야 한다.

Q2. 가맹본부가 고객에게 판매하는 가격을 강제해도 되나?

A2. 가맹점사업자가 고객(소비자)에게 판매하는 가격은 원칙적으로 가맹점사업자가 정할 수 있다. 그러나 가맹사업을 진행하는 경우 전국 가맹사업 동일성 유지를 위하여 가맹본부가 권장하는 가격으로 판매하는 것이 바람직하다.

가맹사업법에는 가맹본부가 정당한 이유 없이 가맹점사업자에게 상품 또는 용역의 가격을 정하여 그 가격을 유지하도록 하거나 가맹점사업자가 상품 또는 용역의 가격을 결정하는 행위를 부당하게 구속하는 행위는 불공정거래행위로 규정하고 있다.

다만, 가맹본부가 소비자에게 판매하는 상품 또는 용역의 가격을 정하여 이에 따르도록 권장하거나, 가맹점사업자가 판매가격을 결정하거나 변경하는 경우 그 내용에 관하여 사전에 가맹본부와 협의하도록 하는 행위는 불공정거래행위에서 제외하고 있고, 사전협의 시 판매가격을 강요하는 행위는 불공정거래행위로 보고 있다.

공정거래위원회가 가맹본부의 가격구속 행위를 불공정거래행위로 금지하는 이유는 지역의 소비수준이나 경쟁업체의 가격수준 등 제반 여건을 감안하여 해당 지역의 독립된 사업주체인 가맹점이 결정하여야 한다고 보기 때문이다.

따라서, 가맹본부는 권장가격을 정함에 있어서 가맹사업의 동일성 유지 및 시장에서의 경쟁력과 가맹점의 경영수지 등을 종합적으로 고려하여야 하고, 가맹점사업자 또한 해당 지역 상권의 특징이나 주변 경쟁점의 판매가격 등을 고려하여 가맹사업 전체 틀의 안정성을 해치지 않는 범위 내에서 판매가격을 가맹본부와 협의하여 결정하는 것이 바람직하다.

Q3. 가맹본부가 고객에게 판매하는 상품을 강제해도 되나?

A3. 가맹본부는 가맹사업의 상표권을 보호하고 상품 또는 용역의 동일성을 유지하기 위하여 가맹점사업자에게 가맹본부가 지정한 상품 또는 용역만을 판매하도록 할 수 있다.

그러나 가맹점사업자에게 부당하게 지정된 상품 또는 용역만을 판매하도록 하거나 거래상대방에 따라 상품 또는 용역의 판매를 제한하는 행위는 가맹사업법에서 금지하는 불공정거래행위 유형 중 하나다.

다만, 가맹점사업자의 상품 또는 용역의 판매를 제한하지 아니하는 경우에는 가맹본부의 상표권을 보호하고 상품 또는 용역의 동일성을 유지하기 어렵다는 사실이 객관적으로 인정되면서 가맹본부가 미리 정보공개서를 통하여 가맹점사업자에게 해당 사실을 알리고 가맹점사업자와 계약을 체결한 경우에는 불공정거래행위로 규정하지 않는다.

Q4. 가맹본부가 가맹계약서에 설정된 영업지역에서만 배달하라고 강제해도 되나?

A4. 가맹본부가 부당하게 가맹점사업자에게 영업지역을 준수하도록 조건을 붙이거나 이를 강제하는 행위는 불공정거래행위에 해당한다.

따라서, 가맹점사업자로 하여금 가맹계약서에 영업지역으로 부여한 범위 내에서만 광고·판촉·배달 등 영업활동을 하도록 강제하는 행위 등은 불공정거래행위에 해당할 수 있다.

가맹점사업자는 독립된 상인이므로 영업지역을 독자적으로 결정할 권리가 있다. 그리고 같은 브랜드의 가맹점 간 품질과 서비스, 가격 등의 경쟁을 통해 얻게 되는 소비자의 이익을 가맹본부가 영업활동에 대한 독점적·배타적 영업지역을 설정하여 가맹점사업자에게 부여한다면 소비자 이익이 침해받게 된다.

참고로, **영업지역 침해**는 가맹본부가 부여한 영업지역 내에 가맹본부 또는 계열회사의 동일한 업종의 가맹점을 개설하지 못하도록 금지하겠다는 조항이고, **영업지역 준수강제**는 가맹본부가 가맹점의 영업지역 내에서만 영업하도록 규제하는 것을 금지하는 조항이다.

즉, 가맹본부가 가맹점사업자의 영업지역을 보호한다는 의미는 기존 가맹점의 영업지역 내에 가맹본부가 동일한 업종의 직영점이나 가맹점을 설치하지 않겠다는 의미이지 가맹점사업자가 그 지역 내에서만 광고·판촉·배달 등 영업활동을 할 수 있다는 의미는 아니다.

Q5. 가맹본부가 판매목표를 정하여 달성하도록 강제해도 되나?

A5. 판매목표 강제란 부당하게 판매목표를 설정하고 가맹점사업자로 하여금 이를 달성하도록 강제하는 행위를 말한다. 가맹본부가 가맹점사업자의 판매목표를 획일적으로 강제하고 목표달성에 미달하는 가맹점에게 물품공급을 중단하거나 가맹계약 해지 조건을 제시하는 등의 패널티를 부과하는 것은 판매목표 강제의 불공정거래행위에 해당한다.

가맹점 운영과 관련하여 가맹점사업자는 자율적인 판매목표를 설정하고 매출향상을 위해 다양한 노력을 하여야 한다. 이는 전적으로 가맹점사업자의 판단과 결정에 따라야 하고, 이의 지원을 요청하는 경우 가맹본부는 적극적으로 협조하여야 한다.

Q6. 가맹본부가 계약갱신 시 로열티 인상을 강제해도 되나?

A6. 가맹본부는 가맹점사업자가 이행하기 곤란하거나 가맹점사업자에게 불리한 계약조항을 설정 또는 변경하거나 계약갱신과정에서 종전의 거래조건 또는 다른 가맹점사업자의 거래조건보다 뚜렷하게 불리한 조건으로 계약조건을 설정 또는 변경하는 행위를 하면 안 된다. 이는 거래상지위의 남용행위에 따른 불공정거래행위에 해당하기 때문이다.

가맹계약이란 신뢰를 바탕으로 지속적인 거래를 전제로 하여 체결한다. 그런데 가맹본부가 자신의 우월한 지위를 이용하여 수시로 정책을 변경하면서 가맹점사업자에게 수시로 계약조건 변경을 강요한다면 계약관계의 안정성과 지속성을 해치게 된다.

가맹본부가 가맹계약 갱신 시 영업지역의 축소나 로열티 인상 등을 요구하는 경우가 있다. 가맹점사업자에게 영업지역의 축소는 매출 감소에 영향을 미치고, 로열티 인상은 수익 감소에 영향을 미치는 내용이기 때문에 가맹점사업자에게는 종전의 거래조건보다 뚜렷하게 불리한 조건에 해당할 수 있다.

이 경우 가맹본부와 가맹점사업자는 반드시 **"합의"** 과정을 거쳐서 계약의 조건을 변경하여야 하고, 가맹본부는 거래상 지위를 남용하여 부당하게 갱신 가맹계약을 요구하면 안 된다.

Q7. 경쟁브랜드의 가맹본부가 갈아타기 유도해도 되나?

A7. 가맹사업법에는 가맹본부가 다른 경쟁가맹본부의 가맹점사업자를 자기와 거래하도록 하여 자기의 가맹점사업자의 영업에 불이익을 주거나 다른 경쟁가맹본부의 가맹사업에 불이익을 주는 행위를 그 밖의 불공정거래행위로 규정하고 있다.

즉, 경쟁 브랜드의 가맹점을 자신의 브랜드의 가맹점으로 영업하기 위해 경쟁 브랜드의 기맹본부에 불이익을 주면 안 된다.

에 · 피 · 소 · 드

12 기기 고장 즉시 수리 교환 불가는 영업지원 거절?

출처: 한국공정거래조정원 | 2019 – 12 – 31 | 세탁 가맹본부의 영업지원 거절 관련 분쟁조정 사례

1. 사건의 개요

가. 분쟁의 경위

신청인이 피신청인과 가맹계약을 체결하고 세탁소를 운영하는 과정에서 피신청인으로부터 납품받은 빨래 건조기 3대에서 잦은 고장이 발생함에도 불구하고 피신청인이 이를 수리해주지 않는다고 주장하며 피신청인에게 빨래 건조기의 교환을 요구하여 이 사건 분쟁이 발생하였다.

나. 사안의 쟁점

이 사안의 경우 피신청인이 신청인의 반복적인 수리 요청에도 불구하고 이에 대한 조치를 취하지 않았는지 여부와 이러한 행위를 거래상 지위남용 행위로 볼 수 있는지가 문제된다.

2. 분쟁사실 및 당사자 주장

가. 분쟁사실

신청인은 2019. 3월 피신청인과 '□□ ○○점(이하 '이 사건 가맹점'이라 한다) 가맹계약(이하 '이 사건 계약'이라 한다)'을 체결하였다.

신청인은 피신청인으로부터 빨래 건조기 3대를 납품받아 사용하였는데 이 중 2대에서 수차례 고장이 발생하여 피신청인에게 수리를 요청하였음에도 피신청인이 수리를 지연하거나 수리를 완료하지 못하였다.

신청인은 피신청인이 이 사건 가맹점 내 장비수리 등의 영업 지원활동을 지연하거나 거절하여 신청인에게 손해가 발생하였다고 주장하여 이 사건 분쟁이 발생하였다.

나. 당사자 주장

1) 신청인 주장

신청인은 피신청인에게 수차례 빨래 건조기의 수리를 요구했으나 피신청인은 수리를 지연하거나, 실제로 빨래 건조기를 교환해주지는 않으면서 빨래 건조기를 교환해줄 예정이라고 말하는 등 이러한 피신청인의 영업지원 중단 또는 거절 행위에 따라 신청인에게 손해가 발생하였다.

2) 피신청인 주장

문제가 되는 빨래 건조기의 고장은 신청인의 조작 미숙 등의 원인이 복합적으로 작용하였을 것이므로 피신청인이 즉각적인 수리하는 것은 불가능하고 신청인에게 빨래 건조기를 교환해 주겠다고 약속한 사실도 없다.

3. 검토 및 조정

▶ **관련 법 규정 및 심사지침**

> 가맹사업법 제12조【불공정거래 행위의 금지】① 가맹본부는 다음 각 호의 어느 하나에 해당하는 행위로서 가맹사업의 공정한 거래를 저해할 우려가 있는 행위를 하거나 다른 사업자로 하여금 이를 행하도록 하여서는 아니된다.
>
> 1. 가맹점사업자에 대하여 상품이나 용역의 공급 또는 영업의 지원 등을 부당하게 중단 또는 거절하거나 그 내용을 현저히 제한하는 행위

▶ **조정원의 조정 방향**

담당 조사관은 피신청인에게, 피신청인이 공급한 빨래 건조기에서 발생한 고장에 대하여 피신청인이 조치를 취하지 않거나 지연하는 행위는 가맹본부가 가맹점사업자에 대하여 영업의 지원 등을 부당하게 중단 또는 거절한 행위에 해당할 수 있다는 점을 설명하며, 피신청인이 고장이 발생한 빨래 건조기에 대한 수리 또는 교환을 수행하는 방향으로 조정을 진행하였다.

4. 조정 결과

당사자는 조정원의 의견을 받아들여 '피신청인은 3대의 건조기에서 고장이 발생할 시 10일 이내에 이를 교환해 준다'는 내용으로 합의하여 이 사건 조정이 성립하였다.

프랜차이즈 클리닉

가맹사업법 적용받는 가맹사업은 가맹본부가 가맹점사업자에게 영업표지 사용을 허락하고, 일정한 품질기준과 영업방법을 제시하며, 지원・교육・통제를 하면서 가맹점사업자에게 각종 가맹금을 수령하는 계속적인 거래관계를 말한다.

가맹본부는 가맹계약 체결 시점에서 가맹점사업자에게 일시적, 지속적 제공할 내역을 안내하고 그에 해당하는 업무의 대가로 각종 가맹금을 수령한다. 따라서 가맹점사업자가 가맹점을 운영하면서 문제가 발생하거나 도움이 필요하면 가맹본부는 당연히 지원을 해야 한다.

가맹본부가 제공한 물품의 경우는 더더욱 빠른 수리, 교환 등으로 가맹점 영업에 지장을 주어서는 아니 된다. 가맹본부가 정당한 사유 없이 영업지원을 지연하거나 거절하는 행위는 거래거절의 불공정거래행위에 해당하며, 가맹점사업자가 해당 행위로 입은 손해의 3배를 배상하여야 하는 징벌적손해배상 책임까지 부담할 수 있다.

Keyword 06

물품분야불공정거래

Q1. 가맹본부는 공급하는 물품과 거래상대방을 지정하고 강제해도 되나?

A1. 가맹본부가 가맹사업자에게 가맹사업의 경영과 무관하거나 그 경영에 필요한 양을 넘는 시설, 설비, 상품, 용역, 원재료 또는 부재료 등을 구입 또는 임차하도록 강제하는 행위는 거래상 지위의 남용에 따른 구입강제에 해당하는 불공정거래행위로 금지된다.

또한, 부동산, 용역, 설비, 상품, 원재료 또는 부재료의 구입·판매 또는 임대차 등과 관련하여 부당하게 가맹점사업자에게 특정한 거래상대방과 거래할 것을 강제하는 행위도 구속조건부 거래에 따른 거래상대방의 구속에 해당하는 불공정거래행위로 금지하고 있다.

최근 공정거래위원회는 구입강제 및 거래상대방 구속의 불공정거래행위에 대해 가맹점사업자가 가맹본부가 구입강제하는 품목을 가맹본부가 아닌 다른 구입처로부터 구매하여 사용할 경우 물품공급 중단, 가맹계약 해지 등 실질적인 불이익을 가하지 않았더라도 가맹점사업자에게 불이익을 가할 수 있는 위약금, 위약벌 등의 규정이 가맹계약서에 기재되어 있는 것만으로도 강제성이 있다고 보고 시정명령 및 과징금 등의 제재를 가하고 있다.

가맹점사업자는 가맹본부가 작성한 정보공개서 및 가맹계약서에 구입강제품목이 기재되어 있는 경우 해당 구입강제품목이 가맹사업경영에 필수적인지, 거래상대방을 제한하지 않는 경우 상품·용역의 동일성을 유지하기 어려운지 등을 각 품목별로 면밀히 검토하여야 한다.

공정거래위원회가 가맹사업의 통일성과 상품의 품질유지에 직접적인 관련이 없어 구입강제 및 거래상대방을 구속하면 안 된다고 구체적으로 지정한 품목으로는 주방세제, 손세정제, 바닥세척제 등의 세제류와 냉동 냉장 작업대, 싱크대, 냉동고, 모니터, 진열장 등의 설비류가 있다.

일부 주방집기류에 대해서도 금지하는 품목이 있는데 스테인리스 밧드, 멀티볼, 휘핑기, 마스케어, 국자·주걱, 쓰레기통, 도마, 칼 등이고, 실링용기, 원형용기, 원형뚜껑 등 플라스틱 포장용기류와 영수증 인쇄용 포스용지, 치킨박스 봉인용 보안스티커, 식자재 유통기한·보관방법 표시용 식품라벨스티커 등도 구입강제 품목으로 지정하는 것을 금지하고 있다.

Q2. 가맹본부가 거래상대방을 지정하여 구입강제품목을 강제할 수 있는 조건은?

A2. 가맹본부는 부동산, 용역, 설비, 상품, 원재료 또는 부재료의 구입·판매 또는 임대차 등과 관련하여 부당하게 가맹점사업자에게 특정한 거래상대방과 거래할 것을 강제하면 안 된다. 다만, 다음의 요건을 모두 충족하는 경우에는 거래상대방을 지정하여 구입강제품목을 강제할 수 있다.

1. 부동산·용역·설비·상품·원재료 또는 부재료가 가맹사업을 경영하는 데에 필수적이라고 객관적으로 인정될 것
2. 특정한 거래상대방과 거래하지 아니하는 경우에는 가맹본부의 상표권을 보호하고 상품 또는 용역의 동일성을 유지하기 어렵다는 사실이 객관적으로 인정될 것
3. 가맹본부가 미리 정보공개서를 통하여 특정한 거래상대방과 구입·판매 또는 임대차 등의 거래를 할 것을 강제하는 부동산·용역·설비·상품·원재료 또는 부재료의 세부내역 및 그 거래상대방에 관한 정보를 가맹점사업자에게 알리고 이를 가맹계약서에 포함할 것
4. 가맹본부가 특정한 거래상대방과 구입·판매 또는 임대차 등의 거래를 할 것을 강제하는 부동산·용역·설비·상품·원재료 또는 부재료의 세부내역, 가격, 수량, 품질 및 그 거래상대방 등 거래조건을 가맹점사업자에게 불리하게 변경하는 경우 가맹점사업자와 협의를 거칠 것

Q3. 구입강제품목이 있는 경우 가맹계약서에 어떤 내용을 기재해야 하나?

A3. 2024년 7월 3일 가맹사업법 법령이 개정되면서 가맹본부가 가맹점사업자에게 가맹본부 또는 가맹본부가 지정한 자와 거래할 것을 강제할 경우 그 강제의 대상이 되는 부동산 · 용역 · 설비 · 상품 · 원재료 또는 부재료 · 임대차 등의 종류 및 공급가격 산정방식에 관한 사항을 가맹계약서에 필수사항으로 기재하도록 하는 규정을 추가하였다.

개정안의 주요 내용은 가맹본부가 가맹점사업자와 가맹계약을 체결할 때, 가맹점사업자에게 특정한 거래상대방과 거래할 것을 강제하는 품목이 있는 경우 품목의 종류와 공급가격, 공급가격의 산정방식을 가맹계약서에 구체적으로 기재하도록 의무화하는 것이다.

가맹계약서에 구입강제품목 관련 정보를 기재하도록 하는 것은 지금까지 가맹본부가 너무 많은 품목을 필수품목으로 지정하고 일방적으로 가격을 인상하면서도 가격 산정방식 등 관련 정보를 공개하지 않아 가맹점사업자의 어려움이 가중되는 상황이 발생하여 거래의 투명성과 예측 가능성을 높여 안정적으로 거래할 수 있도록 유도하기 위함이다.

구입강제품목을 가맹계약서에 기재하는 방법은 가맹본부가 직접 기준을 정하는 것이 원칙이나, 공정거래위원회에서 발표한 「**구입강제품목의 종류 및 공급각격 산정방식 계약서 기재방식에 관한 가이드라인**」 내용을 참고하여 작성해도 된다.

Q4. 구입강제품목에 대해 거래조건이 변경될 때마다 반드시 협의해야 하나?

A4. 2024년 12월 5일 가맹사업법 시행령이 개정되면서 가맹본부와 가맹점사업자 사이의 거래조건이 변경되는 경우 협의하여야 하는 절차를 가맹계약서에 필수사항으로 기재하도록 하는 내용이 추가되었다. 구입강제품목 거래조건을 불리하게 변경하는 경우를 포함해 가맹계약 상 거래조건을 변경하는 경우 협의하는 절차를 구체적으로 가맹계약서에 기재하여야 한다.

가맹계약서에는 가맹본부가 정한 불리한 거래조건을 구체적으로 열거하여야 하고, 협의조건, 협의절차, 협의방식, 협의시기, 협의대상 등을 구체적으로 기재하여야 한다. 이의 규정에 따라 구입강제품목에 대해 거래조건이 변경된 경우 가맹계약서에 규정된 방법 및 절차에 따라 가맹본부는 거래조건이 변경될 때마다 반드시 가맹점사업자와 협의하여야 한다.

거래조건 변경협의 절차를 가맹계약서에 기재하는 방법 및 협의하는 구체적인 방법은 가맹본부가 직접 기준을 정하여 작성하는 것이 원칙이나, 공정거래위원회에서 2024년 11월 28일 제정하여 2024년 12월 5일부터 시행한 「**구입강제품목 거래조건 변경 협의에 대한 고시**」 내용을 참고할 필요가 있다.

Q5. 가맹계약 상 거래조건이 변경되는 경우 협의하는 절차는?

A5. 가맹계약 상 거래조건이 변경되거나 구입강제품목의 거래조건이 불리하게 변경되는 경우 협의하는 절차는 거래조건 변경에 대한 구체적 내역, 거래조건 변경 사유 및 근거, 협의 기간, 협의 장소 등이 기재된 문서를 거래조건 변경 전 서면으로 통지하여야 한다.

협의 방식은 대면 또는 비대면 등 손쉽고 자유롭게 의견을 표출할 수 있는 방법으로 자유롭게 선택할 수 있고, 협의 기간은 10일 이상의 충분한 기간을 설정하여야 한다. 협의 대상은 전체 가맹점사업자를 대상으로 하는 것이 원칙이나 협의가 어려운 정당한 사유가 있는 가맹점사업자는 제외할 수 있고, 가맹점사업자 70% 이상의 동의를 받은 가맹점사업자단체와 협의하는 것도 인정된다.

협의 과정에서 가맹점주가 자료제공이나 사실 확인을 요청할 경우 가맹본부는 이에 응하여야 하고, 협의 완료 시 협의 과정에서 개별적으로 제시한 의견 및 이에 대한 본부의 입장 및 판단 근거 협의에 따라 결정된 거래조건 및 그 밖의 협의에 따라 결정된 사항을 정리하여 협의 전 통지방식을 준용하여 서면으로 통지하여야 한다.

Q6. 가맹본부가 경제적이익을 제공하도록 강요하여 불이익 제공해도 되나?

A6. 가맹본부가 부당하게 경제적 이익을 제공하도록 강요하거나 가맹점사업자에게 비용을 부담하도록 강요하는 행위는 불공정거래행위로 금지된다.

다만, 가맹본부의 상표권을 보호하고 상품 또는 용역의 동일성을 유지하기 어렵다는 사실이 객관적으로 인정되는 경우로서 해당 사실에 관하여 가맹본부가 미리 정보공개서를 통하여 가맹점사업자에게 알리고 가맹점사업자와 계약을 체결한 경우에는 불공정거래행위로 보지 않는다.

경제적 이익이나 비용은 반드시 금전에만 국한되는 것이 아니라 경제적 가치가 있는 모든 것이 포함된다. 또한, 가맹본부나 계열회사에 대한 이익제공 강요뿐만 아니라 제3자에게 이익을 제공하도록 강요하는 경우도 포함되며, 적극적으로 이익제공을 요구하는 행위뿐만 아니라, 가맹본부가 부담할 비용을 가맹점에게 전가하는 행위도 부당한 강요에 해당한다.

예를 들어, 가맹본부가 직접 기획 진행하는 광고 비용을 전액 전체 가맹점사업자에게 부담시키거나 판촉행사에 소요되는 전체 비용을 가맹점사업자에게 전액 전가시키는 행위, 가맹본부의 가맹점 모집에 소요되는 비용 등을 가맹점사업자에게 부담시키는 경우 등은 부당한 강요의 불공정거래행위에 해당한다.

가맹본부가 광고 및 판촉행사 비용을 분담하기 위해서는 가맹본부와 가맹점의 이익이 공존하여야 한다. 그러나 가맹점 모집 업무는 가맹본부만의 직접적인 이익이 발생하기 때문에 가맹점에 분담을 요구하는 행위는 부당한 강요의 불공정거래행위가 된다.

이에 전국적으로 시행하는 광고 행사에 대해서 정보공개서와 가맹계약서에 상품광고, 가맹점모집광고, 상품광고와 가맹점모집광고가 병행되는 광고, 3가지로 구분하여 분담하는 기준을 기재하도록 하고 있다. 각각 분담하는 기준은 법에 정해져 있지 않고 가맹본부의 정책에 따라 결정되며, 상품광고와 가맹점모집광고가 병행되는 경우 가맹본부와 가맹점사업자 간 분담 비율이 동일하면 안 되고 병행되는 광고의 가맹점사업자가 분담 비율이 가맹본부 보다 적어야 한다.

Q7. 공정거래위원회에 불공정거래 신고했다고 가맹본부가 가맹계약을 해지해도 되나?

A7. 가맹본부는 가맹점사업자가 공정거래위원회에 불공정거래 행위를 신고했다는 이유로 상품 · 용역의 공급이나 경영 · 영업활동 지원의 중단, 거절 또는 제한, 가맹계약의 해지, 그 밖에 불이익을 주는 행위를 하거나 계열회사 또는 다른 사업자로 하여금 이를 행하도록 보복하면 안 된다.

이 경우 공정거래위원회는 불공정거래행위에 따른 시정명령, 과징금 등의 제재와 함께 가맹점이 입은 손해를 3배 배상하여야 하는 징벌적 손해배상책임을 부담시킬 수 있다. 가맹본부가 가맹점사업자에게 보복하면 안 되는 행위로는 ① 분쟁조정의 신청, ② 공정거래위원회의 서면실태 조사에 대한 협조, ③ 가맹사업법 위반행위 신고 및 공정거래위원회의 조사에 대한 협조 등이 있다.

법률 제12조의5(보복조치의 금지)
가맹본부는 가맹점사업자가 다음 각 호의 어느 하나에 해당하는 행위를 한 것을 이유로 그 가맹점사업자에 대하여 상품·용역의 공급이나 경영·영업활동 지원의 중단, 거절 또는 제한, 가맹계약의 해지, 그 밖에 불이익을 주는 행위를 하거나 계열회사 또는 다른 사업자로 하여금 이를 행하도록 하여서는 아니된다. 1. 제22조제1항에 따른 분쟁조정의 신청 2. 제32조의2에 따른 공정거래위원회의 서면실태조사에 대한 협조 3. 제32조의3제1항에 따른 신고 및 같은 조 제2항에 따른 공정거래위원회의 조사에 대한 협조 [본조신설 2018. 1. 16.] [종전 제12조의5는 제12조의7로 이동 ＜2018. 1. 16.＞]

참고사항 : 구입강제품목 가맹계약서 기재 관련 2024년 가맹사업법 개정 내용 요약

구입강제품목 공급가격 기재방법		거래조건 변경협의 기재방법	
법률	가이드라인	시행령	고시
2024.01.02. 공포 6개월 후 2024.07.03. 시행	2024.06.20. 보도 2024.07.03. 시행 2024.08.31. 계도	2024.06.04. 공포 6개월 후 2024.12.05. 시행	2024.11.28. 제정 2024.12.05. 시행 2025.01.31. 계도
2025.01.02.까지 기존 가맹계약서 포함	＜필수 검토＞ 1. 구입강제품목 종류 2. 품목별 공급가격 3. 공급가격 산정기준	2025.06.04.까지 기존 가맹계약서 포함	＜필수 검토＞ 1. 불리한 거래조건 – 열거 2. 협의절차 – 전/중/후 3. 협의방식 – 대면/비대면 4. 협의시기 – 사전/사후 5. 협의대상 – 전체점주
제11조제2항12호	＜추가 검토＞ 1. 내용기재방법: 본문+별지+공지 2. 제공시점: 사전제공+계약체결	제12조제7호 거래조건 변경협의 및 분쟁 제13조제1항 [별표 2] 2. 구속조건부거래 나. 거래상대방(3)(4)	＜추가 검토＞ 1. 협의전 통지 – 충분한 기간 2. 결과통지 – 전체의견공개 3. 점주단체 – 70% 동의 4. 동의방법–광고판촉 준용 5. 협의불인정조건

프랜차이즈 클리닉

에 · 피 · 소 · 드

13 가맹본부가 정한 특정 식재료는 거래상대방을 강제할 수 있다?

출처: 한국공정거래조정원 | 2020 – 01 – 31 | 한식 가맹본부의 거래상대방 제한 행위 관련 분쟁조정 사례

1. 사건의 개요

가. 분쟁의 경위

신청인은 피신청인과 가맹계약을 체결하고 피신청인으로부터 식재료를 납품받아 사용하던 중 식재료 납품대금이 시중가격에 비해 지나치게 높다고 주장하며 피신청인에게 식재료 사입 허용을 요구하였으나 피신청인이 이를 거부하여 이 사건 분쟁이 발생하였다.

나. 사안의 쟁점

이 사안의 경우 피신청인이 신청인에게 피신청인으로부터만 특정 식재료를 공급받도록 한 행위가 가맹사업법에서 규정하는 거래상대방 구속 행위에 해당하는지가 문제된다.

2. 분쟁사실 및 당사자 주장

가. 분쟁사실

신청인은 2019. 1월경 한식 가맹본부인 피신청인과 '□□ ○○점(이하 '이 사건 가맹점'이라 한다) 가맹계약'(이하 '이 사건 계약'이라 한다)을 체결하였다.

이 사건 계약에 따르면 신청인은 식재료 중 특정 품목을 피신청인으로부터만 공급받아 사용하여야 한다고 규정되어 있다.

신청인은 이 사건 가맹점을 운영하면서 매출액에 비하여 신청인이 얻는 수익이 적다고 생각하고 식재료 가격에 대한 시장조사를 한 결과 신청인이 피신청인으로부터 공급받는 식재료가 시중가격에 비하여 높다는 사실을 인지하게 되었다.

신청인은 피신청인에게 피신청인이 공급하는 식재료의 가격을 인하해 줄 것을 요청하였지만 피신청인은 이를 거부하였다.

나. 당사자 주장

1) 신청인 주장

피신청인이 공급하는 식재료 중 일부는 신청인이 시중에서 더 싸게 구매할 수 있음에도 신청인으로 하여금 피신청인으로부터만 이를 공급받도록 하는 것은 거래상대방 구속 행위에 해당한다.

2) 피신청인 주장

가맹본부인 피신청인은 가맹사업의 특성상 모든 가맹점 음식의 동일성 유지를 위하여 특정 식재료 품목에 한하여 피신청인으로부터만 이를 공급받도록 한 것이고, 피신청인이 공급하는 가격은 시장가격과 유사한 수준이다.

3. 검토 및 조정

▸ 관련 법 규정 및 심사지침

가맹사업법 제12조 【불공정거래행위의 금지】 ① 가맹본부는 다음 각 호의 어느 하나에 해당하는 행위로서 가맹사업의 공정한 거래를 저해할 우려가 있는 행위를 하거나 다른 사업자로 하여금 이를 행하도록 하여서는 아니된다.

2. 가맹점사업자가 취급하는 상품 또는 용역의 가격, 거래상대방, 거래지역이나 가맹점사업자의 사업활동을 부당하게 구속하거나 제한하는 행위

▸ 조정원의 조정 방향

피신청인이 신청인에게 피신청인으로부터만 특정 식재료를 공급받도록 한 행위가 거래상대방 구속 행위에 해당하는지 여부를 판단하기 위하여는 그 식재료가 가맹사업에 필수적인지 여부, 식재료 사입을 허용하는 경우 피신청인의 가맹사업의 동일성을 유지하기 어렵다고 인정되는지 여부 등을 검토하여야 하나, 신청인이 가맹계약을 해지하고 독자적으로 한식 전문점을 운영하고자 하는 의사를 밝혔고, 피신청인 또한 신청인에게 식재료 사입 허용을 해줄 수는 없으나 영업손실을 보고 있는 신청인의 사정을 감안하여 위약금 없이 가맹계약을 해지할 수 있다는 의사를 밝혀 이를 토대로 조정을 진행하였다.

4. 조정 결과

당사자는 '신청인과 피신청인은 가맹계약을 해지하고 피신청인은 신청인에게 계약 해지에 따른 위약금을 청구하지 않는다'는 내용으로 합의하여 이 사건 조정이 성립하였다.

프랜차이즈 클리닉

가맹본부가 특정 식재료를 특정 거래상대방과 거래할 것을 강제하기 위해서는 가맹사업을 경영하는데 필수적이라고 객관적으로 인정될 것, 특정한 거래상대방과 거래하지 않을 경우 상표권을 보호하고 동일성을 유지하기 어렵다는 사실이 객관적으로 인정될 것, 정보공개서를 통해 알리고, 가맹계약서에 구입강제품목과 거래상대방을 기재할 것, 거래조건이 불리하게 변경되는 경우 협의할 것이라는 네 가지 조건을 모두 성립하여야 한다.

2024년 가맹사업법 법령과 시행령이 모두 변경되면서 가맹본부가 가맹점사업자에게 공급하는 물품과 거래상대방을 강제하기 위해서는 가맹계약서에 품목종류, 공급가격, 산정기준을 기재하고, 거래조건이 가맹점사업자에게 불리하게 변경되는 경우 가맹계약서에 기재된 절차에 따라 협의할 것을 강제하고 있다.

가맹본부가 가맹사업 동일성 유지를 하면서 가맹점사업자에게 물품을 안정적으로 공급하기 위해서는 핵심 상품 개발 R&D 과정에서 유통회사 브랜드 즉. Private Brand 상품을 개발하여 특정 거래상대방만 공급할 수 있는 3S(전문화, 표준화, 단순화) 시스템을 구축하고, Buying Power를 통한 원가절감 효과로 저렴한 가격으로 가맹점에 공급하여야 한다.

가맹희망자는 상생하는 가맹본부를 발굴하기 위해서는 지속적인 거래를 전제로 구입강제품목의 시스템이 얼마나 체계적으로 운영되고 있는지 필수로 검토하여야 한다.

Keyword 07

손해분야불공정거래

Q1. 손해배상책임이란?

A1. 가맹본부는 가맹사업법의 규정을 위반함으로써 가맹점사업자에게 손해를 입힌 경우에는 가맹점사업자에 대하여 손해배상의 책임을 진다. 다만, 가맹본부가 고의 또는 과실이 없음을 입증한 경우에는 손해배상의 책임을 부담하지 않는다.

가맹사업 양 당사자는 가맹사업을 진행하면서 각자의 상대방에게 손해를 입힌 경우 이를 배상하여야 한다. 즉, 가맹계약을 체결하고 그 계약을 위반한 당사자는 그 상대방이 입은 손해를 배상하여야 한다. 그럼에도 가맹사업법에 손해배상책임 규정을 두고 있다. 그 이유는 가맹본부에게 가맹사업법을 위반하여 발생하는 손해배상을 의무를 명문화함으로써 법 준수 의지를 더욱 고취시키기 위함이다.

Keyword 근거 법령 　　　　가맹사업법

법률 제37조의2(손해배상책임)
① 가맹본부는 이 법의 규정을 위반함으로써 가맹점사업자에게 손해를 입힌 경우에는 가맹점사업자에 대하여 손해배상의 책임을 진다. 다만, 가맹본부가 고의 또는 과실이 없음을 입증한 경우에는 그러하지 아니하다. ② ~ ③ 생략 ④ 제1항 또는 제2항에 따라 손해배상청구의 소가 제기된 경우 「독점규제 및 공정거래에 관한 법률」 제110조 및 제115조를 준용한다. <개정 2020. 12. 29.> [본조신설 2017. 4. 18.]

Q2. 징벌적 손해배상책임이란?

A2. 징벌적 손해배상책임은 가맹본부가 가맹점사업자에게 정보를 제공할 때 신중에 신중을 기하게 함으로써 가맹점사업자와의 분쟁 및 불이익을 감소시켜 문제를 근본적으로 해결하고자 함이다.

가맹점사업자와 지속적인 거래를 하면서 영업과 신상에 불이익이 가는 불공정거래행위에 대해 보다 강한 경각심을 불어넣어 이를 원천적으로 차단하려는 것이다.

가맹사업법에서 규정하는 징벌적 손해배상책임은 **허위·과장된 정보제공 등의 금지, 거래거절의 불공정거래행위** 즉, 영업지원 등의 거절, 부당한 계약갱신 거절, 부당한 계약해지의 거래거절에 해당하는 불공정거래행위, **보복조치의 불공정거래행위**를 위반하여 가맹본부가 가맹점사업자에게 손해를 입힌 경우 가맹점사업자가 입은 손해의 3배 이내에서 책임질 것을 법적으로 의무화하는 내용이다.

이 경우도 손해배상책임 규정과 동일하게 가맹본부가 고의 또는 과실이 없음을 입증한 경우에는 징벌적 손해배상책임을 부담하지 않는다.

또한, 손해배상책임 및 징벌적 손해매상책임 규정에 따라 손해배상청구의 소가 제기된 경우 「독점규제 및 공정거래에 관한 법률」에서 정한 규정을 준용한다.

이에 법원은 필요한 경우 공정거래위원회에 대하여 해당 사건의 기록 즉, 사건관계인, 참고인 또는 감정인에 대한 심문조서, 속기록 및 그 밖에 재판상 증거가 되는 모든 것을 포함하는 기록의 송부를 요구할 수 있다.

이 법을 위반한 행위로 손해가 발생한 것은 인정되나 그 손해액을 입증하기 위하여 필요한 사실을 입증하는 것이 해당 사실의 성질상 매우 곤란한 경우에 변론 전체의 취지와 증거조사의 결과에 기초하여 상당한 손해액을 인정할 수 있다.

Keyword 근거 법령 가맹사업법

법률 제37조의2(손해배상책임)
① 가맹본부는 이 법의 규정을 위반함으로써 가맹점사업자에게 손해를 입힌 경우에는 가맹점사업자에 대하여 손해배상의 책임을 진다. 다만, 가맹본부가 고의 또는 과실이 없음을 입증한 경우에는 그러하지 아니하다. ② 제1항에도 불구하고 가맹본부가 제9조제1항, 제12조제1항제1호 및 제12조의5를 위반함으로써 가맹점사업자에게 손해를 입힌 경우에는 가맹점사업자에게 발생한 손해의 3배를 넘지 아니하는 범위에서 배상책임을 진다. 다만, 가맹본부가 고의 또는 과실이 없음을 입증한 경우에는 그러하지 아니하다. <개정 2018. 1. 16.> ③ 생략 ④ 제1항 또는 제2항에 따라 손해배상청구의 소가 제기된 경우 「독점규제 및 공정거래에 관한 법률」 제110조 및 제115조를 준용한다. <개정 2020. 12. 29.> [본조신설 2017. 4. 18.]

Q3. 법원이 손해배상액을 산정할 때 고려하는 사항은?

A3. 법원은 가맹본부가 손해배상책임 규정을 위반하여 부담하여야 하는 배상액을 정할 때에는 ① 고의 또는 손해 발생의 우려를 인식한 정도, ② 위반행위로 인하여 가맹점사업자가 입은 피해 규모, ③ 위법행위로 인하여 가맹본부가 취득한 경제적 이익, ④ 위반행위에 따른 벌금 및 과징금, ⑤ 위반행위의 기간 횟수, ⑥ 가맹본부의 재산상태, ⑦ 가맹본부의 피해구제 노력의 정도 등을 고려하여야 한다.

Keyword 근거 법령 가맹사업법

법률 제37조의2(손해배상책임)
① ~ ② 생략 ③ 법원은 제2항의 배상액을 정할 때에는 다음 각 호의 사항을 고려하여야 한다. 1. 고의 또는 손해 발생의 우려를 인식한 정도 2. 위반행위로 인하여 가맹점사업자가 입은 피해 규모 3. 위법행위로 인하여 가맹본부가 취득한 경제적 이익 4. 위반행위에 따른 벌금 및 과징금 5. 위반행위의 기간·횟수 6. 가맹본부의 재산상태 7. 가맹본부의 피해구제 노력의 정도 ④ 생략

Q4. 계약 중도해지 시 가맹본부가 요구하는 위약금은 모두 부담해야 하나?

A4. 가맹점을 운영하는 것은 가맹점사업자의 개인적인 의지로 중단할 수 있다. 그러나 가맹계약서에서 정한 계약기간을 준수하여야 하는 의무는 위반하는 것이다. 따라서 가맹계약서에 중도해지 시 계약위반에 따른 손해배상예정액으로 위약금이나 위약벌을 부담하는 것으로 규정되어 있다면 이는 부담하여야 한다.

다만, 규정되어 있는 위약금이나 위약벌 금액은 손해배상 예정액이라고 명문화되어 있으나 계약해지의 경위 및 거래당사자 간 귀책사유 정도, 잔여계약 기간의 정도, 중도해지 후 가맹본부가 후속 가맹점사업자와 계약을 체결하기 위하여 통상 소요될 것으로 예상되는 기간에 상당하는 손해액 등에 비추어 부당하게 과중한 위약금을 설정하여 계약을 체결하거나 이를 부과하는 행위는 과중한 위약금 설정·부과의 불공정거래행위 유형으로 금지되고 있으니 이의 적정성 여부를 검토 후 부담할 필요가 있다.

추가로 과중한 위약금의 부당성을 판단함에 있어서 ① 계약의 목적과 내용, ② 발생할 손해액의 크기, ③ 당사자 간 귀책사유 유무 및 정도, ④ 해당 업종의 정상적인 거래관행 등도 고려하여야 한다.

Q5. 지연손해금 발생 시 가맹본부가 요구하는 금액은 모두 부담해야 하나?

A5. 가맹점 개점 시 구입한 인테리어 시공이나 집기 및 기기 등의 구입에 따른 물품대금도 마찬가지겠지만 로열티나 원·부재료 등의 지속적인 거래도 대금을 납부해야 하는 기간은 준수하여야 한다.

가맹본부는 기간이 지연됨에 따라 물품공급 등이 원활하지 않을 수 있기 때문에 지연손해금 등의 비용을 추가로 요구할 수 있고, 이는 손해배상예정액의 성격을 갖기 때문에 가맹점사업자의 귀책사유가 있는 경우 부담하여야 한다.

다만, 상품 또는 용역에 대한 대금지급의 지연 시 지연경위, 정상적인 거래관행 등에 비추어 과중한 지연손해금을 설정하여 계약을 체결하거나 이를 부과하는 행위는 불공정거래행위로 금지되고 있으니 지연손해금의 적정성 등을 검토 후 부담할 필요가 있다.

가맹본부는 가맹점사업자가 지연손해금으로 부담하여야 하는 기준에 대해 정보공개서와 가맹계약서에 필수로 기재하여야 한다.

Q6. 소비자 피해에 대해 손해배상 의무를 모두 부담해야 하나?

A6. 가맹점에서 소비자 피해가 발생한 경우 이 사건이 발생한 원인을 우선적으로 규명하여야 한다. 가맹점사업자의 귀책사유로 발생한 상황이라면 가맹점사업자가 직접 해결하여야 하고, 이로 인해 소비자에게 손해가 발생한 경우 가맹점사업자가 부담하여야 한다.

그러나 가맹본부가 가맹점사업자에게 공급한 물품의 원시적 하자 등으로 인하여 소비자 피해가 발생한 경우에는 가맹본부가 손해를 배상하여야 한다. 다만, 가맹본부의 귀책사유에 대한 입증은 가맹점사업자가 하여야 한다.

가맹본부의 귀책사유로 발생한 사건임에도 불구하고 가맹점에서 발생한 사건이기에 가맹점사업자가 전적으로 해결하여야 하고 소비자가 입은 손해도 직접 배상하여야 한다고 가맹계약서에 기재되어 있거나 실제로 이를 전가하는 행위는 가맹사업법에서 금지하고 있는 불공정거래행위에 해당한다.

Q7. 매출저조로 중도해지 시 가맹본부가 요구하는 영업위약금 모두 부담해야 하나?

A7. 가맹점사업자가 가맹사업을 시작하고 매출이 상당히 저조하여 가맹점을 운영하기 어려워 가맹계약을 중도에 해지하는 경우일지라도 가맹본부와 체결한 가맹계약서에 중도해지에 따른 위약금이나 위약벌 규정이 있다면 가맹점사업자는 이를 부담하고 가맹계약을 해지하여야 한다.

다만, 가맹점사업자가 영업을 개시한 날이 속하는 달의 다음 달부터 1년간의 평균 매출액이 가맹본부가 제공한 예상매출액의 최저액에 미달하여 계약을 중도에 해지하는 경우 가맹점사업자에게 가맹본부가 계약해지에 따른 기대이익 상실을 이유로 위약금을 부과하는 행위는 불공정거래행위로 규정하고 있다.

이 규정은 우선 가맹점사업자가 가맹계약을 체결할 때 가맹본부에게 예상매출액 산정서를 제공받아야 한다. 예상매출액 산정서를 수령하였더라도 가맹점을 1년간 운영한 실적이 있어야 하고, 1년간의 평균 매출액이 수령한 예상매출액 산정서의 최저액에 미달함을 입증하여야 하며, 가맹점사업자가 가맹계약을 위반하거나, 가맹본부가 제시한 경영방침 미준수 또는 이에 준하는 사유로 인하여 평균 매출액이 예상매출액의 최저액에 미달한 것이 아님을 입증하여야 한다.

프랜차이즈 클리닉

에 · 피 · 소 · 드

14 매출이 저조하여 중도해지 요청하면 위약금 부담해야 한다?

출처: 한국공정거래조정원 | 2024 – 09 – 25 | 이미용업 가맹본부의 부당한 손해배상의무 부과 관련 분쟁조정 사례

1. 사건의 개요

가. 분쟁의 경위

신청인은 매출부진으로 가맹계약 해지를 요청하자, 피신청인이 과중한 위약금을 부과하는 등 가맹점사업자에게 부당하게 손해배상 의무를 부담시키는 불공정거래행위를 했다고 주장하면서 계약해지에 따른 위약금감면을 요구하여 이 사건 분쟁이 발생하였다.

나. 사안의 쟁점

이 사안의 경우 피신청인이 신청인에게 청구한 계약 해지 위약금이 적정한 수준인지 문제된다.

2. 분쟁사실 및 당사자 주장

가. 분쟁사실

신청인은 2022년 경 피신청인의 영업표지로 이・미용 가맹점을 운영하는 내용의 가맹계약을 가맹금 500만 원, 계약기간 5년 조건으로 체결하고, 매장 운영을 개시하였다.

이후 신청인이 계약기간 중인 2023년 말 피신청인에게 매출부진을 이유로 계약 중도해지를 요청하자, 피신청인은 신청인에게 계약 해지 위약금으로 약 3백만 원을 요구하여 이 사건 분쟁이 발생하였다.

나. 당사자 주장

1) 신청인 주장

저조한 매출로 인하여 불가피하게 가맹계약을 해지하게 되었으므로 피신청인은 신청인에게 부과하는 위약금을 면제하여야 한다.

2) 피신청인 주장

신청인의 귀책으로 가맹계약이 해지되었으므로 피신청인의 위약금 청구행위는 정당하다.

3. 검토 및 조정

▶ 관련 법 규정 및 심사지침

가맹사업법 제12조 【불공거래행위의 금지】 ① 가맹본부는 다음 각 호의 어느 하나에 해당하는 행위로서 가맹사업의 공정한 거래를 저해할 우려가 있는 행위를 하거나 다른 사업자로 하여금 이를 행하도록 하여서는 아니된다.

5. 계약의 목적과 내용, 발생할 손해 등 대통령령으로 정하는 기준에 비하여 과중한 위약금을 부과하는 등 가맹점사업자에게 부당하게 손해배상 의무를 부담시키는 행위

가맹사업법 시행령 별표2 【불공정거래행위의 유형 또는 기준】 4. 부당한 손해배상의무 부과행위

법 제12조제1항제5호에 해당하는 행위의 유형 및 기준은 다음 각 목의 어느 하나와 같다.

다. 부당한 영업위약금 부과행위

가맹점사업자가 영업을 개시한 날이 속하는 달의 다음 달부터 1년간의 평균 매출액이 가맹본부가 법 제9조제3항 및 제5항에 따라 제공한 예상매출액의 최저액에 미달하여 가맹점사업자가 계약을 중도에 해지하는 경우에 가맹본부가 계약 해지에 따른 기대이익 상실을 이유로 위약금을 부과하는 행위. 다만, 가맹점사업자의 가맹계약 위반, 가맹본부가 제시한 경영방침 미준수 또는 이에 준하는 사유로 인하여 평균 매출액이 예상매출액의 최저액에 미달한 경우는 제외한다.

▶ 분쟁조정협의회의 판단

가. 부당한 손해배상의무 부과 여부

피신청인이 신청인에게 제공한 월 평균 예상 매출액 및 순수익에 비하여 이 사건 가맹점의 실제 월 평균 매출액과 순수익은 절반 정도에 그치고 있는바, 가맹사업법 제12조 제1항 제5호 및 같은 법 시행령 제13조 제1항 관련 [별표2]에서 영업개시 다음 달부터 1년간의 매출액이 가맹본부가 가맹점사업자에게 제공한 예상매출액 산정서상 최저매출액에 미달하여 가맹점사업자가 계약을 중도해지 하는 경우 가맹본부가 계약 해지에 따른 기대이익 상실을 이유로 위약금을 부과하는 행위를 불공정거래행위로 규정하고 있는 취지 등을 살펴보았을 때, 피신청인은 신청인에게 부당하게 과중한 위약금을 부과하였다고 볼 여지가 있다.

나. 조정안 검토

신청인의 실제 매출액과 순수익이 피신청인의 예상치에 미치지 못한 점, 그 외 신청인이 현저하게 계약을 위반하였다고 볼 만한 사유가 없는 점 등을 고려할 때 피신청인으로 하여금 신청인에게 부과한 계약 해지 위약금을 면제하도록 하는 것이 적절해 보인다.

다. 조정주문

피신청인은 신청인에게 계약 해지 위약금을 청구하지 않는다.

4. 조정 결과

양당사자가 협의회 조정안을 수락하여 주문과 같은 내용의 조정이 성립되었다.

프랜차이즈 클리닉

가맹희망자가 점포예정지를 정하고 가맹점을 개점할 때 매출액을 추정하면서 투자대비수익률을 검토해 보았을 것이다. 개점 후 1년 동안 영업한 실적을 보니 개점 시 예측한 매출 추정액과 상당한 차이가 있다면 중도해지 고민을 할 수도 있다. 이 때 가장 걱정되는 내용이 중도해지 위약금이다.

예상매출액 산정서는 가맹본부가 가맹희망자에게 가맹계약을 체결할 때 점포예정지에서 1년 동안 올릴 매출액을 추정하여 안내하는 문서다. 예상매출액은 최고액과 최저액 범위로 기재되어 있으며, 이의 차이는 1.7배를 초과하지 않는 범위 내에서 기재되어 있다.

가맹점사업자가 매출이 저조하여 가맹점을 중도에 해지하고자 하는 경우 가맹본부가 제시한 예상매출액 산정서를 확인해볼 필요가 있다. 가맹본부가 추정한 예측치 최저액에 미달하는 경우 가맹본부도 가맹점사업자의 중도해지 사유가 정당하다고 인정할 수밖에 없기 때문에 중도해지 위약금 없이 합법적으로 해지할 수 있다.

memo

가맹본부와 가맹점사업자는 서로 자본을 달리하는 독립된 사업자이고, 각자가 추구하는 구체적인 목표 등에서 차이가 존재한다. 그로 인해 가맹본부와 가맹점사업자는 각자의 의무와 역할이 다르고, 운영하는 입장에 따른 이해관계의 차이로 "갈등"이 원초적으로 내포되어 있다. 가맹사업과 관련된 내적 갈등이 외적 갈등으로 표출될 때 "분쟁"이 발생한다.

분쟁이 발생하면 내용에 따라 소송을 진행하는 것이 유리하기도 하지만 분쟁조정을 신청하여 원만하게 해결할 수도 있다. 분쟁조정 신청은 공정거래위원회 산하기관 한국공정거래조정원 등에 할 수 있다. 분쟁조정을 신청하면 분쟁조정협의회가 구성되어 분쟁당사자의 의견을 수렴한 후 조정을 진행한다.

분쟁조정 신청은 가맹본부나 가맹점사업자 모두 가능하다. 가맹점사업자가 직접 신청하기 어려운 경우에는 가맹거래사의 도움을 받을 수도 있다. 가맹거래사는 공정거래위원회 소속의 국가자격사로 가맹사업 당사자 간에 발생하는 다양하고 복잡한 사안들을 효과적으로 해결하기 위해 가맹사업 양 당사자들에게 도움을 주고 있는 프랜차이즈 분야의 전문가다.

또한 공정거래위원회에서는 공정한 거래질서를 확립하고 분쟁을 사전에 예방하기 위해 불공정거래신고제도, 신고포상제도 등을 운영하고 있으며, 분쟁을 사전에 예방하기 위하여 가맹본부와 가맹점사업자간 자발적인 공정거래 협약을 체결하도록 하고, 이를 잘 이행할 것을 독려하기 위해 포상 등 지원시책을 운영하여 가맹본부의 불공정거래행위를 예방하고 있다.

갈등은 수시로 관리되어야 하고, 분쟁은 사전에 예방되어야 한다. 가맹계약 체결 전 가맹희망자는 가맹사업거래 분쟁예방 체크리스트 등를 통해 상담, 계약, 운영, 종료 단계별 가맹사업법에서 정하는 가맹본부의 법 준수 의무를 확인하고, 상권입지 분석, 재무비율 분석, 매출추정 방법 등을 학습하여 가맹점사업자의 역량을 강화함으로써 분쟁을 사전에 예방하는 것이 중요하다.

따라서 본 장에서는 가맹점사업자가 수집한 정보를 충분히 검토하고, 계약기간 동안 계약이행 조건을 잘 준수하면서 공정한 거래를 계약기간 동안 정상적으로 유지할 수 있는 "분쟁예방" 방법에 대해 가이드라인을 제시하고자 한다.

Main-Keyword Ⅳ

분쟁(Conflict):
가맹사업 진행 중 "분쟁예방" 검토 시 유의 사항

Keyword 01

분쟁조정

Q1. 분쟁조정이란?

A1. 프랜차이즈 분쟁은 가맹본부와 가맹점사업자 간 지속되어온 갈등이 어느 사건 하나를 계기로 외부로 표출되어 발생한다. 프랜차이즈 분쟁의 원인은 다양하며, 계약체결 시, 계약기간 중, 계약종료 이후에도 발생하고 있다.

가맹본부와 가맹점 간의 의견충돌이나 갈등을 원만히 해결하고 대화와 협상을 통해 이견을 조율하기 위해서는 가맹본부 내에 갈등해결 절차가 수립되어 있어야 한다.

이러한 절차를 통해서도 갈등이 해결되지 않아 분쟁이 발생한 경우 외부 기관인 가맹사업거래 분쟁조정협의회를 통해 해결할 수 있다.

분쟁조정은 제3자를 통한 해결 방안 중 하나로, 조정은 분쟁을 자율적으로 해결하기 위해 중립적인 지위를 갖는 조정자가 독자적인 조정안을 마련하여 분쟁 당사자들의 수락을 권고하는 방식으로 분쟁을 해결하는 제도이다. 조정안의 수락 여부가 당사자들에게 있기 때문에 이행강제성이 있는 재판이나 중재와는 구분된다.

Q2. 분쟁조정협의회의 주요 업무는?

A2. 가맹사업거래 분쟁조정협의회는 가맹사업과 관련된 분쟁으로 발생되는 비용과 시간상의 부담을 덜어주고 당사자 간의 원만한 해결을 유도하기 위하여 무료로 진행하는 분쟁해결 프로그램으로 한국공정거래조정원 또는 특별시·광역시·특별자치시·도·특별자치도(이하 "시·도"라 한다)에 설치되어 있다.

분쟁조정협의회는 소규모 사업자가 많은 가맹사업의 특성상 정식 재판보다 신속하고 저렴한 비용으로 분쟁을 해결할 수 있다는 장점이 있다. 분쟁당사자는 분쟁조정협의회에 서면으로 조정을 신청할 수 있고, 공정거래위원회는 가맹사업거래의 분쟁에 관한 사건에 대하여 분쟁조정협의회에 조정을 의뢰할 수 있다.

분쟁조정협의회가 구성되어 있는 한국공정거래조정원 또는 시·도는 신청인에게 분쟁조정 신청이 접수되면 사실관계를 조사하고 분쟁조정협의회를 구성하여 조정안을 제시하여 분쟁당사자에게 통지한다. 분쟁당사자가 모두 수락하면 조정은 성립되고, 분쟁당사자 중 어느 한쪽이 수락하지 않으면 조정은 불성립된다.

조정이 불성립되면 사건은 공정거래위원회로 넘어가고 공정거래위원회는 분쟁이 발생한 사건에 대한 법 위반 사실을 확인하게 된다. 이 경우 가맹본부가 가맹사업법을 위반한 사실이 확인되면 시정조치나 시정권고 및 과징금 등의 제재를 받고, 위반한 사실이 없으면 사건은 종결된다.

공정거래위원회의 조사 결과 가맹본부가 법 위반을 하여 제재를 받는 경우 이러한 제재는 민사상 효력을 발생시키지 않는다. 따라서 가맹금 반환이나 기타 손해배상의 청구는 별도의 민사소송을 제기하여야 한다.

Q3. 분쟁조정협의회의 구성 기준은?

A3. 분쟁조정협의회는 위원장 1인을 포함한 9인의 위원으로 구성되어 있다. 위원은 공익을 대표하는 3인과 가맹본부의 이익을 대표하는 3인, 가맹점사업자의 이익을 대표하는 3인 동수로 구성된다.

분쟁조정 위원은 공정한 의결이 이루어질 수 있도록 특정한 사건의 당사자 또는 사건의 내용과 특수한 관계를 가진 위원 또는 그 배우자나 배우자였던 자가 당해 조정사항의 분쟁당사자가 되거나 공동권리자 또는 의무자의 관계에 있는 경우에는 조정에서 제척한다.

또한, 위원이 당해 조정사항의 분쟁당사자와 친족관계에 있거나 있었던 경우, 위원 또는 위원이 속한 법인이 분쟁당사자의 법률·경영 등에 대하여 자문이나 고문의 역할을 하고 있는 경우, 당해 조정사항에 대하여 분쟁당사자의 대리인으로 관여하거나 관여하였던 경우 및 증언 또는 감정을 한 경우에도 제척된다.

분쟁당사자는 협의회의 조정에 공정을 기하기 어려운 사정이 있는 위원에 대해 당해 위원에 대한 기피신청을 할 수 있고, 제척이나 기피사유에 해당하는 위원이 스스로 당해 조정을 회피할 수도 있다.

Q4. 분쟁조정 신청 방법은?

A4. 분쟁조정 신청은 한국공정거래위원회 또는 신청자가 속한 시·도 중 1곳을 선택하여 접수하여야 하고, 여러 기관에 중복으로 접수하면 안 된다.

신청서 및 관련 서류는 한국공정거래조정원 홈페이지(https://kofair.or.kr/) '분쟁조정안내→분쟁조정관련서식' 메뉴에서 다운로드 받아 서면으로 작성하여 직접 방문하거나 등기우편 등으로 제출할 수 있다.

또한, 한국공정거래조정원 홈페이지(https://kofair.or.kr/) '분쟁조정신청→분쟁조정신청하기' 메뉴에서 분쟁유형을 선택하여 온라인으로 신청할 수도 있다.

분쟁조정 신청서를 서면으로 제출하는 경우 ① 신청인과 피신청인의 성명 및 주소, ② 대리인이 있는 경우에는 그 성명 및 주소, ③ 신청의 이유 기재, ④ 분쟁조정신청의 원인 및 사실을 증명하는 서류, ⑤ 대리인이 신청하는 경우 그 위임장, ⑥ 그 밖에 분쟁조정에 필요한 증거서류 또는 자료를 함께 제출하면 된다.

Q5. 분쟁조정 기간은?

A5. 분쟁조정 신청 후 조정이 종료될 때까지 걸리는 기간은 접수일로부터 60일 이내이며, 진행 절차는 '신청서 접수→당사자 통지→피신청인 답변서 제출→당사자 출석조사→협의회 상정' 순서로 진행된다. 분쟁당사자 쌍방이 기간연장에 동의한 경우에는 90일로 기간이 연장될 수 있다.

참고사항 : 분쟁조정 단계별 절차

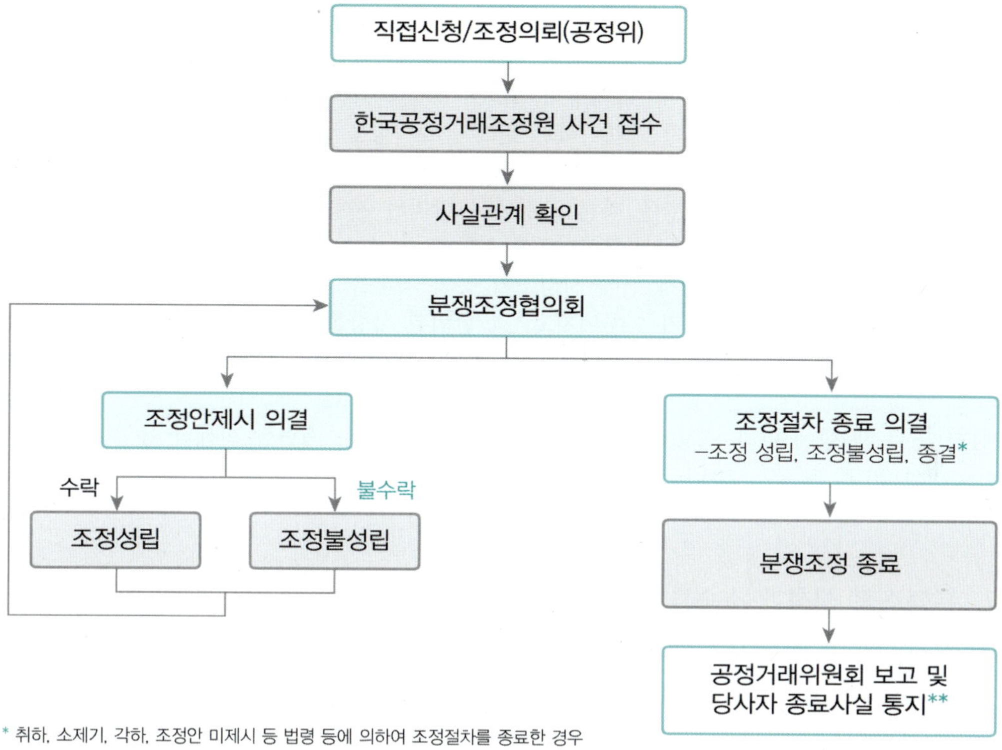

* 취하, 소제기, 각하, 조정안 미제시 등 법령 등에 의하여 조정절차를 종료한 경우

**조정이 성립되지 않은 경우, 피신청인의 관련 법률 위반 여부를 확인하고 싶은 신청인은 조정원의 통지 공문 내용에 따라 공정거래위원회에 신고서 제출

출처: 한국공정거래조정원 홈페이지

Q6. 분쟁조정 성립 효력은?

A6. 분쟁당사자 모두 분쟁조정협의회 의견을 수락한 경우 조정이 성립되고, 분쟁조정협의회는 조정이 성립된 경우 조정사항에 대하여 조정에 참가한 위원과 분쟁당사자가 기명날인하거나 서명한 조정조서를 작성하고 조정절차를 종료한다. 조정조서를 작성한 경우 조정조서는 재판상 **"화해"**와 동일한 효력을 갖는다.

조정조서를 작성한 분쟁당사자는 조정에서 합의된 사항을 이행하여야 하고 이행 결과를 공정거래위원회에 제출하여야 한다. 이 경우 공정거래위원회는 조정절차 개시 전에 시정조치 등의 처분을 하지 않은 분쟁조정 사항에 대하여는 합의가 이루어지고, 그 합의된 사항을 이행한 경우에는 가맹본부에 시정조치나 시정권고를 하지 않는다.

법률 제24조(조정조서의 작성과 그 효력)
① 협의회는 조정사항에 대하여 조정이 성립된 경우 조정에 참가한 위원과 분쟁당사자가 기명날인하거나 서명한 조정조서를 작성한다. <개정 2016. 3. 29., 2018. 4. 17.> ② 협의회는 분쟁당사자가 조정절차를 개시하기 전에 조정사항을 스스로 조정하고 조정조서의 작성을 요구하는 경우에는 그 조정조서를 작성하여야 한다. <개정 2016. 3. 29.> ③ 분쟁당사자는 제1항 또는 제2항에 따른 조정에서 합의된 사항을 이행하여야 하고, 이행결과를 공정거래위원회에 제출하여야 한다. <신설 2018. 12. 31.> ④ 공정거래위원회는 조정절차 개시 전에 시정조치 등의 처분을 하지 아니한 분쟁조정사항에 대하여 제1항 또는 제2항에 따라 합의가 이루어지고, 그 합의된 사항을 이행한 경우에는 제33조제1항에 따른 시정조치 및 제34조제1항에 따른 시정권고를 하지 아니한다. <신설 2018. 12. 31., 2023. 6. 20.> ⑤ 제1항 또는 제2항에 따라 조정조서를 작성한 경우 조정조서는 재판상 화해와 동일한 효력을 갖는다. <신설 2016. 3. 29., 2018. 12. 31.>

Q7. 분쟁조정 신청과 소송을 동시에 진행해도 되나?

A7. 신청인이 분쟁조정을 신청하고 분쟁당사자 어느 한쪽이 소를 제기하는 경우 분쟁조정 절차가 자동으로 종료되지 않는다. 또한, 분쟁조정과 소송이 동시에 진행되지도 않는다.

분쟁조정이 신청된 사건에 대하여 신청 전 또는 신청 후 소가 제기되어 소송이 진행 중일 때에는 수소법원은 조정이 있을 때까지 소송절차를 중지할 수 있다.

이에 분쟁당사자는 분쟁조정 신청 후 해당 사건에 대하여 소룰 제기하거나 중재합의를 한 때에는 지체없이 이를 분쟁조정협의회에 통지하여야 한다.

또한, 분쟁조정협의회는 소송절차가 중지되지 않은 경우에는 해당 사건의 조정절차를 중지한다. 추가로, 분쟁조정협의회는 조정이 신청된 사건과 동일한 원인으로 다수인이 관련되는 동종·유사 사건에 대한 소송이 진행 중인 경우에는 분쟁조정협의회의 결정으로 조정절차를 중지할 수 있다.

법률 제23조의2(소송과의 관계)	시행령 제27조(소제기 등의 통지)
① 제22조제1항에 따른 분쟁조정이 신청된 사건에 대하여 신청 전 또는 신청 후 소가 제기되어 소송이 진행 중일 때에는 수소법원(受訴法院)은 조정이 있을 때까지 소송절차를 중지할 수 있다. ② 협의회는 제1항에 따라 소송절차가 중지되지 아니하는 경우에는 해당 사건의 조정절차를 중지하여야 한다. ③ 협의회는 조정이 신청된 사건과 동일한 원인으로 다수인이 관련되는 동종·유사 사건에 대한 소송이 진행 중인 경우에는 협의회의 결정으로 조정절차를 중지할 수 있다. [본조신설 2023. 6. 20.]	① 분쟁당사자는 분쟁조정 신청 후 해당 사건에 대하여 소를 제기하거나 「중재법」 제8조에 따른 중재합의를 한 때에는 지체없이 이를 협의회에 통지해야 한다. ② 협의회는 제1항에 따른 사실을 통지받거나 법 제22조제1항에 따라 제출받은 서면을 통해 분쟁조정이 신청된 사건에 대해 소가 제기된 사실을 확인한 경우에는 분쟁당사자의 동의를 받아 다음 각 호의 사항을 수소법원(受訴法院)에 알려야 한다. 1. 분쟁당사자의 성명과 주소(분쟁당사자가 법인인 경우에는 법인의 명칭, 주된 사무소의 소재지, 그 대표자의 성명과 주소를 말한다. 이하 이 조에서 같다) 2. 분쟁조정 신청일 3. 분쟁조정 신청의 취지 및 이유 4. 소송사건의 번호 ③ 분쟁당사자는 법 제23조의2제1항에 따라 수소법원이 소송절차를 중지한 경우에는 지체 없이 그 사실을 협의회에 알려야 한다. ④ 협의회는 법 제23조의2제1항에 따라 수소법원이 소송절차를 중지한 분쟁조정 사건에 대해 법 제23조제3항에 따라 조정신청을 각하하거나 같은 조 제4항에 따라 조정절차를 끝낸 경우에는 분쟁당사자의 동의를 받아 다음 각 호의 사항을 수소법원에 알려야 한다. 1. 분쟁당사자의 성명과 주소 2. 조정신청의 각하 사유 또는 조정절차의 종료 사유 3. 조정의 결과(조정이 성립된 경우로 한정한다) 4. 소송사건의 번호 ⑤ 협의회는 법 제23조의2제2항 및 제3항에 따라 조정절차를 중지한 경우에는 지체 없이 그 사실을 분쟁당사자에게 알려야 한다. [전문개정 2024. 6. 4.]

Keyword 02

가맹거래사

Q1. 가맹거래사란?

A1. 공정거래위원회는 가맹사업 진행 시 발생하는 다양하고 복잡한 사안들을 전문인력을 통해 효과적으로 해결할 수 있도록 "가맹거래사" 제도를 운영하고 있다. 가맹거래사는 가맹사업 경영과 법률에 관한 전문적인 지식을 바탕으로 프랜차이즈 사업의 건전한 발전과 가맹사업 양 당사자 간의 원활한 관계를 유도하는 역할을 하고 있다.

Q2. 가맹거래사 주요 업무는?

A2. 가맹거래사의 업무는 가맹사업법 법률 제28조에 규정되어 있고, 세부 내용은 다음과 같다.

1. 가맹사업의 사업성에 관한 검토
2. 정보공개서와 가맹계약서의 작성 · 수정이나 이에 관한 자문
3. 가맹점사업자의 부담, 가맹사업 영업활동의 조건 등에 관한 자문
4. 가맹사업당사자에 대한 교육 · 훈련이나 이에 대한 자문
5. 가맹사업거래 분쟁조정 신청의 대행 및 의견의 진술
6. 정보공개서 등록의 대행 등

프랜차이즈 창업을 준비하면서 필수로 검토하여야 하는 정보공개서와 가맹계약서 내용은 법적 관점에서 검토하여야 하고, 경영 관점에서도 검토하여야 한다. 전문 용어가 많아 내용이 어렵고, 분량도 많으면서 사업의 타당성까지 검토하기 위해서는 연계되는 지식도 상당한 수준을 갖추어야 한다.

가맹희망자가 이러한 어려움을 도와줄 수 있는 가맹거래사를 선택하여 전문적인 자문을 받는다면 바람직한 가맹본부 선택과 불확실한 가맹점 창업의 위험부담을 줄이는데 많은 도움이 될 것이다. 추가로, 가맹본부가 제공한 정보공개서 및 가맹계약서 검토하는 숙고기간을 14일에서 7일로 단축시킬 수도 있다.

Q3. 가맹거래사 자격조건은?

A3. 가맹거래사 자격시험의 응시자격은 제한이 없다. 다만, 가맹거래사 등록신청일 기준으로 다음의 결격사유 중 어느 하나에 해당하는 자는 가맹거래사가 될 수 없다.

1. 미성년자・금치산자 또는 한정치산자
2. 파산선고를 받고 복권되지 아니한 자
3. 금고 이상의 실형의 선고를 받고 그 집행이 종료(종료된 것으로 보는 경우를 포함한다)되거나 집행을 받지 아니하기로 확정된 후 2년이 경과되지 아니한 자
4. 금고 이상의 형의 집행유예를 받고 그 집행유예기간 중에 있는 자
5. 가맹사업법 제31조의 규정에 의하여 가맹거래사의 등록이 취소된 날부터 2년이 경과되지 아니한 자

추가로, 시험에 응시한 사람이 그 시험에 관하여 부정한 행위를 한 경우에는 해당 시험을 무효로 하고 그 시험의 응시일부터 5년간 시험의 응시자격을 정지한다.

Q4. 가맹거래사 자격시험은?

A4. 가맹거래사 자격시험은 매년 1회 실시되며, 1차 시험과 2차 시험이 별도로 진행된다. 제1차 시험 응시자격은 제한이 없으며, 제2차 시험 응시자격은 제1차 시험에 합격한 자 또는 제1차 시험을 면제받은 자로, 제1차 시험에 합격하고 당회 제2차 시험에 합격하지 아니하거나 응시하지 아니한 자에 대하여는 다음 회의 시험에 한하여 제1차 시험을 면제한다.

가맹거래사 자격응시 시험과목 및 시험방법은 다음과 같고, 합격기준은 제1차 시험 및 제2차 시험 모두 매 과목 100점을 만점으로 하여 매 과목 40점 이상, 전 과목 평균 60점 이상을 득점하여야 한다.

참고사항 : 가맹거래사 시험과목 및 시험방법

구분	시험과목	시험방법
제1차 시험 (3과목)	1. 경제법 [독점규제 및 공정거래에 관한 법령(제3장기업 결합의 제한 및 경제력 집중의 억제를 제외한다)및 약관의 규제에 관한 법령] 2. 민법(제1편 총칙, 제2편 물권 및 제3편제2장 계약만 해당한다) 3. 경영학	객관식 5지택일형 (과목당 40문항)
제2차 시험 (2과목)	1. 가맹사업거래의 공정화에 관한 법령 및 실무 2. 가맹계약에 관한 이론 및 실무	주관식 (논술형 1문항 서술형 2문항)

출처: Q–net 가맹거래사 홈페이지

참고사항 : 가맹거래사 시험시간 및 시험 합격기준

가맹거래사 시험시간

구분	교시	입실시간	수험자교육	시험시간	비고
제1차시험	–	09:00	09:00~09:30	120분 (09:30~11:30)	객관식 3과목 (과목당 40문항)
제2차시험	1	09:00	09:00~09:30	100분 (09:30~11:10)	논술형 1문항 서술형 2문항
	2	11:30	11:30~11:40	100분 (11:40~13:20)	논술형 1문항 서술형 2문항

출처: Q–net 가맹거래사 홈페이지

가맹거래사 시험 합격기준

구분	합격결정기준
제1차, 제2차 시험 공통	매 과목 100점을 만점으로 하여 매 과목 40점 이상, 전 과목 평균 60점 이상 득점한자

출처: Q–net 가맹거래사 홈페이지

Q5. 가맹거래사 등록 절차는?

A5. 가맹거래사 제1차 시험에 합격하고, 제2차 시험에 합격하여 최종 합격한 자는 100시간 이상의 실무수습을 마쳐야 가맹거래사 자격증을 교부받을 수 있다. 가맹거래사 자격이 있는 자가 가맹거래사의 업무를 개시하고자 하는 경우에는 공정거래위원회에 등록하여야 하고, 5년마다 등록을 갱신하여야 한다.

Q6. 가맹거래사 책임과 금지의무는?

A6. 가맹거래사는 성실히 직무를 수행하며 품위를 유지하여야 한다. 가맹거래사는 직무를 수행함에 있어서 고의로 진실을 감추거나 허위의 보고를 하여서는 안 된다.

Q7. 가맹거래사 등록취소 및 자격정지 절차는?

A7. 공정거래위원회는 등록을 한 가맹거래사가 다음 각 호의 어느 하나에 해당하는 경우에는 그 등록을 취소할 수 있다. 다만, 다음 제1호 및 제2호에 해당하는 경우에는 그 등록을 취소하여야 한다.

1. 허위 그 밖의 부정한 방법으로 등록 또는 갱신등록을 한 경우
2. 가맹사업법 제27조제2항의 규정에 의한 결격사유에 해당하게 된 경우
3. 업무수행과 관련하여 알게 된 비밀을 다른 사람에게 누설한 경우
4. 가맹거래사 등록증을 다른 사람에게 대여한 경우
5. 업무수행과 관련하여 고의 또는 중대한 과실로 다른 사람에게 중대한 손해를 입힌 경우

갱신등록을 하지 않은 가맹거래사는 그 자격이 정지된다. 이 경우 공정거래위원회가 고시로서 정하는 바에 따라 보수교육을 받고 갱신등록을 한 때에는 그 때부터 자격이 회복된다.

가맹거래사 등록이 취소된 사람은 지체 없이 등록증을 공정거래위원회에 반납하여야 한다. 다만, 공정거래위원회가 가맹거래사의 등록을 취소하려는 경우에는 「행정절차법」에 따른 청문을 실시하여야 한다.

Keyword 03

가맹점사업자단체

Q1. 가맹점사업자단체란?

A1. 가맹점사업자는 권익보호 및 경제적 지위 향상을 도모하기 위하여 “가맹점사업자단체” 또는 “가맹점주협의회”를 자율적으로 구성하여 그 가맹본부에 대하여 가맹계약의 변경 등 거래조건에 대한 협의를 요청할 수 있다.

가맹사업법에서는 가맹점사업자가 가맹점사업자단체의 구성 · 가입 · 활동 등을 이유로 가맹점사업자에게 불이익을 주는 행위 또는 가맹점사업자단체에 가입 또는 가입하지 아니할 것을 조건으로 가맹계약을 체결하면 안 된다고 규정되어 있다.

Q2. 가맹본부에는 가맹점사업자단체가 반드시 구성되어야 하나?

A2. 가맹점사업자단체는 가맹점사업자가 가맹본부에 가맹계약 상 거래조건에 대한 협의를 함에 있어서 개별적으로 협의하는 것보다 동일한 의견을 가진 다수가 함께 협의하는 것이 유리하기 때문에 자신들의 의견을 보다 효율적으로 관철시키기 위해 자율적으로 구성된다.

모든 가맹본부에 가맹점사업자단체가 의무적으로 구성되는 것은 아니다. 또한, 가맹점사업자단체가 구성되어 있다 하더라도 반드시 가입해야 하는 의무는 없다.

추가로, 가맹점사업자단체는 특정 가맹본부와 가맹계약을 체결 · 유지하고 있는 가맹점사업자로만 구성되어야 한다. 따라서 가맹계약 종료와 동시에 가맹점사업자단체에서도 자동 탈퇴된다.

Q3. 가맹점사업자단체는 브랜드별로 1개의 단체만 구성할 수 있나?

A3. 가맹점사업자단체는 하나의 브랜드에 한 개의 단체만 구성할 수 있는 것이 아니라, 여러 개 즉, 복수의 단체가 구성될 수 있다. 복수의 단체는 개별적으로 활동할 수 있다.

Q4. 가맹본부에 브랜드가 여러 개인 경우 브랜드가 결합된 가맹점사업자단체를 구성해도 되나?

A4. 가맹본부가 여러 개 복수의 영업표지를 운영하는 경우 가맹점사업자단체는 동일한 영업표지를 사용하는 가맹점사업자들로만 구성되어야 한다.

즉, 여러 개 복수의 브랜드가 결합된 가맹점사업단체는 구성할 수 없고, 구성된다 하더라도 가맹본부가 협의를 하기 위한 가맹점사업자단체로 인정하지 않는다. 이는 브랜드마다 가맹계약의 내용이나 거래조건이 다르기 때문이다.

Q5. 여러 개의 가맹점사업자단체가 동시에 협의를 요청하는 경우 우선 협상 대상은?

A5. 가맹본부가 가맹점사업자단체의 협의를 요청받은 경우 가맹본부는 성실하게 협의에 응하여야 한다. 이때, 복수의 가맹점사업자단체가 동시에 협의를 요청하는 경우 가맹본부는 다수의 가맹점사업자로 구성된 가맹점사업자단체와 우선적으로 협의하여야 한다.

Q6. 가맹점사업자단체가 요청하는 모든 거래조건은 반드시 협의해야 하나?

A6. 가맹점사업자단체는 가맹본부에 대하여 가맹계약의 변경 등 거래조건에 대한 협의를 요청할 수 있다.

다만, 가맹점사업자단체는 가맹사업의 통일성이나 본질적 사항에 반하는 거래조건을 요구하는 행위, 가맹본부의 경영 등에 부당하게 간섭하는 행위 또는 부당하게 경쟁을 제한하는 행위 등은 하면 안 된다.

Q7. 가맹본부는 가맹점사업자단체 가입을 제한할 수 있나?

A7. 가맹본부가 가맹점사업자단체의 구성 · 가입 · 활동 등을 이유로 가맹점사업자에게 불이익을 주는 행위를 하는 경우 공정거래위원회는 시정조치 및 과징금을 부과할 수 있다.

가맹본부가 가맹점사업자단체에 가입 또는 가입하지 아니할 것을 조건으로 가맹계약을 체결하는 경우에도 공정거래위원회는 시정조치 및 과징금을 부과할 수 있다.

법률 제14조의2(가맹점사업자단체의 거래조건 변경 협의 등)
① 가맹점사업자는 권익보호 및 경제적 지위 향상을 도모하기 위하여 단체(이하 “가맹점사업자단체”라 한다)를 구성할 수 있다. ② 특정 가맹본부와 가맹계약을 체결·유지하고 있는 가맹점사업자(복수의 영업표지를 보유한 가맹본부와 계약 중인 가맹점사업자의 경우에는 동일한 영업표지를 사용하는 가맹점사업자로 한정한다)로만 구성된 가맹점사업자단체는 그 가맹본부에 대하여 가맹계약의 변경 등 거래조건(이하 이 조에서 “거래조건”이라 한다)에 대한 협의를 요청할 수 있다. ③ 제2항에 따른 협의를 요청받은 경우 가맹본부는 성실하게 협의에 응하여야 한다. 다만, 복수의 가맹점사업자단체가 협의를 요청할 경우 가맹본부는 다수의 가맹점사업자로 구성된 가맹점사업자단체와 우선적으로 협의한다. ④ 제2항에 따른 협의와 관련하여 가맹점사업자단체는 가맹사업의 통일성이나 본질적 사항에 반하는 거래조건을 요구하는 행위, 가맹본부의 경영 등에 부당하게 간섭하는 행위 또는 부당하게 경쟁을 제한하는 행위를 하여서는 아니 된다. ⑤ 가맹본부는 가맹점사업자단체의 구성·가입·활동 등을 이유로 가맹점사업자에게 불이익을 주는 행위를 하거나 가맹점사업자단체에 가입 또는 가입하지 아니할 것을 조건으로 가맹계약을 체결하여서는 아니 된다. [본조신설 2013. 8. 13.]

Keyword 04

신고포상제도

Q1. 가맹사업위반행위 신고제도란?

A1. 공정거래위원회는 가맹사업법에 위반되는 사실을 신고받은 경우 피신고인에게 접수 사실을 통지하고 법에 위반되는 혐의가 있는지 조사할 수 있고, 조사 결과 법 위반 사실이 있는 경우 시정명령 등을 할 수 있다. 다만, 신고를 받은 경우라도 신고 내용에 따라 조사를 실시하지 않을 수도 있다.

공정거래위원회는 가맹분야에서 거래단절 등 보다 큰 불이익을 당할 것을 염려하여 거래상대방의 불공정행위를 제대로 신고하지 못하는 가맹점사업자의 애로를 해소하기 위해 불공정거래행위 익명제보센터도 운영하고 있다.

Q2. 가맹사업위반행위 신고는 가맹점사업자만 할 수 있나?

A2. 가맹사업위반행위 신고는 가맹사업법에 위반되는 사실을 확인하는 경우 누구나 공정거래위원회에 신고할 수 있다. 즉, 가맹사업 당사자인지 당사자가 아닌지 등은 상관없다.

Q3. 가맹사업위반행위 신고 방법은?

A3. 가맹사업위반행위 신고는 서면으로 하여야 한다. 다만, 긴급하거나 부득이한 경우에는 구두로도 신고할 수 있다.

서면 신고는 공정거래위원회 홈페이지(http://www.ftc.go.kr)의 '민원 · 참여 → 신고서식' 메뉴에서 다운로드 받아 내용 작성 후 직접 방문하거나 등기우편 등을 통해 접수할 수 있다.

참고사항 : 가맹사업법 위반행위 신고서

■ 공정거래위원회의 회의운영 및 사건절차 등에 관한 규칙 [별지 제12호 서식]

가맹사업거래의 공정화에 관한 법률 위반행위 신고서 [ ] (또는) 분쟁조정 신청서 [ ]

※ 가맹사업법상 시정조치 대상 법 위반행위를 신고하고 이를 입증할 수 있는 증거를 최초로 제공할 경우, 포상금 예산의 범위 내에서 관련 규정에 따라 포상금이 지급될 수 있습니다.(공정거래법 등 위반행위 신고자에 대한 포상금 지급에 관한 규정 참조)
※ (*)표시항목은 필수사항이니 반드시 기재하여 주시고, 나머지 사항은 효율적인 심사를 위하여 가능한 한 기재해 주시기 바랍니다. 다만, 신고인 정보 기재를 원치 않는 경우, 공정거래위원회 익명제보센터(www.ftc.go.kr)를 이용할 수 있습니다.

신고(청)인	성명(*)			생년월일(*)	
	주소(*)				
	연락처	전화번호(*)		휴대폰	
		팩스번호		이메일	
	피신고(청)인과의 관계				
	신고(청)인이 가맹사업자인 경우	가맹사업자명(*)		사업자등록번호(*)	
		사업장 주소(*)			
		가맹사업내용(*)		가맹금(*)	
		가맹계약일자(*)		가맹계약기간(*)	
피신고(청)인	사업자명(*)			대표자 성명	
	주소 또는 전화번호(*)				
				관련부서 및 담당자	
	사업내용 또는 영위업종				
	피신고(청)인의 연간 매출액				
	피신고(청)인의 시장점유율				
신고(청)내용(*)					
분쟁조정 여부(*)	[ ] 진행하였음([ ] 성립, [ ] 불성립 · 종결) [ ] 진행한 적 없음([ ] 조정희망, [ ] 조정불희망)				
증거자료	[ ] 있음 [ ] 없음				
신고인 신분공개 동의여부	[ ] 공개 [ ] 비공개 [ ] 사건 조치 후 공개				

「가맹사업거래의 공정화에 관한 법률」 제32조의3제1항 및 「공정거래위원회 회의 운영 및 사건절차 등에 관한 규칙」 제10조제2항에 의하여 위와 같이 신고합니다.

년 월 일

신 고 인 : (서명 또는 인)

공정거래위원회위원장 귀하

백상지(80g/㎡) 또는 중질지(80g/㎡)

<첨부 1 : 신고서 작성 안내 및 위반행위 사전점검표>

신 고 서 작 성 안 내

◆ 신고서 용도

※ 이 신고서는 「가맹사업거래의 공정화에 관한 법률」에 위반되는 행위에 대하여 공정거래위원회에 신고하고자 하는 경우에 사용할 수 있습니다.

· 가맹본부와 가맹점사업자 간 가맹사업 거래 등과 관련하여 아래 「위반행위 사전점검표」에 열거된 위반행위가 있을 경우 신고할 수 있습니다.

◆ 「가맹사업거래의 공정화에 관한 법률」이 적용되지 않는 경우

※ 귀하의 신고가 다음에 해당하면 처리되지 않을 수 있으니, 확인한 후 신고하여 주시기 바랍니다.

· 가맹사업거래가 ①~⑤ 요건을 충족하지 아니한 경우
· 가맹사업거래가 끝난 날부터 3년이 경과한 경우
· 소규모 가맹본부에 해당하는 경우(법 제6조의5, 제7조, 제9조, 제10조 및 제15조의2 위반행위의 경우 적용 가능)

<가맹사업거래 요건>

① 가맹본부가 가맹점사업자에게 영업표지 사용을 허락
② 가맹점사업자는 일정한 품질기준이나 영업방식에 따라 상품 또는 용역을 판매
③ 가맹본부가 경영 및 영업활동 등에 대한 지원, 교육 및 통제 등을 수행
④ 가맹점사업자가 영업표지의 사용과 경영 및 영업활동 등에 대한 지원·교육의 대가로 가맹금 지급
⑤ 계속적인 거래관계

<소규모 가맹본부 요건>

✓ 가맹본부의 직전 사업연도의 연간 매출액이 5천만 원(직영점 운영 시 2억 원) 미만으로서 가맹본부와 가맹계약을 맺은 가맹점사업자의 수가 5개를 넘지 않는 경우(법 제3조 참고)
✓ 가맹금의 최초 지급일부터 6개월까지 기간 동안 가맹본부에게 지급한 가맹금이 100만 원 미만인 경우

◆ 신고서 작성요령

※ (*)표시항목은 필수사항이니 반드시 기재하여 주시고, 나머지 사항은 효율적인 심사를 위하여 가능한 한 기재해 주시기 바랍니다.

※ 신고(청)인

· 휴대폰 번호나 이메일을 기재하시면 사건 접수 및 처리현황을 SMS 문자서비스나 이메일로 통보하여 드립니다.

· 신고인 정보 기재를 원치 않는 경우, 공정거래위원회 익명제보센터(www.ftc.go.kr)를 이용할 수 있습니다.

※ 신고(청) 내용

· 아래 「위반행위 사전점검표」에 있는 행위유형 중 귀하가 신고하고자 하는 내용에 해당하는 것을 찾아 체크표시(√) 한 후, 6하 원칙에 맞게 기재하여 주시기 바랍니다.

- 언제 발생한 일인가요?
- 어디서 발생한 일인가요?
- 신고하시는 내용과 관련된 상대방 당사자는 누구인가요?
- 경험하신 법 위반행위는 무엇인가요?
- 상대방 당사자와의 거래관계 등 어떤 목적이나 동기에서 행위가 발생하였나요?
- 신고하게 된 경위는 무엇인가요?

· 기재할 공간이 부족하면 <첨부 2: 신고내용 추가 작성 양식>에 추가 기재하여 주시기 바랍니다.

백상지(80g/㎡) 또는 중질지(80g/㎡)

· 신고 내용 및 증거자료가 불일치하거나 신고내용의 사실관계를 확인할 수 없는 경우, 심사관이 신고인에게 신고 보완요청을 하였으나 보완내용이 분명하지 아니한 경우 또는 신고서가 허위로 기재된 경우에는 심사절차를 개시하지 않을 수 있음을 알려드립니다.

※ 분쟁 조정 여부

· 신고에 의한 사건처리는 법 위반상태의 시정을 목적으로 합니다. 따라서 직접적이고 신속한 피해구제를 위해서는 분쟁조정이 더 적절한 수단임을 알려드립니다. 특히 분쟁조정 신청 시 채권 소멸시효가 중단되는 효과가 있으니 적극 활용하시기 바랍니다.

· 만약 본 신고서로 분쟁조정을 신청하여 조정이 불성립하는 경우에도 별도의 신고 없이 신고사건으로 진행됨을 알려드립니다.

※ 증거 자료

· 신고내용을 증명하는데 도움이 되는 증거 자료가 있으면 첨부하여 주십시오.

※ 가맹사업법 시행령 제17조 제1항에서 정한 법 위반행위를 신고하고 이를 입증할 수 있는 증거를 최초로 제공할 경우, 포상금 예산의 범위 내에서 관련 규정에 따라 포상금이 지급될 수 있습니다. (「공정거래법 등 위반행위 신고자에 대한 포상금 지급에 관한 규정」 참조)

※ 신고와 관련하여 상담을 원하시면, 공정거래위원회 상담안내(☎ 1670-0007) 또는 가맹거래조사팀(☎ 044-200-4935)로 문의하시기 바랍니다.

◆ 주의 사항

※ 만약 가맹본부의 소재지가 서울특별시, 경기도, 인천광역시, 부산광역시인 경우, 가맹사업법 제9조제3항(3-③), 제9조제4항(3-④), 제9조제5항(3-⑤), 제9조제6항(3-⑥), 제11조제3항(5-③), 제12조의6제2항(11-②)을 위반한 행위에 대한 과태료 부과·징수는 해당 지자체에서만 가능합니다.

· 따라서 신고하고자 하는 가맹본부의 소재지가 서울특별시, 경기도, 인천광역시, 부산광역시 중 하나이고, 신고하고자 하는 행위가 가맹사업법 제9조제3항, 제9조제4항, 제9조제5항, 제9조제6항, 제11조제3항, 제12조의6제2항 중 하나를 위반한 것이라면 해당 지자체로 신고하여 주시기 바랍니다.

◆ 위반행위 사전점검표

연번	관련 법 조항	위반 사실	해당 여부
1	제6조의5(가맹금 예치 등)	가맹본부가 예치대상 가맹금을 예치하지 않고 자신의 계좌로 직접 수령하는 경우 ※ 가맹본부가 법 제15조의2에 따른 가맹점사업자 피해보상보험계약 등을 체결한 경우는 제외	1 (√)
2	제7조(정보공개서의 제공 의무 등)	등록된 정보공개서 및 인근가맹점 현황문서를 제공한 날부터 14일이 지나지 아니한 상태에서 가맹계약을 체결하거나 가맹금을 수령하는 행위	2 (√)
3	제9조(허위·과장된 정보제공 등의 금지)	객관적인 근거 없이 가맹희망자의 예상수익을 과장하는 등 사실과 다르게 정보를 제공하거나 사실을 부풀려 정보를 제공하는 행위	3-① (√)
		일정요건이 충족되는 경우에만 금전·상품 또는 용역 등이 지원됨에도 모든 경우에 지원되는 것처럼 정보를 제공하는 등 계약의 체결·유지에 중대한 영향을 미치는 사실을 은폐하거나 축소하는 방법으로 정보를 제공하는 행위	3-② (√)
		가맹희망자의 장래 예상수익상황에 관한 정보를 제공하거나 가맹점사업자의 과거 수익상황 및 장래 예상수익상황에 관한 정보를 제공하면서 서면으로 하지 아니하는 행위	3-③ (√)
		가맹희망자에게 장래 예상수익상황에 관한 정보를 제공하거나 가맹점사업자에게 과거 수익상황 및 장래 예상수익상황에 관한 정보를 제공하면서 그 정보의 산출근거가 되는 자료를 가맹본부의 사무소에 비치하지 아니하거나, 가맹희망자나 가맹점사업자가 열람할 수 있도록 하지 아니하는 행위	3-④ (√)
		가맹계약을 체결할 때 가맹희망자에게 예상매출액의 범위 및 그 산출근거를 서면으로 제공하지 아니하는 행위 ※ 가맹본부가 중소기업자이면서 직전 사업연도 말 기준으로 가맹본부와 계약을 체결 및 유지하고 있는 가맹점사업자 수가 100개 미만인 경우는 제외	3-⑤ (√)
		가맹계약 체결일부터 5년간 예상매출액 산정서를 보관하지 아니하는 행위	3-⑥ (√)
4	제10조(가맹금의 반환)	가맹점사업자가 법에서 정한 사유와 절차 등에 따라 서면으로 가맹금 반환을 요청하였음에도 가맹금을 반환하지 아니하는 행위 • 정보공개서 제공의무를 위반한 경우로서 계약체결 전 또는 계약체결일부터 4개월 이내에 가맹금 반환요구 • 허위·과장된 정보를 제공한 경우로서 계약체결 전에 가맹금 반환요구(계약 체결에 중대한 영향을 주는 정보로 인정되는 경우는 계약체결일로부터 4개월 이내) • 가맹본부가 정당한 사유 없이 가맹사업을 일방적으로 중단한 경우로서 계약체결일부터 4개월 이내에 가맹금 반환요구	4 (√)
5	제11조(가맹계약서의 기재사항 등)	가맹희망자에게 가맹계약서를 제공한 날부터 14일이 지나지 아니한 상태에서 가맹계약을 체결하거나 가맹금을 수령하는 행위	5-① (√)
		법 제11조 제2항 각호의 법정 필수기재사항을 누락한 가맹계약서를 제공하는 행위	5-② (√)
		가맹사업 거래가 종료된 날부터 3년간 가맹계약서를 보관하지 아니하는 행위	5-③ (√)
6	제12조(불공정거래행위의 금지)	상품이나 용역의 공급 또는 영업의 지원 등을 부당하게 중단 또는 거절하거나 그 내용을 현저히 제한하는 행위 • 영업지원 등의 거절 • 부당한 계약갱신 거절 • 부당한 계약해지	6-① (√)
		가맹점사업자가 취급하는 상품 또는 용역의 가격, 거래상대방, 거래지역이나 가맹점사업자의 사업활동을 부당하게 구속하거나 제한하는 행위 ※ 가맹사업 경영에 필수적인 상품, 원·부재료 등으로 가맹본부의 상표권 보호 또는 상품·용역의 동일성 유지 등을 위해 거래상대방을 지정하는 행위는 제외	6-② (√)
		가맹사업의 경영과 무관하거나 그 경영에 필요한 양을 넘는 시설·설비·상품·용역·원재료 또는 부재료 등을 구입 또는 임차하도록 강제하는 행위	6-③ (√)

백상지(80g/㎡) 또는 중질지(80g/㎡)

		부당하게 경제적 이익을 제공하도록 강요하거나 가맹점사업자가 비용을 부담하도록 강요하는 행위	6-④ (√)
		가맹점사업자가 이행하기 곤란하거나 가맹점사업자에게 불리한 계약조항을 설정 또는 변경하거나 계약갱신과정에서 종전의 거래조건 또는 다른 가맹점사업자의 거래조건보다 뚜렷하게 불리한 조건으로 계약조건을 설정 또는 변경하는 행위	6-⑤ (√)
		정당한 이유 없이 특정인과 가맹점을 같이 운영하도록 강요하는 행위	6-⑥ (√)
		부당하게 판매 목표를 설정하고 가맹점사업자로 하여금 이를 달성하도록 강제하는 행위	6-⑦ (√)
		6-③ 내지 6-⑦에 준하는 경우로서 가맹점사업자에게 부당하게 불이익을 주는 행위	6-⑧ (√)
		계약의 목적과 내용, 발생할 손해 등 대통령령으로 정하는 기준에 비하여 과중한 위약금을 부과하는 등 가맹점사업자에게 부당하게 손해배상 의무를 부담시키는 행위 ※사전에 정한 계약서 및 약정 등에 따라 합리적인 범위 내에서 위약금을 부과하는 경우는 제외	6-⑨ (√)
		부당하게 경쟁가맹본부의 가맹점사업자를 자기와 거래하도록 유인하는 행위	6-⑩ (√)
7	제12조의2(부당한 점포환경개선 강요 금지 등)	시설·장비·인테리어의 노후화가 객관적으로 인정되는 경우 등의 정당한 사유 없이 점포환경개선을 강요하는 행위	7-① (√)
		가맹점사업자의 점포환경개선 비용을 부담하지 아니하거나 법정 비율 미만으로 부담하는 행위 ※가맹점사업자의 자발적 의사에 따라 실시되었거나 위생·안전 등의 불가피한 사유가 있는 경우는 제외	7-② (√)
8	제12조의3(부당한 영업시간 구속 금지)	정상적인 거래관행에 비추어 부당하게 가맹점사업자의 영업시간을 구속하는 행위 • 심야영업시간대의 매출이 그 영업에 소요되는 비용에 비해 저조하여 영업손실이 발생함에 따라 영업시간 단축을 요구함에도 허용하지 않는 행위 • 질병의 발병과 치료 등 불가피한 사정으로 필요 최소한의 범위에서 영업시간의 단축을 요구함에도 이를 허용하지 아니하는 행위	8 (√)
9	제12조의4(부당한 영업지역 침해금지)	가맹계약 체결 시 가맹점사업자의 영업지역을 설정하지 아니하는 행위	9-① (√)
		정당한 이유 없이 계약기간 중 가맹점사업자의 영업지역 안에서 동종의 자기 또는 계열회사의 직영점이나 가맹점을 설치하는 행위	9-② (√)
10	제12조의5(보복조치의 금지)	분쟁조정 신청, 서면실태조사 및 공정위 조사에 대한 협조 등을 이유로 상품·용역의 공급이나 경영·영업활동 지원의 중단, 거절 또는 제한, 가맹계약의 해지, 그 밖에 불이익을 주거나 다른 사업자로 하여금 행하도록 하는 행위	10 (√)

백상지(80g/㎡) 또는 중질지(80g/㎡)

11	제12조의6(광고·판촉행사 관련 집행 내역 통보 등)	가맹점사업자가 비용의 전부 또는 일부를 부담하는 광고나 판촉행사를 실시하면서 사전에 가맹점사업자와 약정을 체결하지 아니하고 법정 비율 이상 가맹점사업자의 동의를 받지 아니한 경우	11-① (√)
		가맹점사업자가 비용의 전부 또는 일부를 부담하는 광고나 판촉행사를 실시하였음에도 그 집행내역을 통보하지 아니하거나 열람을 거부하는 행위 ※가맹본부가 비용을 전부 부담하는 경우는 제외	11-② (√)
12	제14조의2(가맹점사업자단체의 거래조건 변경 협의 등)	가맹점사업자단체의 구성·가입·활동 등을 이유로 가맹점사업자에게 불이익을 주는 행위	12-① (√)
		가맹점사업자단체에 가입 또는 가입하지 아니할 것을 조건으로 가맹계약을 체결하는 행위	12-② (√)
13	기타(위 법 조항에 나열되지 않은 내용) ※ 이 경우, 「가맹사업거래의 공정화에 관한 법률」상의 위반행위에 해당하지 아니하여 심사절차를 개시하지 않을 수 있음을 양지하여 주시기 바랍니다.		13 (√)

백상지(80g/㎡) 또는 중질지(80g/㎡)

<첨부 2 : 신고내용 추가 작성 양식>

위반사실 해당여부 (사전점검표에 체크한 번호)	예) 3-①
신고(청)내용	
증거자료	

백상지(80g/㎡) 또는 중질지(80g/㎡)

<첨부 3 : 신고서 작성 예시>

위반사실 해당여부 (사전점검표에 체크한 번호)	3-①
신고(청)내용	1. 피신고인과 신고인 사이의 거래 경위 신고인은 피신고인과 20##년 ##월 ##일 ○○○ 가맹계약을 체결하여 현재까지 가맹점 운영을 계속해오고 있습니다. 피신고인은 신고인에게 영업표지 ○○○의 사용권을 부여하면서 그 대가로 가맹금을 수령하였고, 신고인은 피신고인이 정한 품질기준이나 영업방식 등에 따라 일정한 통제와 교육을 받으며 점포를 운영하고 있습니다. (자료 1 내지 3) 2. 가맹사업법 위반 신고인은 20##년 ##월 ##일 피신고인의 사무실에서 피신고인 직원 김○○로부터 창업 상담을 받았습니다. 상담 당일 김○○는 신고인에게 이 사건 가맹점을 개점 시 월 평균 1,000만 원 이상의 순이익이 발생할 것이라고 기재된 홍보자료를 제공하면서, 최소 800만 원 이상의 순이익이 보장된다는 언급도 하였습니다. 신고인은 이를 신뢰하여 피신고인과 가맹계약을 체결하게 되었습니다.(자료 4 내지 6) 그런데 가맹점을 개점하고 나니 김○○의 설명과 달리 매출이 현저히 낮게 발생하고 순이익은 적자를 기록하였습니다. 이에 피신고인에게 예상 순이익이 산정된 구체적 근거를 요청하였으나 받지 못하였습니다.(자료 7 및 8) 피신고인의 위 행위는 사전점검표의 3-①에 해당하는 것으로 보입니다.
증거자료	자료 1번 : 가맹계약서 자료 2번 : 가맹금 이체내역 자료 3번 : 가맹점 운영매뉴얼 자료 4번 : 피신고인 직원 김○○의 명함 자료 5번 : 가맹점 개설 홍보자료 자료 6번 : 피신고인 직원 김○○와의 대화 녹취록 자료 7번 : 가맹점 월 매출액 및 순이익 내역 자료 8번 : 신고인이 피신고인에게 발송한 내용증명

백상지(80g/㎡) 또는 중질지(80g/㎡)

출처: 공정거래위원회 홈페이지

Q4. 가맹사업위반행위 신고자는 신분을 반드시 공개해야 하나?

A4. 가맹사업위반행위에 대해 신고하기 위해서는 신청서 양식에 따라 내용을 작성하여야 한다. 신고서 작성 내용은 신고인 정보, 피신고인 정보, 신고내용, 분쟁조정여부, 증거자료 유무, 신고인 신분공개 동의여부 등이다. 신고인 신분공개 동의 여부에 보면 공개, 비공개, 사건조치 후 공개로 구분되어 있고, 신분을 공개하고 싶지 않다면 비공개를 선택하면 된다.

신고인의 정보를 익명으로 하고자 한다면 공정거래위원회 홈페이지(http://www.ftc.go.kr)의 '민원 · 참여 → 공정위(익명)제보하기' 메뉴를 통해 온라인으로 접수하면 된다.

Q5. 가맹사업위반행위 온라인 신고자는 처리 과정을 확인할 수 있나?

A5. 온라인으로 접수하는 경우 제보자의 인적사항, 접속 IP정보 등 부수 정보가 별도로 저장되지 않으므로 시스템 관리자도 제보자의 신원을 알 수 없다. 이에, 익명으로 제보한 경우 사건처리 진행상황, 처리결과 등도 통보되지 않는다.

Q6. 가맹사업위반행위 신고가 접수되면 반드시 조사하나?

A6. 가맹사업위반행위에 대해 신고가 접수된 내용이 가맹사업 5가지 요건에 모두 해당되지 않아 가맹사업법 적용대상이 아닌 경우, 내용 또는 대상이 명확하지 않은 경우, 이미 신고하거나 처리된 사건과 관련이 있는 경우, 근거 없는 비방인 경우, 타 부처 소관 법률과 관련된 사항 등의 경우 등 가맹사업위반행위 신고제도 운영의 취지에서 벗어난 제보에 대해서는 신고가 접수되었다 하더라도 조사하지 않는다.

Q7. 가맹사업위반행위 신고포상금 지급 기준은?

A7. 공정거래위원회는 가맹본부가 가맹사업법을 위반하는 행위에 대해 신고하거나 제보하는 경우, 그 신고나 제보를 입증할 수 있는 증거자료를 제출한 자에게 포상금을 지급하고 있다.

신고포상금 지급대상 행위, 즉 가맹사업법 시정조치 대상 규정을 위반한 행위를 신고하거나 제보하고, 이를 입증할 수 있는 증거자료를 최초로 제출한 자에게 지급한다. 다만, 위반행위를 한 사업자의 임직원으로서 위반행위에 관여한 자는 신고포상금 대상에서 제외된다.

신고포상금은 과징금이 부과되는 건은 최고 5억원, 최저 500만원, 과징금이 부과되지 않는 건은 최대 500만원이 지급되며, 조치수준별 기본지급액 및 지급기준은 다음과 같다.

참고사항 : 신고포상금 지급기준

행위유형	조치수준별 기본지급액 및 지급기준	과징금 사건 한도액
가맹사업법 위반행위	– 과징금 5억원 이하: 5% – 과징금 5억원~50억원: 3% – 과징금 50억원 초과: 1% – 시정명령*: 1개 행위당 100만원 – 경고*: 1개 행위당 50만원 * 다수 행위 신고 500만원 한도	최고 5억원 최저 500만원

출처: 공정거래위원회 홈페이지

Keyword 근거 법령

가맹사업법

법률 제15조의5(신고포상금)	시행령 제17조(포상금의 지급)
① 공정거래위원회는 이 법의 위반행위를 신고하거나 제보하고 그 신고나 제보를 입증할 수 있는 증거자료를 제출한 자에게 예산의 범위에서 포상금을 지급할 수 있다. ② 제1항에 따른 포상금 지급대상자의 범위, 포상금 지급의 기준·절차 등에 필요한 사항은 ***대통령령으로*** 정한다. [본조신설 2018. 1. 16.]	① 법 제15조의5제1항에 따른 포상금(이하 이 조에서 "포상금"이라 한다)은 법 제33조제1항에 따른 시정조치의 대상이 되는 위반행위를 신고하거나 제보하고, 이를 입증할 수 있는 증거자료를 최초로 제출한 자에게 지급한다. 다만, 해당 위반행위를 한 가맹본부 및 그 가맹본부의 임직원으로서 해당 위반행위에 관여한 사람은 제외한다. ② 공정거래위원회는 특별한 사정이 있는 경우를 제외하고는 신고 또는 제보된 행위가 법 제33조제1항에 따른 시정조치의 대상이 되는 위반행위에 해당한다고 인정하여 해당 행위를 한 가맹본부에 시정조치 등의 처분을 하기로 의결한 날(이의신청이 있는 경우에는 재결한 날을 말한다)부터 3개월 이내에 포상금을 지급한다. ③~⑥ 생략 [본조신설 2018. 7. 10.]

Keyword 05

공정거래협약

Q1. 공정거래협약이란?

A1. 공정거래협약은 가맹본부와 가맹점사업자가 가맹사업 관계 법령의 준수 및 상호 지원·협력을 약속하는 자발적인 협약을 체결하고, 이를 잘 이행할 것을 독려하기 위해 포상 등 지원시책을 운영하여 가맹본부와 가맹점 간 자발적 상생협약을 유도함으로써 가맹본부의 불공정거래행위를 예방하고자 공정거래위원회가 법령에 따라 권장하는 제도이다.

공정거래협약은 가맹본부와 가맹점사업자가 상생을 위해 자발적으로 체결하는 협약으로 공정거래와 상생협력 의지를 선언하는 것으로서 법적 권리나 의무를 발생시키지 않아 법적 효력이 없으며, 별도의 절차나 공정거래위원회의 승인을 받을 필요도 없다. 다만, 공정거래위원회는 협약을 준비하는 과정에서 협약 가이드라인을 제시하고 필요한 경우 협약 내용에 대한 검토 등의 지원을 하고 협약을 잘 이행한 경우 포상 등을 하고 있다.

Q2. 공정거래협약 기간은?

A2. 공정거래협약은 1년 단위로 체결하며, 매년 갱신하여야 한다.

Q3. 공정거래협약 대상은?

A3. 공정거래협약은 가맹본부와 가맹점사업자가 직접 체결하는 것을 원칙으로 한다. 다만, 가맹점주협의회를 통한 협약 위임 시 상생협력위원회에서 가맹점 대표와 협약을 체결할 수 있다.

Q4. 공정거래협약 필수기재 사항은?

A4. 공정거래협약은 원칙적으로 자율 협약이므로 필수로 기재해야 하는 내용은 없다. 다만, 협약 가이드라인에서 협약에 포함될 기준을 제시하고 있으며, 내용은 가맹본부와 가맹점사업자가 협의하여 정하면 된다. 업종에 따라 추가되는 내용은 상이하지만 공통된 기준은 다음과 같다.

1. 영업지역 설정・변경 등에 관한 기준 설정
2. 판촉행사 등의 충분한 사전협의 및 공정한 비용부담 추진
3. 점포환경 개선에 대한 충분한 사전협의 및 공정한 비용부담 추진
4. 가맹점사업자로부터 취득하는 금전에 대한 명확한 기준 및 그 금액의 조정기준
5. 불공정한 거래행위의 사전예방 및 감시시스템 구축
6. 계약해지, 점포 폐점 및 양수도
7. 가맹점사업자에 대한 지원
8. 위약금 등에 관한 기준 설정
9. 가맹본부에 대한 정보 제공
10. 협약의 내용에 관해 가맹점 사업자와 협의할 기준의 반영 여부

Q5. 공정거래협약 이행평가 기준은?

A5. 공정거래협약의 내용이 가맹사업법 기준에 위배되는지 여부와 내용의 명확성 등을 검토하며 계약내용 및 이행과정의 공정성 여부가 중요한 평가지표이다.

Q6. 공정거래협약 위반 시 제재는?

A6. 공정거래협약 이행평가는 가맹본부와 가맹점사업자의 자율적 상생협력을 유도하는 것으로 이를 통해 가맹본부를 제재하는 기준은 없다.

Q7. 공정거래협약 인센티브 기준은?

A7. 공정거래위원회는 「**가맹본부 가맹점사업자간 공정거래 및 상생협력 협약 절차지원 등에 관한 기준**」에 따라 매년 각 가맹본부의 협약 체결 내용 및 이행 실적에 대한 평가를 실시하여 협약이행평가 결과가 우수할 경우 직권조사 면제 등의 인센티브를 부여하고 있다.

참고사항 : 공정거래 상생협약 이행 평가등급 및 인센티브

평가등급	평가점수	인센티브 제공내용
최우수	95점 이상	–가맹사업법 제32조의3 제2항에 의한 직권조사 2년간 면제(조사 면제라 함은 당해 기업을 조사 대상에 미포함 하는 것을 의미, 이하 동일) –공정위로부터 시정명령을 받은 사실 공표의무 면제(1년, 1회) –법인·개인 대상 위원장 이상 표창 수여 –표준정보공개서 표지에 2년간 표시
우 수	90점 이상	–가맹사업법 제32조의3 제2항에 의한 직권조사 1년간 면제 –공정위로부터 시정명령을 받은 사실 공표의무 면제(1년, 1회) –법인 대상 위원장 표창 수여 –표준정보공개서 표지에 2년간 표시
양 호	85점 이상	–공정위로부터 시정명령을 받은 사실 공표 시, 공표 크기 및 매체수 1단계 하향 조정 및 공표기간 단축(1년, 1회) –법인 대상 위원장 표창 수여 –표준정보공개서 표지에 1년간 표시

출처: 가맹본부 가맹점사업자간 공정거래 및 상생협력 절차지원 등에 관한 기준

Keyword 06

분쟁사전예방

Q1. 가맹본부와 가맹점 간 갈등이 발생하는 원인은?

A1. 프랜차이즈 사업은 독립된 사업자 간의 결합으로 형성하는 사업이기 때문에 다양한 형태의 "갈등"이 상존한다. 가맹본부와 가맹점사업자 간의 갈등은 상호 궁극적인 목표가 불일치하고 수행하는 역할이 다르기 때문에 이를 받아들이는 인식의 차이에서 발생한다.

갈등이 커지면 "분쟁"으로 이어진다. 프랜차이즈 사업은 하나의 가맹본부와 다수의 가맹점이 가맹계약에 의해서 관계가 성립되고, 계약내용에 의해 운영되며, 계약에 근거한 해지 및 종료와 이후 절차가 진행되는 사업이다.

또한, 정부의 규제를 통해 가맹본부는 정보 제공의무 및 계약내용과 형식의 통제를 받고 있다. 따라서 가맹본부는 법적 절차를 준수하는 합법적인 경영이 필요하고, 객관적이고 합리적인 관리업무시스템 도입으로 "분쟁을 사전에 예방하고, 갈등을 수시로 관리"할 필요가 있다.

가맹계약 체결 전 다양한 정보를 검토함에 있어서 분쟁을 사전에 예방하기 위해서는 가맹본부가 가맹점의 효율적 관리를 위한 계약관리의 시스템이 얼마나 체계화되어 있는지를 정확히 파악하는 것이 무엇보다 중요하다.

프랜차이즈 분야에서 갈등이 생기는 원인은 협상 및 가맹계약 체결단계, 가맹점 운영 단계, 종료 및 이후 단계 등으로 구분하여 정리할 수 있고, 자세한 내용은 다음과 같다.

참고사항 : 프랜차이즈 단계별 갈등 발생 유형

협상 및 가맹계약 체결 단계	–갈등의 정도: 잠재적 –원인: 무리한 요구, 과도한 약속, 불명확한 계약, 출점시기 지연, 상권 문제, 인테리어 설비 등의 비용 과다 및 하자, 가맹금 문제 등
가맹점 운영 단계	–갈등의 정도: 부정적 구전, 갈등의 표출 또는 관계 이탈 –원인: 외부사입, 부실채권, 과도한 통제 또는 관리부실, 통제 미이행, 보고의무 미이행, 공급물품의 과다책정, 경업금지 위반, 영업지역 문제, 상호 불성실한 계약이행, 부당한 계약해지, 가맹점의 영업저조 등
종료 및 이후 단계	–갈등의 정도: 분쟁, 소송 –원인: 일방적 계약조건 변경, 과도한 재계약 조건, 종료절차 미이행, 부실채권, 상표권 침해, 영업비밀 침해 등

출처: 프랜차이즈 경영론 – 도서출판 두남

Q2. 가맹본부와 가맹점 간 분쟁이 발생하는 유형은?

A2. 공정거래위원회 가맹사업거래 홈페이지 공개되어 있는 분쟁조정협의회에 접수된 분쟁조정 신청유형을 살펴보면 허위·과장된 정보제공행위, 정보공개서 제공의무 위반, 거래상 지위남용, 부당한 손해배상 의무 부담, 거래거절, 영업지역 침해, 구속조건부거래, 기타 등으로 구분되어 있다. 다양한 분쟁이 발생하는 유형을 살펴보면 다음과 같다.

참고사항 : 분쟁 유형

분쟁의 유형	
–가맹점주의 사업성공 확신에 대한 불신 –계약체결시 부실한 자료 제공 –계약체결 후 사후관리 부실 –교육내용의 부실 –점포입지 선정의 불신 –개점시기의 부당한 지연 –일방적 계약 변경 –물류공급의 중단 –상권분석의 실패로 인한 영업부진 –점포인테리어의 시공상 하자와 과다한 비용 책정	–애매하고 불분명한 영업지역 설정 –기존 가맹점의 영업권을 고려하지 않고 동일 영업권에 추가하여 가맹점 개설 –가맹계약서에 영업지역표시 누락 –가맹점사업자의 영업지역 내에 유사 가맹점 설치 –가맹사업법의 절차에 따르지 않은 해지 –영업지역 축소 등을 조건으로 재계약 체결 강요 –계약종료절차를 위반한 경우 등

출처: 프랜차이즈 경영론 – 도서출판 두남

프랜차이즈시스템의 갈등을 관리하고 분쟁을 사전에 예방하기 위해서는 계약에 의한 투명한 가맹사업 운영이 전제되어야 한다. 제도적으로는 가맹본부의 합리적인 계약관리가 필요하며, 과정적으로는 상호 활발하고 쌍방향적인 커뮤니케이션 활성화가 필요하다.

Q3. 분쟁사전예방을 위한 가맹점주 점검 내용은?

A3. 가맹사업은 가맹점사업자가 역량이 강화된 상태에서 가맹사업을 진행하여야 분쟁을 줄일 수 있다. 가맹희망자는 가맹사업을 시작하기 전에 가맹계약 상담단계, 가맹계약 체결단계, 가맹점 운영단계, 가맹계약 종료단계, 즉 4단계 기준으로 가맹본부의 법 준수 의무를 확인하고 이를 이행했는지 확인할 필요가 있다.

이의 업무를 원활하게 가이드하기 위해 공정거래위원회에서 "가맹점사업자를 위한 가맹사업거래 분쟁 예방 체크리스트" 책자를 편찬하여 공개하고 있다. 이 내용은 공정거래위원회 가맹사업거래 홈페이지에 공개되어 있으며, 단계별로 점검하여야 하는 사항이 구체적으로 기재되어 있다. 간단히 체크할 수 있는 요약 내용은 다음과 같다.

참고사항 : 가맹점사업자를 위한 가맹사업거래 분쟁 예방 체크리스트

가맹점사업자를 위한 가맹사업거래 분쟁 예방 체크리스트

구분	체크 리스트	확인
가맹계약 상담 단계 ▶ 상세 내용은 11쪽 확인	가맹본부로부터 '정보공개서와 인근 가맹점 현황문서'를 제공받고 원칙적으로 14일이 지난 경우에, 가맹본부와 가맹계약을 체결하거나 가맹본부에게 가맹금을 지급할 수 있다는 것을 알고 계십니까?	☐
	소상공인시장진흥공단의 '상권정보시스템'을 이용하여 점포 예정지 인근의 '상권·경쟁·입지·수익' 분석을 해보셨습니까?	☐
	가맹본부로부터 예상매출액 등에 대한 정보를 문서로 제공받으셨습니까?	☐
가맹계약 체결 단계 ▶ 상세 내용은 17쪽 확인	가맹본부로부터 가맹계약서를 제공받고 14일*이 지난 경우에, 가맹본부와 가맹계약을 체결하거나 가맹본부에게 가맹금을 지급할 수 있다는 것을 알고 계십니까? * 예시: 가맹본부로부터 1월1일에 가맹계약서를 제공받았다면 1월16일부터 가맹계약 체결 가능	☐
	가맹본부가 상가를 직접 임차하여 가맹희망자에게 다시 임대한 경우, '가맹본부와 임대인(건물주) 사이의 임대차계약 내용에 가맹본부가 다른 사람에게 다시 임대하는 것'을 임대인이 허용하고 있는지 여부를 확인하셨습니까?	☐
	'일정한 명목*의 가맹금'은 가맹본부에 바로 지급하면 안 되고, 금융기관을 통한 예치제도 등을 이용하여야 한다는 것을 알고 계십니까? * 예시: ① 가입비, 교육비, 계약금 등, ② 상품 보증금 등	☐
가맹계약 체결 단계 ▶ 상세 내용은 17쪽 확인	가맹희망자나 가맹점사업자가 특정한 경우* 가맹본부에게 가맹금 반환을 요구하면 가맹본부가 가맹금의 일부 또는 전부를 반환하여야 한다는 것을 알고 계십니까? * 가맹본부가 정보공개서 사전제공 의무를 위반하고 가맹점사업자가 계약체결일부터 4개월 이내 가맹금 반환을 요구하는 경우 등	☐
가맹점 운영 단계 ▶ 상세 내용은 24쪽 확인	가맹사업거래의 공정화에 관한 법률에서 가맹본부의 불공정거래행위*를 금지하고 있다는 것을 알고 계십니까? * 예시: ① 가맹사업의 통일성과 무관한 원재료를 부당하게 특정 사업자로부터 공급받도록 하는 것 ② 부당하게 경제적 이익을 제공하도록 강요하는 것 등	☐
	가맹점사업자가 '가맹점사업자단체'를 구성하여 가맹본부에게 가맹계약의 변경 등 거래조건에 대한 협의를 요청할 수 있다는 것을 알고 계십니까?	☐
	가맹점사업자가 가맹본부에게 계약기간 연장*을 요구하였을 때 가맹본부가 정당한 사유없이 그 요구를 거절할 수 없다는 것을 알고 계십니까? * 최초 계약일부터 최대 10년까지 계약기간 연장 요구 가능	☐
가맹계약 종료 단계 ▶ 상세 내용은 28쪽 확인	가맹계약 해지 시 가맹본부가 가맹점사업자에게 부당하게 과중한 위약금을 부과하여서는 안 된다는 것을 알고 계십니까?	☐
가맹본부와 분쟁이 발생한 경우 ▶ 상세 내용은 29쪽 확인	한국공정거래조정원이 가맹점사업자(가맹희망자 포함)와 가맹본부 사이에 발생하는 분쟁을 조정하는 업무를 수행하고 있는데, 이러한 분쟁조정제도가 있다는 것을 알고 계십니까?	☐

출처: 공정거래위원회 가맹사업거래 홈페이지

Q4. 분쟁사전예방을 위한 가맹본부 점검 내용은?

A4. 가맹본부가 분쟁을 사전에 예방하기 위해서는 가맹사업법 적용을 받는 대상인지부터 검토하여야 하고, 정보공개서 등록단계, 가맹점 모집단계, 가맹계약 체결단계, 가맹점 운영 단계, 가맹계약 종료단계 등 단계별 가맹사업 준수여부를 수시로 체크하여야 한다.

이의 업무를 원활하게 가이드하기 위해 공정거래위원회에서 "가맹본부를 위한 가맹사업거래 분쟁 예방 체크리스트" 책자를 편찬하여 공개하고 있다. 이 내용은 공정거래위원회 가맹사업거래 홈페이지에 공개되어 있으며, 단계별로 점검하여야 하는 사항이 구체적으로 기재되어 있다. 간단히 체크할 수 있는 요약 내용은 다음과 같다.

참고사항 : 가맹점사업자를 위한 가맹사업거래 분쟁 예방 체크리스트

가맹본부를 위한 가맹사업거래 분쟁 예방 체크리스트

구분	체크 리스트	확인
가맹사업법 적용 여부 확인 ▶ 상세 내용은 11쪽 확인	가맹본부 자신이 '가맹사업거래의 공정화에 관한 법률'을 적용받는지 여부에 대하여 알고 계십니까?	☐
정보공개서 등록 단계 ▶ 상세 내용은 12쪽 확인	가맹희망자에게 제공할 정보공개서를 공정거래위원회 또는 '광역시장·도지사 등'에게 등록하셨습니까?	☐
가맹점 모집 단계 ▶ 상세 내용은 15쪽 확인	가맹본부가 가맹희망자와 가맹계약을 바로 체결하여서는 안 된다는 것을 알고 계십니까?	☐
	가맹희망자에게 예상매출액 등에 대한 정보를 서면으로 제공하셨습니까?	☐
	가맹희망자나 가맹점사업자에게 허위·과장 정보*나 기만적인 정보**를 제공해서는 안 된다는 것을 알고 계십니까? * 과장된 예상매출액 정보, 사실이 확인되지 않은 상권분석 정보 등 ** 중요사항을 적지 않은 정보공개서 등	☐
가맹계약 체결 단계 ▶ 상세 내용은 19쪽 확인	가맹본부가 가맹희망자에게 정보공개서, 인근 가맹점 현황문서, 가맹계약서를 제공한 날부터 원칙적으로 14일*이 지난 경우에, 가맹희망자와 가맹계약을 체결하거나 가맹희망자로부터 가맹금을 받을 수 있다는 것을 알고 계십니까? * 예시: 1월1일에 가맹계약서 등을 제공했다면 1월16일부터 계약 체결 가능	☐
	가맹본부가 가맹희망자 또는 가맹점사업자로부터 가입비, 보증금 등 명목의 가맹금을 직접 받으면 안 되고, 예치제도 등을 이용하여야 한다는 것을 알고 계십니까?	☐
가맹계약 체결 단계 ▶ 상세 내용은 19쪽 확인	가맹본부가 가맹점 모집 단계 세 번째 항목 또는 가맹계약 체결 단계 첫 번째 항목(정보공개서 사항)을 지키지 않은 경우, 가맹희망자나 가맹점사업자에게 가맹금을 반환하게 될 수도 있다는 것을 알고 계십니까?	☐
가맹점 운영 단계 ▶ 상세 내용은 26쪽 확인	'가맹사업거래의 공정화에 관한 법률'에서 '가맹본부가 가맹점사업자에게 불공정거래행위*를 하는 것'을 금지하고 있다는 것을 알고 계십니까? * 예시: ① 가맹사업의 통일성과 무관한 원재료를 부당하게 특정 사업자로부터 공급받도록 하는 것 ② 부당하게 경제적 이익을 제공하도록 강요하는 것 등	☐
	가맹본부가 가맹점사업자의 영업지역 안에 자신의 직영점이나 새로운 가맹점을 설치하여서는 안 된다는 것을 알고 계십니까?	☐
	가맹점사업자들이 '가맹점사업자단체'를 구성하고 그 단체를 통해 가맹본부에게 가맹계약의 변경 등 거래조건에 대한 협의를 요청할 수 있다는 것을 알고 계십니까?	☐
	가맹본부가 가맹점사업자로부터 계약갱신을 요구받은 경우, 정당한 사유가 없으면 그 요구를 거절할 수 없다는 것을 알고 계십니까?	☐
가맹계약 종료 단계 ▶ 상세 내용은 30쪽 확인	가맹본부가 가맹점사업자의 계약위반을 사유로 가맹계약을 해지하려고 할 경우, '가맹사업거래의 공정화에 관한 법률'에서 정한 계약해지 절차를 준수하여야 한다는 것을 알고 계십니까?	☐
	가맹계약 해지 시 가맹본부가 가맹점사업자에게 부당하게 과중한 위약금을 부과하여서는 안 된다는 것을 알고 계십니까?	☐
가맹점사업자와 분쟁이 발생한 경우 ▶ 상세 내용은 31쪽 확인	한국공정거래조정원이 가맹본부와 가맹점사업자 사이에 발생하는 분쟁을 조정하는 업무를 수행하고 있는데, 이러한 분쟁조정제도가 있다는 것을 알고 계십니까?	☐

출처: 공정거래위원회 가맹사업거래 홈페이지

Q5. 분쟁사전예방을 위한 상권입지 분석 방법?

A5. 상권은 점포의 세력이 미치는 범위로 상품과 서비스를 판매하는 지역을 말한다. 입지는 사업자가 판매하려는 서비스와 상품이 고객과 만나는 위치적 조건을 말한다. 가맹점 창업을 준비함에 있어서 사업타당성 분석을 위한 상권과 입지 분석은 반드시 가맹점사업자가 직접 진행하여야 한다.

상권 및 입지 분석은 투자액, 매출액, 비용을 추정하여 **투자수익률을 산출**하기 위함이 절대적 목적이다. 이를 추정하기 위해서는 아이템의 상품력이나 창업자 능력, 투자금 등이 전제되어야 하고, 가장 중요하게 검토하여야 하는 요인은 **"아이템에 적합한 입지"**를 선정하는 것이다.

점포, 시설, 집기비품 등 총 투자금액을 추정하고, 회전율이나 내점율 등의 방법으로 매출액을 추정한 다음, 재료비, 인건비, 임차료, 판매비와 관리비 등의 비용을 추정하여 **"월 투자수익률(%)=(월 매출액-월 지출액)/총 투자금액×100"** 산식에 대입했을 때 **월 투자수익률이 4% 이상**인 경우 총 투자한 원금을 2년 이내에 회수할 수 있다.

참고사항 : 상권 및 입지 분석 프로세스

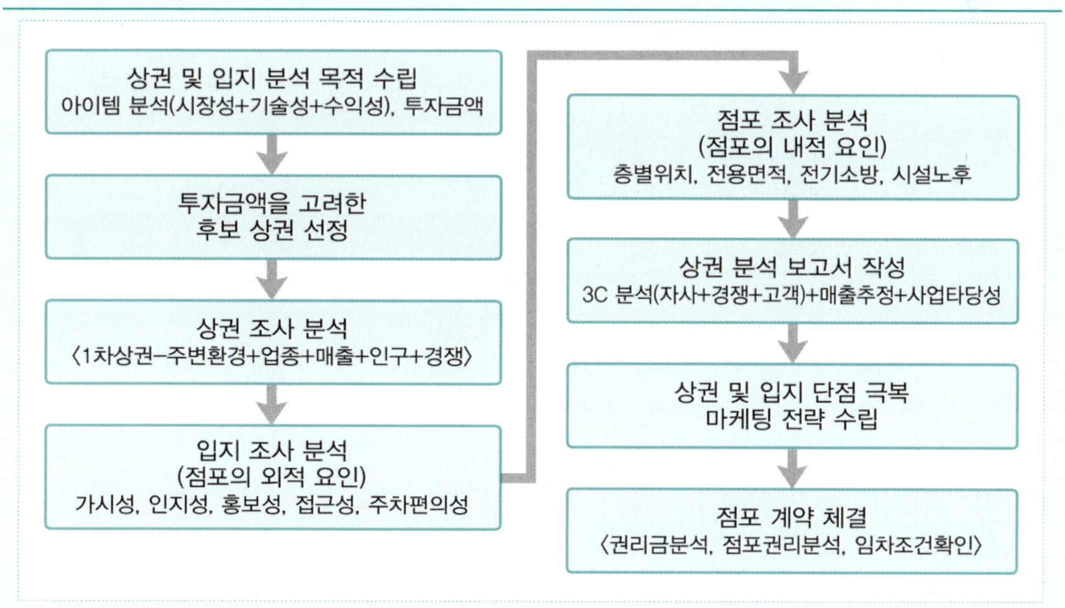

참고사항 : 상권 및 입지 분석 Tip

넬슨(R. L. Nelson)의 "입지 선정을 위한 8가지 원칙"	
상권의 잠재력	– 현재 관할 상권 내에서 취급하려는 상품에 대한 수익성 확보 가능성에 대한 검토
접근가능성	– 관할 상권 내에 있는 고객을 자기 점포에 어느 정도 흡인할 수 있는가에 대한 가능성을 검토하기 위한 방법
성장가능성	– 인구증가와 소득수준의 향상으로 시장규모나 선택한 사업장, 유통상권의 매출액이 성장할 가능성에 대한 검토
중간저지성	– 기존 점포나 상권 지역이 고객과의 중간에 위치함으로써 경쟁점포나 기존의 상권지역으로 접근하는 고객을 중간에서 차단할 수 있는 가능성을 검토
누적적흡인력	– 영업의 형태가 비슷하거나 동일한 점포가 집중적으로 몰려 있어 고객의 흡인력을 극대화할 수 있는 가능성 및 사무실, 학교, 문화시설 등과 인접함으로써 고객을 흡인하기에 유리한 조건에 속해있는가에 대한 검토 – 창업 아이템에 따라서 중간저지성의 입지를 선택할 것인지 누적적흡인력의 입지를 선택할 것인지를 판단해서 결정해야 함
양립성	– 상호보완 관계에 있는 점포가 서로 인접해 있음으로 인해서 고객의 흡인력을 높일 수 있는 가능성에 대한 검토
경쟁회피성	– 경쟁점의 입지, 규모, 형태 등을 감안하여 사업장이 기존 점포와의 경쟁에서 우위를 확보할 수 있는 가능성 및 향후 신규 경쟁점이 입점함으로써 창업할 사업장에 미칠 영향력의 정도를 파악하기 위한 방법 – 경쟁을 회피하기 위하여 가능한 한 경쟁점과의 경쟁에 있어서 우위를 점할 수 있는 규모의 사업장을 선택해야 하며, 입지를 경쟁점이 이용하는 것을 사전에 막을 수 있도록 해야 하고, 경쟁 입지가 중간저지적인 입지가 되지 않을 수 있는 입지를 선택해야 함
경제성	– 입지의 가격 및 비용 등으로 인한 수익성과 생산성의 정도에 관한 검토

점수 / 점포	상권의 잠재력	접근 가능성	성장 가능성	중간 저지성	누적적 흡입력	양립성	경쟁 회피성	경제성	점수 합계
A 후보지									
B 후보지									
C 후보지									

좋은 입지와 나쁜 입지 선정 기준	
좋은 입지	– 모이는 유동인구가 많은 곳 – 접근하기 편한 곳 – 편의시설보다 퇴근길 방향에 있는 곳 – 주차장이 있는 곳 – 코너 점포 – 비어 있는 점포가 없는 곳 – 중소형 아파트단지 상가 – 낮은 지대의 중심지 – 2,000~3,000세대 이상의 대규모 아파트나 주택단지 – 인구이동이 심한 지역인 경우 전입이 전출보다 높은 지역 또는 고정인구 2만명 이상, 고정세대 5,000세대 이상인 지역 – 학교 주변상권의 경우 정문으로부터 300~500m 이내, 후문 100m 이내인 지역 – 지하철역으로부터 200~300m 이내인 지역 – 버스정류장으로부터 100~200m 이내인 지역 – 버스정류장에 버스노선이 5대 이상인 지역 – 버스종점 반경 300~500m인 지역 – 버스정류장, 지하철역으로부터 들어오는 입구 모퉁이 – 편도 2차선 3거리 이상 가로의 100~200m 이내인 지역 – 동일상권 300m 이내에 동업종이 적은 지역 – 기타 업종에 상응하는 시간대별 유동인구 및 주거인구가 충분한 지역
나쁜 입지	– 상권이 필요 이상 확대되는 곳 – 6차선 이상의 도로가 상권을 양분하는 곳 – 유동인구가 그냥 지나가는 곳(소위 “흐르는 자리”) – 주변점포가 기술 또는 저가상품 위주인 곳 – 업종이나 주인이 자주 바뀌는 곳 – 주변점포의 간판이 낡거나 변색된 점포가 있는 곳 – 점포 전면이 좁거나 간판설치가 어려운 곳 – 주변도로가 지저분한 곳 – 편도인 도로변이나 맞은편에 점포가 없는 곳 – 빈 점포가 많은 곳 – 언덕 위나 상가의 연속성이 끊긴 곳 – 주변에 공터가 있는 곳 – 막다른 골목 끝인 곳 – 300~500m에 대형 유통시설이 있는 곳 – 주변에 큰 규모의 동일업종이 있는 곳 – 보도 폭이 좁은 곳

Q6. 분쟁사전예방을 위한 재무비율 분석 방법?

A6. 분쟁을 사전에 예방하기 위해 재무안전성이 높은 가맹본부를 선택하는 것이 중요하다. 가맹본부가 사전에 제공하는 정보공개서에는 가맹본부의 재무상태표와 손익계산서가 기재되어 있으며, 이의 세부 내역은 별지로 첨부되어 있다.

재무제표는 회사와 관련된 다양한 정보를 담고 있으며, 재무비율 분석을 통해 가맹본부의 경영현황 및 장점과 단점을 파악할 수 있다.

정보공개서에 기재되어 있는 가맹본부의 3개년간의 재무상태를 비교함으로써 현재 시점에서 가맹본부의 매출액이 꾸준히 성장하고 있는지 여부와 재무구조의 안정성 등을 확인하고 가맹계약을 체결하여야 한다.

자본에 비해 부채가 지나치게 많은 경우 가맹본부의 재무건전성이 취약하다고 판단할 수 있다.

가맹본부의 매출액이 높은 것도 중요하지만 영업이익이나 당기순이익과 관련된 지표를 확인함으로써 가맹본부의 안정성과 성장성 등을 파악하여야 한다.

재무 회계 내용이 일반인이 파악하기에 어려운 점도 있지만 다음 내용을 참고하여 검토한다면 어려움을 상당히 덜 수 있을 것이다.

참고사항 : 재무비율 분석 Tip

- 재무비율 분석
  재무제표의 각 계정과목 중 상호 관계가 있는 두 개의 항목을 비율로 산정하여 측정함으로써 기업경영의 실태(안정성, 수익성, 성장성 등)를 판단하는 방법

- 재무상태표(Balance Sheets)
  특정시점에 본부가 영업활동을 위해 보유한 자산이 어느 정도이고, 특정시점에 본부가 얼마나 연구개발에 투자했는지 보여준다. 또한 자산을 취득하기 위하여 자금을 얼마나 빌렸으며, 본부를 설립하기 위해 주주들이 투자를 얼마나 했는지 보여준다.

- 손익계산서(Profit and loss Statement)
  본부가 일정기간 동안 가맹점과 영업활동을 하면서 사용한 원가나 상품의 구입원가를 보여준다. 또한 본부가 비용을 얼마나 어디에 사용했고, 이익구조가 어떻게 구성되어있는지 보여준다.

구분	계산
매출총이익	매출액 – 매출원가
영업이익	매출총이익 – 판매비와 관리비
경상이익	영업이익 + 영업외수익 + 영업외비용
법인세비용차감전순이익	경상이익 + 특별이익 – 특별손실
당기순이익	법인세비용차감전순손익 – 법인세비용

■ 안정성 분석

- 차입금 또는 부채가 증가하는 데 필요 이상의 현금잔고 등의 유동자산을 보유하고 있거나, 결산기일 전에 갑자기 현금잔고를 증가시키거나, 판매부진으로 인한 재고자산의 증가와 매출채권 및 미수금의 증가, 부채비율의 증가 등이 있다면 부적합하다고 판단
- 기업의 자금 지급능력에 관한 비율로 일명 유동성 비율. 일정시점의 자산, 부채, 자본이 어느 정도 상호 균형있게 짜여져 있나 하는 재무 구조상의 균형조건을 분석

유동비율	유동자산/유동부채×100	• 기업의 단기적인 채무지급 능력을 측정하는 비율 • 기업의 단기채무를 지급하기 위하여 단기에 현금으로 회수될 수 있는 자산의 정도를 측정 • 표준비율: 170% 이상 적합, 100% 이하 부적합, 전기 및 동업계 비율보다 높으면 양호
당좌비율	당좌자산/유동부채×100	• 유동자산 중 용이하게 현금화할 수 있는 당좌자산이 어느 정도인가를 표시해주는 비율 • 표준비율: 100% 이상 적합, 60% 이하 부적합, 전기 및 동업계 비율보다 높으면 양호
부채비율	부채/자기자본×100	• 자기자본으로 총부채(타인자본)를 어느 정도 충당할 수 있는가를 표시해주는 비율 • 표준비율: 150% 이하 적합, 400% 이상 부적합, 전기 및 동업계 비율보다 낮으면 양호
자기자본비율	자기자본/총자본×100	• 총자본(부채+자본) 중에서 자기자본이 차지하는 비중을 나타내는 비율로서 재무구조를 판단하기 위한 대표적인 지표 • 표준비율: 일정한 표준비율은 없고 높을수록 양호(보통 45% 이상 적합, 20% 이하 부적합), 전기 및 동업계 비율보다 높을수록 양호
매출채권 대 매입채무 비율	매입채권/매출채권×100	• 기업간 신용관계를 나타내는 매출채권과 매입채무를 대비한 비율로 기업의 자금관리 지표로 이용 • 표준비율: 일정한 표준비율은 없고 동업계 비율과 비교하여 양부를 판단 이 비율이 100%를 넘으면 유동비율은 좋아지지만 매출채권의 과다한 보유는 오히려 자금사정의 악화를 초래하는 요인이 될 수 있음

■ 수익성 분석

- 매출액의 지속적 감소, 매출원가의 지속적 상승, 매출 감소 대비 판매비와 일반관리비의 증가, 금융비용이 영업이익을 상회 등이 발생하면 부적합하다고 판단
- 기업활동의 결과로 나타난 일정기간 동안의 경영성과를 의미

총이익률	매출총이익/매출액×100	• 기업의 전체적인 경영효율성을 판단하는 데 이용되는 비율 • 표준비율: 25% 이상 적합, 15% 이하 부적합, 전기 및 동업계 비율보다 높을수록 양호
매출액 영업이익률	영업이익/매출액×100	• 표준비율: 15% 이상 적합, 10% 이하 부적합

■ 활동성 분석

기업이 보유하고 있는 자원을 얼마나 효율적으로 활용하고 있는지를 나타내는 비율

매출채권회전율	매출액/[(기초매출채권+기말매출채권)/2]	• 매출채권의 현금화 속도를 측정하는 비율로서 기업자금의 원천인 매출채권의 유동상태를 측정하는 지표 • 표준비율: 6회 이상 적합, 3회 이상 부적합
재고자산회전율	매출액/[(기초재고자산+기말재고자산)/2]	• 기업이 재고자산을 쌓아놓지 않고 얼마나 빨리 매출로 실현시키는가를 나타내는 지표 • 표준비율: 7회 이상 적합, 5회 이하 부적합
총자산회전율	매출액/[(기초총자산+기말총자산)/2]	• 총자산이 일정한 매출을 실현하기 위해 1년 동안 몇 회 반복하여 사용되었는가를 나타내는 비율로 기업이 투자한 총자산의 활용도를 총괄적으로 나타내는 지표 • 표준비율: 2회전 이상 적합, 1회전 이하 부적합

■ 성장성 분석

- 기업의 경영규모 및 경영활동의 성과가 전년에 비해 얼마나 증가하였나를 나타내는 비율
- 성장성이 높으면 시장에서의 상대적인 지위는 높아지겠지만 기업의 유동성이나 자금사정에는 부정적인 영향을 미친다.
- 따라서 유동성 분석과 연계하여 종합적으로 평가할 필요

매출액 증가율	(당기매출액－전기매출액)/전기매출액	• 전년도에 비해 당해연도에 얼마나 증가하였는지를 나타내는 비율
총자산 증가율	(당기말총자산－전기말총 자산)/전기말총자산	• 기업에 투하되어 운영된 총자산이 전년도에 비하여 당해연도에 얼마나 증가하였는가를 나타내는 비율로 기업의 전체적인 외형적 성장규모를 측정
순이익 증가율	(당기순이익－전기순이익)/전기순이익	• 경영활동의 최종 성과의 향상정도를 측정하는 비율 • 일정한 표준비율은 없고 일반적으로 비율이 높을수록 좋음

Q7. 분쟁사전예방을 위한 매출추정 분석 방법?

A7. 가맹점이 개점하고 가맹본부와 가장 많은 분쟁이 발생하는 사유가 예상매출과 실제매출의 차이 때문이다. 가맹본부가 제시한 예상매출과 실제매출이 차이나는 사유는 다양할 수 있다.

그럼에도 근본적인 문제는 가맹점사업자가 가맹본부가 제시한 예상매출만 믿고 가맹점을 개점하기 때문이다.

가맹사업은 가맹점사업자의 개인사업을 가맹본부가 지원해 주는 사업이다. 따라서 가맹본부가 제시하는 정보공개서나 예상매출액 산정서에 대해 매출액 산정기준이 얼마나 합리적인지, 가맹본부의 주관이 어느 정도 개입되어 있는지, 비용 산출 근거 등이 얼마나 현실적인지 등을 정확히 파악하여 결정하여야 한다.

정보공개서에 기재되어 있는 가맹점사업자당 연간평균매출액을 검토함에 있어서도 가맹점의 평균 매출액이 높다고 순이익이 높은 것은 아니기 때문에 단순히 매출액만 검토하면 안 된다.

즉, 투자비와 예상매출과 실제 산출되는 비용 등을 포함하여 투자 대비 수익성을 종합적으로 검토할 필요가 있다.

지역별 평균 매출액 또한 개점하고자 하는 지역의 특성을 모두 반영할 수는 없다. 따라서 지역별 평균 매출액 비교를 통해 해당 가맹사업이 특히 어느 지역에 활성화되고 있는지 또는 어느 지역에서는 미약한지 정도의 정보로 활용한다면 본인이 창업하고자 하는 지역의 사업성을 판단하는 데 유용한 자료가 될 것이다.

점포예정지의 매출액 추정은 가맹점사업자가 직접 하여야 한다. 어려운 내용이라 막막하다면 아래 내용을 참고하여 해당 업종에 적합한 방법을 적용해보면 객관적으로 분석하는 데 도움이 될 것이다.

참고사항 : 예상매출 추정 Tip

■ 매출액 등 산출기준

| 참고 | 일반적인 평균 매출액 산출 기준(예시 – 외식업)

내용	평균 매출액 기준	내용	평균 매출액 기준
테이블수	15개	일매출액	90만원
회전수	3회전	월매출액	27백만원
객단가	2만원	년매출액	324백만원
월산출일수	26일		

| 참고 | 기타 평균 매출액 산출 기준

추정방법	매출액 추정식
회전률법	테이블수(좌석수)×객단가×회전율×영업일수=월 매출액
	• 테이블수: 사업장 영업면적 / 테이블당 기준평수 회전율: 평일, 주말, 시간대 등을 감안하여 적용 객단가: 기본가격 또는 시간당 요금(서비스업) 적용 영업일수: 상권 및 입지 또는 업종의 특성에 따라 적용
내점율법	통행인구수×내점율×실구매율×1인 구매단가×영업일수=월매출액
	• 통행인구수: 1일 통행인구수 내점율: 통행인구 중 점포에 내점하는 비율 실구매율: 내점객 중 상품을 구매하는 비율 1인 구매단가: 1인 1회 평균 구입금액
세대수법	독점세대 매출액×가망세대 매출액×외부유입인구 매출액=월매출액
	• 독점세대 매출액=독점세대수×이용률×구매빈도×구매 단가 가망세대 매출액=(가망세대수/경쟁점포수)×이용률×구매빈도×구매단가 외부유입인구 매출액=외부유입인구수×이용률×구매빈도×객단가
목표이익법	(월고정비×월목표이익) / 한계이익률(마진률)=월매출액
	• 월고정비: 인건비, 임차료 등 매월 고정적 발생비용 월 목표이익: 투자금액에 대한 수익 한계이익률: 한계이익(매출액 – 변동비 차감이익)을 매출액으로 나눈 비율
예상고객수법	예상고객수×1인당 구매단가×영업일수=월 매출액
	• 예상고객수: 1일 점포방문 고객수 1인 구매단가: 1인 1회 평균 구입금액

| 참고 | 점포 운영비용 산출 기준(예시 – 외식업)

직접비	• 전기, 수도, 가스, 소모품비 등(매출액×5%~10%)
복리후생비	• 식대 5%, 국민연금 4.5%, 건강보험 2.24%, 고용보험 0.45%, 기타(인건비×15%)
지급임차료	• 업종별 평당 금액
지급수수료	• 카드 수수료, 세무비용, 기타 용역수수료(매출액×카드결제비율×3%~4%+1%)
판매관리비	• 광고선전비, 운반비, 포장비, 기타(매출액×3~5%)
일반관리비	• 통신비, 보험료, 소모품비, 차량유지비, 잡비 등(종업원수×월 50~100만원, 매장 면적 기준 평당 4~6만원) • 가맹비, 로열티는 가맹본부 기준 적용
감가상각비	• 업종에 따라 상이(시설투자금액×20%~33%)
재고감모손	• 도난, 분실 등(재료비×3%~5%)

| 참고 | 영업이익률 추정기준(예시)

(단위: %)

구분		산출근거	외식업	소매업	서비스업
매출액			100	100	100
매출원가			80	85	75
	재료비	업종별 평균	35	50	5
	인건비	업종별 평균	15	10	35
	직접경비	추정	8	6	8
	복리후생비	인건비 15%	2	2	6
	지급임차료	추정	11	8	12
	지급수수료	매출액 4~5%	4	4	4
	광고선전비	매출액 3%	3	3	3
	기타비용		2	2	2
영업이익			20	15	25

| 참고 | 소점포 자영업의 투자대비 수익률 파악을 위한 간단한 공식(예시)

투자대비 예상 월평균매출액	총투자금액×1.5~2회전 / 12월=예상 월 매출액
투자대비 예상 월 영업이익	총투자금액×2~3%=예상 월 영업이익

점포보증금, 시설비, 가맹금 등 총투자금액이 2억원인 음식점을 창업할 경우 월평 균매출액은 2천5백만원을 예상할 수 있고, 예상 월 영업이익은 400만원에서 600만원 정도로 파악할 수 있다.

즉, 2억원을 투자했을 경우 최소 2천5백만원의 매출을 올리고 월 수익이 600만원 정도 되어야 투자금 회수기간이 약 34개월 걸린다는 것을 의미한다.

2억원을 투자했을 경우라 할지라도 월 수익이 400만원에서 600만원 정도가 평균적인 투자대비 수익률이기 때문에 1억원 이하 소자본의 경우는 이보다 더 못한 경우가 많다. 따라서 5천만원 투자로 월수익 1천만원 보장 등의 경우는 일단 그 타당성을 따져보아야 한다.

투자대비 수익률의 적정성은 평균적 예상수익을 중심으로 보수적으로 계산해야 한다. 최소자본으로 최대의 수익을 얻을 수는 있지만 이는 극히 제한적인 경우라 볼 수 있다. 과도한 요행을 바라지 않는 한 상식적인 수준에서 누구에게나 일반적인 상황을 고려해야 한다. 점포 보증금조차 건지지 못하고 1년 안에 폐업하는 경우도 많다는 점을 참고하기 바란다.

따라서 가맹본부가 터무니없는 예상수익을 홍보한다면 그 구체적인 근거 제시를 요구하고 검토해야 할 것이다.

Keyword 07

가맹분야표준고시

Q1. 정보공개서 표준고시 세부 내용은?

A1. 정보공개서 표준고시 기준으로 작성된 문서에 대해 필수기재 항목별 중요하게 검토하여야 하는 내용과 표준양식은 다음과 같다.

1. 표지

표지에서 가장 중요한 내용은 "정보공개서 등록번호, 최초등록일, 최종등록일" 기재 여부이다. 그 중 최종등록일은 최소한 1년에 1번 변경되거나 수시로 변경된다. 정보공개서 제공시점에 얼마나 시의성이 반영되어 있는 정보인지를 결정하는 내용이기에 **최종등록일** 확인은 무엇보다 중요하다.

2. 가맹본부의 일반현황

가맹본부의 특수관계인 현황에 가맹사업을 운영하는 계열회사 등이 정리되어 있다. 가맹본부 및 계열회사의 가맹사업 경영사실을 비교하여 검토하여야 한다. 가맹본부가 해당 브랜드에 대하여 지적재산권을 확보하고 있는지도 검토해야 하는 중요한 내용이다.

가맹본부의 재무현황은 손익계산서의 매출액을 기재하고, 그 매출액을 가맹사업 관련 매출액으로 구분하여 기재되어야 한다. 가맹본부가 가맹사업이 아닌 다른 사업을 진행하거나 다른 브랜드를 운영하는 경우 해당 브랜드의 성장률을 구분하여 확인하여야 한다. 추가로, [별첨]으로 재무상태표와 손익계산서를 첨부하도록 하고 있기에 세부 내용을 함께 검토할 필요가 있다.

3. 가맹본부의 가맹사업 현황

해당 브랜드의 3년 동안 전체 점포 현황과 변동 현황이 공개되어 있다. 가맹점사업자의 연간평균 매출액도 기재되어 있고, 매장크기별, 지역별로 구분되어 있다. 가맹점의 매출액을 산정하는 기준에 대한 타당성을 검토하여야 하고, 점포크기 대비 매출액 현황은 평당 매출액으로 검토하여야 한다.

가맹본부 및 계열회사의 가맹사업 변동 현황도 공개되어 있다. 브랜드별 3년 동안 점포 변동 현황을 검토하여 현재 가맹본부가 주력하고 있는 브랜드가 어떤 것인지 확인하여야 한다. 선택한 브랜드가 성장하고 있는 브랜드인지, 쇠퇴하고 있는 브랜드인지를 이 내용으로 확인할 수 있다.

가맹본부가 가맹사업을 진행하면서 광고 및 판촉행사에 사용한 금액이 매출액 대비 어느 정도인지 확인할 필요가 있다. 또한, 가맹점사업자 분담 기준이 정보공개서와 가맹계약서에서 정한 기준과 일치하는지 여부도 검토하여야 한다.

4. 가맹본부와 그 임원의 법 위반 사실

법 위반 사실은 공정거래위원회 소관 법령, 민법, 형법으로 구분되어 있다. 가맹사업법 뿐만 아니라 공정거래법, 약관법 등의 제재도 모두 기재되어야 한다. 정보공개서 등록취소 사실 등이 기재되어 있다면 행정 관리역량을 검토해 보아야 한다. 민법이나 형법의 위반 사실이 있다면 도덕성을 검토해 보아야 한다.

5. 가맹점사업자의 부담

영업개시 이전의 부담과 영업 중의 부담, 계약종료 후의 부담으로 구분되어 기재되어 있다. 영업개시 이전의 부담내역은 가맹비, 교육비 등 지원업무 대비 지급금액 타당성과 개설비용의 적절성 기준으로 검토할 필요가 있다.

영업 중의 부담 내역은 로열티 등의 지원업무 대비 지급금액 타당성과 가맹점사업자가 부담한 차액가맹금 지급금액과 가맹점 매출액 대비 지급금액의 비율에 대해서는 산정기준 및 적절성에 대해 검토하여야 한다.

참고로, 차액가맹금 현황을 가맹본부의 경제적 이익 및 특수관계인의 경제적 이익과 연계하여 검토한다면 가맹본부의 수익구조를 구체적으로 확인할 수 있다.

종료 후의 부담 내역은 계약갱신 시 부담하는 내역이 있다면 그 내용의 타당성을 검토할 필요가 있다. 개점 후 가맹점을 양도하는 상황이 생길 수도 있기에 양도양수 절차 및 내용에 대해서도 확인해 두어야 한다.

6. 영업활동에 대한 조건 및 제한

가맹본부가 개점 후 종료 시까지 통제하는 내용과 범위가 기재되어 있다. 구입강제 품목종류, 품목별 강제여부, 품목을 강제하거나 권장하면서 협력업체를 통해 수익을 얻는 가맹본부의 경제적 이익, 특수관계인의 경제적 이익이 기재되어 있다. 이 내용은 차액가맹금 현황과 비교하여 검토하면 가맹본부의 수익구조를 판단하는데 도움이 된다.

가맹점사업자의 영업지역 보호 내용에는 가맹본부가 다른 유통채널을 운영하는지 여부가 공개되어 있다. 소비자에게 가맹점에서 판매하는 상품과 유사한 상품을 자사 쇼핑몰이나 타사쇼핑몰을 통해 판매하고 있는지 여부와 온라인 및 오프라인을 통한 판매매출 현황 등을 연계하여 검토한다면 가맹본부가 가맹사업 동일성 유지와 가맹점과의 상생을 위해 얼마나 노력하는지 여부를 판단할 수 있다.

계약갱신 조건, 계약해지 조건 및 가맹점 권리변동 기준과 경업금지 업종, 영업비밀 보호, 손해배상 관련 내용도 기재되어 있다. 특히 이 내용은 분쟁이 많은 항목으로 가맹계약서 내용과 일치하는지 여부를 반드시 확인하여야 한다.

전국 광고 및 판촉행사 관련하여 가맹본부가 상품광고, 가맹점모집광고, 상품광고와 가맹점모집광고를 병행하여 하는 경우 구분하여 기재하도록 하고 있다. 가맹점모집광고에 소요되는 비용은 가맹본부만 부담하여야 하는 내용으로 기재되어 있는지 확인하고, 병행 광고의 경우 상품광고 비율과 동일한지 여부도 검토할 필요가 있다.

7. 가맹사업의 영업개시에 관한 상세한 절차와 소요기간

가맹점 창업을 위해 상담하면서부터 개점할 때까지 절차와 걸리는 기간, 단계별로 소요되는 금액 등은 투자금액 추정 단계에서 중요한 정보이다. 총 투자비를 자기자본으로 투자하는 경우와 타인자본을 병행하게 되는 경우 투자시점을 확인하기 위해서는 단계별 소요비용 내역을 정확히 확인하여야 한다. 분쟁이 발생되는 경우를 대비하여 이를 해결하는 절차가 기재된 내용도 검토할 필요가 있다.

8. 가맹본부의 경영 및 영업활동 등에 대한 지원

가맹본부의 지원 내역이 기재되어 있다. 개점 시 인력지원에 해당하는 금액은 가맹비에 포함된 금액으로 검토하여야 하고, 교육비와 연계하여 검토하면 안 된다. 추가로, 영업 중 지원하는 내역이 있는지도 검토하여야 한다.

9. 교육 · 훈련에 대한 설명

프랜차이즈 사업은 교육 사업이라고 해도 과언이 아니다. 경력도 없이 창업에 도전하는 사업 형태이기에 가맹본부의 교육 및 훈련 역량은 무엇보다 중요하다. 이에 기재되어 있는 교육 내용 및 교육 일정 등이 체계적인 프로그램인지, 교육 비용은 교육 내용 대비 적정한지 여부를 반드시 검토하여야 한다.

10. 가맹본부의 직영점 현황

가맹본부가 운영하는 직영사업 현황이 공개되어 있다. 직영점 평균 영업기간 및 연간평균 매출액 현황도 기재되어 있다. 직영점 역량과 가맹점 역량은 다르지만 가맹본부의 역량을 평가할 중요한 정보이다.

[가맹본부의 로고가 있는 경우 로고]	[정보공개서 등록번호] [정보공개서 최초 등록일] [정보공개서 최종 등록일]	[가맹본부의 홈페이지 주소 및 대표 이메일 주소]

[가맹희망자가 운영하게 될 영업표지(브랜드명)]

정 보 공 개 서

[가맹본부명]은 「가맹사업거래의 공정화에 관한 법률」 제7조 및 같은 법 시행령 제4조 제1항에 따라 귀하에게 이 정보공개서를 드립니다.

20 . . .

[가맹본부명]

<주 의 사 항>

이 정보공개서는 귀하께서 체결하려는 가맹계약 및 해당 가맹사업에 대한 전반적인 정보를 담고 있으므로 그 내용을 정확하게 파악한 후에 계약체결 여부를 결정하시기 바랍니다.

「가맹사업거래의 공정화에 관한 법률」에 따라 가맹희망자에게는 정보공개서의 내용을 충분히 검토하고 판단할 수 있도록 일정한 기간이 주어집니다. 따라서 이 정보공개서를 제공받은 날부터 14일(변호사나 가맹거래사의 자문을 받은 경우에는 7일)이 지날 때까지는 가맹본부가 귀하로부터 가맹금을 받거나 귀하와 가맹계약을 체결할 수 없습니다.

이 정보공개서는 법령이 정한 기재사항을 담고 있는 것에 불과하며 그 내용의 사실 여부를 공정거래위원회 또는 시·도에서 모두 확인한 것은 아닙니다. 또한, 귀하께서는 어디까지나 가맹계약서의 내용에 따라 가맹사업을 운영하게 되므로 정보공개서의 내용에만 의존하여서는 아니 됩니다.

귀하께서 가맹계약서에 서명하는 순간부터 그 내용에 구속됩니다. 따라서 충분한 시간을 갖고 정보공개서나 가맹계약서의 내용을 검토하시고 기존 가맹점사업자를 방문하여 얻은 정보에 근거하여 가맹본부의 신뢰성을 판단하도록 하십시오.

가맹사업은 법률, 회계, 경영 등 다양한 분야의 지식이 필요한 분야이므로 가맹거래사 등 전문가의 자문을 받는 것을 권장합니다. 귀하가 과거 사업경력이 없는 경우 관련 업종에서 경험을 쌓아 경영 수행 능력을 갖출 필요가 있습니다.

마지막으로 사업 초기에 많은 자금이 소요되므로 귀하의 재정상태를 확실히 점검한 다음 창업에 임하시기 바랍니다.

[가맹본부의 주된 사무소의 소재지]
[가맹본부의 대표전화번호]
[가맹본부의 대표팩스번호]
[가맹사업 담당부서 및 전화번호]

목 차

I. 가맹본부의 일반 현황

1. 가맹본부의 일반 정보

당사의 일반 정보는 다음과 같습니다.

상호	영업표지	주 소			
(주)공정위	반포삼겹살 외 1개	서울시 서초구 반포로 9999번지			
	법인 설립등기일①	사업자등록일	대표자	대표전화번호	대표팩스번호
	1999.3.15.	1999.3.17.	김공정	02-1234-5678	02-1234-5679
	법인등록번호	111111-2222222	사업자등록번호	123-45-67890	

2. 특수관계인*의 일반 정보

당사의 특수관계인 중 최근 3년 동안 가맹사업 경영 경험이 있는 자는 다음과 같습니다.

관계	이름/상호①	영업표지	주 소		
배우자	이천절 (주)서초건강	1004건강	서울시 서초구 강남대로 10000번지		
			대표자②	대표전화번호	대표팩스번호
			백철민	02-2000-9999	02-2000-8888
관계	이름/상호	영업표지	주 소		
사용인 (임원)	최거래	반포삼겹살 외 1개	서울시 서초구 반포로 9999번지		
			대표자	대표전화번호	대표팩스번호
			-	02-1234-5678	02-1234-5679
관계	이름/상호	영업표지	주 소		
사용인 (임원)	송가맹	반포삼겹살 외 1개	서울시 서초구 반포로 9999번지		
			대표자	대표전화번호	대표팩스번호
			-	02-1234-5678	02-1234-5679
관계	이름/상호	영업표지④	주 소		
계열회사③	조정원(주)	잠원우동 외 1개	서울시 서초구 잠원로 1234번지		
			대표자	대표전화번호	대표팩스번호
			박조정	02-9876-5432	02-9876-5431
	법인등록번호	333333-4444444	사업자등록번호	987-65-43210	
계열회사⑤	나도해(주)	삼겹구이 외 1개	서울시 서초구 반포로 7777번지		
			대표자	대표전화번호	대표팩스번호
			박협회	02-1234-3333	02-1234-3334
	법인등록번호	777787-666666	사업자등록번호	123-45-67890	

3. 가맹본부의 인수·합병 내역

당사는 바로 전 3년 동안 다음과 같이 다른 기업(가맹사업 영업표지를 포함하여 가맹사업을 경영한 기업)을 인수·합병(다른 기업의 가맹 관련 사업을 양수 또는 양도한 경우도 포함한다)하거나 다른 기업에 인수·합병된 적이 있습니다.

인수·합병 여부	기업명	영업표지	인수·합병일	주 소	대표자
가맹본부가 다른 기업을 인수함	해당없음				
가맹본부가 다른 기업의 가맹사업 일부를 인수함	해당없음				
다른 기업에 가맹사업 일부를 인도함	청산별곡(주)	달려라 한입	2018.02.14.	강원도 OO군 OO로 OO번지	나국어
다른 기업이 가맹본부를 합병함	해당없음				

4. 가맹희망자가 앞으로 경영할 가맹사업(앞으로 [반포삼겹살]이라 합니다)의 내용

귀하는 앞으로 아래 표에 따른 가맹사업을 경영하게 됩니다.

구 분	내 용	추가 설명
명 칭①	반포삼겹살	명칭의 유래 설명
상 호②	반포삼겹살 OO점	
상표(서비스표)③		서비스표 등록번호: OOOOOOOOOOO
광 고④		
그 밖의 영업표지		

[반포삼겹살은... 영업표지 홍보를 하고 사진 등의 자료도 첨부합니다.]*

5. 바로 전 3개 사업연도①의 재무상태표 및 손익계산서

1) 당사의 바로 전 3년 동안의 재무상황 요약은 다음과 같습니다.

(단위: 천원, 부가세 미포함)

연도	자산총계②	부채총계	자본총계	매출액	영업이익	당기순이익
2016년						
2017년						
2018년						

그 근거자료는 별첨 1과 같습니다. [※**재무상태표, 손익계산서 사본**은 가맹사업거래의 공정화에 관한 **법률 시행령에 따라 반드시 삽입**하셔야 합니다.]

[당사는 [ ]년[ ]월 개인사업자[법인사업자]에서 법인사업자[개인사업자]로 전환하였습니다. 따라서, 0000년도 이전은 법인사업자[개인사업자]로 전환하기 전 개인사업자[법인사업자]로서의 가맹본부 매출액이며, 0000년 이후에는 현재 법인사업자[개인사업자]의 매출액임을 알려드립니다.]

2) 당사의 바로 전 3년 동안의 가맹사업 관련 매출액①은 다음과 같습니다.

당사의 가맹사업 관련 매출액

(단위: 천원, 부가세 미포함)

영업표지②	연도	가맹사업 관련 매출액③④		
		매출액	상한	하한
반포삼겹살	2016년			
	2017년			
	2018년			
과천보쌈	2016년			
	2017년			
	2018년			

[당사에서 추정한 가맹사업 관련 매출액은 당사 전체 매출액의 60%입니다.]

[당사는 가맹사업(반포삼겹살, 과천보쌈) 외, 육류 도매업도 하고 있으며, 당사의 매출액은 가맹사업별로 가맹점사업자들에게 공급하는 육류매출액과 육류 도매매출액으로 구성됩니다. 당사가 각 가맹사업 영업표지별로 가맹점사업자들에게 공급하는 육류의 매출액은 전체 매출액과 대비하여 60%에 해당하며, 가맹사업 관련 매출액 중 반포삼겹살 가맹점사업자들에게 공급하는 육류매출액은 50%~52%이며, 과천보쌈 가맹점사업자들에게 공급하는 육류매출액은 48%~50% 입니다. 따라서 관련 매출액은 반포삼겹살은 000천원과 000천원 사이에 있으며, 과천보쌈은 000천원과 000천원 사이에 있을 것으로 추정됩니다.]

6. 가맹본부의 임원① 명단 및 사업경력②

당사의 임원 내역은 다음과 같습니다.

관련여부③	이름	현 직위	사업경력		
			기간④	직위	담당 업무
가맹사업 관련 임원	김공정	대표이사	2017.1.~2017.8.	AB학원(주) 상무	가맹점 관리
			2017.8.~2018.11.	AB학원(주) 전무	회계·자금
			2018.11.~현재	(주)공정위 대표이사	회사 업무 총괄
	송가맹	감사	2017.1.~2018.5.	(주)가나식품 전무	가맹점 관리
			2018.5.~현재	(주)공정위 감사	
가맹사업 비관련 임원	최거래	이사	2017.6.~2018.5.	한강대학교 교수	경영학
			2018.5.~현재	(주)공정위 이사	경리
	...				

7. 바로 전 사업연도 말 임직원 수

당사의 바로 전 사업연도 말 임직원 수는 다음과 같습니다.

시점	임원수(명)		직원수(명)①
	상근	비상근	
2018년 12월 31일	3	1	30

[※ 사업연도가 연도 말이 아닌 가맹본부는 사업연도 말을 기준으로 기재합니다.]

8. 가맹본부 및 가맹본부의 특수관계인의 가맹사업 경영 사실

당사 및 당사의 특수관계인은 정보공개일 현재 최근 3년 동안 다음과 같이 가맹사업을 경영하였거나 경영하고 있습니다.

관계	상호/이름	구분	기간①	사업내용②
가맹본부	(주)공정위	가맹사업 경영	2017.1.~현재	과천보쌈(등록번호: 20120000019)이라는 영업표지의 한식사업 경영
		가맹사업 경영	2017.2.~2017.11. *해당 가맹사업을 다른 회사에 인도함	달려라한입(등록번호: 20080000001)이라는 영업표지의 분식사업 경영
특수관계인 (배우자)	이천절	다른 가맹본부 [(주)서초건강] 이사로 재직	2017.11.~현재	1004건강(등록번호: 20080000002)이라는 영업표지의 식품사업 경영
		천절식품(주)라는 식품 업체 경영	2018.7.~현재	(주)공정위에 식자재 등 납품
특수관계인 (계열회사)	조정원(주)	가맹사업 경영	2018.5.~현재	잠원우동(등록번호 : 20080000003)라는 영업표지의 분식사업 경영
		가맹사업 경영	2018.4.~현재	탈라라학원(등록번호:20080000005)라는 영업표지의 영어사업 경영
특수관계인 (계열회사)	나도해(주)	가맹사업 경영	2015.9.~2018.1. *경영난으로 폐업하여 정보공개서 자진취소③	삼겹구어(등록번호 : 20080000004)이라는 영업표지의 한식사업 경영
		가맹사업 경영	2016.2.~현재	세종오겹살(등록번호 : 2010000010)이라는 영업표지의 한식사업 경영

9. 사용을 허용하는 지식재산권①

당사가 귀하에게 사용을 허용하는 지식재산권은 다음과 같습니다.

명칭	권리내용②	등록 및 등록신청 여부(일자)	출원번호 및 등록번호	소유자 (등록신청자)	존속기간 만료일 (가맹본부의 사용기간③)
반포삼겹살 (상표권)		2004.5.10. 출원 2004.7.21. 등록	출원 제OO-O 등록 제OO-O	(주)공정위	2024.7.21.
특제소스 1 (특허권)	제품 사용 및 대가 수수	2004.4.11. 출원 2006.1.20. 등록	출원 제OO-O 등록 제OO-O	(주)공정위	2024.4.11.
특제소스 2 (특허권)	제품 사용 및 대가 수수	2010.6.2. 출원 2010.9.2. 등록	출원 제OO-O 등록 제OO-O	나가맹	2030.6.2. (2025.2.4.)
특제소스 3 (특허권)	제품 사용 및 대가 수수	2010.9.3. 출원 2010.10.29. 출원거절 2010.11.22. 이의신청	출원 제OO-O	((주)공정위)	
....					

귀하가 허용된 범위를 벗어나 당사의 상표(특허)를 사용할 경우에는 민형사상 책임을 질 수 있으니 주의하여야 합니다.

당사의 지식재산권 내용은 한국특허정보원 특허정보검색서비스(http://www.kipris.or.kr)에서 확인할 수 있습니다.

II. 가맹본부의 [반포삼겹살] 가맹사업 현황

1. [반포삼겹살]을 시작한 날: 1997년 3월 21일
(직영점을 시작한 날: 1996년 5월 23일)

2. [반포삼겹살] 연혁

	영업표지	대표자의 이름	가맹사업 경영 기간	주된 사무소의 소재지
공정위	서초삼겹살	김사업	1997.3.21.~1999.3.16.	서울시 송파구 송파1동 999번지
(주)공정위	반포삼겹살	김사업	1999.3.17.~2012.10.31.	서울시 서초구 반포로 9999번지
(주)공정위	반포삼겹살	김공정	2018.11.1.~현재	서울시 서초구 반포로 9999번지

3. [반포삼겹살] 업종

영업표지	업종	
반포삼겹살	대분류	소분류(주요상품)
	기타외식	돼지고기

4. 바로 전 3년간 사업연도 말 영업 중인 [반포삼겹살] 가맹점 및 직영점의 총 수

(단위: 개)

지역	2016.12.31.			2017.12.31.			2018.12.31.		
	전체	가맹점수	직영점수	전체	가맹점수	직영점수	전체	가맹점수	직영점수
전체	54	50	4	58	55	3	68	64	4
서울	44	40	4	40	37	3	49	45	4
부산	-	-	-	-	-	-	-	-	-
대구	-	-	-	-	-	-	-	-	-
인천	-	-	-	-	-	-	-	-	-
광주	-	-	-	-	-	-	1	1	-
대전	-	-	-	2	2	-	2	2	
울산	-	-	-	-	-	-	-	-	-
세종	-	-	-	-	-	-	-	-	-
경기	10	10	-	16	16	-	16	16	-
강원	-	-	-	-	-	-	-	-	-
충북	-	-	-	-	-	-	-	-	-
충남	-	-	-	-	-	-	-	-	-
전북	-	-	-	-	-	-	-	-	-
전남	-	-	-	-	-	-	-	-	-
경북	-	-	-	-	-	-	-	-	-
경남	-	-	-	-	-	-	-	-	-
제주	-	-	-	-	-	-	-	-	-

5. 바로 전 3년간 [반포삼겹살] 가맹점 수

(단위: 개)

연도	연초	신규 개점	계약 종료[1]	계약 해지[2]	명의 변경[3]	연말
2016	41	11	1	1	2	50
2017	50	12	5	2	-	55
2018	55	10	1	-	1	64

[반포삼겹살] 가맹점의 자세한 내역은 별지를 확인하십시오.[4]

6. [반포삼겹살]외에 가맹본부가 경영하거나 특수관계인이 경영하는 가맹사업 현황

당사는 [반포삼겹살]외에도 가맹본부 및 가맹본부의 특수관계인이 경영하고 있는 가맹사업의 바로 전 3년간 현황은 다음과 같습니다.

(단위: 개)

구분	상호/이름	영업표지	정보공개서 등록번호	업종[1]	가맹점/직영점의 수[2]		
					2016.12.31.	2017.12.31.	2018.12.31.
가맹본부	(주)공정위	과천보쌈	20160000019	한식	11/1	11/1	11/2
특수관계인 (배우자)	(주)서초 건강	1004건강	20080000050	식품사업	23/1	25/0	25/0
특수관계인 (계열회사)	조정원(주)	잠원우동	2008000003	분식	67/0	122/2	79/2
		랄랄라영어	2008000005	영어학원	40/5	50/6	55/3
특수관계인 (계열회사)	나도해(주)	세종오겹살	2010000010	한식	20/1	25/3	40/3

7. 바로 전 사업연도 가맹점사업자[1]의 연간 평균 매출액(직영점 매출은 제외)과 그 산정기준[2]

[반포삼겹살] 가맹점사업자 한 명이 2018년에 올린 연간 평균 매출액 및 지역별 매출액은 아래와 같을 것으로 추정됩니다[3]. 보다 정확한 금액은 매출액 표의 상한과 하한 금액 사이에 있을 것으로 판단됩니다.

(단위 : 천원, 부가세 미포함)

지역[4]	2018년 말 가맹점수	2018년 가맹점사업자의 연간 평균 매출액						비고[5]
		연간 평균 매출액		연간 평균 매출액(상한)		연간 평균 매출액(하한)		
		연간 평균 매출액	면적[6] $3.3m^2$당	상한	면적 $3.3m^2$당	하한	면적 $3.3m^2$당	
전체[7]	64	92,000	6,133	125,300	8,353	52,300	3,487	
서울	45	99,000	6,600	125,300	8,353	72,700	4,847	
부산	-	해당없음						
대구	-	해당없음						
인천	-	해당없음						
광주	1	해당없음						5곳 미만
대전	2	해당없음						5곳 미만
울산	-	해당없음						
세종	-	해당없음						
경기	16	87,600	5,840	121,100	8,073	54,100	3,607	
강원	-	해당없음						
충북	-	해당없음						
충남	-	해당없음						
전북	-	해당없음						
전남	-	해당없음						
경북	-	해당없음						
경남	-	해당없음						
제주	-	해당없음						

[※ 가맹점매출액은 부가세를 포함하지 않고 기재합니다. 매출액 산정근거 자료에 부가세가 포함되어 있을 경우에는 부가세 부분(10%)은 제외하고 기재하여 주시기 바랍니다.]

예시1)

[당사의 가맹점사업자 연간 평균 매출액은 가맹점별 POS(Point of Sales)상의 매출액을 근거로 하여 기재한 것입니다]
[특히 서울지역의 경우, 6개월 이상[8] 영업한 가맹점의 매출액을 1년치로 환산하여 전체 연간평균 매출액을 추정하는데 근거수치로 포함하였으나, 2018년 10월 이후 영업을 개시한 2개 가맹점(00점, 00점) 매출액은 1년치로 환산하여 전체 연간평균 매출액을 추정하는데 근거자료로 사용하는 것은 합리적이지 않다고 판단하여 매출액 추정 근거자료로 활용하지 않았습니다. 따라서 표에서 기재한 연간 평균 매출액은 전체 가맹점 수 64개가 아닌 실제 62개 가맹점의 연간 평균 매출액 추정 자료임을 알려드립니다.]

예시 2)

[당사에서 추정한 매출액은 다음의 산식을 따른 것입니다.]

[매출액 = 당사가 가맹점에 공급하는 물품 공급액 × 추정비율[9](   )]

[당사가 보유한 가맹점사업자 원가 분석 자료에 따르면 물품 공급액이 차지하는 비율이 42%~46%인 것으로 보이므로 이를 역산하여 매출액을 추정하였습니다.]

[특히 서울지역의 경우, 6개월 이상 영업한 가맹점의 매출액을 1년치로 환산하여 전체 연간평균 매출액을 추정하는데 근거수치로 포함하였으나, 2018년 10월 이후 영업을 개시한 2개 가맹점(00점, 00점) 매출액은 1년치로 환산하여 전체 연간평균 매출액을 추정하는데 근거자료로 사용하는 것은 합리적이지 않다고 판단하여 매출액 추정 근거자료로 활용하지 않았습니다. 따라서 표에서 기재한 연간 평균 매출액은 전체 가맹점 수 64개가 아닌 실제 62개 가맹점의 연간 평균 매출액 추정 자료임을 알려드립니다.]

[매출액은 가맹점사업자별로 물품 공급액, 시장상황, 점주의 노력 등에 차이가 있기 때문에 달라질 수 있습니다. 따라서 위 표에 나타난 매출액이 귀하가 올릴 수 있는 미래 수입과 같지는 않다는 점을 명심하여야 합니다.]

[가맹사업거래의 공정화에 관한 법률 제9조 제3항·제4항 및 같은 법 시행령 제9조 제1항에 따라 당사가 매출액 추정에 사용한 자료는 당사의 본사 사무실에 비치하고 있습니다. 귀하가 OOO으로 방문하여 소정의 신청서를 작성하면 열람이 가능합니다.]

8. [반포삼겹살] 가맹점의 평균 영업기간

[반포삼겹살]의 바로 전 사업연도 말 현재 영업중인 가맹점사업자의 평균 영업기간은 다음과 같습니다.

연도	영업중인 가맹점 수[1]	평균 영업기간[2]
2018		

9. 가맹지역본부(지사, 지역총판)[1]의 일반 정보

당사는 [반포삼겹살] 가맹점 관리를 위하여 다음과 같이 지역사무소를 운영하고 있습니다.

관리지역[2]	상호/명칭[3]	주 소		
서울시 동부	동부사무소	서울시 OO구 OO로 OO번지		
	대표자	대표전화번호	관리 가맹점수[4]	
	서일중	02-7777-8888	14	
	가맹본부와의 계약기간	가맹점 모집권한	가맹계약 체결권한[5]	가맹금 수령권한[6]
	2009.4.1.~2020.3.31.	○	×	×
서울시 서부	상호/명칭	주소		
	서부총판	서울시 OO구 OO로 OO번지		
	대표자	대표전화번호	관리 가맹점수	
	이승	02-666-9999	16	
	가맹본부와의 계약기간	가맹점 모집권한	가맹계약 체결권한	가맹금 수령권한
	2010.5.2.~2020.5.1.	○	×	×
경기도	삼미실업(주)	경기도 OO시 OO로 OO번지		
	대표자	대표전화번호	관리 가맹점수[4]	
	장종훈	031-5555-6666	11	
	가맹본부와의 계약기간	가맹점 모집권한	가맹계약 체결권한	가맹금 수령권한
	2009.4.1.~2020.3.31.	○	○	×

10. 광고·판촉 지출 내역

당사에서 [2018년]에 [반포삼겹살]과 관련하여 광고비 및 판촉비로 사용한 금액은 다음과 같습니다. 광고비 및 판촉비를 가맹점사업자와 분담하는 기준은 [ ]쪽을 참고하십시오.

구분[1]	수단[2]	기간[3]	지출 비용(단위: 천원, 부가세 미포함)			비고[4]
			합계	가맹본부	가맹점	
합계			342,000	295,000	47,000	
광고	소계		230,000	230,000	-	
	TV	2018.3.1.~3.7.	150,000	150,000	-	KTV
	라디오	2018.10.~12.	30,000	30,000	-	반포라디오
	인터넷	연중	50,000	50,000	-	ftc.com
판촉	소계		112,000	65,000	47,000	
	1월 행사	2018.1.5.~1.18.	35,000	20,000	15,000	
	추석 행사	2018.9.15.~9.29.	77,000	45,000	32,000	한가위와 함께하는 돈돈돈! 이벤트

11. 가맹금 예치

귀하가 당사와 계약을 체결하기 위하여 가맹금을 지급하는 경우에는 [(주)한강은행]에 예치하여야 하며 자세한 내용은 다음과 같습니다.

예치기관 상호	담당 지점 또는 부서	주소	전화번호
(주)한강은행	수신부 프랜차이즈팀	서울시 OO구 OO로 OO번지	02-XXX-XXXX

자세한 예치방법은 다음과 같습니다.

귀하는 가맹금을 당사의 소정서식을 작성하여 [한강은행] 에 [계약 체결 다음 날까지] 예치신청 하여야 합니다. [예치방법은 한강은행의 인터넷 홈페이지에 접속하여 공인인증서를 다운받아 설치한 후 "예치 서비스"를 클릭한 다음 (주)공정위를 찾아 금액을 입력하면 됩니다.]*

귀하는 또한 [한강은행]에서 발급한 예치증서를 보관하고 있어야 하며 아래 주의사항을 반드시 알아 두어야 합니다.

<u>**가맹금 예치와 관련하여 가맹점사업자가 알아두어야 할 사항**</u>

1. 가맹점사업자가 영업을 시작하거나 가맹계약 체결일부터 2개월이 지난 경우에는 이 가맹 예치금은 가맹본부에 지급됩니다.
2. 다만, 다음의 경우에는 가맹금의 지급이 보류됩니다.
   가. 가맹점사업자가 예치가맹금을 반환받기 위하여 소를 제기한 경우
   나. 가맹점사업자가 예치가맹금을 반환받기 위하여 알선, 조정, 중재 등을 신청한 경우
   다. 가맹점사업자가 가맹금반환 사유가 발생하여 가맹본부를 공정거래위원회에 신고한 경우
3. 2번의 가~다의 조치를 취한 경우 그 사실을 예치기관에 서면으로 통보하여야 합니다. 그렇지 않은 경우 예치가맹금은 가맹본부에 지급될 수 있습니다.

12. 가맹점사업자피해보상보험 등의 체결 내역

당사는 가맹점사업자의 피해를 예방하기 위하여 [(주)한강보증보험]과 피해보상보험 계약을 체결하였으며 자세한 내용은 다음과 같습니다.

항목	내용	비고
보험인(보험회사)	(주)한강보증보험	
보험계약자	(주)공정위	가맹본부
피보험인(보험금을 지급받는 자)	가맹점사업자	
보험기간	가맹금 예치기간(가맹계약체결일로부터 2개월이 경과한 날 또는 가맹점사업자 영업 개시일까지)	
보험금액	예치금액	
보장범위	가맹점사업자의 피해액 일부 보장	
지급조건	가맹본부의 가맹금반환의무 불이행	
보험금의 수령절차	가맹점사업자의 보험금 신청 → 가맹본부 경유 → 보험회사 접수 → 보험회사 조사 → 지급 여부 결정 → 보험금 지급	평균 [ ] 개월 소요

[※ 보험증권 본문의 사본이 있는 경우 삽입하는 것이 바람직합니다.]

Ⅲ. 가맹본부와 그 임원의 법 위반 사실

1. 공정거래위원회 또는 시·도 지사의 시정조치 등①

당사와 당사의 임원은 정보공개일 현재 최근 3년 동안 가맹사업거래와 관련하여 가맹사업거래의 공정화에 관한 법률, 독점규제 및 공정거래에 관한 법률 및 약관의 규제에 관한 법률을 위반하여 공정거래위원회 또는 시·도지사로부터 [4]회의 시정조치 등을 받은 사실이 있으며 자세한 내용은 다음과 같습니다.

조치 대상	의결번호(사건번호)	위반법령	위반내용(위반법조문)②	조치일자③	조치내용④
㈜공정위	의결 2011-00 (2011가맹OOOO)	가맹사업법	가맹금 미반환 (제10조제1항)	2017.12.3.	시정명령 과징금 10백만원
㈜공정위	시권 2012-00 (2012약관OOOO)	약관규제법	부당하게 과중한 손해배상의무 부담 (제8조)	2018.9.10.	시정권고
대표이사 김공정	의결(약)2011-00 (2011서경OOOO)	가맹사업법	부당한 계약해지 (제12조제1항제1호)	2016.7.21.	시정명령 가맹점사업자에게 통지
감사 송가맹	의결(약)2013-00 (2013제감OOOO)	공정거래법	거래거절 (제23조제1항)	2016.5.6.	시정명령
㈜공정위			정보공개서 변경등록 불이행	2016.1.1.	정보공개서 (과천보쌈 200800000) 직권취소

당사는 [과천보쌈] 정보공개서의 변경등록 불이행으로 정보공개서가 직권취소 되었으나, 직권취소된 2016.1.1.부터 정보공개서를 신규로 재등록한 2016.8.5.까지 신규로 가맹계약을 체결하지 않았을 뿐 현재까지 [과천보쌈] 경영하고 있습니다.

2. 민사소송 및 민사상 화해

당사와 당사의 임원은 정보공개일 현재 최근 3년 동안 가맹사업거래와 관련하여 가맹사업거래의 공정화에 관한 법률 또는 독점규제 및 공정거래에 관한 법률을 위반하거나, 사기·횡령·배임 등 타인의 재물이나 재산상 이익을 영득 또는 이득하는 죄로 받은 유죄의 확정판결과 관련된 민사소송에서 패소의 확정판결을 받았거나, 민사상 화해를 한 사실이 다음과 같이 있습니다.

원고①	피고	사건번호	최종법원명	판결(선고)일자	청구 취지 및 내용	판결 또는 화해 내용
㈜OOO	㈜공정위	2016 OOOOOO	대법원	2017.12.3.	피고는 원고에게 금 300만원 지급	청구 취지와 동일

3. 형(刑)의 선고

당사와 당사의 임원은 정보공개일 현재 최근 3년 동안 사기·횡령·배임 등 타인의 재물이나 재산상 이익을 영득 또는 이득하는 죄를 범하여 형의 선고를 받은 사실이 다음과 같이 있습니다.

피고	사건번호	선고 법원	선고 일자	죄명 및 범죄사실	선고 내용
㈜공정위	2016OOO	대법원	2017.7.5.	횡령죄(OOOOOOOO)	벌금 500만원
대표이사 김공정	2017OOO	OO 지방법원	2018.5.3.	사기죄(OOOOOOOO)	벌금 100만원

Ⅳ. 가맹점사업자의 부담

1. 영업개시 이전의 부담

귀하가 [반포삼겹살] 가맹사업을 시작하기 위해서는 아래와 같은 금액이 소요됩니다. 이 금액에는 귀하가 지불하여야 하는 [점포의 임대비용 등]*이 제외되어 있습니다. 또한, 귀하가 운영하게 될 점포의 위치 및 규모, 내부 설비의 종류, 영업 시작까지 걸리는 시간 등이 상이하므로 실제 지불하는 금액과는 차이가 있을 수 있습니다.

귀하가 부담하여야 할 대가는 매우 다양하나 크게 다음의 세 가지로 구분할 수 있습니다.

구분	지급 대상	예치 대상 여부	비고
최초 가맹금	가맹본부	예치	확정 금액
보증금	가맹본부	예치	확정 금액
기타 비용	가맹본부 또는 다른 업체	예치하지 않음	추정 금액

1) 최초 가맹금을 자세히 나누면 다음 표의 내용과 같습니다.

(단위: 천원, 부가세 포함)

구분①	금액②	지급 기한	반환조건③	반환될 수 없는 사유	비고
총계	[4,950]				
가입비	3,300	계약 체결 후 20일 이내	영업 개시 이전까지 계약 해지	가맹점 모집을 위해 소요된 실제비용	반환시 당사에서 정한 기준의 위약금을 공제 (계약금을 별도로 지급하는 경우, 사후 가입비로 전환)
교육비	1,100	교육 시작 7일 이전	교육 시작 1일 이전에 계약 해지		교육이 시작되면 반환되지 않음
개점행사비	550	계약 체결 후 20일 이내	영업개시 이전까지 계약 해지	영업개시 행사를 위한 소요된 실제비용	반환시 당사에서 정한 기준의 위약금을 공제
· · · ·					

2) 보증금을 자세히 나누면 다음 표의 내용과 같습니다. 보증금은 계약 종료시 전액이 귀하에게 반환되는 대가입니다. 다만, 귀하의 귀책사유가 있는 경우에는 그러하지 아니합니다.

(단위: 천원, 부가세 없음)

구분①	금액②	지급 기한	가맹점사업자의 귀책사유③	비고
총계	[35,000]			
(현금)보증금	5,000	계약 체결 후 20일 이내	가맹금 미지급, 본사가 공급한 물품 파손 등	직전년도 전체 가맹점사업자의 1회 평균 상품 등의 대금(원·부재료 대금 포함)의 3배 이내④
담보목적물	30,000	계약 체결 후 20일 이내	〃	가맹희망자의 동산에 질권설정
· · · ·				

3) 예치가맹금의 범위와 그 금액

가맹사업거래의 공정화에 관한 법률에 따라 귀하가 예치하여야 하는 가맹금의 자세한 내역은 다음과 같습니다.

구분	금액(단위: 천원, 부가세 포함)
합계	9,950
가입비	3,300
교육비	1,100
개점행사비	550
(현금)보증금	5,000

4) 귀하가 그 밖에 지급하여야 하는 비용을 자세히 나누면 다음 표의 내용과 같습니다. 귀하가 가맹점을 운영하기 위하여 필요한 물품의 품목은 [ ]쪽에서 확인할 수 있습니다.

(단위: 천원, 부가세 포함)

구분①	지급대상②	금액③	면적 3.3㎡당 금액④	지급 기한	반환조건	비고⑤
총계		[54,500~63,000]				
필수설비(정착물)	(주)공정위, OO기계 외 1개사	24,700		설치 1일 이전	설치 전 계약취소	
인테리어 (점포 내장공사)	튼튼디자인 외 2개사	21,000(보통형) 27,000(고급형)		내부 인테리어 공사 시작 3일 이후	공사 전 계약취소	33㎡ 기준 3.3㎡ 늘어날 때마다 700천원 추가부담(보통형, 고급형의 경우 800천원)
최초 공급 상품 비용	(주)공정위	7,000~9,000		물품 공급 1일 이전	상품 미공급시	
기타 개점에 소요되는 비용	(주)공정위	1,800~2,300		계약 체결 후 20일 이내	개점전 계약취소 (그간 소요 비용 제외)	소모품비, 사업자등록 등 대행 대가
· · · ·						

[위 표의 금액은 당사가 그 동안의 가맹점 운영 경험을 토대로 추정한 것으로 실제 지불 금액과는 다를 수 있습니다.]

[※ 위 표에 기재된 비용 중 가맹본부 또는 가맹본부가 지정한 업체가 아닌 다른 업체와 거래할 경우 가맹본부에 **추가로 비용을 지불(예:** 당사 또는 당사가 지정한 업체가 아닌 **다른 업체와 인테리어 공사를 진행할 경우** 인테리어 공사 관련, 당사의 **설계 및 감리 대가로 33㎡ 기준으로 500천원을** 내부 인테리어 공사 완료 후 3일 이후에 당사에 **추가 지급하여야 합니다)**하도록 하고 있다면 그 내용을 반드시 기재합니다.]

5) 가맹점 입지 선정 주체 및 선정 기준

당사는 신규 가맹점 입지를 다음과 같이 정하고 있습니다.

선정 주체①	선정 기준②
당사 점포개발팀 (전화:02-XXX-XXXX)	담당자 배정 → 상담을 통하여 가맹희망자가 원하는 지역 파악 → 현장조사 등 시장 분석 → 최적의 입지 도출 → 가맹희망자에게 동의 여부를 구함 ※ 가맹희망자가 동의하지 않는 경우 새로운 입지를 정할 수 있으나 영업이 늦어지는데 따라 발생하는 비용을 추가로 부담할 수 있습니다.

6) 가맹점사업자와 그 종업원의 교육 및 계약·채용 기준

당사와 계약을 체결하여 교육을 받거나 귀하가 운영하는 가맹점에 종업원을 채용하기 위하여 필요한 조건은 다음과 같습니다.

구분	교육 기준①	계약·채용 기준②
가맹점사업자	국외여행에 결격사유가 없을 것	피성년후견인·피한정후견인이 아닐 것 OOO 자격증을 소유할 것 만19세 이상일 것
종업원	특별한 기준 없음	만18세 이상일 것

7) 가맹점 운영에 필요한 설비 등의 내역 및 공급방법·공급업체

[반포삼겹살] 가맹점을 운영하기 위해서는 다음의 물품이 필요합니다.
[※물품의 상세 내역은 첨부한 카탈로그를 참고하기 바랍니다.]

물품 내역①		공급방법②	공급업체③
주방집기	냉장고	가맹계약 체결시 별도 계약	OO전자(지정업체)
	가스레인지	가맹계약 체결시 별도 계약	OO전자(지정업체)
	그릇	시장에서 자체 조달 (30인분 이상)	-
외부	간판	추후 별도 계약	OO디자인(지정업체)
	입간판	추후 별도 계약	OO아트(지정업체)
내장재	실내공사	가맹계약에 포함	㈜공정위
기타	금전출납기	가맹계약에 포함	㈜공정위
...			

8) 한편, 귀하가 당사에 가맹금을 한 번에 납부하기 어려운 경우 다음과 같은 절차를 거쳐 가맹금을 납부할 수 있습니다.

구분	총액	계약금	중도금(1)	중도금(2)	...	잔금
금액(천원)		총액의 10%	15%	15%		10%
납부일		계약일	계약일+15일	계약일+1월		계약일+2월
비고						

2. 영업 중의 부담

1) 비용 부담

귀하가 영업을 시작한 후에도 다음과 같은 비용을 부담하여야 합니다. 특히 광고분담금에 대한 세부 분담기준은 [ ]쪽에 나와 있습니다.

(단위: 천원, 부가세 포함)

구분①	지급대상②	금액③	지급기한	반환조건	반환될 수 없는 사유	비고④
상표사용료	㈜공정위	월 200	다음 월 10일			
리스료		해당없음				
광고 분담금	㈜공정위	월 매출액 0.5% 등	다음 월 20일			
판촉분담금		행사별로 분담 등				
교육훈련비	㈜공정위	770	교육 실시 10일 이전			교육 필요시 지급
간판류 임차료		해당없음				
영업표지 변경 등에 따른 간판변경 비용⑤	공정광고기획㈜	1,500~3,000	간판 변경 후 2일 이내			부득이한 경우 변경될 수 있으며, 교체비용은 당사자의 귀책사유 등을 고려하여 협의결정
영업지역 보장금		해당없음				
시설, 각종 기기의 교체·보수비용		14,000~16,000	교체·보수 후 5일 이내			교체·보수 필요시 시설, 기기 등의 내구연수 등을 감안하여 당사와 협의하여 결정
점포환경개선 비용	튼튼디자인외 2개사	가맹본부 분담비용을 제외한 나머지				55페이지 참조
재고관리 비용	㈜공정위	150	재고조사 후 7일 이내			3개월마다 지급
회계처리 비용		해당없음				
POS 사용료	OO시스템	월 150	다음 월 5일			
지연이자⑥	㈜공정위	연10~20%	지급기일의 다음날부터 지급하는 날까지			월 계속가맹금의 지급기한을 경과했을 시 부담
. . . .						

2) 구입요구 품목 구입을 통한 가맹금 지급

가맹점사업자가 필수품목(강제, 권장)의 거래를 통해 당사에 지급하는 대가 중 적정한 도매가격을 넘는 대가(이하 "차액가맹금"이라 한다)의 (2018)년도 평균 규모는 다음과 같습니다.

구분①(기준: 2018년)	내용②
가맹점당 평균 차액가맹금 지급금액③	
가맹점당 평균매출액 대비 평균 차액가맹금 지급금액의 비율④	

[가맹점당 평균 차액가맹금 지급금액은 추정금액으로 2018년도에 당사가 가맹점사업자에게 공급한 구입요구품목의 매출액에서 해당 품목의 구매금액 합을 뺀 차액을 6개월 이상 운영한 가맹점수로 나눈 금액입니다. 이 경우 전년도에 구입하여 금년에 공급하는 부분, 금년에 구입하였으나 아직 공급하지 않은 부분, 자체생산품목에 대한 차액가맹금 미포함 등으로 인한 오차가 발생할 수 있습니다.]

3) 가맹점사업자에 대한 감독

당사는 귀하의 영업 상황에 대하여 일정한 감독을 실시하고 있으며 자세한 내용은 다음과 같습니다.

감독 항목	내 용	시기	비고
재고관리	실재제고 수량을 조사하여 장부상 재고와 비교	분기별 1회	문의: OO팀 (02-XXX-XXXX)
회계처리	가맹점사업자의 매출누락에 대한 회계 조사 실시	1년 1회	문의: OO팀 (02-XXX-XXXX)
. . . .			

3. 계약 종료 후의 부담(부담이 없는 경우에는 그 사실을 기재합니다)

1) 계약연장이나 재계약 과정의 추가 부담

귀하가 당사와 계약이 종료된 후에 연장(갱신, 재계약을 포함한다)하기 위해서는 아래의 금액을 지급하여야 합니다.

(단위: 천원, 부가세 포함)

구분①	금액②	지급 기한	반환조건③	반환될 수 없는 사유	비고
총계	[ ]				
추가 교육비④	협의하여 결정	교육 시작 7일 이전	교육 시작 1일 이전에 계약 해지		추가교육 필요시
점포 이전비⑤	협의하여 분담	점포 이전 후 10일 이내	점포 이전에 합의하지 않을 경우		점포이전 합의시
. . . .					

[당사는 계약종료 시점에 점포 위치에 대한 정기 점검을 실시하고 있어, 가맹점 운영에 반드시 필요하다고 당사가 판단하여 협의한 결과 가맹점도 이에 동의하면 점포 이전비가 추가 될 수 있습니다.]

2) 가맹본부의 사정에 의해 계약종료시 조치사항

가) 가맹본부가 가맹사업을 다른 사업자에게 양도하는 경우 기존 가맹점사업자와의 계약승계 여부

[당사가 가맹사업을 타인에게 양도하는 경우 가맹점사업자는 가맹계약을 종료하고 계약관계를 탈퇴할 수 있습니다. 다만, 가맹점사업자가 양수한 사업자(가맹본부)와의 계약 관계 유지를 원할 경우에는 가맹계약을 유지할 수 있습니다. 가맹관계를 탈퇴할 경우, 당사의 귀책사유로 인한 계약해지에 해당되므로 가맹점사업자는 남은 가맹계약기간을 고려하여 일부 가맹금의 반환을 청구할 수 있습니다.]

나) 가맹본부가 사용을 허락한 지식재산권의 유효기간이 만료되는 경우 조치사항

[당사가 가맹점운영을 위하여 가맹점사업자에게 사용을 허가한 상표권, 특허권 등 지식재산권이 존속기간의 만료, 소유권(사용권) 변경, 효력 상실 등의 사유로 더 이상 지식재산권을 독점적으로 사용할 수 없게 된 경우에는 당사의 책임과 비용으로 이를 대체할 수 있는 수단을 제공하며, 이로 인해 가맹점사업자에게 손해가 발생하면 가맹점사업자와 협의하여 이를 배상하도록 하겠습니다.]

[또한, 대체할 수 있는 수단을 제공하지 못하거나 대체수단이 만족스럽지 못할 경우에는 가맹점사업자는 체결한 가맹계약을 해지하실 수 있으며, 이 경우 귀책사유 등을 감안하여 일부 가맹금의 반환을 청구할 수 있습니다.]

다) 가맹본부가 해당 가맹사업을 중단하는 경우 조치사항

[당사는 원칙적으로 모든 가맹계약이 종료될 때까지 가맹사업을 중단하지 않습니다. 다만, 예상치 못한 사정으로 당사가 가맹사업을 중단하게 될 경우에는 이를 미리 가맹점사업자에게 통지하고 협의하여 계약을 해지할 것입니다. 이 경우 계약해지의 귀책사유를 고려하여 일부 가맹금의 반환을 청구할 수 있습니다.]

3) 가맹점 운영권 양도 과정의 부담

[귀하가 운영하는 [반포삼겹살] 운영권을 다른 사람에게 양도할 경우에는 귀하가 [㈜공정위]에 지급해야 할 비용은 없습니다. 다만, 양수인은 가맹점을 운영하기 위하여 요구되는 교육을 받아야 하며 이에 필요한 교육비를 지급하여야 합니다. 또한 계약보증금도 가맹본부에 지급하여야 합니다. 운영권 양도에 관한 자세한 절차는 [ ]쪽에 나와 있습니다.]

4) 계약 종료 후의 조치 사항

[가맹점사업자는 계약이 종료된 경우에는 지체없이 상호·간판 등 영업표지의 사용을 중단하고 이를 철거 내지 제거하여야 하며, 가맹본부가 제공한 설비, 전산시스템 등 영업관련 자산을 가맹본부에 반환하여야 합니다. 이상의 내용을 준수하지 아니한 경우에는 가맹점사업자는 일정한 금액을 손해배상액으로 당사에 지급하여야 합니다.]

[다만, 가맹점사업자가 지급한 계약이행보증금의 정산잔액과 정산서를 받을 때까지는 상호·간판 등의 철거 내지 제거, 영업관리 자산의 반환의무 이행을 연기할 수 있습니다. 또한 위 의무이행과 관련하여 필요한 비용은 계약종료에 책임 있는 당사자가 부담합니다.]

[또한, 가맹점사업자가 당사 또는 당사가 지정한 자로부터 공급받은 물품을 반품하고자 하는 경우, 물품의 재고량, 오·훼손 등 관리상태, 유통기한 등을 고려하고 일정범위 내(10%~90%)에서 반품이 가능하며, 구체적인 내용은 당사와 협의하여 결정합니다.]

V. 영업활동에 대한 조건 및 제한※

귀하는 당사와 가맹계약을 체결하게 되면 **사업의 동일성 유지**를 위하여 **영업활동에 일부 제한을 받을 수 있습니다.** 따라서 앞으로 기재된 내용을 신중히 살펴본 후 계약 체결 여부를 판단할 것을 권장합니다.

1. 물품 구입 및 임차

1) 귀하가 [반포삼겹살]을 시작하거나 경영하기 위하여 필요한 부동산·용역·설비·상품·원재료 또는 부재료 등의 구입 또는 임차와 관련하여, 당사 또는 당사가 지정하는 자와 거래하는 품목은 다음과 같습니다.

가) 물품 구입 및 임차 현황

구분①	품목②	규격③	거래 형태④	거래 상대방⑤	차액가맹금 수취여부⑥
부동산	해당없음				X
용역	POS 사용료	시스템 사용료	강제	OO시스템	X
	‥‥				
설비	냉장고	1,000ℓ	권장	OO전자	X
	‥‥				
상품	포장삼겹살	500g	권장	당사	O
	특제소스	300ml	강제	㈜한라산	X
	‥‥				
원·부재료	삼겹살	10kg	강제	당사	O
	오겹살	5kg	강제	당사	O
	‥‥				
‥‥					

[귀하가 위 표의 거래형태에 강제로 기재된 물품을 지정된 사업자가 아닌 자에게 공급받으려는 경우에는 사전에 가맹본부에게 서면으로 통지하여 승인을 받아야 합니다. 그렇지 않을 경우 불이익을 받을 수 있으므로 주의하여야 합니다.]

[당사는 경영환경의 변화 등으로 필요한 경우 위 표에 기재된 상품·용역 외에 다른 품목도 추가할 수 있습니다 이 경우 가맹점사업자의 동의를 미리 얻도록 하고 있으며, 동의가 없는 경우에는 본 정보공개서의 내용에 따라 사업을 진행합니다.]

나) 주요 품목①별 직전 사업연도 공급가격의 상·하한

순번	품목(단위)	공급가격②		구분③
		상한	하한	
1	삼겹살(10kg)	000,000	000,000	당사
2	오겹살(5kg)	000,000	000,000	당사
3	특제소스(300ml)	000,000	000,000	㈜한라산
:	:	:	:	:

2) 특수관계인의 경제적 이익

귀하가 [반포삼겹살]을 시작하거나 경영하기 위하여 당사가 거래할 것을 강제①하는 부동산·용역·설비·상품·원재료 또는 부재료 등의 구입 또는 임차와 관련하여, 당사의 특수관계인은 다음과 같은 경제적 이익을 수취하고 있습니다.

명칭②	관계	경제적 이익의 대상이 되는 상품 또는 용역의 명칭③	경제적 이익의 내용④	비고
이친절	배우자	참기름, 마늘 등 00개	0,000,000원	
최거래	사용인(임원)	냉장고, 오븐 등 00개	0,000,000원	
㈜반포	계열회사	주방설비	0,000,000원	
-				
계				

2. 거래 강제 또는 권장의 대가 내역

1) 당사는 [반포삼겹살] 가맹점사업자로 하여금 상품 또는 용역을 특정한 거래상대방에게 거래하도록 강제 또는 권장하는 대가로 특정한 거래상대방으로부터 다음과 같은 경제적 이익을 수취하고 있습니다.

(단위: 천원, 부가세 포함)

상품·용역①	거래상대방	대가 지불	경제적 이익의 내용②	금액③	비고④
갈비살	OO축산	OO축산	거래액의 2%	연간 거래총액 250,000	2018년 기준
식탁	OO가구	OO가구	거래액의 1%	000,000	
:	:	:	:	:	
계					

2) 당사가 [반포삼겹살] 가맹점사업자로 하여금 상품 또는 용역을 특정한 거래상대방에게 거래하도록 강제하는 대가로 당사의 특수관계인은 특정한 거래상대방으로부터 다음과 같은 경제적 이익을 수취하고 있습니다.

(단위: 천원, 부가세 포함)

관계	상품·용역	거래상대방	대가 지불	경제적 이익의 내용	금액	비고
배우자	갈비살	OO축산	OO축산	거래액의 2%	250,000	2018년 기준
사용인(임원)	식탁	OO가구	OO가구	거래액의 1%	000,000	
:	:	:	:	:	:	
계						

3. 상품·용역, 거래상대방, 가격 결정

1) 가맹점사업자가 취급하는 상품·용역의 판매 제한

당사의 상표권을 보호하고 상품 또는 용역의 동일성을 유지하기 위하여 귀하는 지정된 상품·용역만을 판매하여야 하며 그 자세한 내용은 다음과 같습니다.

상품·용역명①	제한내용 및 조건②	위반시 책임③	비고④
흑미삼겹살	왼쪽에 기재된 이외의 제품을 판매할 수 없음	1회 위반: 구두 경고 2회 위반: 2회 이상 서면 시정요구 3회 이상 위반: 계약 해지	
쫄깃오겹살			
‥‥			
대박갈비살			

[귀하가 위 표에 기재되지 않은 상품·용역을 판매하려는 경우에는 사전에 가맹본부에게 서면으로 통지하여 승인을 받아야 합니다. 그렇지 않을 경우 불이익을 받을 수 있으므로 주의하여야 합니다.]

[당사는 경영환경의 변화 등으로 필요한 경우 위 표에 기재된 상품·용역 외에도 판매 제한을 가할 수 있습니다. 이 경우 당사는 가맹점사업자의 동의를 미리 얻고 있습니다.]

2) 거래상대방(고객)에 따른 상품·용역의 판매 제한

당사의 상표권을 보호하고 상품 또는 용역의 동일성을 유지하기 위하여 귀하는 지정된 고객에 대해 상품·용역을 판매하지 않아야 하며 자세한 내용은 다음과 같습니다.

거래상대방(고객)①	상품·용역명②	제한내용 및 조건③	위반시 책임④	비고⑤
고등학교 재학생	주류	거래상대방별로 기재된 제품은 판매할 수 없음	1회 위반: 구두 경고 2회 위반: 2회 이상 서면 시정요구 3회 이상 위반: 계약 해지	
‥‥				

[귀하가 위 표에 기재된 거래상대방에게 제한된 상품·용역을 판매하려는 경우에는 사전에 가맹본부에게 서면으로 통지하여 승인을 받아야 합니다. 그렇지 않을 경우 불이익을 받을 수 있으므로 주의하여야 합니다.]

[당사는 경영환경의 변화 등으로 필요한 경우 위 표에 기재된 거래상대방(고객) 외에도 판매 제한을 가할 수 있습니다. 이 경우 당사는 가맹점사업자의 동의를 미리 얻고 있습니다.]

3) 가맹점사업자의 가격 결정의 제한

당사는 귀하가 판매하는 상품이나 용역의 가격을 정하여 이를 따르도록 권장하도록 하고 있으며 자세한 내용은 다음과 같습니다.

상품·용역명①	권장가격(단위: 원)②	가격 통보 방법	비고③
흑미삼겹살	5,000(180g)	월별로 홈페이지에 공지	2018.12월 기준
쫄깃오겹살	6,000(180g)	〃	〃
‥‥			
대박갈비살	10,000(120g)	〃	〃
‥‥			

[귀하가 위 표에 기재된 권장가격과 다른 가격으로 상품·용역을 판매하려는 경우에는 사전에 서면으로 당사와 협의하여야 합니다.]

4. 가맹점사업자의 영업지역 보호

1) 독점적·배타적 영업지역 설정

[당사는 가맹사업거래의 공정화에 관한 법률 제12조의4에 의거 가맹계약 체결 시 가맹점사업자의 영업지역을 설정하여 가맹계약서에 영업지역을 명시하고 있습니다.]

[당사 및 당사의 계열회사는 가맹계약기간 중에는 정당한 사유없이 가맹점사업자의 영업지역 내에 동일한 업종의 직영점·가맹점을 추가 개설하지 않습니다. 동일한 업종의 범위 및 동일한 업종에 해당하는 당사 및 당사의 계열회사의 영업표지는 다음과 같습니다.]

동일한 업종 범위①	동일한 업종 영업표지②	
	가맹본부	계열회사
돼지고기 또는 소고기 구이를 전문으로 하는 가맹사업	반포삼겹살	세종오겹살

2) 영업지역 설정기준

[당사는 영업지역을 다음과 같이 정하고 있습니다.]

설정 기준①	설정방법②
인구 ○만명 당 1점포	별지에 영업지역 표시 (지도별첨을 원칙으로 함)
점포를 중심으로 반경 00㎞	별지에 영업지역 표시 (지도별첨을 원칙으로 함)
행정구역당 1점포 단, 특수상권(백화점, 마트, 시장, 지하상가, 공항, 호텔 등)은 행정구역과 상관없이 별도의 영업지역으로 인정	별지에 영업지역 표시 (지도별첨을 원칙으로 함)

3) 가맹계약 갱신과정에서 영업지역을 재조정할 수 있는 사유 및 절차

[당사는 가맹사업거래의 공정화에 관한 법률 제12조의4에 의거 가맹계약 갱신시 다음과 같은 사유가 발생하는 경우에 한해서 가맹점사업자와 합의를 통하여 기존 영업지역을 합리적으로 조정할 수 있습니다. 구체적인 절차는 다음과 같습니다.]

영업지역 재조정 사유	재조정 절차	동의를 얻는 방법
① 재건축, 재개발, 신도시 건설 등 대규모개발로 인하여 상권의 급격한 변동이 발생하는 경우 ② 해당 상권의 거주인구 또는 유동인구가 현저히 변동되는 경우 ③ 소비자의 기호변화 등으로 인하여 해당 상품·용역에 대한 수요가 현저히 변동되는 경우 ④ 위의 사유에 준하는 사유로 인하여 영업지역을 그대로 유지하는 것이 현저히 불합리하다고 인정되는 경우	재조정 사유 발생 → 당사 담당팀 검토 → 영업지역 변경(안) 작성 → 가맹점사업자에게 서면 통지 → 가맹점사업자 동의 → 영업지역 변경 완료	영업지역 변경(안)을 서면으로 통지하고 30일 이내에 동의 여부 회신 동의가 있는 경우 15일 이내에 영업지역 재조정 완료 (신규 점포 입점 가능)

4) 영업지역 밖의 고객에게 상품이나 용역을 판매하는 데에 따르는 제한

[가맹점사업자는 가맹본부와 약정한 영업지역을 준수하시기 바랍니다. 영업지역을 벗어나 다른 가맹점사업자의 영역지역에 속한 고객에게 영업활동을 하는 경우 가맹본부는 다음의 조치를 취하여 가맹점사업자 상호간의 이해관계를 합리적으로 조정할 수 있습니다.]

[첫째, 가맹점사업자가 다른 가맹점사업자의 영업지역의 고객과 거래하는 경우 가맹본부가 두 가맹점사업자 간의 보상금 지불에 대한 중재안을 제시하는 행위]

[둘째, 영업지역을 침해받은 가맹점사업자의 영업지정 조정 요구가 있는 경우 매출액 현황 조사 등 필요한 조치를 취하는 행위]

[셋째, 특정 가맹점사업자가 다른 가맹점사업자의 영업지역을 반복적으로 침해하여 '반포삼겹살' 영업표지 이미지에 심각한 손해를 가한 경우 그 가맹점사업자에게 행위의 시정을 요구하고 손해배상액을 청구하는 행위]

5) 가맹점사업자가 취급하는 상품이나 용역 등이 가맹점사업자의 영업지역내의 대리점 등 다른 유통채널을 통해 공급되는지 여부

[당사는 [반포삼겹살] 가맹점사업자의 영업지역 내에서 대리점, 다른 영업표지를 사용한 가맹점 등을 통해 가맹점사업자가 판매하는 상품이나 용역과 대체재 관계에 놓일 수 있는 동일·유사한 상품이나 용역을 공급하지 않습니다.]

[당사는 [반포삼겹살] 가맹점사업자의 영업지역 내에서 대리점, 다른 영업표지를 사용한 가맹점 등을 통해 가맹점사업자가 판매하는 상품이나 용역과 대체재 관계에 놓일 수 있는 동일·유사한 상품이나 용역을 공급하고 있으며, 그 내용은 다음과 같습니다.]

구분①	영업표지	취급품목②	가맹점과의 구분③
가맹점	반포샤브샤브	삼겹살	세부업종이 다름
대리점	:	:	:
일반소매점	K마트	포장 삼겹살	완제품 판매
기타	:	:	:

6) 가맹점사업자가 취급하는 상품이나 용역 등이 온라인, 홈쇼핑, 전화권유판매 등 다른 유통채널을 통해 공급되는지 여부

[당사는 온라인, 홈쇼핑, 전화권유판매 등을 통해 가맹점사업자가 판매하는 상품이나 용역과 대체재 관계에 놓일 수 있는 동일·유사한 상품이나 용역을 공급하지 않습니다.]

[당사는 온라인, 홈쇼핑, 전화권유판매 등을 통해 가맹점사업자가 판매하는 상품이나 용역과 대체재 관계에 놓일 수 있는 동일·유사한 상품이나 용역을 공급하고 있으며, 그 내용은 다음과 같습니다.]

구분①	유통업체명②	주소	취급품목③	가맹점과의 구분④
온라인	e-공정	www.aa.co.kr	OOO	
	k머스	www.km.co.kr	◎◎	
홈쇼핑	공정 홈쇼핑	www.bb.co.kr	◇◇◇◇	
전화권유판매	AA통신	www.aa.com	▶▶▶	

7) 그 밖에 영업지역에 관한 내용

5. 가맹본부의 온라인·오프라인 판매에 관한 사항 (신설)

1) 바로 전 사업연도 말 기준 연간 국내 매출액 중 온라인과 오프라인 매출액 비중

(단위: %)

연도	국내 온라인·오프라인 판매 매출액 비중①			
	오프라인 판매 매출액 비중		온라인 판매 매출액 비중	
	가맹점	기타 오프라인	자사 온라인몰	기타 온라인②
2021	20%	30%	30%	20%

2) 바로 전 사업연도 말 기준 국내 판매상품 중 온라인과 오프라인 전용 판매상품의 비중

(단위: %)

연도	오프라인 전용상품 비중①	온라인 전용상품 비중②
2021	10%	10%

6. 계약기간, 계약의 갱신·연장·종료·해지·수정

1) 가맹계약 및 갱신 기간

[반포삼겹살] 가맹사업의 계약기간은 〔계약체결일로부터〕 [ ]년이며, 가맹계약 갱신 시 계약기간은 〔계약갱신일로부터〕 [ ]년입니다.

2) 계약 연장이나 재계약, 또는 계약 종료에 필요한 절차

가맹사업거래의 공정화에 관한 법률 제13조 및 같은 법 시행령 제14조에 따라 귀하에게는 가맹계약의 갱신을 요구할 수 있는 권리가 최초 계약일로부터 10년간 주어집니다. 구체적인 절차는 다음과 같습니다.

순 서	기간(계약만료일: D-day)
① 가맹점사업자가 계약갱신을 요구하였습니까? 예→②, 아니오→⑦	D-180 ~ D-90
② 3)에서 정한 계약갱신 거절 사유에 해당합니까? 예→④, 아니오→③	D-180 ~ D-90
③ 가맹본부가 계약조건 변경을 서면으로 통지하였습니까? 예→⑤, 아니오→A	D-180 ~ D-90
④ 가맹본부가 가맹점사업자에게 거절 사유를 적은 서면으로 거절 통지를 하였습니까? 예→B, 아니오→A	①+15일 이내
⑤ 가맹점사업자가 계약조건 변경에 동의하였습니까? 예→C, 아니오→⑥	
⑥ 변경된 계약조건이 다른 가맹점사업자에게 통상적으로 적용되는 계약조건입니까? 예→B, 아니오→D	
⑦ 가맹본부가 계약갱신을 하지 않겠다는 사실을 서면으로 통지하였습니까? 예→B, 아니오→⑧	D-180 ~ D-90
⑧ 가맹점사업자가 계약갱신 또는 계약조건에 대하여 이의를 제기하였습니까? 예→E, 아니오→A	D-60일 이전
A. 종전과 같은 조건으로 다시 가맹계약 체결	D-day
B. 계약기간이 만료되는 날 계약 종료	D-day
C. 변경된 조건으로 다시 가맹계약 체결	D-day
D. 양자가 합의하여 계약조건을 바꾸어야 함(가맹본부가 계약 변경을 강행할 경우 불공정거래행위에 해당할 수 있음)	-
E. 양자가 합의하여 계약을 만료하거나 변경된 조건으로 다시 가맹계약 체결 (민사상 문제로 가맹사업법에서 특별하게 제한하는 규정 없음)	-

3) 계약 갱신 거절(종료) 사유

당사가 가맹계약의 갱신요구를 거절할 수 있는 사유는 다음과 같습니다.

갱신요구 거절 사유	관련 계약조문
○ 가맹계약상의 가맹금 등의 지급의무를 지키지 아니한 경우	O조 O항
○ 다른 가맹점사업자에게 통상적으로 적용되는 계약조건이나 영업방침을 귀하가 수락하지 아니한 경우	O조 O항
○ 가맹점 운영에 필요한 점포·설비의 확보나 법령상 필요한 자격·면허·허가의 취득을 하지 못한 경우	O조 O항
○ 판매하는 상품이나 용역의 품질을 유지하기 위하여 필요한 제조공법 또는 서비스기법을 지키지 않은 경우	O조 O항
○ [반포삼겹살] 경영에 필수적인 지식재산권을 보호하기 위한 방침을 지키지 않은 경우	O조 O항
○ 정기적으로 실시하는 교육·훈련을 준수하지 않은 경우(다만, 교육·훈련 비용이 같은 업종의 다른 가맹본부가 통상적으로 요구하는 비용보다 뚜렷하게 높은 경우는 제외합니다.)	O조 O항

4) 계약 해지 사유 및 그 절차

당사가 귀하와의 가맹계약을 해지할 수 있는 사유는 다음과 같습니다.

계약 해지 사유	관련 계약조문
○	O조 O항
○	O조 O항
○	O조 O항
○	O조 O항
· · · ·	

가맹사업거래의 공정화에 관한 법률 제14조와 같은 법 시행령 제15조에 따라 당사는 가맹계약을 해지하려는 경우에는 귀하에게 서면으로 2개월 이상의 유예기간을 두고 계약의 위반 사실 및 이를 시정하지 않을 경우 계약을 해지한다는 사실을 2회 이상 통지하고 있습니다. 이러한 절차를 거치지 않은 계약해지는 무효가 됩니다.

다만, 가맹사업법 시행령 제15조의 계약해지 사유에 해당되는 아래의 경우에는 2개월 이상의 유예기간이나 2회 이상의 서면통지 없이 계약서에 따른 절차를 거쳐 계약이 해지될 수 있으므로 주의하여야 합니다.

즉시계약 해지 사유	관련 계약조문
o 가맹점사업자에게 파산 신청이 있거나 강제집행절차 또는 회생절차가 개시된 경우	O조 O항
o 가맹점사업자가 발행한 어음·수표가 부도 등으로 지불정지된 경우	O조 O항
o 천재지변, 중대한 일신상의 사유 등으로 가맹점사업자가 더 이상 가맹사업을 경영할 수 없게 된 경우	O조 O항
o 가맹점사업자가 가맹점 운영과 관련되는 법령을 위반하여 다음 각 목의 어느 하나에 해당하는 행정처분을 받거나 법원 판결을 받음으로써 가맹본부의 명성이나 신용을 뚜렷이 훼손하여 가맹사업에 중대한 장애를 초래한 경우 가. 위법사실을 시정하라는 내용의 행정처분 나. 위법사실을 처분사유로 하는 과징금·과태료 등 부과처분 다. 위법사실을 처분사유로 하는 영업정지 명령	O조 O항
o 가맹점사업자가 가맹점 운영과 관련되는 법령을 위반하여 자격·면허·허가 취소 또는 영업정지 명령(15일 이내의 영업정지 명령을 받은 경우는 제외한다) 등 그 시정이 불가능한 성격의 행정처분을 받은 경우. 다만, 법령에 근거하여 행정처분을 갈음하는 과징금 등의 부과 처분을 받은 경우는 제외한다.	O조 O항
o 가맹점사업자가 법 제14조제1항 본문에 따른 가맹본부의 시정요구에 따라 위반사항을 시정한 날부터 1년(계약갱신이나 재계약된 경우에는 종전 계약기간에 속한 기간을 합산한다) 이내에 다시 같은 사항을 위반하는 경우. 다만, 가맹본부가 시정을 요구하는 서면에 다시 같은 사항을 1년 이내에 위반하는 경우에는 법 제14조제1항의 절차를 거치지 아니하고 가맹계약이 해지될 수 있다는 사실을 누락한 경우는 제외한다.	O조 O항
o 가맹점사업자가 가맹점 운영과 관련된 행위로 형사처벌을 받은 경우	O조 O항
o 가맹점사업자가 뚜렷이 공중의 건강이나 안전에 급박한 위해를 일으킬 염려가 있는 방법이나 형태로 가맹점을 운영하고 있으나, 행정청의 시정조치를 기다리기 어려운 경우	O조 O항
o 가맹점사업자가 정당한 사유 없이 연속하여 7일 이상 영업을 중단한 경우	O조 O항

5) 계약 수정의 사유, 사전 통보 여부 및 동의 절차

당사는 계약기간 중에 계약서의 내용을 변경하지 않는 것을 원칙으로 합니다. 다만, 다음의 경우에는 [귀하의 동의를 얻어] 계약 조건을 수정할 수 있습니다.

계약 수정 사유	관련 계약조문
○	O조 O항
○	O조 O항
○	O조 O항
○	O조 O항
○	O조 O항
· · · ·	

재조정 절차	동의 절차
계약 수정 사유 발생 → 당사 담당팀 검토 → 수정계약서(안) 작성 → 가맹점사업자에게 서면 통지 → 가맹점사업자 동의 → 수정 완료	수정 계약서(안)를 서면으로 통지하고 30일 이내에 동의 여부 회신 동의가 있는 경우 수정계약서에 정한 날부터 효력 발생

7. 가맹점운영권의 환매·양도·상속 및 대리행사

1) 가맹점운영권의 환매

당사는 [귀하가 가맹점을 운영하다가 개인 사정 등으로 조기에 계약을 해지하려는 경우 새로운 가맹점사업자를 찾을 때까지 일시적으로]① 가맹점운영권을 다시 사들여 직영점 체제로 운영하는 제도를 운영하고 있습니다. 자세한 내용은 다음과 같습니다.

환매 조건②	환매 절차③	비고④
○ 가맹점에게 계약서 OO조, OO조, OO조, OO조의 계약 해지 사유가 존재하지 않을 것 ○ 가맹점사업자의 매출액이 당사가 정한 기준 이상일 것 ○ 가맹점운영 기간이 2년 이상일 것 ○ · · · ·	가맹점사업자가 소정의 양식을 갖추어 가맹본부에 환매 신청 → 당사 담당팀 검토(현장조사 포함, 20일 가량 소요) → 환매 여부 통지	문의: OO팀 (02-XXX-XXXX)

2) 가맹점운영권의 양도①

귀하가 가맹점운영권을 다른 사업자에게 양도하기 위해서는 [사전에 당사에게 서면으로 그 사실을 통지하여야 하고, 당사의 승인이 있어야만 합니다.] 자세한 내용은 다음과 같습니다.

양도 가능 조건②	양도 절차③	비고④
○ 양수인이 당사가 정한 가맹점 운영 기준을 준수할 것 ○ · · · ·	가맹점사업자가 서면으로 양도 신청 → 당사 담당팀 검토(양수인 면담 포함, 30일 가량 소요) → 승인 여부 통지 → 양도인, 양수인, 가맹본부의 양수·양도 계약 체결(5일 소요) → 가맹점운영권 이전 완료	문의: OO팀 (02-XXX-XXXX)

[당사가 양도를 승인하면 양수인은 양도인의 모든 권리의무를 승계하게 되며 양수인은 교육비 및 계약이행 보증금을 납입하여야 합니다. 다만, 양수인이 원할 경우 당사는 양수인과 신규 가맹계약을 맺을 수 있습니다. 이 경우 신규가맹계약일지라도 가맹점 모집비용, 개점행사비 등이 일반적인 신규가맹계약보다 적게 소요될 경우에는 비용 소요액에 상응하는 가맹금을 당사와 협의하여 지급하실 수 있습니다.]

3) 가맹점운영권의 상속, 대리행사, 위탁 등

가맹점운영권은 원칙적으로 당사와 가맹계약을 체결한 귀하에게 주어집니다. 따라서 개인사정 등으로 가맹점운영권을 다른 사람에게 대리행사하게 할 경우에는 당사에 사전에 서면으로 그 사실을 통지하여야 합니다.

가맹점사업자의 상속인은 가맹점 영업을 상속할 수 있으며, 이 경우 상속개시일로부터 3개월 이내에 상속사실을 통지하여야 합니다. 다만, 상속인이 미성년자, 피성년후견인에 해당하거나 이에 준하는 사유가 있는 경우에는 가맹계약은 종료합니다.

구분①	가능 여부(조건)②	이전 범위③	절차④	기타 의무사항⑤
상속	상속인 사후통지시	모든 권리의무	[앞서 내용을 참고하여 작성]	교육수료 및 교육비 지급
대리행사	본부 승인시 가능	가맹점사업자가 지정한 범위 내의 권리의무		
업무위탁	본부 승인시 가능	-		

8. 경업금지, 영업시간 제한, 가맹본부의 영업장 관리·감독

1) 경업금지의 범위

당사는 계약기간 동안 [지역 내에서] 귀하가 [반포삼겹살]과 동일한 업종의 영업을 하는 행위를 금지하고 있습니다. 만약 귀하가 그러한 행위를 하기 위해서는 [사전에 가맹본부에 서면으로 그 사실을 통지하여야 합니다.] 자세한 내용은 다음과 같습니다.

경업금지 되는 업종①	경업허가 절차②	비고③
○ 일반인에게 식사류를 제공하면서 돼지고기나 쇠고기를 철판에 굽는 형태로 판매하는 업종 ○ · · · ·	가맹점사업자가 서면으로 경업허가 신청 → 당사 담당팀 검토(시장조사 포함, 30일 가량 소요) → 허가 여부 통지 → 완료	문의: OO팀 (02-XXX-XXXX)

2) 영업시간 및 영업일수 제한

당사는 [반포삼겹살]의 영업시간 및 영업일수를 제한하고 있습니다. 자세한 내용은 다음과 같습니다.

영업시간	영업일수	비고
1일 24시간	365일 연중 무휴 영업	문의: OO팀(02-XXX-XXXX)

가맹사업거래의 공정화에 관한 법률 시행령 제15조제10호에 따라 귀하가 정당한 사유없이 연속하여 7일 이상 영업을 중단한 경우 가맹계약 해지가 될 수 있으므로 주의하시기 바랍니다.

[귀하는 가맹사업거래의 공정화에 관한 법률 제12조의3에 의거 오전 0시 또는 1시부터 오전 6시까지의 매출이 영업에 소요되는 비용에 비하여 저조하여 3개월간 영업손실이 발생하거나, 질병의 발생과 치료 등 불가피한 사유가 발생하는 경우 당사에 영업시간 단축을 요청할 수 있으며 영업시간을 조정해야 할 경우에는 사전에 담당팀에 통지하시기 바랍니다.]

3) 권장 종업원 수 및 영업장 근무 여부

당사는 귀하가 운영하는 가맹점포(영업장)의 종업원 및 근무 형태를 제한하고 있으며 자세한 내용은 다음과 같습니다.

권장① 종업원수	직접 근무 여부②	대체 가능 인력③	비고④
3명 이상	직접 근무	점주의 배우자, 직계가족	점주의 부재시 가맹본부에 사전 통보

4) 가맹본부의 영업장 관리·감독

당사는 귀하가 운영하는 가맹점포(영업장)를 정기적으로 관리·감독하고 있으며 자세한 내용은 다음과 같습니다.

관리·감독 항목①	감독 절차	빈도 및 시기	담당팀②	비고③
매장 청결(4항목)	담당자 매장 방문 → 청결도 확인 → 관리표 작성 → 가맹점사업자 확인 및 서명 → 완료	4회/1주일	각 지역 XX팀	
친절도(5항목)	담당자 매장 암행방문 → 주문 → 친절도 확인 → 관리표 작성 → 완료	1회/2주일	본사 OO팀	
품질 관리(7항목)	담당자 매장 방문 → 품질 확인 → 관리표 작성 → 가맹점사업자 확인 및 서명 → 완료	4회/1주일	각 지역 XX팀	
· · · ·				

[당사는 감독의 공정성을 기하기 위하여 다음과 같은 가맹점 관리표를 작성하고 있습니다. 본 표는 감독이 끝난 후 귀하의 서명을 받아 (주)공정위와 귀하가 각 1부씩 보관하게 됩니다. ※ 관리표가 있는 경우 첨부합니다.]

9. 광고 및 판촉 활동

1) 가맹본부와 가맹점사업자의 비용 분담 기준

당사는 [반포삼겹살 영업표지 이미지 제고 및 매출액 증대를 위한 전국 단위의] 광고 및 판촉 활동을 위해 필요한 비용을 [가맹점사업자와 나누어 부담하고 있습니다.] 자세한 내용은 다음과 같습니다.

구분①	광고 성격②	부담비율		분담 절차④	비고⑤
		본사부담③	가맹점부담		
광고 전체 행사	상품광고	광고비의 50%	광고비 50% 중 가맹점 총매출액 비율 따라 산정	광고 계획 공고 → 가맹점의 광고참여 여부 결정 → 가맹점부담액 제시(명세서)	대중매체 광고 명절, Day 이벤트 행사 (전국 행사)
	상품광고 + 가맹점 모집광고	광고비의 75%	광고비 25% 중 가맹점 총매출액 비율 따라 산정		
	가맹점 모집광고	전액 부담	없음		
판촉행사	할인행사	할인금액 (소비자가) 50%	할인금액 (소비자가) 50%	행사계획 공고 → 가맹점부담액 제시 → 가맹점의 행사 참여 결정 → 행사 시행 → 종료 후 최종분담금 확정	판촉행사 동의 절차를 거친 후 전체 가맹점 사업자의 70% 이상의 동의시 전체 적용
	증정행사	증정상품 출하가 50%	증정상품 출하가 50%	〃	-
	팜플렛 등 제작	판촉물 제작비용 50%	판촉물 제작비용 50%	-	-
	기타 개별행사	행사에 따라 유동적 (2018년의 경우 행사별로 가맹점당 20~50만원 부담)		〃	〃
할인카드·멤버십 제휴서비스	제휴행사	서비스로 인한 월 할인금액의 50%	서비스로 인한 월 할인금액의 50%	(가맹점) 월 할인금액 제시 → (가맹본부) 자료제출일로부터 10일 이내 부담액 송금	할인서비스 등의 종료시까지
· · · ·					

[전국단위의 광고일 경우 가맹점부담액은 광고비 중 일부를 광고시행 직전 분기의 각 가맹점사업자의 총매출액 비율에 따라 분담합니다. 지역 광고일 경우에는 해당 지역 내 가맹점사업자가 가맹점부담액 부분을 분담합니다.]

2) 가맹점사업자의 독자적 광고·판촉 활동

[개별 가맹점사업자가 스스로 또는 다른 가맹점사업자와 함께 독자적으로 광고·판촉 활동을 할 수 있습니다. 이 경우 특별하게 필요한 절차는 없습니다.]

10. 영업비밀 보호에 관한 사항

당사의 영업비밀이란, 공공연히 알려져 있지 아니하고 독립된 경제적 가치를 가지는 것으로서, 가맹본부의 상당한 노력에 의하여 비밀로 유지된 생산방법, 판매방법, 그 밖에 영업활동에 유용한 기술상 또는 경영상의 정보를 말합니다.

귀하는 계약체결 및 가맹점 운영상 알게 된 가맹본부의 영업비밀을 계약기간은 물론 계약종료 후에도 제3자에게 누설해서는 안 됩니다. 가맹본부의 허락 없이 교육과 세미나자료 기타 가맹점운영과 관련하여 영업비밀이 담긴 관계서류의 내용을 인쇄 또는 복사할 수 없습니다.

당사의 영업비밀을 무단으로 유출할 경우 부정경쟁방지 및 영업비밀보호에 관한 법률에 의해 처벌 받을 수 있음을 알려드립니다. 또한, 당사의 영업비밀은 한국특허정보원의 영업비밀 원본 증명 서비스에 가입되어 있습니다. [※ 해당사항이 있는 경우 기재합니다.]

11. 가맹계약 위반시 손해배상에 관한 사항

이 계약의 당사자는 상대방의 계약위반이나 불법행위로 인한 손해에 대하여 손해배상액의 예정으로서 위약금을 청구하거나 별도로 손해배상을 청구할 수 있습니다.

Ⅵ. 가맹사업의 영업 개시에 관한 상세한 절차와 소요기간

1. 상담 · 협의 과정에서부터 가맹점 영업 시작까지 필요한 절차 요약

귀하가 당사와 가맹계약을 체결할 경우 상담일로부터 실제 가맹점이 개설될 때까지 걸리는 시간과 필요한 절차는 다음과 같습니다.

(단위: 천원, 부가세 포함)

구분	내용	소요기간①	소요비용②
합계		47일 내외	[00p~00p 참조]
가맹희망자 문의	- 전화문의 접수 - 희망지역 확인, 담당자 배정	D-47	
사업 설명 · 상담	- 정보공개서 및 가맹계약서 제공 - 인근 10개 가맹점 현황문서 제공 - 가맹희망자 상담	D-46~45	
점포개발 및 상권분석 실시	- 입지선정 - 입지 주위 점포 정보 제공	필요시 실시	
최종 협의	- 개설 승인	D-34~31	
가맹계약 체결	- 계약 체결	D-30	
가맹금 예치	- OO기관에 가맹금 예치	D-29(1일)	
점포실측/설계	- 투자비 산출	D-27~25(3일)	
실내외 공사착수	- 도면협의 및 공사일정 확인	D-24(1일)	
인테리어 공사	- 공사 실시	D-24~5(20일)	
교육 실시	- 점포운영교육 실시	D-7~4(3일)	
점포 개설	- 가맹점 개설 및 영업시작	D-day	

위 표에 따른 소요기간은 평균적인 가맹점을 기준으로 작성된 것으로, 협의 과정에서 시장상황 등에 따라 그 기간이 늘어날 수 있습니다.③

귀하는 본사와 계약을 체결하는 과정에서 변호사나 가맹거래사의 자문을 받을 수 있습니다. 자문이 필요하신 경우는 본사에 소속되어 있거나 업무 연관성이 있는 변호사나 가맹거래사를 제외하고 귀하께서 선택하신 변호사나 가맹거래사에게 정보공개서 및 가맹계약서 등에 대하여 자문을 받으시기 바라며, 특히 정보공개서에 대하여 자문을 받으신 경우에는 계약체결일이 정보공개서 제공 14일 후에서 7일 후로 단축됩니다.

2. 가맹본부와의 분쟁 해결 절차

[가맹계약 당사자는 계약의 해석 또는 계약에 의해 명시되지 아니한 사항에 관하여 다툼이 있을 경우 법적 절차에 이르기 전까지 우선적으로 대화와 협상을 통해 분쟁을 해결하도록 합니다.]

[대화와 협상으로 분쟁이 해결되지 아니할 경우, 가맹사업거래의 공정화에 관한 법률 제22조에 따라 한국공정거래조정원의 **가맹사업거래분쟁조정협의회(연락처: 1588-1490, 홈페이지: http://www.kofair.or.kr)** 또는 **시 · 도의 분쟁조정협의회에** 조정을 신청하거나 다른 법령에 의해 설치된 중재기관에 중재를 신청할 수 있습니다.]

[중재를 신청하지 아니한 경우, 법적 분쟁에 관한 소송은 민사소송법상의 관할법원에 제기합니다. 단, 가맹본부와 가맹점사업자가 관할법원에 대해 약정할 경우에는 그러하지 아니합니다.]

2. 판매촉진행사 시 인력지원 등 내역

[당사는 가맹점을 개설 또는 운영함에 있어 다음과 같은 지원제도를 운영하고 있습니다. 다만, 해당 지원제도는 가맹본부의 경영사정 등에 의하여 가맹계약 기간 중이라도 지원여부 및 그 범위가 변경 또는 추가될 수 있습니다.]

(단위 : 천원, 부가세 별도)

지원정책①	주요 내용②	지원조건③	지원기간	지원금액④	비고⑤
개점행사비	가맹점 오픈시 판촉인원 파견 및 전단지, 기념품 등의 판촉비용 지원	가맹점의 장면적, 예상매출액에 따라 판촉인원 수 및 판촉비용 차등 지원	오픈일로부터 3일간	300만원 한도	
판촉장려금	매월 가맹점 매입금액의 5% 이내 범위에서 장려금 지원	직전 2개월 평균 매입 금액이 1000만원 이상 가맹계약 위반사항이 없을 것 *지원조건 미충족시 지원하지 않음	가맹계약 기간	직전 2개월 평균 매입금액이 1000~2000만원 : 매입금액의 2% 2000만원 초과~3000만원 : 매입금액의3% 3000만원 초과시 : 매입금액의 5%	익월 상품대금 차감방식으로 지원
판촉지원	매월 전체 가맹점의 제품 주문량의 1~5%를 가맹점의 판촉물로 지원	없음 (전 가맹점 해당)	가맹계약 기간	소요되는 비용 전액 당사 부담	
판매용 집기 무상대여	가맹점에 필요한 판매용집기를 계약기간 동안 무상대여	없음 (전 가맹점 해당)	가맹계약 기간	소요되는 비용 전액 당사 부담	
반품지원	시즌행사(크리스마스, 연말연시, 가정의 날 등)시 출시되는 제품류 중 일정한 품목에 대하여 반품지원	시즌행사 제품류 중 반품지원 품목 지정상품에 한함	시즌행사 종료 후 30일 이내	가맹점 매입금액의 80% 인정하여 지원금액 산정	
마일리지	구매회원에 대한 2~5% 마일리지 적립	없음 (전 가맹점 해당)	가맹계약 기간	소요되는 비용 전액 당사 부담	가맹점 판촉마일리지 지급
CRM	우수고객에 대한 고객 유입 DM발송	없음 (전 가맹점 해당)	분기별 1회	소요되는 비용 전액 당사 부담	
테스터	고객이 사용할 수 있는 테스터공급 지원	없음 (전 가맹점 해당)	신제품 출시 시	소요되는 비용 전액 당사 부담	

Ⅶ. 가맹본부의 경영 및 영업활동 등에 대한 지원

1. 점포환경개선 시 비용지원 내역

[당사는 가맹사업거래의 공정화에 관한 법률 제12조의2 및 시행령 제13조의2 규정에 의거 다음의 사유가 발생하는 경우에 한하여 점포환경개선을 실시하고 있으며, 가맹점사업자의 점포환경개선에 소요되는 비용의 일부를 분담하고 있습니다. 분담비율 및 구체적 절차는 다음과 같습니다.]

[다만, 가맹사업거래의 공정화에 관한 법률 제12조의2 규정에 의거 가맹점사업자의 자발적 의사에 의하여 점포환경개선을 실시하는 경우 및 가맹점사업자의 귀책사유로 인하여 위생·안전 및 이와 유사한 문제가 발생하여 불가피하게 점포환경개선을 하는 경우에는 비용분담을 하지 않습니다.]

구분	세부 내용
점포환경개선 사유①	ㅇ점포의 시설, 장비, 인테리어 등의 노후화가 객관적으로 인정되는 경우 ㅇ위생이나 안전의 결함으로 인하여 가맹사업의 통일성을 유지하기 어렵거나 정상적인 영업에 현저한 지장을 주는 경우
	ㅇ점포의 시설, 장비, 인테리어 등의 노후화가 객관적으로 인정되는 경우 ㅇ위생이나 안전의 결함으로 인하여 가맹사업의 통일성을 유지하기 어렵거나 정상적인 영업에 현저한 지장을 주는 경우
가맹본부 부담 비용항목②	ㅇ간판교체 비용 ㅇ인테리어 공사비용(장비·집기의 교체비용을 제외한 실내건축공사에 소요되는 일체의 비용. 단, 가맹사업의 통일성과 무관하게 가맹점사업자가 추가 공사를 실시함에 따라 소요되는 비용은 제외)
	ㅇ간판교체비용 ㅇ인테리어 공사비용(장비·집기의 교체비용을 제외한 실내건축공사에 소요되는 일체의 비용. 단, 가맹사업의 통일성과 무관하게 가맹점사업자가 추가 공사를 실시함에 따라 소요되는 비용은 제외) ㅇ집기·장비교체비용
가맹본부 부담 비용비율③	ㅇ점포의 확장 또는 이전을 수반하지 않는 점포환경개선 : 20% ㅇ점포의 확장 또는 이전을 수반하는 점포환경개선 : 40%
	ㅇ가맹점사업자의 투자금액(임차료 등), 월평균 매출액 등을 고려하여 -점포의 확장 또는 이전을 수반하지 않는 점포환경개선 : 50%~100% -점포의 확장 또는 이전을 수반하는 점포환경개선 : 50~80% -단, 집기·장비교체비용은 20% 부담
지급절차④	ㅇ가맹점사업자의 비용 청구(공사계약서 등 공사비용을 증빙할 수 있는 서류 첨부) → 90일 이내에 가맹본부 부담액을 가맹점사업자에게 지급 (단, 가맹본부와 가맹점사업자간 별도의 합의가 있는 경우 1년의 범위내에서 분할지급 가능) ㅇ가맹점사업자가 가맹본부 또는 가맹본부가 지정한 자를 통하여 점포환경개선을 한 경우에는 점포환경개선이 끝난 날부터 90일 이내에 가맹본부 부담액을 지급 <분할지급 시 절차> ㅇ가맹점사업자의 비용 청구(공사계약서 등 공사비용을 증빙할 수 있는 서류 첨부) → 3차에 걸쳐 가맹본부 부담액을 분할 지급 (1차 : 청구일로부터 90일 이내, 총 부담액의 30%, 2차 : 1차 지급일로부터 60일 이내, 총 부담액의 30%, 3차 : 2차 지급일로부터 60일 이내, 총 부담액의 40%)
비용부담 제외사유⑤	ㅇ점포환경개선일로부터 3년 이내에 가맹본부의 책임없는 사유로 계약이 종료(계약의 해지·영업양도 포함)되는 경우 가맹본부 부담액 중 잔여기간에 비례하는 부담액은 지급하지 아니하거나 이미 지급한 경우에는 환수 가능

3. 경영활동 자문

[당사는 가맹점사업자의 경영활성화를 위하여 가맹점사업자의 경영활동에 대한 경영지도를 하고 있으며 자세한 내용은 다음과 같습니다.]

구 분	대상 및 내용①	절 차②	비용부담	비 고
가맹본부 요청 시	상품, 설비(집기), 판매촉진, 고객관리, 위생관리, 교육훈련, 회계 등 가맹점 운영 전반에 대한 경영지도	가맹본부는 경영지도계획서(경영지도내용, 기간, 경영진단 및 지도관계자의 성명, 소요비용 등 포함)를 가맹점사업자에게 제시 → 경영지도 후 [ ]일 이내에 가맹본부 담당자가 가맹점사업자에게 직접 방문하여 경영지도 결과 및 경영개선방안을 서면으로 제시하고 이를 설명	가맹본부 부담	문의: OO팀 (02-XXX-XXXX)
가맹점사업자 요청 시	상품, 설비(집기), 판매촉진, 고객관리, 위생관리, 교육훈련, 회계 등 가맹점 운영 전반에 대한 경영지도	가맹점사업자 경영지도 요청 → 가맹본부는 경영지도계획서(경영지도내용, 기간, 경영진단 및 지도관계자의 성명, 소요비용 등 포함)를 가맹점사업자에게 제시 → 경영지도 후 [ ]일 이내에 가맹본부 담당자가 가맹점사업자에게 직접 방문하여 경영지도 결과 및 경영개선방안을 서면으로 제시하고 이를 설명	가맹점 부담 (가맹금에 포함된 통상의 경영지도 비용을 초과한 부분에 한함)	문의: OO팀 (02-XXX-XXXX)

4. 신용 제공 등 내역

당사는 [반포삼겹살] 가맹점사업자를 위하여 다음과 같이 신용 제공 또는 알선을 하고 있습니다.

(단위: 원, 부가세 포함)

신용명 또는 내용①	신용제공자②	금액③	신용 형태④	신용제공 조건⑤
자금 지원	(주)공정위	최대 5천만원	신용 대출	임원 면담 후 결정
프랜차이즈 우대신용 대출	한강은행	최대 3천만원	담보 대출	가맹본부 확인 신용등급 OO이상 5천만원 이상 담보 제공

[구체적인 신용제공 조건은 귀하의 신용상태에 따라 달라질 수 있습니다. 신용 지원을 원하는 경우 02-XXX-XXXX로 상담하기 바랍니다.]

5. 안정적인 점포 운영을 위한 경영상 지원 내역

[당사는 가맹점사업자의 안정적인 점포 운영을 돕기 위해 경영상 지원활동을 하고 있으며 자세한 내용은 다음과 같습니다. 또한, 아래 지원내용 이외에도 가맹점사업자의 경영사정 등을 감안하여 추가 지원이 있을 수 있습니다.]

지원정책①	주요 내용②	지원조건③	지원기간	지원내용④	비고⑤
조기 안정화 자금지원	가맹점 오픈시 조기안정화를 위한 자금지원	매출이익이 월400만원 이하인 경우	오픈일로부터 1년 간	400만원 – 월 매출이익	
매출부진 경영지원	매출부진 가맹점 판매촉진을 위한 경영지원	직전 3개월간 매출액이 2천만원 이하인 경우	가맹계약기간	경영 컨설팅 제공	

Ⅷ. 교육·훈련에 대한 설명

1. 교육·훈련의 주요내용

[당사는 반포삼겹살 운영에 필요한 제반 지식 및 노하우를 귀하에게 전수하기 위하여 교육·훈련을 실시하고 있습니다. 자세한 내용은 다음과 같습니다.]

구분	주요내용	교육방식①	기한	비고②
신규 교육	회사 소개 음식 가공 POS 사용, 입금 방법 등	합숙 실습교육 집단 강의	가맹계약 체결 후 1개월 이내	필수 교육
보수 교육	신메뉴 가공 종업원 관리 실무 등	실습교육	매년 가맹계약 체결일로부터 1개월 이내	매년 필수적으로 이수
…				

2. 교육·훈련의 최소시간 및 비용

귀하가 [반포삼겹살] 가맹사업을 운영하는데 필요한 교육·훈련의 최소시간 및 비용은 다음과 같습니다.

구분	최소시간	비용(단위: 천원, 부가세 포함)	비고
신규 교육	7일(2박 3일 합숙 포함)	1,100	최초 계약시 이수
보수 교육	3일	770	매년 필수적으로 이수
…			

3. 교육·훈련의 주체

교육·훈련은 가맹계약을 맺는 당사자가 직접 받아야 합니다. [다만, 귀하가 직접 받기 어려운 경우에는 본사의 사전 승인을 받아 가맹점을 함께 운영하는 사람으로 하여금 대신하게 할 수 있습니다.] 또한, 가맹계약 당사자가 원하여 당사자 외 직원도 같이 교육을 받게 되면 인원 추가에 따라 비용도 추가됩니다.

4. 교육·훈련 불참시에 받을 수 있는 불이익

[기한내 신규 교육을 받지 않은 경우에는 가맹계약서 OO조에 따라 OO일 내로 교육을 이수하여야 합니다. 그렇지 않은 경우에는 가맹계약이 해지될 수 있습니다.]

[기한내 보수 교육을 받지 않은 경우에는 가맹계약서 XX조에 따라 XX일 내로 교육을 이수하여야 합니다. 그렇지 않은 경우에는 본사가 정한 기준에 따라 벌점을 부여받는 등 불이익이 있을 수 있습니다.]

Ⅸ. 가맹본부의 직영점① 운영 현황 (신설)

1. 바로 전 사업연도 말 기준 직영점의 명칭 및 소재지

연번	지역	명칭	소재지
1	서울	서울역점	서울특별시 용산구 …
2	인천	인천국제공항점	인천광역시 중구 …
3	대구	동대구역점	대구광역시 동구 …
…	…	…	…
…	…	…	…

[상기 직영점 중 OOO점, △△△점은 공중위생관리법, 의료기사법 등 관계 법령에 따라 당사의 대표가 직접 운영하고 있습니다.]

[(직영점이 없는 경우) 당 사는 직영점을 운영하고 있지 않습니다.]

2. 바로 전 사업연도 말 기준 전체 직영점의 평균 운영기간②

(단위 : 년, 개월)

2021년 직영점의 평균 운영 기간	비고
1년 6개월	

3. 바로 전 사업연도 말 기준 전체 직영점의 연간 평균 매출액산정기준

(단위 : 천원, 부가세 미포함)

2021년 직영점의 연간 평균 매출액	비고③
999,000	예시1) [당사의 직영점의 연간 평균 매출액은 직영점별 POS(Point of Sales)상의 매출액을 근거로 하여 기재한 것입니다.] 예시2) [당사의 직영점의 연간 평균 매출액은 바로 전 사업연도의 손익계산서상의 매출액을 근거로 하여 기재한 것입니다.]

[※ 매출액은 부가세를 포함하지 않고 기재합니다. 매출액 산정근거 자료에 부가세가 포함되어 있을 경우에는 부가세 부분(10%)은 제외하고 기재하여 주시기 바랍니다.]

참고사항 : 정보공개서 기준 가맹본부 역량 검토 Tip

가맹본부 역량	정보공개서 항목별 내용
신뢰성/전문성	• 임원 경력, 임직원 법 준수 여부 • 가맹본부의 브랜드 수 및 다른 가맹사업 경영사실 • 상표, 특허 등 지적재산권 확보 여부
수익성	• 가맹비 및 투자 내역(설비투자 등) • 가맹점 평균 매출현황 • 로열티 등 거래조건 및 대금 결제 방법 등
성장성	• 가맹점 증가율(가맹점 변동 및 지역 분포 현황) • 가맹본부 매출 증가율 • 가맹점 매출 증가율
안정성	• 브랜드 가맹사업 기간, 가맹점 평균 영업기간 • 가맹본부의 재무상태표 및 손익계산서 • 가맹계약 해지 비율, 종료 비율, 명의변경 비율
가맹점 지원수준	• 개점 시 인력지원, 영업 중 경영지원, 신용지원 • 운영매뉴얼, 슈퍼바이징 및 교육·훈련 프로그램 • 가맹본부의 광고 판촉행사 부담내역 • 홈페이지, POS 등 정보화수준 및 물류시스템

Q2. 가맹계약서 표준고시 세부 내용은?

A2. 가맹분야 표준계약서는 2024년 12월 말 기준 13개 업종으로 구분하여 고시하고 있다. 업종 특성에 따라 공통적으로 적용되는 목차에 일부 추가되거나 삭제되는 내용이 있고, 아예 다른 목차로 구성되기도 한다.

가맹분야 표준계약서는 외식업, 도소매업, 서비스업으로 시작하여 2020년부터 외식 업종을 치킨, 피자, 커피, 기타외식업 4가지로 세분화하였다. 이후 편의점, 화장품, 건강기능식품, 세탁, 자동차정비, 이미용, 교육서비스, 기타도소매, 기타서비스 업종이 추가되어 현재 13개 업종으로 구분되어 있다.

프랜차이즈 표준계약서 기준으로 작성된 문서를 필수기재 항목별 중요하게 검토하여야 하는 내용과 표준양식은 다음과 같다.

1. 총칙

가맹사업 양 당사자는 신의에 따라 성실하게 가맹계약 내용을 충실히 이행하여야 한다. 상호 가맹계약 위반이 될 수 있는 가맹본부와 가맹점사업자의 준수사항은 필수로 숙지하여야 한다.

2. 개점의 준비

계약의 발효일과 계약기간 확인은 무엇보다 중요하다. 가맹계약 체결일은 전체 내용이 마무리되는 곳에는 반드시 기재하여야 하고, 계약관리의 편의성을 위해 표지에 추가로 표기하기도 한다.

영업지역 보호 기준은 별첨[1]과 연계하여 검토하여야 한다. 본문에 영업지역 설정 기준에 대해 기재하고 이의 세부 내용을 지도에 구체적으로 표기하여야 분쟁 발생 시 빠르게 해결할 수 있다. 추가로, 점포 설비 시 감리비 등 추가 비용의 내용은 타당성에 대해 검토할 필요가 있다.

3. 가맹점사업자의 부담

가맹금 관련 내용은 정보공개서와 가맹계약서에 기재된 내용의 일치 여부를 반드시 확인하여야 한다. 최초가맹금, 계속가맹금, 계약이행보증금 등은 가맹본부의 지원 업무 대비 지급하는 금액이 타당한지를 중점적으로 검토하여야 한다.

가맹계약서 필수기재 사항은 아니지만 해마다 변경되는 최저임금 인상 등의 사유로 비용부담이 증가하는 경우 가맹금 조정이 가능한지 여부도 추가로 검토할 필요가 있다.

4. 영업활동의 조건

가맹본부가 가맹점을 통제하는 내용이다. 정보공개서의 영업활동 부담 내역과 연계하여 검토하여야 한다. 가맹본부가 지원하는 내역에 대해서도 구체적으로 검토하고, 이를 준수하지 않을 경우 제재를 받는 내역에 대해서도 꼼꼼히 확인하여야 한다. 이 내용은 계약갱신 거절 사유 및 계약해지 사유가 될 수 있다.

교육·훈련, 경영지도, 방문점검, 점포운영, 광고, 판촉, 원·부재료 조달과 관리, 구입강제품목 지정, 영업의 표준화, 영업의 양도, 상속 등의 규정은 가맹본부의 승인을 받거나 가맹본부의 관리감독 하에 진행되는 내용으로 정확한 규정을 확인하여야 한다.

5. 계약의 갱신, 해지, 종료

계약갱신 기간과 갱신거절에 대한 정당한 사유는 가맹사업법에서 정한 내용에 따라 기재되어 있어야 한다. 계약해지 절차 및 즉시해지 사유도 법에서 정한 내용만 기재되어 있어야 한다. 가맹사업법에서 제한하고 있는 갱신거절 사유와 즉시해지 사유는 강행규정으로 가맹본부가 임의로 추가하면 안 되기에 임의의 조항이 기재되어 있는지 반드시 확인하여야 한다.

6. 기타

가맹본부의 영업비밀 보호와 경업금지 의무, 손해배상 규정 등이 기재되어 있다. 추가로, 최근 개정된 거래조건 변경 시 협의하는 절차도 기재되어 있는지 확인하여야 한다.

특히, 구입을 강제하는 품목이 있는 경우라면 거래조건이 가맹점사업자에게 불리하게 변경되는 경우 협의해야 하는 절차가 구체적으로 기재되어 있는지 꼭 확인하여야 한다.

7. 별첨[1]: 영업지역의 표시

가맹본부가 영업지역을 설정하여 가맹계약서에 기재하는 경우 내용으로만 설명하면 해석 상 오류가 발생할 수 있기에 구체적으로 지도에 표시하여 기재하는 것이 바람직하다. 지도에 표기하는 경우 가맹점 간 영역이 겹치지 않도록 범위를 다각형으로 정확히 표기하여야 분쟁을 사전에 예방할 수 있다.

8. 별첨[2]: 영업표지의 표시

가맹본부가 영업표지에 대한 상표권을 확보하고 있는지 여부는 가맹계약 체결 시 필수로 확인하여야 한다. 지적재산권 정보는 지식재산정보 검색사이트 https://www.kipris.or.kr에서 확인할 수 있다.

9. 별첨[3]: 공급품목의 내역

가맹본부가 구입을 강제하는 품목이 있는 경우 품목종류, 공급가격, 산정기준을 가맹계약서에 기재하여야 한다. 품목을 강제하는 내용의 타당성, 공급가격의 적정성, 산정기준의 구체성 등을 기준으로 검토할 필요가 있다.

프랜차이즈(기타 외식업) 표준계약서

공정거래위원회

이 표준계약서의 목적은 외식업을 운영하는 가맹사업에 있어서 가맹본부와 가맹점사업자 간에 공정한 계약조건에 따라 가맹계약(프랜차이즈계약)을 체결하도록 하기 위한 표준적 계약조건을 제시함에 있습니다.

이 표준계약서에서는 외식업 가맹사업의 운영에 있어서 표준이 될 계약의 기본적 공통사항만을 제시하였습니다. 따라서 실제 가맹계약을 체결하려는 계약당사자는 이 표준계약서의 기본 틀과 내용을 유지하는 범위에서 이 표준계약서보다 더 상세한 사항을 계약서에 규정하거나 특약으로 달리 약정할 수 있습니다.

또한 이 표준계약서의 일부 내용은 현행 「가맹사업거래의 공정화에 관한 법률」 및 그 시행령을 기준으로 한 것이므로 계약당사자는 이들 법령이 개정되는 경우에는 개정내용에 부합되도록 기존의 계약을 수정 또는 변경할 수 있으며 특히 개정 법령에 강행규정이 추가되는 경우에는 반드시 그 개정규정에 따라 계약내용을 수정하여야 합니다.

이 표준계약서는 하위가맹본부(지사 등)가 가맹본부로부터 계약체결권을 부여받아 가맹점사업자를 모집할 경우에도 그 하위가맹계약의 표준이 될 수 있습니다.

제 1 장 총 칙

제1조 [목 적]

이 계약은 외식업을 대상으로 하는 가맹사업에 있어서 가맹본부와 가맹점사업자 간의 권리와 의무를 정하는 것을 목적으로 한다.

제2조 [용어의 정의]

이 계약서에서 사용된 용어는 다음 각 호와 같은 의미를 갖는다.

1. "가맹사업"이라 함은 가맹본부가 가맹점사업자(가맹희망자를 포함한다)로 하여금 자신의 상표 · 서비스표 · 상호 · 간판 그 밖의 영업표지(이하 "영업표지"라 한다)를 사용하여 일정한 품질기준이나 영업방식에 따라 외식업을 영위함과 아울러 이에 따른 경영 및 영업활동 등에 대한 지원 · 교육과 통제를 하고, 가맹점사업자는 이에 대한 대가로 가맹본부에 가맹금을 지급하는 것을 내용으로 하는 계속적인 거래관계를 말한다.
2. "가맹본부"라 함은 가맹계약과 관련하여 가맹점사업자에게 가맹점운영권을 부여하는 사업자를 말한다.
3. "가맹점사업자"라 함은 가맹계약과 관련하여 가맹본부로부터 가맹점운영권을 부여받은 사업자를 말한다.
4. "가맹금"이라 함은 명칭이나 지급형태의 여하에 관계없이 가맹점사업자가 가맹계약에 따라 가맹본부에 지급하는 대가를 말하며, 최초가맹금, 계속가맹금, 계약이행보증금을 포함한다.
5. "최초가맹금"이라 함은 가입비 · 입회비 · 계약금 · 할부금 · 오픈지원비 · 최초교육비 등 명칭을 불문하고 가맹점사업자가 가맹점운영권을 부여받아 가맹사업에 착수하기 위하여 가맹본부에 지급하는 대가를 말한다.
6. "계속가맹금"이라 함은 상표사용료, 교육비, 경영지원비 등 명칭을 불문하고 가맹점사업자가 가맹사업에 착수한 이후 가맹사업을 유지하기 위하여 영업표지의 사용과 영업활동 등에 관한 지원 · 교육, 그 밖의 사항과 관련하여 가맹본부에 정기적으로 또는 비정기적으로 지급하는 모든 대가를 말한다.
7. "계약이행보증금"이라 함은 가맹점사업자가 상품의 판매대금이나 자재대금 등에 관한 채무금액 또는 계약위반, 계약불이행 등에 의한 손해배상액의 지급을 담보하기 위하여 "가맹본부"에 지급하는 금전을 말한다.
8. "영업비밀"이라 함은 공공연히 알려져 있지 아니하고 독립된 경제적 가치를 가지는 것으로서, 가맹본부에 의해 비밀로 관리된 레시피, 매뉴얼, 매장운영방법, 고객응대방법, 그 밖에 영업활동에 유용한 기술상 또는 경영상의 정보를 말한다.
9. "배달앱"이라 함은 상품의 주문과 배달에 사용되는 애플리케이션 또는 애플리케이션을 이용한 서비스를 말한다.

제3조 [계약당사자의 지위]

① 가맹본부와 가맹점사업자는 상호간에 독립한 사업자로서 대등한 관계에서 이 건 가맹계약을 체결한다.

② 가맹본부와 가맹점사업자 사이에는 상호간에 대리관계나 위임관계, 사용자와 피용자 관계, 동업자 관계 등 여하한 특별한 관계도 존재하지 아니한다.

③ 가맹점사업자는 독립된 사업자로서 직원의 고용, 가맹점의 운영, 세금의 납부 등에 있어서 관련 법령을 준수하여야 한다.

제4조 [신의성실의 원칙]

가맹본부와 가맹점사업자는 이 가맹계약에 따라 가맹사업을 영위함에 있어서 각자의 업무를 신의에 따라 성실하게 수행하여야 한다.

제5조 [가맹본부의 준수사항]

가맹본부는 이 계약에서 정한 의무 외에 다음 각 호의 사항을 준수한다.

1. 가맹사업의 성공을 위한 사업구상
2. 상품이나 용역의 품질관리와 판매기법의 개발을 위한 계속적 노력
3. 가맹점사업자에 대하여 합리적 가격과 비용에 의한 점포설비의 설치, 상품 또는 용역 등의 공급
4. 가맹점사업자와 그 직원에 대한 교육 · 훈련
5. 가맹점사업자의 경영 · 영업활동에 대한 지속적인 조언과 지원
6. 가맹계약기간 중 가맹점사업자의 영업지역에서 자기의 직영점을 설치하거나 가맹점사업자와 동일한 업종의 가맹점을 설치하는 행위의 금지

본인은 본 페이지의 내용에 대한 설명을 듣고, 이를 완전히 이해하였음	(인)

- 1 -

7. 가맹점사업자와의 대화와 협상을 통한 분쟁해결 노력
8. 본 계약 및 신의성실의 원칙에 반하여 가맹점사업자에게 피해를 끼치는 일체의 보복행위(보복 목적의 관리·감독, 근접출점, 출혈 판촉행사 등) 및 가맹점사업자 단체활동 등을 이유로 한 불이익제공 행위 금지
9. 분쟁 조정신청, 공정거래위원회의 조사 및 서면실태조사 협조 등을 이유로 한 보복조치 금지

제6조 [가맹점사업자의 준수사항]

가맹점사업자는 이 계약에서 정한 의무 외에 다음 각 호의 사항을 준수한다.

1. 가맹사업의 통일성 및 가맹본부의 명성을 유지하기 위한 노력
2. 가맹본부의 공급계획과 소비자의 수요충족에 필요한 적정한 재고유지 및 상품진열
3. 가맹본부가 상품 또는 용역에 대하여 제시하는 적절한 품질기준의 준수
4. 제3호의 규정에 의한 품질기준의 상품 또는 용역을 구입하지 못하는 경우 가맹본부가 제공하는 상품 또는 용역의 사용
5. 가맹본부가 사업장의 설비와 외관, 운송수단에 대하여 제시하는 적절한 기준의 준수
6. 취급하는 상품 · 용역이나 영업활동을 변경하는 경우 가맹본부와의 사전 협의
7. 상품 및 용역의 구입과 판매에 관한 회계장부 등 가맹본부의 통일적 사업경영 및 판매전략의 수립에 필요한 자료의 유지와 제공
8. 가맹점의 업무현황 및 제7호의 규정에 의한 자료의 확인과 기록을 위한 가맹본부의 임직원 그 밖의 대리인의 사업장 출입 허용
9. 가맹본부의 동의를 얻지 아니한 경우 사업장의 위치변경 또는 가맹점운영권의 양도금지
10. 가맹계약기간 중 가맹본부와 동일한 업종을 영위하는 행위의 금지
11. 가맹본부의 영업기술이나 영업비밀의 누설 금지
12. 가맹본부의 영업표지 기타 지적재산권에 대한 침해사실을 인지하는 경우 가맹본부에 대한 침해사실의 통보와 금지조치에 필요한 적절한 협력

제7조 [불공정거래행위의 금지]

가맹본부는 다음 각 호의 어느 하나에 해당하는 행위로서 가맹사업의 공정한 거래를 저해할 우려가 있는 행위를 하거나 제3자에게 이를 행하도록 하지 아니한다.

1. 가맹점사업자의 귀책으로 보기 어려운 행위 등을 이유로 가맹점사업자에게 상품이나 용역의 공급 또는 영업지원 등을 중단 또는 거절하거나 그 내용을 현저히 제한하는 행위
2. 가격구속, 거래상대방 구속, 상품 또는 용역의 판매제한, 영업지역 준수강제 등의 방법으로 가맹점사업자가 취급하는 상품 또는 용역의 가격, 거래상대방, 거래지역이나 가맹점사업자의 사업 활동을 가맹본부의 상표권 보호, 상품 또는 용역의 동일성 유지 등 가맹사업경영에 필수적인 수준에 비추어 과도하게 구속하거나 제한하는 행위
3. 거래상 지위를 이용하여 구입강제, 경제적 이익제공 또는 비용부담 강요, 가맹점사업자에게 불리한 계약조항의 설정 또는 변경, 경영간섭, 판매목표 강제 등의 방법으로 가맹점사업자에게 불이익을 주는 행위
4. 계약의 목적과 내용, 발생할 손해 등에 비하여 과중한 위약금 또는 지연손해금을 설정·부과하는 행위
5. 경쟁가맹본부의 가맹점사업자를 자기와 거래하도록 유인하여 자기의 가맹점사업자의 영업에 불이익을 주는 행위 등 제1호 내지 제4호 외의 행위로서 가맹사업의 공정한 거래질서를 저해할 우려가 있는 행위

제 2 장 개점의 준비

제8조 [가맹점의 표시]

① 이 계약에 의하여 가맹점사업자가 개설하게 되는 가맹점의 표시는 다음과 같다.

(1) 점포 명 : (브랜드명) ○ ○ 점
(2) 대표자 :
(3) 점포 소재지 :
(4) 점포 규모 : ㎡
(5) 영업지역 : 별첨[1]에 표시된 지역

② 가맹점사업자는 자신의 가맹점을 표시함에 있어서 위 가맹점의 표시와 동일하게 시하여야 하며, 관련된 사항을 임의로 변경하거나 사실과 다르게 표시하여서는 아니 된다.

제9조 [가맹점운영권의 부여]

① 가맹본부는 가맹점사업자가 계약기간 중에 가맹본부의 영업시스템에 따라 외식업을 운영하도록 하기 위하여 필요한 범위에서 가맹점사업자에게 다음 각 호의 권리를 부여한다.

본인은 본 페이지의 내용에 대한 설명을 듣고, 이를 완전히 이해하였음	(인)

- 2 -

1. 가맹본부의 영업표지의 사용권
2. 가맹사업과 관련하여 등기 · 등록된 권리나 영업비밀의 사용권
3. 상품 또는 원 · 부재료(이하 "원 · 부재료 등"이라 한다)를 공급받을 권리
4. 노하우(know-how) 전수, 지도, 교육 기타 경영지원을 받을 권리
5. 기타 가맹본부가 본 계약상의 영업과 관련하여 보유하는 권리로서 당사자가 사용허가의 대상으로 삼은 권리

② 이 계약에서 가맹점사업자에게 사용이 허가된 영업표지의 표시는 별첨[2]와 같다.

③ 가맹점사업자는 사용권을 부여받은 영업표지 등 지식재산을 가맹사업 운영과 관련하여 필요한 범위 내에서만, 가맹본부의 영업시스템에 대한 통일성 내지 동일성을 손상시키지 않는 방법으로 사용하여야 하며, 가맹본부의 영업표지를 변경 내지 수정하여 사용하거나 유사한 영업표지를 사용하여서는 아니 된다.

제10조 [지식재산권의 확보]

① 가맹본부는 가맹사업에 사용하는 영업표지에 대한 배타적 독점권을 확보하여야 한다.

② 가맹본부는 가맹점사업자에게 사용을 허가한 각종 권리의 진정성과 적법성 및 대항력에 대하여 책임을 진다.

③ 가맹본부가 사용을 허가한 지식재산권이 기간 만료 등으로 인하여 더 이상 사용할 수 없게 된 경우 가맹본부는 가맹본부의 책임과 비용으로 가맹점사업자에게 이를 대체할 수 있는 수단을 제공하여야 하며 이로 인하여 발생한 손해를 배상할 책임을 진다.

④ 가맹본부의 정책 기타 사정에 따라 영업표지가 변경되는 경우 가맹점사업자는 자신의 선택에 따라 가맹본부와의 가맹계약을 유지하거나 종료할 수 있다.

제11조 [계약의 발효일과 계약기간]

이 계약은 20 년 월 일부터 발효되며 그 기간은 계약 발효일로부터 20 년 월 일까지 ( )년간으로 한다.

제12조 [영업지역의 보호]

① 가맹점사업자의 영업지역은 별첨[1]과 같이 하며, 가맹본부는 계약기간 중 가맹점 사업자의 영업지역에서 가맹점사업자와 동일한 업종의 자기 또는 계열회사의 직영점이나 가맹점을 개설하지 아니한다.

② 가맹본부는 계약기간 중 또는 계약갱신과정에서 가맹점사업자의 영업지역을 축소할 수 없다. 다만, 계약갱신 과정에서 다음 각 호의 어느 하나에 해당하는 경우에는 가맹점사업자와의 합의를 통해 영업지역을 조정할 수 있다.

1. 재건축, 재개발 또는 신도시 건설 등으로 인하여 상권의 급격한 변화가 발생하는 경우
2. 해당 상권의 거주인구 또는 유동인구가 현저히 변동되는 경우
3. 소비자의 기호변화 등으로 인하여 해당 상품 · 용역에 대한 수요가 현저히 변동되는 경우
4. 제1호부터 제3호까지의 규정에 준하는 경우로서 기존 영업지역을 그대로 유지하는 것이 현저히 불합리하다고 인정되는 경우

③ 가맹점사업자는 가맹본부와 약정한 영업지역을 준수하며, 영업지역을 벗어나 다른 가맹점의 영업지역을 침범하지 아니한다. 가맹점사업자가 자신의 영업지역을 벗어나 다른 가맹점사업자의 영업지역에 속한 고객에게 영업활동을 하는 경우 가맹본부는 다음 각 호의 어느 하나의 조치를 취하여 가맹점사업자 상호간의 이해관계를 합리적으로 조정할 수 있다.

1. 가맹본부가 두 가맹점사업자 간의 보상금 지불에 대한 중재안을 제시
2. 영업지역을 침해받은 가맹점사업자의 영업지역 조정 요구가 있는 경우 매출액 현황 조사 등 필요한 조치 수행
3. 특정 가맹점사업자가 다른 가맹점사업자의 영업지역을 반복적으로 침해하여 다른 가맹점사업자의 영업과 가맹본부의 가맹사업 경영에 심각한 손해를 가한 경우 그 가맹점사업자에게 행위의 시정을 요구하고 손해배상 청구

④ 가맹본부는 가맹점사업자가 영업 지역 내의 다른 점포로의 이전 승인을 요청하는 경우 이전희망 점포가 승인 당시의 승인요건을 충족하면 이를 조건 없이 승인한다. 다만 가맹본부는 현저한 매출저하가 예상되는 경우 관련 서류를 첨부하여 의견을 제시할 수 있으며, 그로 인한 최종적인 결정 및 책임은 가맹점사업자가 부담한다.

본인은 본 페이지의 내용에 대한 설명을 듣고, 이를 완전히 이해하였음	(인)

- 3 -

⑤ 가맹점사업자는 배달앱을 통해 영업활동을 하는 경우 자신의 가맹점 주소지를 영업거점으로 하여야 한다.

⑥ 가맹점사업자는 배달앱을 통해 영업활동을 하는 경우 다른 가맹점사업자에게 부당한 피해가 발생하지 않도록 노력하여야 한다.

⑦ 가맹본부는 배달앱 영업과 관련하여 가맹점사업자 간에 분쟁이 발생하는 경우 제3항에 따라 분쟁이 합리적으로 해결될 수 있도록 노력한다.

제13조 [점포의 설비]

① 가맹점사업자의 점포설비(인테리어)는 가맹사업 전체의 통일성과 독창성을 유지할 수 있도록 가맹본부가 정한 사양에 따라 설계 · 시공한다(기존시설을 변경하는 경우에도 같다). 가맹본부는 기본적인 설계도면과 시방서를 마련하고 계약체결 이후 가맹점사업자에게 이를 제공하여야 한다.

② 가맹점사업자는 가맹본부가 정한 사양에 따라 직접 시공하거나 가맹본부 또는 가맹본부가 지정한 업체를 통해 시공할 수 있다.

③ 가맹점사업자가 점포 설비에 관한 시공을 하는 경우 가맹본부는 공사의 원활한 진행을 위하여 자신의 비용으로 직원을 파견할 수 있다.

④ 가맹점사업자가 가맹본부 또는 가맹본부가 지정한 업체를 통해 시공하는 경우 가맹본부는 영업설비기간·공사세부내역·구체적인 부담액·담보기간 등 구체적인 내용을 가맹점사업자와 협의하여 정하며, 협의한 내용을 가맹점사업자에게 서면으로 제공한다.

⑤ 점포설비에 따른 제반 인 · 허가는 이 계약체결일로부터 ( )일 이내에 가맹점사업자가 자신의 책임과 비용으로 취득한다. 다만, 가맹본부가 직접 시공한 경우 또는 가맹본부가 지정하거나 권유한 업체를 통하여 시공한 경우에는 당사자 간 협의하여 그 책임과 비용을 분담할 수 있다.

⑥ 가맹본부는 점포의 시설, 장비, 인테리어 등의 노후화가 객관적으로 인정되는 경우 또는 위생·안전의 결함이나 이에 준하는 사유로 인하여 가맹사업의 통일성을 유지하기 어렵거나 정상적인 영업에 현저한 지장을 주는 경우에는 점포환경개선을 요구 또는 권유할 수 있다. 단, 노후화에 대한 객관적인 인정 시점은 최근 개선일로부터 최소 ( )년[커피업종(예시) : 5년, 치킨업종(예시) : 7년]으로 하며, 노후화로 인한 점포환경개선 필요 여부에 대해 다툼이 있는 경우에는 가맹본부가 이를 입증하여야 한다.

⑦ 가맹본부는 공사의 원활한 진행을 위하여 가맹점사업자에게 공사에 필요한 설계도면 제공 및 공사의 감리를 진행하며, 가맹점사업자는 이에 대한 대가로 실측 및 설계도면 제공비 ( )원과 공사감리비 3.3㎡당 ( )원을 가맹본부에게 지급한다. 다만 가맹점사업자가 가맹본부 또는 가맹본부가 지정한 업체에게 공사를 의뢰하는 경우에는 그러하지 아니하다.

⑧ 가맹점사업자가 가맹본부와 직접 공사 계약을 하고 가맹본부가 공사업체에 이를 다시 도급하는 경우에는 가맹본부는 해당 가맹점사업자에게 공사업체와 체결하는 도급금액 정보 및 도급계약서를 제공하여야 한다.

⑨ 가맹본부는 가맹점사업자의 점포환경개선에 간판교체비용, 인테리어 공사비용(장비·집기의 교체비용을 제외한 실내건축공사에 소요되는 일체의 비용을 말한다)이 소요될 경우에는 그 금액의 20%(점포의 확장 또는 이전을 수반하는 경우에는 40%)를 부담한다. 다만, 가맹본부의 권유 또는 요구가 없음에도 가맹점사업자가 자발적 의사에 의하여 점포환경을 개선하거나 가맹점사업자의 귀책사유로 위생·안전 및 이와 유사한 문제가 발생하여 불가피하게 점포환경을 개선하는 경우는 그러하지 아니하다.

제14조 [가맹점사업자 피해보상보험계약 등의 체결]

① 가맹본부는 가맹점사업자의 피해를 보상하기 위하여 다음 각 호의 어느 하나에 해당하는 계약(이하 "가맹점사업자 피해보상보험 등"이라 한다)을 체결할 수 있다.

1. 「보험업법」 에 따른 보험계약
2. 가맹점사업자 피해보상금의 지급을 확보하기 위한 「금융감독기구의 설치 등에 관한 법률」 제38조에 따른 기관의 채무지급보증계약
3. 공정거래위원회의 인가를 받아 설립된 공제조합과의 공제계약

② 가맹본부가 가맹점사업자 피해보상보험 등을 체결한 경우, 가맹본부는 가맹점사업자로부터 최초가맹금을 직접 수령할 수 있다.

본인은 본 페이지의 내용에 대한 설명을 듣고, 이를 완전히 이해하였음	(인)

- 4 -

제 3 장 가맹점사업자의 부담

제15조 [최초가맹금]

① 가맹점사업자가 가맹본부에 지급하여야 할 최초가맹금의 내역은 다음 표와 같다.

최초가맹금 내역	금액 (단위: 천원)	포함내역	지급 기한	반환 조건	반환될 수 없는 사유
가입비		장소선정 지원비, 가맹사업운영매뉴얼 제공비, 오픈지원비 등			
최초교육비					
합계					

② 가맹점사업자는 가맹점 영업이 개시되거나 계약체결일로부터 ( )일이 경과할 때까지 제1항의 최초가맹금 중 다음 표에 기재된 내역을 가맹본부가 지정하는 아래 금융회사에 예치하여야 한다. 다만, 가맹본부가 제14조의 가맹점사업자 피해보상보험 등을 체결한 경우에는 가맹본부가 직접 지급받을 수 있다.

예치가맹금 내역	금액(단위: 천원)
가입비	
최초교육비	
합계	

* 예치금융회사: 은행 지점 부
계좌번호: 예금주:

③ 가맹본부는 다음 각 호의 어느 하나에 해당하는 경우에 위 예치기관의 장에게 예치가맹금의 지급을 요청할 수 있다.

1. 가맹점사업자가 영업을 개시한 경우
2. 가맹계약 체결일로부터 2개월이 경과한 경우

제16조 [가맹금의 반환]

① 가맹점사업자 또는 가맹희망자는 다음 각 호의 어느 하나에 해당하는 경우에 이 계약의 체결일로부터 4개월 이내(제3호의 경우 가맹본부의 영업중단일로부터 4개월 이내)에 가맹본부에 서면으로 가맹금의 반환을 청구할 수 있다. 이 경우 반환하는 가맹금의 금액은 가맹계약의 체결 경위, 금전이나 그 밖에 지급된 대가의 성격, 가맹계약기간, 계약이행기간, 가맹사업당사자의 귀책정도 등을 고려하여 당사자의 협의에 의하여 결정한다.

1. 가맹본부가 등록된 정보공개서(인근가맹점현황 문서 포함, 이하 동일)를 제공하지 아니하거나 정보공개서를 제공한 날로부터 14일(제45조에 따라 변호사 또는 가맹거래사의 자문을 받은 경우에는 7일)이 지나지 아니하였음에도 가맹금을 수령(가맹금을 예치하는 경우에는 예치)하거나 가맹계약을 체결한 경우
2. 가맹본부가 가맹희망자에게 정보를 제공함에 있어 허위 또는 과장된 정보를 제공하거나 중요사항을 누락하여 계약 체결에 중대한 영향을 준 것으로 인정되는 경우
3. 가맹본부가 정당한 사유 없이 가맹사업을 일방적으로 중단한 경우

② 가맹점사업자는 계약기간 내에 자기의 귀책사유 없는 사유로 계약이 해지되는 등 가맹계약이 중도에 종료되는 경우에는 영업표지 사용료, 영업시스템의 계속적 이용료 등과 같이 전체 계약기간에 대한 선급금의 성질을 갖는 가맹금 중 미경과 잔여계약기간의 비율에 해당하는 금액의 반환을 청구할 수 있다. 다만, 이는 손해배상의 청구에 영향을 미치지 아니한다.

본인은 본 페이지의 내용에 대한 설명을 듣고, 이를 완전히 이해하였음	(인)

- 5 -

③ 제2항의 경우에 최초교육비 등과 같이 계약기간에 따른 선급금의 성질을 갖지 않는 가맹금 중 이행이 완료된 급부의 대가에 해당하는 가맹금에 관하여는 공평의 관념에 어긋나지 않는 범위에서 당사자의 약정에 따라 반환하지 아니할 수 있다.

④ 제2항에 의해 가맹본부가 가입비의 일부를 반환해야 하는 경우에는 가맹점사업자의 청구가 있는 날로부터 ( )일 이내에 반환하여야 한다.

※ 가맹사업법 제10조 제1항에 의하여 가맹점사업자의 청구가 있는 날로부터 1개월을 초과할 수 없음

제17조 [계속가맹금]

① 가맹점사업자가 가맹본부에 지급하여야 할 계속가맹금의 내역은 다음 표와 같다. 계속가맹금에는 가맹점사업자가 가맹본부로부터 공급받는 상품·원재료·부재료 등에 대하여 가맹본부에 지급하는 대가 중 적정한 도매가격을 넘는 대가를 포함한다.

계속가맹금 내역	금액(단위: 천원)	지급기한	반환조건	반환될 수 없는 사유
영업표지 사용료				
수시교육비				
광고비				
판촉비				
상품.원·부재료 마진				
합계				

주1; 내역을 구분하지 않고 지급받는 경우에는 합계만 기재한다.

주2; 상품·원·부재료에 이윤을 부가하여 가맹금을 수취하는 경우, 정확한 금액을 기재하기 어려운 때에는 (전년도 상품, 원·부재료 공급 이윤 총액/전년도 말 기준 총 가맹점 개수)의 값을 기재한다.

② 가맹점사업자는 매월 ( )일까지 직전 월의 총매출액을 서면 또는 POS시스템을 통하여 가맹본부에게 통지하여야 한다.

제18조 [계약이행보증금]

① 가맹점사업자는 영업표지 사용료, 광고·판촉비(가맹점사업자가 부담하게 되는 금액에 한한다) 등 계속가맹금 및 상품 등의 대금과 관련한 채무액 또는 손해배상액의 지급을 담보하기 위하여 직전년도 전체 가맹점사업자의 1회 평균 상품 등의 대금 (원·부재료 대금 포함)의 3배 이내에서 계약이행보증금으로 (   )원을 가맹계약 체결일에 가맹본부가 지정하는 예치기관에 예치한다. 다만, 가맹본부가 제14조의 가맹점사업자 피해보상보험 등을 체결한 경우에는 가맹본부에 직접 지급할 수 있다.

② 계약이 기간만료 또는 해지 등의 사유로 인하여 종료된 경우 가맹본부는 가맹점사업자의 계약종료 후 조치가 완료됨과 동시에 계약이행보증금을 반환한다. 이때 반환되는 금액은 위 제1항의 금액에서 잔존 채무액과 손해배상액 등 일체의 채무액을 정산하고 남은 금액이며, 반드시 정산서를 함께 교부하여야 한다.

③ 물적 담보가 제공된 경우에는 가맹본부는 가맹점사업자로부터 잔존 채무액과 손해배상액을 지급받음과 동시에 물적 담보의 말소에 필요한 서류를 담보권 설정자에게 교부하여야 한다.

④ 가맹본부는 가맹점사업자가 적정한 계약이행보증금 등을 제공하였음에도 인적보증 등 담보를 추가로 요구해서는 아니 된다.

제19조 [최저임금 인상 등 비용부담 증가로 인한 가맹금의 조정]

① 가맹점사업자는 최저임금 인상 등으로 인해 비용이 증가하는 경우 가맹본부에게 가맹금의 조정을 요청할 수 있다.

② 가맹본부는 제1항에 따른 요청이 있은 날부터 10일 이내에 가맹금 조정을 위한 협의를 개시하며, 천재지변이나 전시·사변 등의 부득이한 사유 없이 협의를 거부하거나 게을리 하지 아니한다.

본인은 본 페이지의 내용에 대한 설명을 듣고, 이를 완전히 이해하였음	(인)

- 6 -

제 4 장 영업활동의 조건

제20조 [개점승인]

① 가맹점사업자는 가맹점 운영에 필요한 인테리어, 집기, 기타 설비를 구비하고 관련법령에 따른 인허가를 완료하는 등 가맹본부가 사전에 요구한 개점승인요건을 갖춘 후 가맹본부에 개점승인을 요청하여야 한다.

② 가맹본부는 계약체결 후 개점승인에 필요한 요건을 기재한 서류를 가맹점사업자에게 사전교부하여야 하며, 가맹점사업자가 해당 요건을 구비한 경우에는 개점승인을 거부하거나 보류할 수 없다.

제21조 [교육 및 훈련]

① 가맹점사업자는 가맹본부가 정한 교육(최초 교육뿐만 아니라 정기교육과 수시교육을 포함함) 및 훈련과정을 이수하여야 한다. 최초 교육을 이수하지 아니하면 개점이 보류될 수 있으며, 교육을 이수하지 아니하는 자는 가맹점의 관리자로 근무할 수 없다.

② 가맹본부의 교육훈련은 다음 표와 같이 구분하여 실시한다. 이때 수시교육이라 함은 가맹본부가 전체 가맹점을 상대로 필요시 실시하는 교육을 말하며, 특별교육이라 함은 특정 가맹점에 대하여 실시하는 교육을 말한다.

교육훈련과정	실시시기	가맹점사업자 부담비용(단위: 천원)
최초교육		
정기교육	연 ( )회	
수시교육		
특별교육		

③ 정기교육은 이를 실시하기 ( )일 전에 그 교육계획을 수립하여 가맹점사업자에게 서면으로 통지한다.

④ 특별교육은 이를 실시하기 ( )일 전에 장소와 시간을 정하여 서면으로 통지한다.

⑤ 교육비용은 정기교육은 1인당 원(부가세 별도), 수시교육은 1인당   원(부가세 별도)로 하며, 교통비나 숙박비는 이와 별도로 가맹점사업자가 부담한다.

⑥ 가맹점사업자는 필요시 자신의 비용부담으로 가맹본부에게 교육 및 훈련요원의 파견을 요청할 수 있다.

제22조 [경영지도]

① 가맹본부는 가맹점사업자의 경영활성화를 위하여 경영지도를 할 수 있다. 이 경우 가맹점사업자는 가맹본부의 경영지도에 적극 협조한다.

② 가맹점사업자는 자신의 비용부담으로 가맹본부에게 경영지도를 요청할 수 있다. 다만, 가맹점사업자가 부담하여야 할 비용은 가맹금에 포함된 통상의 경영지도 비용을 초과한 부분에 한한다.

③ 제2항의 요청을 받은 가맹본부는 경영지도계획서를 가맹점사업자에 제시하여야 한다.

④ 제3항의 경영지도계획서에는 경영지도내용, 기간, 경영진단 및 지도관계자의 성명, 소요비용 등이 포함되어야 한다.

⑤ 가맹본부는 경영지도결과 및 경영개선 방안을 경영지도 후 ( )일 이내에 가맹본부 담당자가 가맹점사업자에게 직접 방문하여 서면으로 제시하고 이를 설명하도록 한다.

제23조 [방문점검]

① 가맹본부는 가맹점사업자의 경영 상태를 파악하기 위하여 월( )회 점포를 점검할 수 있으며, 가맹점사업자에게 그 결과를 지체 없이 통지하여야 한다. 이때 위반사항에 대하여는 기간을 정해 시정을 요구할 수 있고 가맹점사업자는 기간 안에 이를 시정해야 한다.

② 점포의 점검은 청결, 위생, 회계처리, 각종설비관리, 원·부재료관리, 매뉴얼 준수여부, 기타 계약사항 준수여부 등을 대상으로 한다.

본인은 본 페이지의 내용에 대한 설명을 듣고, 이를 완전히 이해하였음	(인)

- 7 -

③ 가맹본부는 계약체결 이후 최초 방문점검 ( )일 전에 점포관리기준을 가맹점사업자에게 제시하여야 하며 점포관리기준을 변경하는 경우에도 같다. 단, 가맹본부가 가맹점사업자에게 금전적 부담을 발생·추가시키는 내용으로 점포관리규칙을 개정·변경하는 경우에는 변경 등의 ( )일 전 사전에 가맹점사업자의 동의를 얻어야 한다.

④ 방문점검은 영업시간 중에 이루어져야 하며 이는 양 당사자의 합의에 따라 변경될 수 있다.

⑤ 가맹점사업자는 가맹본부의 임직원 또는 가맹본부가 지정한 자가 자신의 점포에 출입할 수 있도록 허용하여야 하며, 방문점검이 원활하게 이루어질 수 있도록 적극 협조하여야 한다.

⑥ 가맹점사업자는 가맹본부의 임직원 또는 가맹본부가 지정한 자가 자신의 점포에 출입할 수 있도록 허용하여야 하며, 방문점검이 원활하게 이루어질 수 있도록 적극 협조하여야 한다.

⑦ 가맹본부의 임직원 등은 방문점검 시 가맹점사업자 또는 가맹점사업자의 임직원, 가맹점사업자가 지정한 자(이하 '가맹점사업자등')가 동행하여야 한다. 다만, 양 당사자의 합의에 따라 가맹점사업자등과 동행하지 않고 방문점검을 할 수 있다.

⑧ 가맹점사업자가 위 제1항의 점검결과 통지에 대해 이의가 있을 경우 가맹본부에 이의를 제기할 수 있고, 이 경우 가맹본부는 가맹점사업자의 이의제기 내용에 대해 ( )일 이내에 회신하여야 한다.

제24조 [주방기기의 설치 및 유지]

① 가맹점사업자는 가맹본부가 제시한 모델과 동일한 주방기기를 설치 및 사용하여야 한다.

② 가맹점사업자가 주방기기를 설치하는 경우 공사의 원활한 진행을 위하여 가맹본부는 자신의 비용으로 직원을 파견하여 지원할 수 있다.

③ 가맹본부는 가맹사업의 통일적인 운영을 위하여 가맹점사업자에게 일정 사양의 주방기기를 직접 공급하거나 업체를 지정하여 공급하도록 할 수 있다. 이 경우 해당 주방기기의 지정에 관해서는 제30조 규정이 적용된다.

④ 제3항의 경우 가맹점사업자는 가맹본부 또는 가맹본부가 지정한 업체로부터 공급받은 주방기기의 수리를 가맹본부에 의뢰할 수 있다.

⑤ 제4항의 경우 가맹본부는 수리비의 견적 및 수리에 소요되는 기간을 즉시 통지하여야 하고, 수리가 불가능한 때에는 이유를 명시하여 소정기일 내에 회수하여야 하며 이유 없이 신품의 교체를 강요할 수 없다.

제25조 [POS의 설치]

① 가맹점사업자는 통일적 가맹사업 운영을 위하여 가맹본부가 지정한 사양의 POS 기기와 프로그램, 기타 설비를 구비하여야 한다.

② 가맹본부는 가맹점사업자의 요청이 있는 경우 가맹점 영업에 필요한 설비·기기를 유상으로 대여할 수 있다. 이 경우 대여할 설비 및 기기의 내역, 대여비용 등 구체적인 사항은 당사자 간에 합의하여 별도로 결정한다.

③ 가맹점사업자는 대여 받은 설비·기기를 제3자에게 양도하거나 담보로 제공할 수 없다.

④ 가맹점사업자는 대여 받은 설비·기기를 자신의 비용으로 유지·보수한다.

⑤ 가맹점사업자가 대여 받은 설비·기기를 멸실·훼손한 경우에는 구입가격에서 감가상각한 금액으로 배상한다.

제26조 [점포의 운영]

① 가맹점사업자는 가맹점을 운영함에 있어서 관련 법령을 준수하고 매장을 위생적으로 관리하여야 한다.

② 가맹점사업자는 개점승인을 받은 점포는 가맹사업 용도를 위해 사용하여야 하며, 가맹점사업자는 가맹사업의 통일성과 표준성을 해치지 않는 범위에서 다른 용도로 사용할 수 있다.

③ 가맹사업자는 가맹사업의 동일성 유지를 위해서 가맹본부가 정한 매장의 관리 기준 및 각종 매뉴얼을 준수하여야 한다.

본인은 본 페이지의 내용에 대한 설명을 듣고, 이를 완전히 이해하였음	(인)

- 8 -

제27조 [광고]

① 가맹본부는 가맹사업 및 가맹점 영업의 활성화를 위하여 전국단위 및 지역단위로 광고를 시행할 수 있다. 다만, 가맹점사업자가 비용의 전부 또는 일부를 부담하는 광고를 실시하려는 경우에는 사전에 그 비용 부담에 관하여 문서, 내용증명우편, 전자우편, 인터넷 홈페이지, 애플리케이션, POS 등 동의 시점을 객관적으로 확인할 수 있는 방법에 의하여 전체 가맹점사업자의 50% 이상의 동의를 받아야 한다.

② 가맹본부 및 가맹점사업자가 사전에 가맹계약과 별도로 광고의 명칭 및 실시기간, 광고의 소요비용에 대한 가맹점사업자의 분담 비율 및 분담 한도에 관한 내용이 포함된 약정을 체결하여 그 약정에 따라 광고를 실시하는 경우에는 제1항에 따른 동의를 받지 아니할 수 있다.

③ 광고의 목적 · 횟수 · 시기 · 매체 등에 관한 기본적 사항은 가맹본부가 정하는 바에 의한다. 다만, 가맹본부는 제1항에 따라 동의를 받는 경우 가맹점사업자에게 미리 광고의 명칭 및 실시기간, 광고의 소요비용에 대한 가맹점사업자의 분담 비율 및 분담 한도 등 세부사항을 고지하여야 한다.

④ 전국단위 광고에 소요되는 비용은 제1항 및 제2항의 사전 동의 또는 사전 약정에서 정한 바에 따라 가맹본부와 가맹점사업자가 분담한다. 가맹점사업자 간의 개별 분담액은 광고시행 직전 분기의 각 가맹점사업자의 총매출액 비율에 따라 산정한다.

⑤ 가맹본부는 당해분기에 지출한 광고비 중에서 각 가맹점사업자가 부담해야 할 금액을 다음 분기 첫 달의 말일까지 명세서를 첨부하여 통지하고, 가맹점사업자는 그 통지를 받은 날로부터 ( )일 이내에 지급한다.

⑥ 가맹점사업자는 자기의 비용으로 영업지역 내에서 광고를 시행할 수 있다. 이 경우 가맹점사업자는 광고의 계획과 문안, 기타 광고와 관련된 세부사항에 관하여 사전에 가맹본부의 승인을 받아야 한다.

⑦ 가맹본부는 사업연도 중 가맹점사업자가 비용의 일부라도 부담한 광고를 시행한 경우 다음 각 호의 사항을 사업연도 종료 후 3개월 이내에 가맹점 사업자에게 통보하여야 한다.

1. 해당 사업연도에 실시한 광고(해당 사업연도에 일부라도 비용이 집행된 경우를 포함한다. 이하 같다)별 명칭, 내용 및 실시기간
2. 해당 사업연도에 광고를 위하여 전체 가맹점사업자로부터 지급받은 금액
3. 해당 사업연도에 실시한 광고로 집행한 비용 및 가맹점사업자가 부담한 총액

⑧ 가맹점사업자가 광고매체별 광고 횟수, 광고단가 등 세부 산출 근거가 포함된 광고 집행 내역의 열람을 요구하는 경우 가맹본부는 열람의 일시, 장소를 정하여 이를 열람할 수 있도록 한다.

제28조 [판촉]

① 가맹본부는 가맹사업 및 가맹점 영업의 활성화를 위하여 전국단위 및 지역단위로 할인판매, 경품제공, 이벤트 등과 같은 판촉활동을 시행할 수 있다. 다만, 가맹점사업자가 비용의 전부 또는 일부를 부담하는 판촉행사를 실시하려는 경우에는 사전에 그 비용 부담에 관하여 문서, 내용증명우편, 전자우편, 인터넷 홈페이지, 애플리케이션, POS 등 동의 시점을 객관적으로 확인할 수 있는 방법에 의하여 전체 가맹점사업자의 70% 이상의 동의를 받아야 하며, 70% 이상의 동의를 받지 못한 경우에는 해당 판촉행사의 비용 부담에 동의한 가맹점사업자만을 대상으로 하여 판촉행사를 실시할 수 있다.

② 가맹본부 및 가맹점사업자가 사전에 가맹계약과 별도로 판촉행사의 명칭 및 실시기간, 판촉행사의 소요비용에 대한 가맹점사업자의 분담 비율 및 분담 한도에 관한 내용이 포함된 약정을 체결하여 그 약정에 따라 판촉행사를 실시하는 경우에는 제1항에 따른 동의를 받지 아니할 수 있다.

③ 가맹본부는 제1항에 따라 동의를 받는 경우 가맹점사업자에게 미리 판촉행사의 명칭 및 실시기간, 판촉행사의 소요비용에 대한 가맹점사업자의 분담 비율 및 분담 한도 등 세부사항을 고지하여야 한다.

④ 가맹점에서 판매하는 상품의 할인비용이나 제공하는 경품·기념품 등의 비용, 판촉활동을 위한 통일적 팸플릿·전단·리플렛·카탈로그의 제작비용, 온라인·모바일 상품권 발행비용 등 판촉행사에 소요되는 비용은 제1항 및 제2항의 사전 동의 또는 사전 약정에서 정한 바에 따라 가맹본부와 가맹점사업자가 분담한다.

⑤ 가맹점사업자는 자기의 비용으로 자기 지역 내에서 판촉활동을 할 수 있다. 이 경우 가맹점사업자는 판촉활동의 구체적 내용에 관하여 가맹본부와 사전에 협의하여야 한다.

본인은 본 페이지의 내용에 대한 설명을 듣고, 이를 완전히 이해하였음	(인)

- 9 -

가맹점사업자가 쿠폰을 발행하는 경우에는 다른 가맹점사업자에게 피해를 주지 않도록 발행 점포명과 해당 점포에서만 사용이 가능하다는 점을 명확하게 표시하고 설명하여야 한다.

⑥ 가맹본부는 사업연도 중 가맹점사업자가 일부라도 비용을 부담한 판촉행사를 시행한 경우 다음 각 호의 사항을 사업연도 종료 후 3개월 이내에 가맹점사업자에게 통보하여야 한다.

1. 해당 사업연도에 실시한 판촉활동(해당 사업연도에 일부라도 비용이 집행된 경우를 포함한다. 이하 같다)별 명칭, 내용 및 실시기간
2. 해당 사업연도에 판촉활동을 위하여 전체 가맹점사업자로부터 지급받은 금액
3. 해당 사업연도에 실시한 판촉활동으로 집행한 비용 및 가맹점사업자가 부담한 총액

⑦ 가맹점사업자가 세부 산출 근거가 포함된 판촉행사 집행 내역의 열람을 요구하는 경우 가맹본부는 열람의 일시, 장소를 정하여 이를 열람할 수 있도록 한다.

제29조 [원 · 부재료 등의 조달과 관리]

① 가맹본부가 가맹점사업자에게 공급하여야 할 원·부재료 등의 내역 및 가격은 별첨[3]와 같다.

② 가맹본부는 가맹점사업자가 제1항에 따른 원·부재료 등의 납품대금을 신용카드로 결제하려는 경우 이를 거절하거나 제한(특정 장소에서만 결제하도록 하는 등 조건부 신용카드 결제 허용)하여 현금결제를 강요 또는 유도하여서는 아니 된다.

③ 가맹본부와 가맹점사업자는 관련 법률에서 정한 설비와 장비를 갖추고 원 · 부재료 등의 성질에 적합한 방법으로 운반 · 보관하여야 한다. 단, 천재지변이나 상품 공급처의 긴급한 사정 등으로 가맹본부의 책임 없이 상품의 공급이 현저히 곤란하거나 불가능하게 되었을 경우 상품 공급의 일부나 전부가 제한 또는 중단될 수 있다.

④ 가맹점사업자는 공급받은 원·부재료 등을 가맹본부의 허락 없이 타인에게 제공하거나 판매·대여할 수 없다.

제30조 [구입강제품목의 지정]

① 가맹본부는 가맹사업을 경영하는데 필수적이며, 다른 사업자로부터 구매할 경우 가맹본부의 상표권을 보호하고 상품 또는 용역의 동일성을 유지하기 어려운 품목을 반드시 가맹본부 또는 지정된 사업자로부터 구입하도록 할 수 있으며(이하 이러한 품목을 구입강제품목이라 한다.). 가맹본부는 구입강제품목을 지정한 경우 해당 품목의 종류(규격 및 단위, 거래상대방, 기준 시점 등을 포함한다)를 ( ) [POS시스템, 인터넷 홈페이지 등 통지수단을 기재]을 통해 가맹점사업자에게 통지해야 한다. 통지된 내용은 본 가맹계약의 내용에 포함된다.

② 가맹점사업자는 제1항에 따른 구입강제품목을 가맹본부 또는 지정된 사업자로부터 공급받아야 한다. 다만, 가맹본부 또는 지정업체가 공급하지 아니하거나 천재지변, 사회적 재난 또는 합리적 사유 없이 공급을 지연하는 물품은 가맹본부로부터 사전에 승인을 얻어 가맹점사업자가 직접 조달할 수 있으며, 공급의 차질로 가맹점 운영이 곤란한 경우 등의 사정이 있는 경우에는 직접 조달 후 사후 승인을 얻을 수도 있다. 이 경우 가맹점사업자는 브랜드의 동일성을 해치지 않도록 하여야 한다.

③ 가맹본부는 가맹점사업자가 제2항 단서에 의하여 직접 조달하는 구입강제품목에 대하여 품질관리기준을 제시하고 그 기준의 준수여부를 검사할 수 있다. 이 경우 가맹점사업자는 가맹본부의 품질검사에 협조하여야 한다.

④ 가맹본부는 구입강제품목의 공급가격 및 공급가격 결정기준(기준시점을 포함한다)을 ( ) [POS시스템, 인터넷 홈페이지 등 통지수단을 기재]을 통해 가맹점사업자에게 통지해야 하며, 통지된 내용은 본 가맹계약의 내용에 포함된다. 단, 천재지변, 전쟁, 전염병의 창궐 등 가맹본부의 책임없는 사유로 인한 전 세계적 수급불안정 등으로 인해 큰 폭의 가격 변동이 급작스럽게 발생하는 경우 통지한 공급가격 결정기준을 따르지 않을 수 있다.

⑤ 가맹본부는 위 제1항 및 제4항에 따라 통지한 내역을 문서 또는 전자문서로 5년 간 저장·관리하여 가맹점사업자가 언제든지 열람할 수 있도록 해야 한다.

⑥ 제1항에 따른 구입강제품목의 종류는 신제품 출시, 기존 제품 철수 등의 사유로 그 내역을 변경할 수 있고, 제4항에 따른 구입강제품목의 공급가격 및 공급가격 결정기준은 품목별 원가율 변경, 원자재 가격 인상 등의 사유로 변경할 수 있다. 다만, 구입강제품목의 종류, 공급가격, 공급가격 결정기준의 변경은 품목별 별도의 합의가 이루어진 경우 등 특별한 사정이 없는 경우 분기에 [ ]회로 한정한다.

본인은 본 페이지의 내용에 대한 설명을 듣고, 이를 완전히 이해하였음	(인)

- 10 -

⑦ 가맹본부는 구입강제품목의 종류, 공급가격, 공급가격 결정기준을 변경한 즉시 변경된 내역을 ( ) [POS시스템, 인터넷 홈페이지 등 통지수단을 기재]을 통해 가맹점사업자에게 통지해야 하며, 통지된 내용은 본 가맹계약의 내용에 포함된다.

제31조 [원 · 부재료 등의 검사와 하자통지의무]

① 가맹점사업자는 원 · 부재료 등을 공급받는 즉시 수량 및 품질을 검사하여야 하고, 하자를 발견하였을 경우 지체 없이 이를 서면으로 가맹본부에게 통지하여야 한다.

② 가맹점사업자가 원 · 부재료 등의 성질상 수령 즉시 하자를 발견할 수 없는 경우에는 6개월 이내에 이를 발견하여 통지하고 완전물로 교환을 청구할 수 있다. 다만 가맹점사업자의 관리소홀로 유효기간이 경과되거나 하자가 발생한 제품은 그러하지 아니하다.

③ 가맹점사업자가 제1항 및 제2항의 검사를 태만히 하여 이로 인한 손해가 발생한 경우에는 가맹본부에 대하여 반품 · 수량보충 또는 손해배상을 청구할 수 없다. 다만, 가맹본부가 상품 등에 하자가 있음을 알면서 공급한 경우에는 제2항의 기간과 상관없이 가맹본부에 손해배상 등을 청구할 수 있다.

④ 가맹본부는 그의 상표를 사용하여 공급한 원 · 부재료 등의 하자로 인하여 소비자 등 제3자가 입은 손해에 대하여 책임이 있다. 다만, 가맹본부가 공급하지 않은 원 · 부재료 등을 가맹점사업자가 판매하여 제3자에게 손해를 가한 경우나 가맹점사업자의 보관상의 주의의무위반, 상품 제조, 판매상의 과실로 인한 경우에는 가맹점사업자가 책임을 진다.

⑤ 계약이 기간만료, 해지 등으로 인하여 종료한 때에는 가맹점사업자는 공급된 원 · 부재료 등의 중에서 완전물을 가맹본부에 반환할 수 있고, 이에 대하여 가맹본부는 공급가격으로 상환하여야 한다.

⑥ 제5항의 경우에 하자 있는 원 · 부재료 등에 대하여는 그 상태를 감안하여 가맹본부와 가맹점사업자의 협의에 의하여 상환가격을 결정한다.

제32조 [원 · 부재료 등 공급의 중단]

① 가맹본부는 다음 각 호의 어느 하나에 해당하는 경우에는 ( )일 전에 해당사유 및 재공급 요건을 적시한 서면으로 예고하고 가맹점사업자에 대한 원 · 부재료 등의 공급을 중단할 수 있다. 다만, 위 기간 중 가맹점사업자가 해당사유를 시정한 경우에는 그러하지 아니하다.

1. 가맹점사업자가 연체한 원 · 부재료 대금이 계약이행보증금 액수를 초과하는 경우
2. 가맹점사업자가 2회 이상 정기납입경비의 지급을 연체하는 경우
3. 가맹점사업자가 정기납입경비의 산정을 위한 총매출액 또는 매출액 증가비율 통지를 거부하거나 3회 이상 허위로 통지하는 경우
4. 가맹본부의 품질관리기준을 ( )개월에 걸쳐 3회 이상 위반하는 경우
5. 가맹점사업자가 가맹본부와의 협의 없이 무단으로 3일 이상 휴업하는 경우
6. 가맹점사업자가 가맹본부와 약정한 판매촉진활동을 이행하지 않는 경우
7. 가맹점사업자가 정당한 사유 없이 노후 점포설비의 교체 · 보수 요청에 따르지 않는 경우
8. 가맹점사업자가 가맹본부로부터 본 계약상의 의무위반을 지적받고 상당한 기간 내에 시정조치를 취하지 않는 경우

② 가맹본부는 다음 각 호의 어느 하나에 해당하는 경우에는 즉시 원 · 부재료 등의 공급을 중단할 수 있다.

1. 가맹점사업자에게 파산 신청이 있거나 강제집행절차 또는 회생절차가 개시된 경우
2. 가맹점사업자가 발행한 어음 · 수표가 부도 등으로 지급거절된 경우
3. 천재지변, 중대한 일신상의 사유 등으로 가맹점사업자가 더 이상 가맹사업을 경영할 수 없게 된 경우
4. 가맹점사업자의 가맹사업과 관련한 가맹본부의 시정요구에 따른 후에 1년 이내에 다시 같은 위반행위를 반복한 경우
5. 가맹점사업자가 가맹점 운영과 관련된 행위로 형사처벌을 받은 경우
6. 가맹점사업자가 뚜렷이 공중의 건강이나 안전에 급박한 위해를 일으킬 염려가 있는 방법이나 형태로 가맹점을 운영하고 있으나, 행정청의 시정조치를 기다리기 어려운 경우
7. 가맹점사업자가 정당한 사유 없이 연속하여 7일 이상 영업을 중단한 경우

③ 제2항의 경우 가맹본부는 원 · 부재료 등의 공급중단조치를 취함과 동시에 재공급조건을 가맹점사업자에 서면으로 통지하여야 한다.

제33조 [영업]

① 가맹점사업자는 주 ( )일 이상 월 ( )일 이상 개장하여야 하고, 연속하여 ( )일 이상 임의로 휴업할 수 없다.

본인은 본 페이지의 내용에 대한 설명을 듣고, 이를 완전히 이해하였음	(인)

- 11 -

② 가맹점사업자가 특정일에 점포를 열지 못할 특별한 사정이 있는 경우에는 이를 3일 전부터 매장 입구에 게시하여 고객이 알 수 있도록 하여야 한다.

③ 가맹점사업자가 일정기간 휴업할 경우에는 사전에 가맹본부에게 그 사유를 서면으로 통지하고 가맹본부의 승인을 얻어야 한다.

④ 영업시간은 ( )부터 ( )까지로 한다.

⑤ 가맹본부는 가맹점사업자가 심야영업시간대(오전 1시부터 오전 6시까지)의 매출이 저조하여 영업시간 단축을 요구한 날이 속한 달의 직전 3개월 동안 영업 손실이 발생함에 따라 영업시간 단축을 요구하거나 질병의 발병과 치료 등 불가피한 사유로 인하여 영업시간의 단축을 요구하는 경우에는 이를 허용한다.

제34조 [복장]

① 가맹점사업자와 종업원은 가맹점영업과 관련하여 가맹본부가 지정한 복장(근무복, 모자, 명찰)을 착용하여야 한다.

② 가맹본부는 복장의 색상, 규격을 가맹점사업자에게 서면으로 통지한다.

③ 가맹본부는 가맹점사업자의 요청에 따라 종업원의 복장을 공급하거나 공급업체를 소개할 수 있다.

④ 가맹점사업자는 임직원 및 종업원이 외식업소에 근무하는 자로서의 품격에 어긋나지 않는 복장상태를 유지하도록 하여야 한다.

제35조 [영업표준화]

① 가맹점사업자는 가맹사업의 동일성과 표준화를 유지하기 위하여 가맹본부가 제시하는 영업규정 등을 준수하여야 하고, 새로운 메뉴가 출시된 경우에는 해당 메뉴에 대한 교육을 이수하여야 한다.

② 가맹본부는 계약기간 중에 취급하는 메뉴 또는 서비스를 변경(추가 또는 삭제 포함)할 수 있으며 가맹점사업자는 변경한 내용을 적용하여 가맹점을 운영하여야 한다. 또한, 가맹본부는 가맹사업의 동일성을 위해 변경된 영업정책(메뉴, 서비스 등의 변경)을 전체 가맹점사업자가 동시에 적용하도록 정할 수 있으며 가맹점사업자는 특별한 사정이 없는 한 이를 준수하기로 한다.

③ 가맹점사업자는 공급받은 원재료를 매뉴얼에 따라 공급받은 규격대로 사용하여야 하며, 임의로 가공하거나 분리하거나 모아서 사용하여서는 아니 된다.

④ 가맹점사업자는 공급받은 원재료를 포장을 제거한 채로 보관하거나 임의로 분리하거나 모아서 보관하는 행위가 식품위생법에 반할 수 있는 행위임을 주지하고 이러한 행위를 하지 아니한다. 단, 조리방법과 영업의 특성상 불가피한 경우에 한하여 유통기한의 확인이 가능하고 변질이 되지 않도록 철저히 분리·관리하며 다른 원재료와 모아서 보관하지 않을 경우에는 예외로 한다.

제36조 [권장가격]

① 가맹본부는 가맹사업의 동일성과 표준화를 위해 적정한 수준의 소비자가격을 권장할 수 있다

② 가맹점사업자가 소비자가격을 변경하고자 하는 경우, 가맹본부에 사전통보하고 가맹본부와 협의하여야 한다.

③ 가맹본부는 가맹점사업자가 소비자가격 변경 협의요청을 할 경우, 이에 성실히 임해야 한다.

제37조 [회계장부 등의 작성 및 보고의무]

① 가맹점사업자는 가맹점 영업과 관련하여 영업장부와 회계자료를 성실히 작성 · 유지하여야 한다.

② 가맹점사업자는 가맹본부가 정기납입경비 산정, 정보공개서 작성 등을 위해 영업장부 또는 회계자료 등을 요청할 경우 이를 서면 또는 POS시스템, 이메일 등을 통해 보고하여야 한다.

③ 가맹점사업자는 가맹본부의 직원 또는 가맹본부가 지정한 사람의 정당한 요구가 있을 때에는 영업장부 등 관련서류를 제시하여야 한다.

④ 가맹점사업자는 가맹본부로부터 사용허가를 받은 영업표지와 특허권 등에 대한 침해를 이유로 제3자가 소를 제기한 경우에는 이를 가맹본부에 보고하여야 한다.

본인은 본 페이지의 내용에 대한 설명을 듣고, 이를 완전히 이해하였음	(인)

- 12 -

제38조 [보험]

① 가맹본부는 가맹점사업자가 영업상 과실, 상품의 하자, 점포의 화재 등으로 가맹점 이용 고객이나 제3자에게 부담하는 손해배상책임을 보장하기 위하여 책임보험에 가입할 것을 권유할 수 있다.

② 가맹점사업자는 자신의 책임으로 보험업자, 보험의 종류, 피보험자를 정한다.

제39조 [영업양도 및 담보제공]

① 가맹점사업자는 가맹본부의 승인을 얻어 영업을 양도, 임대하거나 영업재산을 담보로 제공(이하 "영업양도 등"이라 한다)할 수 있다.

② 제1항의 경우 가맹점사업자는 영업양도일(또는 영업임대일, 담보제공일, 이하 같다)( )일 전에 가맹본부에 대하여 서면으로 영업양도 등의 승인을 요청하여야 한다.

③ 가맹본부는 전항의 승인을 요청받은 날로부터 ( )일 이내에 그 사유를 명시한 서면으로 승인 또는 거절의 의사를 표시하여야 한다. 가맹본부가 이 기간 중에 이유를 적시하여 거절하지 않으면 영업양도 등을 승인한 것으로 본다.

④ 가맹점사업자가 영업 양도의 승인을 요청한 경우 가맹본부는 영업양도 승인조건으로 점포환경 개선을 요구하지 아니한다. 다만 본 계약에 정한 점포환경개선 요구조건이 구비된 경우에는 그러하지 아니하다.

⑤ 가맹점사업자는 승인결정시까지 계약위반사항을 모두 시정하고 연체된 채무액이 있는 경우 모두 지급하는 등, 양수인이 해당 가맹점을 가맹계약에 부합된 상태로 아무런 문제없이 양수할 수 있도록 협조하여야 한다.

⑥ 영업양도의 경우 영업양수인은 가맹점사업자의 가맹본부에 대한 권리와 의무를 승계한다.

⑦ 영업양수인 및 영업임차인은 제15조의 최초가맹금의 지급의무가 면제된다. 다만, 양도 등에 따라 가맹본부에게 초래된 행정적 실비 및 교육비, 계약이행보증금은 면제되지 아니한다.

⑧ 가맹본부는 영업양수인이 요청하는 경우에는 영업양도인의 잔여 계약기간 대신에 완전한 계약기간을 영업양수인에게 부여할 수 있다. 이 경우에는 계약체결 당시의 계약조건에 따라 신규계약을 체결하여야 한다.

⑨ 가맹본부가 가맹사업을 타인에게 양도하는 경우 가맹점사업자는 가맹계약을 종료하고 계약관계에서 탈퇴할 수 있다. 이 경우 가맹본부는 가맹점사업자에 대하여 제16조 제2항의 금원을 반환하여야 한다.

⑩ 가맹본부는 가맹점운영권의 양도와 관련된 분쟁을 예방하기 위하여, 승인 전후를 불문하고 양도인의 투자비 내역, 영업 현황 등의 자료를 양수희망자 또는 양수인에게 제공할 수 있다.

제40조 [영업의 상속]

① 가맹점사업자의 상속인은 가맹점 영업을 상속할 수 있다.

② 상속인이 영업을 상속할 경우에는 상속개시일로부터 3개월 이내에 상속사실을 가맹본부에게 통지하여야 한다.

③ 상속인이 미성년자, 피성년후견인, 피한정후견인에 해당하거나 이에 준하는 사유가 있는 경우 가맹본부는 영업의 상속을 승인하지 아니할 수 있으며, 이 경우 가맹계약은 종료한다. 다만, 가맹본부는 상속인에게 제42조 제2항 및 제3항의 금원을 지급하여야 한다.

④ 상속인에 대해서는 제15조의 최초가맹금이 면제된다. 단, 교육비, 계약이행보증금은 면제되지 아니한다.

제 5 장 계약의 갱신, 해지, 종료

제41조 [계약의 갱신과 거절]

① 가맹본부는 가맹점사업자가 가맹계약기간 만료 전 180일부터 90일까지 사이에 가맹계약의 갱신을 요구하는 경우에는 정당한 사유가 없으면 이를 거절하지 못한다. 다만 가맹점사업자가 다음 각 호의 어느 하나에 해당하는 경우에는 갱신을 거절할 수 있다.

본인은 본 페이지의 내용에 대한 설명을 듣고, 이를 완전히 이해하였음	(인)

- 13 -

1. 가맹계약상의 가맹금 등의 지급의무를 지키지 아니한 경우
2. 다른 가맹점사업자에게 통상적으로 적용되는 계약조건이나 영업방침을 가맹점사업자가 수락하지 아니한 경우
3. 가맹점의 운영에 필요한 점포 · 설비의 확보나 법령상 필요한 자격 · 면허 · 허가의 취득에 관한 가맹본부의 중요한 영업방침을 지키지 아니한 경우
4. 상품의 품질을 유지하기 위하여 필요한 조리법, 식자재 구입 및 관리 또는 서비스기법의 준수에 관하여 가맹본부가 정한 영업방침을 지키지 아니한 경우
5. 가맹본부의 가맹사업 경영에 필수적인 지식재산권의 보호에 관하여 가맹본부가 정한 영업방침을 지키지 아니한 경우
6. 다른 가맹본부가 통상적으로 요구하는 비용에 의하여 가맹본부가 가맹점사업자에게 정기적으로 실시하는 교육 · 훈련의 준수에 관한 가맹본부의 영업방침을 지키지 아니한 경우.

② 제1항의 가맹점사업자의 계약갱신요구권은 최초 가맹계약기간을 포함한 전체 가맹계약기간이 10년을 초과하지 아니하는 범위 내에서만 행사할 수 있다. 다만 10년의 경과한 이후에도 가맹점사업자에게 계약위반 등의 특별한 사유가 없는 경우에는 사전에 고지된 평가기준 (평가기준, 평가시기, 평가방식, 갱신기준이 포함되어야 함)에 미달하는 경우에만 갱신을 거절하기로 한다. 가맹본부는 평가결과를 첨부하여 갱신여부를 고지하여야 한다.

③ 가맹본부가 제1항에 따른 갱신요구를 거절하는 경우에는 갱신을 요구받은 날로부터 15일 이내에 가맹점사업자에게 거절사유를 적은 서면으로 통지하여야 한다.

④ 가맹본부가 제1항 단서의 어느 사유를 들어 계약만료 전 180일부터 90일까지 갱신하지 않는다는 사실을 서면으로 통지하거나 제3항의 거절통지를 한 경우가 아니면, 가맹계약은 종전계약과 동일한 조건으로 (   )년간 갱신된 것으로 본다.

⑤ 다음 각 호의 어느 하나에 해당하는 경우에는 제4항을 적용하지 아니한다.

1. 가맹점사업자가 계약만료 60일전까지 이의를 제기한 경우
2. 천재지변 등 양 당사자에게 책임 없는 사유로 인하여 가맹계약을 유지하기 어려운 경우
3. 가맹본부나 가맹점사업자에게 파산신청이 있거나 강제집행절차 또는 회생절차가 개시된 경우
4. 가맹본부나 가맹점사업자가 발행한 어음 · 수표가 부도 등으로 지급거절된 경우
5. 가맹점사업자에게 중대한 일신상의 사유가 발생하여 더 이상 가맹사업을 경영할 수 없게 된 경우

제42조 [계약의 해지]

① 가맹본부는 가맹점사업자에게 본 계약에서 정한 물품공급중단 사유가 있는 경우에는 가맹계약을 해지할 수 있다. 이 경우 가맹계약을 해지하기 위해서는 가맹점사업자에게 2개월 이상의 유예기간을 두고 계약의 위반사실을 구체적으로 밝히고 이를 시정하지 아니하면 그 계약을 해지한다는 사실을 서면으로 2회 이상 통지하여야 하고, 이 절차를 거치지 아니한 가맹계약의 해지는 그 효력이 없다.

② 가맹본부는 가맹사업의 거래를 지속하기 어려운 경우로서 다음 각 호의 어느 하나에 해당하는 경우에는 제1항의 절차를 거치지 아니하고 계약을 해지할 수 있다.

1. 가맹점사업자에게 파산신청이 있거나 강제집행절차 또는 회생절차가 개시된 경우
2. 가맹점사업자가 발행한 어음 · 수표가 부도 등으로 지급거절된 경우
3. 천재지변, 중대한 일신상의 사유 등으로 가맹점사업자가 더 이상 가맹사업을 경영할 수 없게 된 경우
4. 가맹점사업자가 가맹점 운영과 관련되는 법령을 위반하여 다음 각 목의 어느 하나에 해당하는 행정처분을 받거나 법원 판결을 받음으로써 가맹본부의 명성이나 신용을 뚜렷이 훼손하여 가맹사업에 중대한 장애를 초래한 경우

가. 위법사실을 시정하라는 내용의 행정처분
나. 위법사실을 처분사유로 하는 과징금 · 과태료 등 부과처분
다. 위법사실을 처분사유로 하는 영업정지 명령

5. 가맹점사업자가 제1항 후문에 따른 가맹본부의 시정요구에 따른 후 1년 이내에 다시 같은 사항을 위반한 경우(다만 시정을 요구하는 서면에 본 호의 내용을 기재한 경우에 한한다)
6. 가맹점사업자가 가맹점운영과 관련된 행위로 형사처벌을 받은 경우
7. 가맹점사업자가 뚜렷이 공중의 건강이나 안전에 급박한 위해를 일으킬 염려가 있는 방법이나 형태로 가맹점을 운영하고 있으나, 행정청의 시정조치를 기다리기 어려운 경우
8. 가맹점사업자가 정당한 사유 없이 연속하여 7일 이상 영업을 중단한 경우
9. 가맹점사업자가 가맹점 운영과 관련되는 법령을 위반하여 자격 · 면허 · 허가 취소 또는 영업정지 명령(15일 이내의 영업정지 명령을 받은 경우는 제외한다) 등 그 시정이 불가능한 성격의 행정처분을 받은 경우(다만, 법령에 근거하여 행정처분을 갈음하는 과징금 등의 부과 처분을 받은 경우는 제외한다)

본인은 본 페이지의 내용에 대한 설명을 듣고, 이를 완전히 이해하였음	(인)

- 14 -

③ 가맹점사업자는 가맹본부가 약정한 원·부재료 등의 공급, 경영지원 등을 정당한 이유 없이 이행하지 않거나 지체하는 등 이 계약상의 의무를 불이행하는 경우에는 상당한 기간을 정하여 서면으로 그 시정을 요구하고 그래도 시정하지 않을 경우에는 가맹계약을 해지할 수 있다.

④ 가맹점사업자는 가맹계약 및 가맹본부의 경영방침 등 가맹사업과 관련된 의무를 성실히 준수하였음에도 불구하고 영업개시 후 1년간 발생한 매출의 월평균액이 가맹본부가 제공한 예상매출액의 하한에 미치지 못하는 경우 계약을 해지할 수 있다. 이때 가맹본부의 장래의 기대이익 상실분에 대해서는 손해배상의무를 부담하지 아니한다.

⑤ 가맹점사업자는 다음 각 호의 어느 하나에 해당되는 경우에는 최고 없이 즉시 계약을 해지할 수 있다.

1. 가맹본부에게 파산신청이 있거나 회생절차가 개시된 경우
2. 가맹본부가 발행한 어음 · 수표가 부도 등으로 지급거절된 경우
3. 가맹본부가 압류, 강제집행, 체납처분 또는 이와 유사한 법적 · 행정적 처분을 당한 경우
4. 천재지변으로 가맹점 운영이 곤란한 경우

⑥ 가맹본부와 가맹점사업자는 계약기간 중에도 서면에 의하여 양 당사자가 합의하여 해지할 수 있다.

제43조 [계약종료 후 조치]

① 계약이 기간만료나 해지 기타 사유로 인하여 종료된 경우, 가맹점사업자는 지체 없이 매장, 전화번호부, 온라인 등 영업 관련 장소에서 가맹본부의 상호·간판 등 영업표지의 사용을 중단하고 이를 철거 내지 제거하여야 하며, 가맹본부가 제공한 설비, 전산시스템, 매뉴얼 등 영업 관련 자산을 가맹본부에 반환하여야 한다.

② 가맹본부는 위 제1항의 조치가 완료됨을 확인하는 즉시 계약이행보증금에서 가맹점사업자의 채무, 손해배상금 등 담보금액을 공제하고 남은 금액을 가맹점사업자에게 반환하여야 한다.

③ 위 제1항의 철거·원상복구의 비용은 가맹점사업자가 부담하되, 가맹본부의 귀책사유로 종료되는 경우에는 가맹본부가 부담한다.

④ 가맹본부는 가맹계약서를 가맹사업의 거래가 종료된 날부터 3년간 보관하여야 한다.

⑤ 이 계약의 규정이나 목적상 이 계약의 만료 또는 종료 후에도 존속하도록 되어 있는 모든 조항은 이 계약의 종료 또는 해지에도 불구하고 그 효력을 갖는다.

제 6 장 기 타

제44조 [가맹점사업자의 비밀유지, 경업금지 의무]

① 가맹점사업자는 계약 및 가맹점 운영상 알게 된 가맹본부의 레시피 등 영업비밀을 계약기간은 물론 계약종료 후에도 제3자에게 누설해서는 아니 된다.

② 가맹점사업자는 가맹본부의 허락 없이 매뉴얼, 교육과 세미나 자료 기타 가맹점 운영과 관련하여 가맹본부의 영업비밀이 담긴 관계서류의 내용을 인쇄 또는 복사하거나 제3자에게 제공할 수 없다.

③ 가맹점사업자는 계약의 존속 중에 가맹본부의 허락 없이 자기 또는 제3자의 명의로 가맹본부의 영업과 동종의 영업을 하지 않는다.

제45조[개량기술의 사용]

가맹점사업자가 가맹본부로부터 지원받은 영업노하우 등 기술과 관련하여 독자적으로 기술을 개량한 경우, 개량기술에 대한 소유권은 가맹점사업자에게 있는 것으로 한다. 다만, 가맹본부는 기술개발비, 예상수익, 원천기술의 기여분, 개량기술의 가치 등이 반영된 정당한 대가를 지급하고 그 소유권의 이전이나 실시권, 사용권 등의 설정을 가맹점사업자에게 청구할 수 있다.

제46조 [지연이자]

계약의 일방당사자가 본 계약과 관련하여 상대방에게 부담하는 일체의 금전지급의무를 지체하는 경우에는 미지급액에 대하여 지급기일의 다음날부터 지급하는 날까지 연 (   )%의 비율에 의한 지연이자를 가산하여 지급한다.

본인은 본 페이지의 내용에 대한 설명을 듣고, 이를 완전히 이해하였음	(인)

- 15 -

제47조 [손해배상]

① 이 계약의 당사자는 상대방의 계약위반이나 불법행위로 인한 손해에 대하여 본 계약상 구제수단 외에 별도로 손해배상을 청구할 수 있다.

② 이 계약 당사자 일방의 계약위반이나 불법행위로 인하여 손해가 발생한 경우 귀책사유 있는 당사자는 그로 인한 손해를 배상하여야 한다.

③ 가맹점사업자는 가맹본부 또는 그 소속 임원의 위법행위 또는 가맹사업의 명성이나 신용을 훼손하는 등 사회상규에 반하는 행위로 인해 손해가 발생한 경우 가맹본부에게 본 계약 상 구제수단 외에 별도로 손해배상을 청구할 수 있다.

④ 가맹본부가 가맹사업법 제9조제1항, 제12조제1항제1호 및 제12조의5를 위반함으로써 가맹점사업자에게 손해를 입힌 경우에는 발생한 손해의 3배를 넘지 아니하는 범위에서 배상책임을 진다. 다만, 가맹본부가 고의 또는 과실이 없음을 입증한 경우에는 그러하지 아니하다.

제48조 [통지방법]

① 가맹본부와 가맹점사업자는 상대방에 대하여 통지하는 경우 서면으로 통지함을 원칙으로 한다. 다만, 본 계약서에 이메일을 기재한 경우에는 그 기재된 이메일 주소로 통지함으로써 서면통지를 갈음할 수 있으며, 가맹본부가 가맹점사업자에게 공지하는 경우에는 포스를 이용할 수 있다.

② 위1항에도 불구하고 본 계약서의 개별조항에서 통지방법을 규정한 경우에는 개별조항에 따른다.

제49조 [거래조건 변경협의]

① 가맹본부는 다음 각 호와 같이 구입강제품목의 거래조건을 가맹점사업자에게 불리하게 변경하는 경우 가맹점사업자와 협의를 거쳐야 한다.

1. 특정한 거래상대방과 거래할 것을 강제하지 않던 품목을 특정한 거래상대방과 거래하도록 강제하는 경우
2. 구입강제품목의 단위(수량, 용량, 규격, 중량 등) 당 공급가격을 인상하는 경우. 다만, 제30조 제4항에 따른 공급가격 산정방식에 따라 가맹본부의 의사와 무관히 자동으로 가격이 인상되는 경우는 제외한다.
3. 구입강제품목의 공급가격 산정방식을 가맹점사업자에게 불리하게 변경하는 경우
4. 구입강제품목의 품질을 떨어뜨리는 경우
5. 구입강제품목의 거래상대방을 축소한 경우
6. 구입강제품목의 운송비, 검수비 등 부대비용을 가맹점사업자가 추가로 부담하게 하거나 반품조건, 대금결제방식 등을 불리하게 변경하는 등 그 밖의 거래조건을 가맹점사업자에게 불리하게 변경하는 경우

② 가맹본부와 가맹점사업자는 협의의 각 절차에 신의에 따라 성실히 임해야 한다.

③ 불리한 거래조건의 변경 및 유리한 거래조건의 변경이 동시에 이루어지는 경우 및 가맹본부가 지정한 사업자가 공급하는 구입강제품목의 거래조건이 불리하게 변경되는 경우에도 가맹점사업자와 협의를 거쳐야 한다.

④ 협의는 변경 예정 거래조건의 규모와 중요성에 따라 대면 또는 비대면(POS, 전자우편, 홈페이지 게시판 등) 방식으로 진행한다.

⑤ 가맹본부는 협의 예정일의 10일 전까지 변경 예정인 거래조건의 구체적인 내역, 변경 사유와 근거, 협의 방식과 장소 등 협의에 필요한 사항을 문서, 내용증명우편, 전자우편, 인터넷 홈페이지, 모바일 애플리케이션, POS 등의 방식으로 가맹점사업자에게 통지한다. 비대면 협의의 경우에는 위 사항을 통지한 날로부터 10일 이상의 협의기간을 정하고 그 기간동안 가맹점사업자가 자유롭게 의견을 제출할 수 있게 해야 한다.

⑥ 가맹본부는 협의 과정에서 가맹점사업자가 협의와 관련된 자료의 제공이나 사실 확인을 요청할 경우 이에 성실히 응하고, 가맹점사업자가 제출한 의견에 대해서는 가맹본부의 입장과 판단 근거를 설명해야 한다.

⑦ 협의가 종료되면 가맹본부는 다음 각 호의 사항이 포함된 협의 결과를 정리하여 가맹점사업자에게 통지해야 한다.

1. 협의한 날짜, 장소, 방식, 참석자
2. 가맹점사업자가 제시한 의견 및 이에 대한 가맹본부의 입장과 판단 근거
3. 변경된 거래조건 등 협의로 결정된 사항

본인은 본 페이지의 내용에 대한 설명을 듣고, 이를 완전히 이해하였음	(인)

- 16 -

⑧ 협의는 구입강제품목 거래조건 변경 전에 완료해야 한다. 다만, 영업비밀 유출 우려가 상당한 경우 등 정당한 사유가 있는 경우 거래조건 변경 후에 협의를 진행할 수도 있다. 이 경우 사전협의가 어려운 사유가 해소된 즉시 협의를 개시해야 하며, 제5항에 따른 사항을 통지할 때 사전협의를 할 수 없었던 사유를 포함하여야 한다.

⑨ 제1항에 따른 협의는 전체 가맹점사업자의 100분의 70 이상이 동의하는 경우 가맹점사업자단체와의 협의로 대신할 수 있다.

⑩ 제3항에 따라 가맹본부가 지정한 제3의 사업자가 공급하는 구입강제품목의 거래조건 변경 협의를 거칠 때에는 거래상대방의 변경, 구입권장품목으로의 전환 등 다양한 주제로 협의할 수 있다.

⑪ 구입강제품목 거래조건 변경 이외의 협의(계약상 또는 필요에 의한 거래조건 변경 협의 등)를 실시하는 경우에도 제4항에서 제7항에 따른 절차를 준용한다.

제50조 [분쟁의 해결]

① 이 계약의 당사자는 이 계약의 해석 또는 이 계약에 의하여 명시되지 아니한 사항에 관하여 다툼이 있을 경우 우선적으로 대화와 협상을 통하여 분쟁을 해결하도록 최선을 다한다.

② 가맹점사업자는 가맹본부 내부에 설치된 가맹본부와 가맹점사업자 간의 분쟁을 조정하는 기구(자율분쟁조정기구)가 있을 경우 자율분쟁조정기구에 조정을 신청할 수 있다.

③ 제1항 및 제2항에 의한 해결이 되지 아니한 경우에는 가맹사업거래분쟁조정협의회가 설치되어 있는 한국공정거래조정원 혹은 지방자치단체에 조정을 신청하거나 다른 법령에 의하여 설치된 중재기관에 중재를 신청할 수 있다.

④ 이 계약에 관한 분쟁의 관할법원은 가맹점사업자의 주소지나 점포소재지를 관할하는 법원으로 한다. 다만, 가맹본부와 가맹점사업자가 합의하여 관할법원을 달리 정하는 경우에는 그러하지 아니하다.

제51조 [정보공개서의 자문]

① 가맹본부는 이 계약을 체결하기 전에 가맹희망자에게 정보공개서를 제공하고 충분한 숙고기간을 부여하여야 하며, 가맹점사업자는 정보공개서의 이해를 돕기 위하여 가맹거래사 또는 변호사의 자문을 받을 수 있다.

② 가맹점사업자는 제1항의 자문을 받은 경우 자문일자가 기재된 확인서를 가맹본부에 제출하여야 한다.

제52조 [정보공개서 등의 수령일]

① 가맹점사업자는 가맹본부가 가맹금을 최초로 수령한 날(가맹금을 예치한 경우에는 예치한 날, 예치하기로 합의한 경우에는 예치 예정일)과 이 계약을 체결한 날 중 빠른 날보다 14일(변호사나 가맹거래사의 자문을 받은 경우에는 7일) 이상 이전인 20 년 월 일에 가맹본부로부터 관련 정보공개서, 인근가맹점현황문서를 제공받았음을 확인한다.

② 가맹점사업자는 가맹본부가 가맹금을 최초로 수령한 날(가맹금을 예치한 경우에는 예치한 날, 예치하기로 합의한 경우에는 예치 예정일)과 이 계약을 체결한 날 중 빠른 날보다 14일 이상 이전인 20 년 월 일에 이 계약서를 사전제공 받았음을 확인한다.

제53조 [예상매출액 등의 제공사실 확인]

① 가맹점사업자는 가맹본부 혹은 가맹본부의 직원으로부터 선정된 점포의 장래의 매출에 대하여 (제공받았음, 제공받은 사실이 없음)을 확인합니다.

__________ (인)

② 위1항에서 가맹본부 혹은 가맹본부의 직원으로부터 제공받은 장래의 예상매출액은 월매출(일매출)   원으로서 본 계약서에 첨부된 예상매출액 자료와 같습니다.

별첨 [1] : 영업지역의 표시
별첨 [2] : 가맹점사업자에게 사용이 허가된 영업표지의 표시
별첨 [3] : 공급 원 · 부재료 등의 내역

본인은 본 페이지의 내용에 대한 설명을 듣고, 이를 완전히 이해하였음	(인)

- 17 -

가맹본부와 가맹점사업자는 이 가맹계약서에 열거된 각 조항을 면밀히 검토하고 충분히 이해하였으며, 이 계약의 체결을 증명하기 위하여 계약서 2통을 작성하여 각각 기명 · 날인한 후 각 1통씩 보관한다.

20 년 월 일

[가맹본부]

대 표 자: (인)
사업자등록번호:
상 호:
주 소:
연 락 처:

[가맹점사업자]

성 명: (인)
생 년 월 일:
점 포 명:
주 소:
연 락 처:

본인은 본 페이지의 내용에 대한 설명을 듣고, 이를 완전히 이해하였음	(인)

- 18 -

별첨 [1] : 영업지역의 표시

※ 영업지역을 표시한 지도를 첨부하여 주십시오.

별첨 [2] : 가맹점사업자에게 사용이 허가된 영업표지의 표시

(1) 허용대상 영업표지

영업표지 견본	
등록번호(출원번호)	
등록결정(심결) 연월일	
존속기간 (예정) 만료일	
지정상품 또는 지정서비스업	
등록권리자	

(2) 영업표지 사용방법 : 간판, 상징물, 홍보물, 집기 비품, 문구류 등에 표시

(3) 영업표지의 사용기간 : 이 계약의 효력이 존속되는 기간과 원칙적으로 동일함

(4) 영업표지의 사용지역 : 별도 약정이 없는 한 해당 영업지역 내로 한정됨

본인은 본 페이지의 내용에 대한 설명을 듣고, 이를 완전히 이해하였음	(인)

- 19 -

별첨 [3] : 공급 원 · 부재료 등의 내역

연번	원 · 부재료명	공급가격

본인은 본 페이지의 내용에 대한 설명을 듣고, 이를 완전히 이해하였음	(인)

- 20 -

Q3. 예상매출액 산정서 표준고시 세부 내용은?

A3. 예상매출액 산정서 표준고시 기준으로 작성된 문서에 대해 중요하게 검토하여야 하는 내용과 표준양식은 다음과 같다.

예상매출액 산정서는 가맹희망자의 점포예정지에서 영업개시일부터 1년간 발생할 것으로 예상되는 매출액의 최저액과 최고액으로 획정된 범위 및 그 산출근거가 작성되어 있는 문서이다.

예상매출액 산정서는 "가맹본부 예측에 의한 방식"으로 기재하는 것이 원칙이다. 다만, 가맹희망자의 점포예정지가 속한 광역자치단체 내에 해당 가맹본부의 직전 사업연도 말 기준 6개월 이상 매출액이 있는 가맹점이 5개 이상 있는 경우 "인근 가맹점 매출액을 활용하는 방식"으로 작성할 수도 있다.

인근 가맹점 선정 시 주의할 점은 예상매출액 산정서 작성일 기준 계약기간이 만료되거나 해지로 "종료"된 가맹점도 직전 사업연도의 영업기간이 6개월 이상인 가맹점에 해당되면 기재하여야 한다는 것이다.

예상매출액의 범위는 객관적이고 구체적인 근거를 통해 산출하여야 하고, 산출근거의 항목 및 내용을 명확하게 작성하여야 한다.

1. 점포예정지에 관한 사항

점포규모, 임차조건은 입지특성의 유사성을 검토하는데 필수적으로 필요한 정보이다. 가맹본부 예측에 의한 방식으로 작성하는 경우 이 내용은 필수로 기재되어야 한다.

2. 주변 상권에 관한 사항

점포예정지 상권형태는 상권특성의 유사성을 검토하는데 필수적으로 필요한 정보이다. 이 내용도 가맹본부 예측에 의한 방식으로 작성하는 경우 필수로 기재되어야 한다.

주변의 경쟁점 현황은 표준고시를 사용하는 경우 필수로 기재되어야 한다. 경쟁점에 대한 범위를 어떻게 선정하였는지, 이격거리 측정기준 등이 명확한지 등을 중심으로 검토할 필요가 있다.

3. 예상 매출액에 관한 사항

“가맹본부 예측에 의한 방식”은 “평균매출액”을 활용한다. 평균매출액은 전국에 있는 전체 가맹점을 대상으로 점포예정지와 점포 및 상권형태가 가장 유사한 가맹점을 선정하고, 이들의 직전 사업연도 1년간의 실제매출액을 합하여 해당 가맹점수로 구한 값으로 산정한다.

예측 방식의 예상 매출액 범위는 평균매출액에 (+)25.9% 더하여 최고값을 기재하고, 평균매출액에 (−)25.9% 감하여 최저값을 기재하면 된다. 이의 산출근거로 해당 가맹점들의 실제 매출액을 기재하여야 하고, 점포예정지로부터 해당 가맹점들 간의 거리도 기재하여야 한다.

그러나 해당 가맹점의 점포명은 기재하면 안 된다. 해당 가맹점의 매출액은 가맹점사업자들의 개인정보에 해당하기에 가맹점사업자의 동의를 받아 공개하거나 임의의 명칭 A, B, C, 또는 가. 나. 다. 등으로 기재하여야 한다.

참고로, 예측 방식의 가맹점 선정은 직전 사업연도 말 기준 1년 이상 영업하여 매출액이 있는 가맹점만을 대상으로 하여야 한다. 1년 동안 여타의 사유로 일부기간 영업이 중단된 경우 해당 가맹점은 1년 동안의 매출액이 전부 발생한 것이 아니기 때문에 제외하여야 한다.

“인근 가맹점 매출액을 활용하는 방식”은 “매출환산액”을 활용한다. 매출환산액은 직전 사업연도 매출액을 점포 전용면적으로 나누어 산출하고 직전 사업연도 말 기준 6개월 이상 영업한 가맹점만을 대상으로 한다.

가맹희망자의 점포예정지가 속한 광역자치단체에 소재하면서 가맹희망자의 점포예정지로부터 가장 인접한 5개 가맹점을 우선적으로 선정한다. 그 중 직전 사업연도 매출환산액이 가장 큰 가맹점과 가장 작은 가맹점을 제외한 3개 가맹점을 기준으로 가장 큰 값을 최고값으로, 가장 작은 값을 최저값으로 기재하면 된다.

이의 산출 근거로 임의의 점포명, 점포 전용면적, 직전 사업연도 실제매출액을 기재하여야 하고, 점포예정지로부터 해당 가맹점들 간의 거리도 기재하여야 한다.

예상매출액 산정서의 표준양식에 관한 규정

개정 2020. 6. 2.

제1조(목적) 이 규정은 「가맹사업거래의 공정화에 관한 법률」(이하 "법" 이라 함) 제9조(허위·과장된 정보제공 등의 금지) 제7항의 규정에 의한 예상매출액 산정서의 표준양식을 정하여 가맹본부 또는 가맹본부로 구성된 사업자단체에게 그 사용을 권장함으로써 가맹희망자나 가맹점사업자에게 실효성이 있는 예상매출액 산정서를 제공하고 가맹본부의 업무편의를 높이며 나아가 가맹사업의 공정한 거래관행 정착을 목적으로 한다.

제2조(용어의 정의) 이 규정에서 "예상매출액 산정서"란 가맹본부 또는 가맹본부로 구성된 사업자단체에게 그 사용이 권장되는 예상매출액 산정서 표준양식으로 법 제9조 제5항 및 같은 법 시행령 제9조(예상수익상황에 대한 정보 제공 등) 제3항 또는 제4항의 내용을 포함한 것을 말한다.

제3조(예상매출액 산정서 작성원칙) 가맹본부는 다음 각 호의 원칙에 따라 예상매출액 산정서를 작성한다.

1. 가맹희망자가 이해하기 쉽도록 명확하면서도 구체적으로 예상매출액 산정서를 작성하여야 한다.
2. 예상매출액 산정서는 읽는 사람의 이해를 쉽게 하기 위하여 표, 그림 등 시각적 효과를 높이는 도구를 가능한 많이 사용하고, 예상매출액의 범위 등 중요한 내용은 별도의 색상, 글꼴, 글씨 크기 등으로 작성하여야 한다.
3. 예상매출액의 범위는 객관적이고 구체적인 근거를 통해 산출하여야 하며, 산출근거의 항목 및 내용을 명확하게 작성하여야 한다.

제4조(예상매출액 산정서 이용) ① 예상매출액 산정서는 별지 서식과 같다.
② 가맹본부는 예상매출액 산정서의 내용을 자신이 영위하는 가맹사업에 맞도록 수정하여 사용할 수 있으나, 법 및 같은 법 시행령에서 규정한 사항을 위반하여서는 아니 된다.

부칙 <2020. 6. 2.>

이 규정은 즉시 시행한다.

[별지 서식]

< 가맹희망자는 아래 사항에 유의하시기 바랍니다. >

① 이 산정서는 귀하께서 체결하려는 가맹계약 및 해당 가맹사업의 예상매출액의 범위 및 산출근거에 관한 정보를 담고 있으나, 가맹본부의 자료에 기초하여 작성된 것이므로 사전에 그 내용의 타당성을 충분히 파악한 후에 계약 체결 여부를 결정하시기 바랍니다.

② 이 산정서는 가맹계약 체결일인 20 년 월 일 기준으로 작성(작성자 : 홍길동, ☎ 00-000-0000) 되었습니다.

③ 이 산정서에 기재된 예상매출액의 범위는 가맹계약 체결 이후 상권변화, 제품 수요 변화, 가맹점사업자의 노력 차이 등의 사유로 변동될 수 있음을 유의하시기 바랍니다.

④ 이 산정서에 기재된 사항 중 (________)은 당사 또는 당사 가맹점사업자(이하 "당사 등"이라 함)의 영업비밀에 해당되며, 당사 등의 동의 없이 위 영업비밀에 해당하는 사항을 이 산정서의 타당성 검토 목적 이외의 다른 용도로 활용하실 수 없습니다. 귀하께서 이를 위반하여 당사 등에게 손해가 발생할 경우 이에 대한 책임을 부담하실 수 있음을 유의하시기 바랍니다.

1. 점포 예정지에 관한 사항

1) 주 소 : 00시 00구 00로 00

2) 기존 업종(상호) : 00베이커리

3) 점포규모

층구조	계약면적	전용면적	전면길이	측면길이
(예시) 1F	㎡	㎡	m	m

4) 임차조건

보증금	권리금	월 임차료	월 관리비
천원	천원	천원	천원

* 임차조건은 20 년 월 일 기준으로 작성되었으며, 실제 임대차 계약시 임차조건이 변동될 수 있음을 유의하시기 바랍니다.

5) 점포 예정지 모습

건물(점포) 전면 사진	건물(점포) 측면 사진

2. 주변 상권에 관한 사항

1) 상권형태 : (예시) 도심권 오피스, 역세권 오피스, 아파트 주거지 등

2) 주변 주요 시설물 현황

구분(시설물명)	입주/운영현황	업종
OOO타워	AAA 외 00개 업체 입주	오피스
AAA회관	임대형 오피스텔	
BBB아파트	000세대	주거지

3) 주변 주요 경쟁점 현황

구 분	영업개시일	점포 전용면적	주력 상품	이격 거리
당사 000점	0000.00.00	㎡		m
경쟁사 000점				

4) 상권규모 및 점포예정지의 상권 내 위치

5) 상권도

- 점포예정지, 가맹희망자의 영업예정지역, 주변 주요 시설 및 경쟁점의 위치를 아래 그림에 표시하였습니다.

3. 예상 매출액에 관한 사항

1) **가맹본부 예측에 의한 방식**(가맹사업법 시행령 제9조제3항에 의한 방식)

가. 예상매출액의 범위(영업개시일 이후 1년간)

- **최고액 : (예시) 17,000천원[VAT 포함(별도)]   (최고액은 최소액의 1.7배임)**
- **최저액 : (예시) 10,000천원[VAT 포함(별도)]**

나. 예상 매출액 범위의 산출근거 (구체적 산출방식을 설명)

< 예시 1 >

① 당사에서 예상한 귀하의 점포 예정지 매출액의 범위는 다음 ②의 평균매출액에 (±25.9%)를 곱하여 산출한 것입니다. 가맹사업거래의 공정화에 관한 법률 제9조제5항 및 같은 법 시행령 제9조제3항의 규정에 따르면 예상매출액의 최고액은 최저액의 1.7배를 초과하지 않도록 되어 있으며, 이 규정에 따른 최대 비율이 (±25.9%) 입니다.

② 평균매출액이란 귀하의 점포 예정지와 점포 및 상권형태*가 가장 유사한 당사 00개 가맹점의 직전 사업연도 1년간의 POS(Point of Sales)상의 평균 매출액(VAT 포함 또는 별도)을 말합니다.

* 위 1. 점포예정지에 관한 사항 및 2. 주변 상권에 관한 사항 참조

00개 가맹점의 직전 사업연도 평균매출액 현황

(단위 : 천원, VAT 포함 또는 별도)

구분	A점	B점	C점	D점	평균
매출액					

00개 가맹점과 점포예정지와의 거리

(예시 : 직선거리 또는 도보거리 기준)

구분	가점	나점	다점	라점
점포예정지와의 거리				

* 위 거리는 000의 방법으로 측정한 것으로, 거리 측정방식에 따라 오차가 발생할 수 있습니다.

< 예시 2 >

① 당사에서 예상한 귀하의 점포예정지의 매출액의 범위는 다음 ②의 산식에 따라 산출된 매출액에 (±25.9%)를 곱하여 산출한 것입니다. 가맹사업거래의 공정화에 관한 법률 제9조제5항 및 같은 법 시행령 제9조제3항의 규정에 따르면 예상매출액의 최고액은 최저액의 1.7배를 초과하지 않도록 되어 있으며, 이 규정에 따른 최대 비율이 (±25.9%) 입니다.

② 매출액 : 당사가 직전 사업연도 1년간 귀하의 점포 예정지와 점포 및 상권형태*가 가장 유사한 00개의 가맹점에게 공급하는 평균 물품공급액(00,000천원, VAT 포함 또는 별도) × 추정비율(%)

* 위 1. 점포예정지에 관한 사항 및 2. 주변 상권에 관한 사항 참조

00개 가맹점의 직전 사업연도 평균 물품공급액 현황

(단위 : 천원, VAT 포함 또는 별도)

구분	A점	B점	C점	D점	평균
매출액					

00개 가맹점과 점포예정지와의 거리

(예시 : 직선거리 또는 도보거리 기준)

구분	가점	나점	다점	라점
점포예정지와의 거리				

* 위 거리는 000의 방법으로 측정한 것으로, 거리 측정방식에 따라 오차가 발생할 수 있습니다.

③ 당사가 보유한 가맹점사업자 원가분석 자료에 따르면 가맹점사업자의 매출액에서 물품공급액이 차지하는 비율이 (%)이므로 추정비율이 (%)가 됩니다.

< 예시 3 >

① 당사에서 예상한 귀하의 점포예정지의 매출액의 범위는 다음 ②의 산식에 따라 산출된 매출액에 (±25.9%)를 곱하여 산출한 것입니다. 가맹사업거래의 공정화에 관한 법률 시행령 제9조제3항의 규정에 따르면 예상매출액의 최고액은 최저액의 1.7배를 초과하지 않도록 되어 있으며, 이 규정을 준수하기 위한 최대 비율이 (±25.9%) 입니다.

② 매출액 : 영업시간(00시간) × 귀하의 점포 예정지의 시간당 유동인구(00,000명) × 고객 내점율(0.00%) × 고객 실구매율(00.00%) × 고객 1인 1회 구매금액(00,000원) × 365일

③ 시간당 유동인구는 소상공인진흥원의 상권분석시스템(지방자치단체의 지능형도시정보시스템 등)을 통해 산출하였고, 고객 내점율, 고객 실구매율 및 고객 1인 1회 구매금액은 직전 사업연도 당사 가맹점 평균으로 산출하였습니다.

< 예시 4 >

① 당사에서 예상한 귀하의 점포예정지의 매출액의 범위는 다음 ②의 산식에 따라 산출된 매출액에 (±25.9%)를 곱하여 산출한 것입니다. 가맹사업거래의 공정화에 관한 법률 제9조제5항 및 같은 법 시행령 제9조제3항의 규정에 따르면 예상매출액의 최고액은 최저액의 1.7배를 초과하지 않도록 되어 있으며, 이 규정에 따른 최대 비율이 (±25.9%) 입니다.

② 매출액 : 귀하의 점포 예정지와 점포 및 상권형태*가 가장 유사한 당사의 ○○개 가맹점의 직전 사업연도 1년간의 가맹점 POS(Point of Sales)상의 평균매출액 × 입지여건 가중치(%) × 경쟁강도 가중치(%)

* 위 1. 점포예정지에 관한 사항 및 2. 주변 상권에 관한 사항 참조

00개 가맹점의 직전 사업연도 평균 매출액 현황

(단위 : 천원, VAT 포함 또는 별도)

구분	A점	B점	C점	D점	평균
매출액					

00개 가맹점과 점포예정지와의 거리

(예시 : 직선거리 또는 도보거리 기준)

구분	가점	나점	다점	라점
점포예정지와의 거리				

* 위 거리는 000의 방법으로 측정한 것으로, 거리 측정방식에 따라 오차가 발생할 수 있습니다.

③ 당사는 입지여건에 대한 가중치를 다음과 같이 산정합니다. 보증금 또는 권리금의 주변 시세 대비 귀하의 점포 예정지의 월임대료를 파악하여 A등급에서 D등급으로 분류하고 00%에서 000%의 범위로 등급별 가중치를 설정하고 있습니다. 귀하의 점포 예정지의 입지여건은 ( )등급입니다.

④ 당사는 경쟁강도에 대한 가중치를 다음과 같이 산정합니다. 귀하의 점포 예정지 주변 상권 내 경쟁점포 수에 따라 A등급에서 D등급으로 분류하여 00%에서 000%의 범위로 가중치를 설정하고 있습니다. 귀하의 점포 예정지의 경쟁강도는 ( )등급입니다.

2) **인근 가맹점 매출액을 활용한 방식**(가맹사업법 시행령 제9조 제4항에 의한 방식)

가. 직전사업연도 인근 가맹점 매출환산액의 범위

o 최고액 : 전용면적 1㎡ 당 0,000천원
[직전 사업연도에 발생한 매출액 000,000천원]

o 최저액 : 전용면적 1㎡ 당 0,000천원
[직전 사업연도에 발생한 매출액 000,000천원]

나. 직전사업연도 인근 가맹점 매출환산액의 범위의 산출근거

< 예 시 >

① 위 가.의 직전 사업연도 인근 가맹점 매출환산액의 범위는 가맹사업거래의 공정화에 관한 법률 제9조제5항 및 같은 법 시행령 제9조제4항에서 정한 바에 따라 산출된 인근 가맹점 매출환산액의 최고액과 최저액을 말합니다. 구체적 산출방식은 다음 ②에서 설명 드리는 바와 같습니다.

② 귀하의 점포예정지가 속한 광역자치단체에 소재하면서 귀하의 점포예정지에서 가장 인접한 당사의 5개 가맹점 중 다음 ③의 계산방법에 따른 직전 사업연도 매출환산액이 가장 작은 가맹점과 가장 큰 가맹점을 제외한 나머지 3개 가맹점을 기준으로 최고액과 최저액을 산출하였습니다. 귀하의 이해를 돕기 위해 최고액과 최저액에 해당하는 가맹점에서 직전 사업연도에 발생한 매출액을 함께 기재하였습니다.

가장 인접한 5개 가맹점의 직전 사업연도 매출환산액

(단위 : ㎡, 천원)

점포명	점포 전용면적	직전 사업연도 매출액	직전 사업연도 매출 환산액	비고
A점				가장 큼
B점				
C점				
D점				
E점				가장 작음

가장 인접한 5개 가맹점과 점포예정지 간 거리

(예시 : 직선거리 또는 도보거리 기준)

구분	가점	나점	다점	라점	마점
점포예정지와의 거리					

* 위 거리는 000의 방법으로 측정한 것으로, 거리 측정방식에 따라 오차가 발생할 수 있습니다.

③ 직전 사업연도 매출환산액은 인근 가맹점의 점포 전용면적을 기준으로 산출하였으며, 그 계산 방법은 다음과 같습니다. 최고액은 아래 ㉠(또는 ㉡) 방식에 따라 산출되었으며, 최저액은 아래 ㉠(또는 ㉡) 방식에 따라 산출되었습니다.

㉠ 직전 사업연도의 영업기간이 1년인 가맹점의 경우

$$\text{직전 사업연도 매출환산액} = \frac{\text{직전 사업연도에 발생한 매출액(원)}}{\text{점포 전용면적(㎡)}}$$

㉡ 직전 사업연도의 영업기간이 6개월 이상 1년 미만인 가맹점의 경우

$$\text{직전 사업연도 매출환산액} = \frac{\text{직전 사업연도에 발생한 매출액(원)}}{\text{점포 전용면적(㎡)}} \times \frac{365}{\text{직전 사업연도 영업일수}}$$

④ 위 ③의 직전 사업연도 매출환산액 계산 방법에 기재된 직전 사업연도에 발생한 인근 가맹점의 매출액이란 당사가 직전 사업연도에 해당 가맹점에게 공급한 물품공급액에 당사가 산출한 매출액 추정비율(%)을 곱하여 산출된 금액을 말합니다. 당사가 보유한 가맹점사업자 원가분석 자료에 따르면 가맹점사업자의 매출액에서 물품공급액이 차지하는 비율이 (%)이므로 추정비율이 (%)가 됩니다.

Q4. 허위과장 정보제공 행위유형 표준고시 세부 내용은?

A4. 가맹사업법 법률 및 시행령과 연계하여 고시로 정하는 내용은 다음과 같다.

가맹사업거래 상 허위 · 과장 정보제공행위 등의 유형 지정고시

제정 2019. 11. 20. 공정거래위원회고시 제2019-8호

Ⅰ. 목 적

이 고시는 「가맹사업거래의 공정화에 관한 법률」(이하 "법"이라 한다) 제9조제2항, 같은 법 시행령(이하 "영"이라 한다) 제8조 제1항제4호 및 동조 제2항제3호 규정에 따라 가맹사업거래에서 금지되는 허위·과장의 정보제공행위 및 기만적인 정보제공행위(이하 "허위·과장의 정보제공행위 등"이라 한다)의 유형을 정하고, 아울러 허위·과장 정보제공행위 등에 해당될 수 있는 사례를 구체적으로 예시함으로써 가맹본부의 법위반 행위를 사전에 방지하고, 법 집행의 객관성과 효율성을 제고하는 데 그 목적이 있다.

이 고시는 가맹사업거래에서 허위·과장의 정보제공행위 등에 해당될 수 있는 공통적이고 대표적인 사항을 중심으로 규정되었으므로 고시에 열거되지 아니한 행위라고 해서 법 제9조제1항에 따른 허위·과장의 정보제공행위 등에 해당되지 않는 것은 아니다. 또한, 특정행위가 이 고시에서 제시된 허위·과장의 정보제공행위 등에 해당될 수 있는 사례(예시)와 유사하더라도, 최종적인 법위반 해당 여부는 개별 사안의 구체적인 사실관계에 대한 입증 및 위법성 심사를 통해 결정된다.

Ⅱ. 허위·과장의 정보제공행위의 세부 유형

1. 영 제8조제1항제1호에 따른 "객관적인 근거 없이 가맹희망자의 예상수익상황을 과장하여 제공하거나 사실과 다르게 가맹본부가 최저수익 등을 보장하는 것처럼 정보를 제공하는 행위"에 해당될 수 있는 사례는 다음과 같다.

〈예시〉

가. 객관적인 근거 없이 가맹희망자의 예상매출액, 영업이익, 순이익 등(이하 "예상매출액 등"이라 한다)을 임의로 부풀려 제공

- 40평대 이상 가맹점의 17%만이 매출액 5200만원을 초과함에도 불구하고, 객관적인 근거 없이 40평대 가맹점의 예상매출액이 5200만원이라고 정보를 제공한 경우
- 객관적인 근거 없이 가맹점 평균매출액을 27% 부풀린 금액을 예상매출액으로 제공한 경우
- 가맹점 창업성공사례에 대한 매출액 정보를 제공하면서, 실제 매출액 보다 20% 부풀려진 금액을 제공한 경우

나. 객관적인 근거 없이 수익상황이 좋은 특정 점포 또는 특정 시기를 기준으로 예상매출액 등을 산정하여 제공

- 객관적인 근거 없이 인지도, 규모, 가맹점 수 등이 다른 타 가맹본부 가맹점 매출액을 기준으로 예상매출액을 산정하여 제공한 경우
- 객관적인 근거 없이 매출액 상위 2개 가맹점의 매출액을 기준으로 예상매출액을 산정하여 제공한 경우
- 객관적인 근거 없이 점포 예정지 인근 가맹점이 아닌 매출액이 2배 이상 높은 타지역 가맹점 매출액을 기준으로 예상매출액을 산정하여 제공한 경우
- 면적차이에 대한 조정 없이 점포 예정지보다 매장면적이 1.7배 넓은 가맹점의 매출액을 예상매출액으로 제공한 경우
- 객관적인 근거 없이 다른 가맹점의 성수기 또는 개점 직후 매출액만을 기준으로 예상매출액을 산정하여 제공한 경우

다. 예상매출액 등 산정방식을 사실과 다르게 제공

- 시행령 제9조 제4항에 따른 방식으로 예상매출액 범위를 산정하였다고 정보를 제공하였으나, 실제로는 이와 다른 기준으로 예상매출액 범위를 산정하여 예상매출액이 상당히 부풀려진 경우
- 전체 가맹점의 실제매출액을 기준으로 예상매출액을 산정하였다고 정보를 제공하였으나, 실제로는 임의적인 기준으로 예상매출액을 산정하여 예상매출액이 부풀려진 경우

라. 사실과 다르게 최저수익 등을 보장하는 것처럼 정보를 제공

- 객관적인 근거없이 "평균 ㅇㅇ원 투자시 최소 "월 ㅇㅇ백만원의 매출, 월 ㅇㅇ백만원의 영업이익" 등의 표현을 사용하여 가맹희망자들에게 수익이 보장되는 사업인 것처럼 정보를 제공한 경우

2. 영 제8조제1항제2호에 따른 "가맹희망자의 점포 예정지 상권의 분석 등과 관련하여 사실 여부가 확인되지 아니한 정보를 제공하는 행위"에 해당될 수 있는 사례는 다음과 같다.

〈예시〉

- 점포 예정지 인근 지역에 동종업종 점포가 다수 존재함에도 불구하고, 동종업종 점포가 없는 것처럼 정보를 제공한 경우

3. 영 제8조제1항제3호에 따른 "가맹본부가 취득하지 아니한 지식재산권을 취득한 것처럼 정보를 제공하는 행위"에 해당될 수 있는 사례는 다음과 같다.

〈예시〉

- 가맹본부가 상표권을 취득한 사실이 없음에도 불구하고, 상표권을 취득한 것처럼 "가맹본부가 사용을 허용하는 지식재산권", "출원 제00-00호", "등록 제00-00호" 등의 표현이 기재된 정보를 제공한 경우
- 특허 출원만 하고 등록은 되지 않은 상태에서 "특허받은 ㅇㅇ를 사용"이라는 표현이 기재된 정보를 제공한 경우
- 자신의 협력회사에 대한 특허보유현황을 자신에 대한 현황인 것처럼 기재한 정보를 제공한 경우

4. 영 제8조제1항제4호에 따른 "제1호부터 제3호까지의 규정에 따른 행위에 준하여 사실과 다르게 또는 사실을 부풀려 정보를 제공하는 행위로서 공정거래위원회가 정하여 고시하는 행위"란 다음 각 목에 해당하는 행위로 한다.

가. 회사 연혁, 사업실적, 가맹점 현황, 임직원 현황, 재무현황, 자산보유현황 등 가맹본부에 관한 정보를 사실과 다르게 또는 부풀려서 제공하는 행위

〈예시〉

- 가맹점수가 20~40여개에 지나지 않음에도 불구하고 개업 후 현재까지 한번이라도 계약이 체결되었던 가맹점 누적수를 대략적으로 추산하여 650개 가맹점이 성업 중이라고 정보를 제공한 경우
- 가맹본부의 자본금이 5천만원, 상시근로자수가 8명이고 공장을 보유하고 있지 않음에도 자본금 2억원, 상시근로자수 17명에 공장을 보유한 것처럼 기재한 정보를 제공한 경우
- 자신의 협력회사를 자신의 자회사인 것처럼 알리는 한편, 협력회사의 연혁, 기술제휴현황, 생산설비현황 등을 자신의 현황인 것처럼 정보를 제공한 경우
- 가맹본부가 개인사업자임에도 법인사업자인 것처럼 보이기 위해 상호를 '주식회사' ㅇㅇ로 기재하고, 대표를 대표이사로, 직원을 이사로 기재한 정보를 제공한 경우
- 외국계 회사의 커피 프랜차이즈 사업 운영권에 관해서만 업무위탁 계약을 체결했음에도 불구하고 커피, 커피머신, 프랜차이즈 사업권 등의 여러 사업권한에 관한 독점총판계약을 체결한 것처럼 정보를 제공한 경우
- 유명인과 이름 및 초상권만을 사용하는 계약을 맺었을 뿐임에도 해당 유명인이 지분참여를 한 것처럼 정보를 제공한 경우
- 100대 프랜차이즈에 선정되어 인증서를 받은 것에 불과함에도 100대 프랜차이즈 대상을 수상한 것처럼 정보를 제공한 경우
- 실재하지 않는 가맹점을 창업에 성공한 가맹점인 것처럼 성공사례를 작성하여 정보를 제공한 경우

나. 가맹점사업자에게 공급하는 상품, 용역, 설비, 원·부재료 등에 대한 정보를 사실과 다르게 또는 부풀려서 제공하는 행위

〈예시〉

- 자신이 공급하는 ㅇㅇ 등 재료 가격이 경쟁사 ◇◇ 등의 공급가격보다 비쌈에도 불구하고, 해당 재료 가격이 경쟁사 ◇◇ 등의 공급가격보다 저렴한 것처럼 정보를 제공한 경우
- OEM 방식으로 생산하는 제품을 공급함에도 불구하고, 직영공장에서 생산하는 제품을 공급하는 것처럼 정보를 제공한 경우
- 자신이 공급하는 의료기기가 유럽에서 가장 낮은 단계의 등급(Class1)을 얻었음에도 불구하고 최고 등급을 얻은 것처럼 '국내최초 유럽 메디컬 의료기기 1등급을 획득' 등의 표현을 기재한 정보를 제공한 경우

- 자신이 공급하는 ○○를 다른 사업자가 먼저 제조한 사실이 있음에도 불구하고, 자신이 ○○를 최초로 제조했다고 정보를 제공한 경우

- 자신이 공급하는 ○○에 대한 제조기술을 사실과 다르게 특정 장인에게 전수받은 것처럼 정보를 제공한 경우

- 가맹점에 공급하는 상품·용역 등이 대리점, 온라인 등 다른 유통채널을 통해서도 공급됨에도 불구하고, 가맹점을 통해서만 공급되는 것처럼 정보를 제공한 경우

다. 가맹본부가 제공하는 경영 및 영업활동 등에 대한 지원 등에 관한 정보를 사실과 다르게 또는 부풀려서 제공하는 행위

<예시>

- 온라인 판매지원을 제공하지 않음에도 이를 제공하는 것처럼 정보를 제공한 경우

- 원·부자재가 아닌 완제품에 한해서만 반품을 받아줌에도 불구하고, 모든 제품에 대하여 반품을 받아주는 것처럼 정보를 제공한 경우

- 관련인력이 전혀 없음에도 불구하고, 전문인력을 통한 경영활동 자문을 제공하는 것처럼 정보를 제공한 경우

- 금융기관과 아무런 업무상 제휴가 없음에도 불구하고, 금융기관과 제휴를 통해 우대 신용대출이 가능한 것처럼 정보를 제공한 경우

라. 가맹금 등 가맹사업을 개시·영위하는 동안 가맹점사업자에게 발생하는 경제적 부담을 사실과 다르게 제공하는 행위

<예시>

- 가맹점주가 원가의 50%를 분담하는 판촉물 행사시, 판촉물 원가는 매입원가에 영업직접비, 판매직접비, 일반관리비, 물류비 등 판매관리비를 포함하여 산정함에도 불구하고 매입원가에 물류비만 포함하여 원가를 산정하는 것처럼 정보를 제공한 경우

- 사실과 다르거나 객관적인 근거 없이 업계 최저 창업비용이라거나, 경쟁사에 비해 창업비용이 가장 적은 것처럼 정보를 제공한 경우

Ⅲ. 기만적인 정보제공행위의 세부 유형

1. 영 제8조제2항제1호에 따른 "중요사항을 적지 아니한 정보공개서를 가맹희망자에게 제공하는 행위"에 해당될 수 있는 사례는 다음과 같다.

<예시>

- 점포예정지 인근 가맹점 존재여부 및 변동현황을 누락한 정보공개서를 가맹희망자에게 제공한 경우

- 공정거래위원회로부터 시정조치를 받은 사실을 누락한 정보공개서를 가맹희망자에게 제공한 경우

2. 영 제8조제2항제2호에 따른 "가맹본부가 가맹점사업자에게 지원하는 금전, 상품 또는 용역 등이 일정 요건이 충족되는 경우에만 지원됨에도 불구하고 해당 요건을 제시하지 아니하면서 모든 경우에 지원되는 것처럼 정보를 제공하는 행위"에 해당될 수 있는 사례는 다음과 같다.

<예시>

- 본사에 이익이 되는 조건을 충족하는 경우에만 창업경영안전자금이 지원됨에도 불구하고 이를 제시하지 않고 가맹점 30호점까지는 제한 없이 창업경영안전자금이 지원되는 것처럼 정보를 제공한 경우

- 24시간 영업을 하는 경우에만 판매장려금 또는 전기료가 지원됨에도 불구하고 이를 제시하지 않고 조건 없이 판매장려금 또는 전기료가 지원되는 것처럼 정보를 제공한 경우

3. 영 제8조제2항제3호에 따른 "제1호 또는 제2호에 따른 행위에 준하여 계약의 체결·유지에 중대한 영향을 미치는 사실을 은폐하거나 축소하는 방법으로 정보를 제공하는 행위로서 공정거래위원회가 정하여 고시하는 행위"는 다음 각 목의 행위로 한다.

가. 가맹본부에 관한 중요사실을 은폐하거나 축소하는 방법으로 정보를 제공하는 행위

- 6 -

<예시>

- 유아대상 교육원을 운영하는 가맹본부의 교육원 운영방식이 현행 법령 등에 위배되는 것이어서 행정적 제재나 형사처벌을 받을 수 있다는 사정 등을 알리지 않은 경우

- 해외업체와 체결한 독점수입계약이 곧 만료되어 해당상품을 취급하는 다른 업체가 등장할 수 있다는 사실을 충분히 예견할 수 있었음에도 불구하고 이를 알리지 않은 경우

나. 가맹점사업자에게 공급하는 상품, 용역, 설비, 원·부재료 등에 관한 중요사실을 은폐하거나 축소하는 방법으로 정보를 제공하는 행위

<예시>

- 가맹점사업자에게 제공한 서비스표가 자신이 등록한 서비스표가 아니고 이에 서비스표 사용과 관련한 법적분쟁이 발생될 것이라는 점을 충분히 예견할 수 있었음에도 이에 대한 정보를 알리지 않은 경우

- 자신이 제공하는 교재와 커리큘럼이 "학부모 설문조사 결과 80% 이상 만족도를 내고 있다"는 정보를 제공하면서, 해당 설문조사가 자신의 서비스를 이용해 본 경험이 없는 학부모들을 대상으로 한 것임을 밝히지 않은 경우

- 자신이 제공하는 교재가 시중에서 쉽게 구할 수 있는 교재에 로고만 삽입한 것임에도 불구하고, 이를 알리지 않은 경우

다. 가맹본부가 제공하는 경영 및 영업활동 등에 대한 지원 등에 관한 중요사실을 은폐하거나 축소하는 방법으로 정보를 제공하는 행위

<예시>

- 푸드코트 가맹점은 창업경영안전자금이 지원되지 않음에도 불구하고 이를 알리지 않고, 단순히 창업경영안전자금이 지원된다고 정보를 제공한 경우

- 개점 후 1년간만 판매장려금을 지원해 줌에도 불구하고 이를 알리지 않고, 단순히 판매장려금을 지원한다고 정보를 제공한 경우

라. 가맹금 등 가맹사업을 개시·영위하는 동안 가맹점사업자에게 발생하는 경제적 부담에 관한 중요사실을 은폐하거나 축소하는 방법으로 정보를 제공하는 행위

<예시>

- 월 지출비용에 대한 정보를 제시하면서, 인테리어, 집기류 구입비 등 상당한 비용이 추가로 소요된다는 사실을 알리지 않고 자신이 제시한 비용이 가맹사업시 발생하는 비용의 전부인 것처럼 정보를 제공한 경우

- 일정요건을 충족하는 가맹계약자에게만 가맹비를 면제해 줌에도 이를 알리지 않고 누구나 가맹비를 면제받을 수 있는 것처럼 정보를 제공한 경우

마. 가맹희망자의 예상수익상황 또는 점포예정지 상권과 관련한 중요사실을 은폐하거나 축소하는 방법으로 정보를 제공하는 행위

<예시>

- 수익상황이 이례적으로 좋은 특정 가맹점의 매출액을 제공하면서, 이를 알리지 않고 실제 가맹점 매출액이라고만 정보를 제공한 경우

- 점포예정지 건물에 동일업종 점포가 다수 입점할 것이라는 사실을 알고 있었음에도 불구하고 이를 알리지 않은 경우

Ⅳ. 재검토기한

공정거래위원회는 「훈령·예규 등의 발령 및 관리에 관한 규정」에 따라 이 고시에 대하여 2020년 1월 1일 기준으로 매 3년이 되는 시점(매 3년째의 12월 31일까지를 말한다)마다 그 타당성을 검토하여 개선 등의 조치를 하여야 한다.

부칙 <2019. 11. 20.>

이 고시는 공포한 날부터 시행한다.

Q5. 구입강제품목 가맹계약서 기재방법 가이드라인 세부 내용은?

A5. 가맹사업법 법률과 연계하여 가이드라인으로 정하는 내용은 다음과 같다.

구입강제품목의 종류 및 공급가격 산정방식 계약서 기재방식에 관한 가이드라인

> ◆ 이 가이드라인은 법적 구속력이 없으며, 가이드라인 내용이 법 위반 여부의 판단 기준으로 적용되지 아니한다.

Ⅰ.목적

본 가이드라인은 「가맹사업거래의 공정화에 관한 법률」(2024. 7. 3. 시행, 이하 가맹사업법이라 한다) 제11조(가맹계약서의 기재사항) 제2항 제12호의 규정에 따라 가맹본부와 가맹점사업자 간에 체결되는 가맹계약서에 의무적으로 기재해야 하는 구입강제품목의 종류와 공급가격 산정방식의 구체적인 기재 방식을 규정하고 올바른 계약서 작성 예시를 제시함으로써 가맹본부의 가맹사업법 위반을 사전에 예방하고 구입강제품목과 관련된 거래조건이 공정하고 투명하게 가맹계약에 반영되도록 하여 가맹사업의 공정한 거래질서를 확립하는 것을 목적으로 한다.

Ⅱ. 구입강제품목의 의미와 계약서 기재 의의

1. 구입강제품목의 의미와 관련 규정

구입강제품목이란 가맹본부가 가맹점사업자에게 가맹본부 또는 가맹본부가 지정한 자와 거래할 것을 강제하는 부동산 · 용역 · 설비 · 상품 · 원재료 또는 부재료 · 임대차 등의 품목을 의미한다. 가맹사업법 제11조(가맹계약서의 기재사항) 제2항 제12호는 가맹본부와 가맹점사업자 간의 거래에서 구입강제품목이 있을 경우 그 종류 및 공급가격 산정방식을 가맹계약서에 기재하도록 규정하고 있다.

> 「가맹사업거래의 공정화에 관한 법률」 (2024. 7. 3. 시행)
>
> 제11조(가맹계약서의 기재사항 등) ① (생략)
> ② 가맹계약서는 다음 각 호의 사항을 포함하여야 한다.
> 1.~11. (생략)
> 12. 가맹본부가 가맹점사업자에게 가맹본부 또는 가맹본부가 지정한 자와 거래할 것을 강제할 경우 그 강제의 대상이 되는 부동산·용역·설비·상품·원재료 또는 부재료·임대차 등의 종류 및 공급가격 산정방식에 관한 사항
> 13. (생략)

구입강제품목은 가맹본부가 가맹점사업자에게 자신 또는 자신이 지정한 자와 거래할 것을 권장하는 구입권장품목과는 구분된다. 다만, 형식상 구입권장품목이라고 하더라도 구입대상 품목의 규격, 품질, 용량 등이 엄격히 지정되어 있거나 다른 사업자와 거래할 수 있는 사유가 엄격히 제한되어 사실상 특정 사업자와의 거래가 강제되는 경우 등에는 구입강제품목에 해당될 수 있음을 유의해야 한다.

한편 구입강제품목의 거래상대방을 지정하여 거래를 강제하는 행위는 가맹사업법 제12조(불공정거래행위 금지) 제1항 제2호 및 가맹사업법 시행령 별표2 제2호나목에 따른 거래상대방 구속행위에 해당하여 원칙적으로 금지된다. 다만, 가맹사업의 특성상 해당 품목이 가맹사업을 경영하는 데에 필수적이고, 특정한 거래상대방과 거래하지 아니하는 경우에는 가맹본부의 상표권을 보호하고 상품 또는 용역의 동일성을 유지하기 어렵다는 사실이 객관적으로 인정되는 등의 실체적 요건과 미리 정보공개서를 통해 해당 사실을 알리고 가맹계약을 체결하는 등의 절차적 요건을 모두 준수하는 경우 예외적으로 허용된다.

한편 2024. 6. 4. 시행령 개정(2024. 12. 5. 시행)으로 구입강제품목과 관련된 거래조건을 가맹점사업자에게 불리하게 변경시 협의를 거쳐야 한다는 요건이 절차적 요건에 추가되었다.

> 「가맹사업거래의 공정화에 관한 법률 시행령」 [별표2]
>
> [현행]
> 2. 구속조건부 거래
> 나. 거래상대방의 구속
> 부동산·용역·설비·상품·원재료 또는 부재료의 구입·판매 또는 임대차 등과 관련하여 부당하게 가맹점사업자에게 특정한 거래상대방(가맹본부를 포함한다)과 거래할 것을 강제하는 행위. 다만, 다음의 요건을 모두 충족하는 경우에는 그러하지 아니하다.
> (1) 부동산·용역·설비·상품·원재료 또는 부재료가 가맹사업을 경영하는 데에 필수적이라고 객관적으로 인정될 것
> (2) 특정한 거래상대방과 거래하지 아니하는 경우에는 가맹본부의 상표권을 보호하고 상품 또는 용역의 동일성을 유지하기 어렵다는 사실이 객관적으로 인정될 것
> (3) 가맹본부가 미리 정보공개서를 통하여 가맹점사업자에게 해당 사실을 알리고 가맹점사업자와 계약을 체결할 것
>
> [개정 시행령(2024. 12. 5. 시행)]
> 2. 구속조건부 거래
> 나. 거래상대방의 구속
> 부동산·용역·설비·상품·원재료 또는 부재료의 구입·판매 또는 임대차 등과 관련하여 부당하게 가맹점사업자에게 특정한 거래상대방(가맹본부를 포함한다)과 거래할 것을 강제하는 행위. 다만, 다음의 요건을 모두 충족하는 경우에는 그러하지 아니하다.
> (1) 부동산·용역·설비·상품·원재료 또는 부재료가 가맹사업을 경영하는 데에 필수적이라고 객관적으로 인정될 것
> (2) 특정한 거래상대방과 거래하지 아니하는 경우에는 가맹본부의 상표권을 보호하고 상품 또는 용역의 동일성을 유지하기 어렵다는 사실이 객관적으로 인정될 것
> (3) 가맹본부가 미리 정보공개서를 통하여 특정한 거래상대방과 구입·판매 또는 임대차 등의 거래를 할 것을 강제하는 부동산·용역·설비·상품·원재료 또는 부재료의 세부내역 및 그 거래상대방에 관한 정보를 가맹점사업자에게 알리고 <u>이를 가맹계약서에 포함할 것</u>
> (4) <u>가맹본부가 특정한 거래상대방과 구입·판매 또는 임대차 등의 거래를 할 것을 강제하는 부동산·용역·설비·상품·원재료 또는 부재료의 세부내역, 가격, 수량, 품질 및 그 거래상대방 등 거래조건을 가맹점사업자에게 불리하게 변경하는 경우 가맹점사업자와 협의를 거칠 것</u>

2. 구입강제품목의 '종류'와 '공급가격 산정방식'의 계약서 기재 의의

통상적인 사업 구조 하에서는 사업자가 자신에게 필요한 상품 등을 최적의 조건으로 공급할 수 있는 공급자를 탐색하고 공급가격 등 거래조건도 거래당사자 간 충분한 합의를 거쳐 결정하는 것이 일반적이다.

하지만 가맹사업의 경우, 가맹본부가 특정 품목을 구입강제품목으로 지정하면 가맹점사업자는 지정된 거래상대방과 해당 품목의 거래가 강제되고, 그 거래상대방이 제시하는 가격 등 거래조건을 일방적으로 수용할 수밖에 없다.

이에 가맹본부가 지정하는 구입강제품목의 내역과 공급가격 산정방식은 가맹점사업자의 경영여건과 가맹사업거래와 관련된 의사결정에 중대한 영향을 미치는 핵심적인 거래 조건이다.

그럼에도 불구하고 구입강제품목의 종류와 공급가격 산정방식을 가맹계약서에 포함하고 있는 경우는 극히 드물고, 이를 포함하고 있더라도 대략적인 내용만을 불명확한 표현으로 기재하고 있는 경우가 대부분이다. 이에 가맹점사업자는 구입강제품목의 구체적 내역이 무엇이며 공급가격은 어떻게 정해지고 변경될 수 있는지에 대한 정확한 정보를 갖지 못한 채 가맹계약을 체결할 수밖에 없다. 또한, 가맹계약 체결 이후에도 가맹본부가 일방적으로 구입강제품목을 추가하거나 공급가격을 과도하게 인상하더라도 가맹점사업자는 계약에 따른 권리를 주장하거나 분쟁조정이나 소송 등을 통해 구제받기 어려운 문제가 존재한다.

이와 관련하여 가맹사업법 제7조에 따라 가맹본부는 가맹계약 체결시 가맹희망자에게 정보공개서를 의무적으로 제공해야 하고, 정보공개서에는 구입강제품목의 세부내역을 포함하도록 하고 있으나 이러한 정보제공만으로는 위와 같은 문제를 해결하기에는 한계가 존재한다.

먼저 정보공개서는 구입강제품목의 내역만을 포함하고 있을 뿐 공급가격 산정방식에 관한 정보는 담고 있지 않다. 또한 정보공개서는 가맹계약 체결 시 가맹희망자에게 제공되는 일종의 가맹사업 전반에 대한 안내서로서, 정보공개서의 내용이 항상 계약 내용에 포섭되는 것은 아니다(대법원 2018. 6. 15. 선고 2017다248803 판결 등). 아울러 가맹사업법은 가맹본부의 정보공개서 제공 의무를 최초 계약 체결시에만 부여하고 있어서 정보공개서 기재 내용이 변경되더라도 기존 가맹점사업자에게는 변경된 정보공개서를 제공하지 않는 경우가 많다.

이러한 점에서 구입강제품목의 종류와 공급가격 산정방식을 가맹계약서에 기재하도록 하는 것은 가맹점 운영 성과에 중대한 영향을 미치는 핵심적인 거래조건에 대한 정확하고 구체적인 정보를 가맹점사업자에게 제공하여 가맹점사업자가 합리적이고 충분한 숙고를 거쳐 가맹계약을 체결할 수 있도록 하고 계약에 반하는 구입강제품목의 변경 또는 공급가격 인상으로부터 가맹점사업자가 용이하게 권리구제를 받을 수 있도록 하는데 그 의의가 있다.

Ⅲ. 「구입강제품목의 종류」 계약서 기재 방식

1. 「구입강제품목의 종류」에 대한 기재 내용

가맹점사업자가 가맹사업을 영위하는 과정에서 어떠한 품목을 지정된 사업자로부터 의무적으로 구매해야 하는지를 알 수 있도록 구입강제품목의 종류를 기재해야 한다. 구입강제품목의 종류를 계약서에 기재할 때에는 다음의 사항이 모두 반영되어야 한다.

① 구입강제품목 지정 이유 기재

구입강제품목의 종류를 기재할 때에는 가맹사업법 시행령 별표2 제2호나목(거래상대방의 구속)의 내용을 인용하는 등의 방식으로 어떠한 이유로 해당 품목의 거래가 강제되는지를 계약서에 포함해야 한다.

[작성 예시]

> **제○○조 구입강제품목의 지정**
> **다음 품목은 가맹사업을 경영하는데 필수적이며, 다른 사업자로부터 구매할 경우 가맹본부의 상표권을 보호하고 상품 또는 용역의 동일성을 유지하기 어렵기 때문에 반드시 가맹본부(혹은 가맹본부가 지정한 사업자)로부터 구입해야 한다.**

아울러 구입강제품목으로 지정한 구체적인 사유를 품목별로 작성할 수 있다면 더욱 바람직하다.

② 기준 시점 명시

구입강제품목의 종류는 시점에 따라 변동될 수 있으므로 계약서에 기재된 구입강제품목의 종류가 특정 시점을 기준으로 작성된 것임을 명시해야 한다. 최초 계약체결 시에는 계약체결 시점을 기준으로 구입강제품목의 종류를 작성하고, 이후 구입강제품목의 종류가 변동될 경우에는 변동 시점을 명시하여 새로운 구입강제품목의 종류를 계약서에 포함해야 한다.

③ 모든 구입강제품목을 구체적으로 기재

구입강제품목의 종류를 계약서에 기재할 때에는 정확히 어떠한 품목이 가맹본부나 가맹본부가 지정한 사업자로부터 구매해야 하는 품목인지 알 수 있도록 종류나 유형, 규격 등을 구분하여 품목별로 구체적으로 기재해야 한다. 동일 성격을 가진 상품이라고 하더라도 용량이나 크기, 포장 등을 기준으로 구분되어 거래되는 상품인 경우에는 반드시 세부 품목별로 구분하여 기재해야 한다. 예를 들어 동일 부자재일지라도 색상별로 구분되어 거래된다면 색상별로 기재해야 한다.

품목의 재고관리를 위해 SKU(Stock Keeping Unit)를 활용하고 있다면 어떠한 품목을 지칭하는지 가맹점사업자가 알기 쉽도록 이를 함께 작성하는 것이 바람직하다.

④ 거래상대방 명시

구입강제품목의 종류를 기재할 때에는 품목별 거래상대방도 명시해야 한다. 가맹본부와의 거래를 강제하는 경우에는 '가맹본부', 다른 사업자와의 거래를 강제하는 경우에는 해당 '사업자명'을 기재한다.

이때 다른 사업자의 경우 상호명이 중복되어 거래상대방을 특정하기 어려운 경우 등을 방지하기 위하여 해당 사업자의 소재지나 연락처 등 해당 사업자를 구분할 수 있는 정보를 함께 기재하는 것이 바람직하다.

⑤ 구입강제품목 종류의 변경 사유 및 주기

구입강제품목의 종류는 다양한 요인에 의해 변동될 수 있으므로 변경 사유를 구체적으로 기재하는 것은 매우 어렵다. 다만, 가맹점사업자가 합리적인 수준에서 구입강제품목 종류의 변경 가능성을 예측할 수 있고 가맹본부에 의한 일방적이고 과도한 품목 추가를 억제할 수 있도록 최소한의 기준을 계약서에서 제시할 필요가 있다.

이에 기존 제품 철수 및 신제품 출시 등 구입강제품목이 변경될 수 있는 조건을 계약서에 기재해야 한다. 아울러 일정한 주기를 기준으로 구입강제품목을 변경한다면 변경 주기를 계약서에 기재하는 것이 바람직하다. (예: 반기 1회 등)

2. 「구입강제품목 종류」의 기재 방법(양식)

구입강제품목의 종류를 가맹계약서에 포함시키는 양식과 방법은 가맹계약의 체결방법, 구입강제품목의 수, 기타 가맹본부의 여건 등에 따라 다음과 같은 방법 등을 사용할 수 있다. 다만, 어떠한 양식과 기재방법을 사용하든지 구입강제품목의 종류와 관련하여 기재된 사항이 가맹계약에 포섭된다는 내용이 반드시 계약서에 명시되어야 한다. 계약서에 구입강제품목의 종류를 기재하는데 사용할 수 있는 방법은 다음과 같다.

가. 가맹계약서 본문 또는 별지로 포함시키는 방법

구입강제품목의 종류를 가맹계약서 본문 또는 가맹계약서의 별지로 포함시킬 수 있다. 가맹계약서의 별지로 기재하는 경우 본문에는 구입강제품목의 종류에 관한 사항을 별지로 규정한다는 점을 기재하여야 한다.

나. POS나 전자매체의 공지정보 제공으로 갈음하는 방법

POS에 기재된 상품정보 혹은 가맹점사업자와 공동으로 사용하는 전자매체의 공지정보를 제공하는 것으로 구입강제품목 종류의 계약서 기재를 갈음할 수 있다. 이 경우에도 계약서에 이러한 방법으로 통지된 사항이 가맹계약에 포함된다는 내용이 기재되어야 한다. 또한 다음의 조건을 충족하여야 한다.

- POS 등의 상품정보나 전자매체 공지정보를 제공하여 계약서 기재를 갈음하는 경우에는 반드시 가맹계약서 제공 시점에 관련 정보를 가맹점사업자에게 제공하여야 하고, 이후 구입강제품목의 종류가 변경될 때마다 변경 시점별 정보를 가맹점사업자에게 제공하여야 한다.
- POS 등의 상품정보나 전자매체 공지정보에 거래되는 품목이 구입강제, 구입권장, 자율 등의 구분이 없이 섞여 있는 경우, 반드시 구입강제품목을 구분하여 확인할 수 있도록 하여야 한다.
- 서면 계약서를 갱신하는 경우 계약당사자는 기존 계약 내용이 담긴 계약서를 보관할 수 있는 것과 같이, 가맹점사업자가 변경 이전의 정보를 확인할 수 있도록 작성 시점별 정보를 따로 저장·관리하여야 한다.

다. 기타 방법

가맹본부의 여건, 가맹계약의 특성 등을 고려하여 기재 방법을 달리할 수 있다. 다만, 어떠한 방법을 사용하더라도 위에서 언급한 기재내용과 기재방법의 내용이 모두 반영되어야 한다.

3. 「구입강제품목 종류」의 계약서 기재 예시 및 부적절한 기재 사례

가. 계약서 기재 예시

[계약서 별지로 포함하는 경우]

> <계약서 본문>
>
> **제○○조 구입강제품목의 지정**
>
> ① 가맹본부는 가맹사업을 경영하는데 필수적이며, 다른 사업자로부터 구매할 경우 가맹본부의 상표권을 보호하고 상품 또는 용역의 동일성을 유지하기 어려운 품목(이하 구입강제품목)을 반드시 가맹본부 또는 지정된 사업자로부터 구입하도록 할 수 있으며 구체적인 내역은 [별지 ○]와 같다.
>
> ② 위 제1항에 따른 구입강제품목은 신제품 출시, 기존 제품 철수 등의 사유로 그 내역을 변경할 수 있으며 이 때 변경된 내용이 기재된 [별지 ○]를 가맹점사업자에게 다시 제공해야 한다. 단, 구입강제품목의 변경은 특별한 사정이 없는 경우 분기에 1회로 한정한다.

[별지 ○] 구입강제품목 내역

2024년 7월 3일 기준

순번	품목	SKU	규격·단위	거래상대방
1	치즈	C0014	박스(2.5kg*4ea)	가맹본부
2	도우	D588	박스(350g*45ea)	가맹본부
3	햄(대)	H1000	밀봉(1kg*2ea)	A식품㈜
4	햄(소)	H0200	밀봉(200g*5ea)	㈜B식품
…	…	…	…	…

- A식품㈜: 세종특별자치시 어진로 2길, 044 - 000 - 0000
- ㈜B식품: 세종특별자치시 어진로 3길, 044 - 000 - 0001

[POS로 통지하는 경우]

> **제○○조 구입강제품목의 지정**
>
> ① 가맹본부는 가맹사업을 경영하는데 필수적이며, 다른 사업자로부터 구매할 경우 가맹본부의 상표권을 보호하고 상품 또는 용역의 동일성을 유지하기 어려운 품목을 반드시 가맹본부 또는 지정된 사업자로부터 구입하도록 할 수 있으며, 가맹본부는 이러한 품목의 종류(규격 및 단위, 거래상대방, 기준 시점 등을 포함한다)를 POS 시스템을 통해 가맹점사업자에게 통지한다. 이를 통해 통지된 내용은 본 가맹계약의 내용에 포함된다.
>
> ② 위 제1항에 따른 구입강제품목은 신제품 출시, 기존 제품 철수 등의 사유로 그 내역을 변경할 수 있으며 이 때 변경된 내용을 포함한 구입강제품목의 내역을 POS 시스템을 통해 가맹점사업자에게 다시 통지해야 한다. 단, 구입강제품목의 변경은 특별한 사정이 없는 경우 분기에 1회로 한정한다.
>
> ③ 가맹본부는 위 제1항 및 제2항에 따라 통지한 내역을 따로 저장·관리하여 가맹점사업자가 언제든지 확인할 수 있도록 한다.

나. 부적절한 기재 사례

- ■ 구입강제품목이 있다는 사실만 기재하고 구체적인 종류를 기재하지 않은 경우
- ■ 개별 구입강제품목을 구체적으로 구분하여 기재하지 않고 특정 카테고리를 포괄적으로 기재한 경우
  - 예) 개별 소스 품목 각각이 구입강제품목임에도 '소스류' 등으로 기재
- ■ 구입강제품목의 종류와 관련하여 POS로 통지하는 사항이 가맹계약에 포섭된다는 내용 없이 '구입강제품목은 가맹본부가 POS를 통해 통지한다'라고만 기재한 경우
- ■ 구입강제품목의 종류를 POS로 통지하는 경우 구입강제품목의 종류를 변경하였음에도 새로운 구입강제품목의 내용을 POS로 통지하지 않는 경우
- ■ POS나 전자매체를 통해 통지할 때 구입강제품목과 기타 품목이 섞여 있음에도 이를 구분하지 않고 통지하여 가맹점사업자가 무엇이 구입강제품목인지 알 수 없게 하는 경우
- ■ POS나 전자매체를 통해 통지함에도 통지한 내역을 가맹점사업자가 확인할 수 있도록 따로 저장·관리하지 않는 경우

Ⅳ.「구입강제품목 공급가격 산정방식」 계약서 기재 방식

1. 고려사항 및 기본원칙

상품 등의 공급가격은 핵심적인 거래조건으로 거래당사자 간 합의에 의해 결정되는 것이 일반적이다. 그러나 가맹거래에서는 가맹사업의 통일성 유지를 위해 가맹본부가 다수의 가맹점사업자와 동일한 내용으로 계약을 체결할 필요가 있고, 이에 공급가격 역시 가맹본부가 개별 가맹점사업자와 합의를 통해 각각 결정하기 보다는 가맹본부에 의해 통일적으로 결정될 수밖에 없는 측면이 있다.

한편 가맹본부의 공급가격 결정은 회계적으로 산출할 수 있는 원가요소 외에도 회계적 산출이 불가능한 전략요인, 환경요인 등을 고려하여 정해지며 이러한 요인들은 업종이나 품목별로 각기 다를 뿐 아니라, 상황 및 환경 변화에 따라서도 지속적으로 변할 수 있다. 따라서, 품목별로 고정적인 가격산정방식을 정하고 이에 의거하여 기계적으로 공급가격을 정하는 가맹본부는 거의 존재하지 아니하고, 이를 계약서에 기재하는 것도 매우 어려운 일이다.

그러나, 고정적인 가격산정방식을 제시하기 어렵다고 하더라도 가맹본부는 거래 상대방인 가맹점사업자에게 신의성실의 원칙에 따라 공급가격을 결정하는 최소한의 기준을 제시해 가맹점사업자가 어떠한 기준에 따라 가격이 결정되고 변경될 수 있는지를 예측할 수 있는 상황에서 계약이 체결될 수 있도록 해야 한다. 또한, 계약 체결 후에는 가맹점사업자의 합리적인 기대를 크게 벗어나지 않는 범위 내에서 구입강제품목의 가격이 변동될 필요가 있다.

이에 가맹본부는 다음과 같은 기본 원칙을 고려하여 가맹계약서에 공급가격 산정방식을 기재해야 한다.

<구입강제품목 공급가격 산정방식 기재의 기본 원칙>

① 공급가격 산정방식 기재를 통해 가맹점사업자에게 공급가격 결정 및 변경에 대한 최소한의 예측 가능성을 부여하여야 한다.

② 계약서에 기재된 공급가격 산정방식이 가격 변동의 한계로서 기능할 수 있어야 한다. 즉, 기재된 내용이 가맹본부의 일방적이고 과도한 가격 인상을 제한하는 계약상 구속력을 가질 수 있어야 한다.

2.「구입강제품목 공급가격 산정방식」에 대한 기재 내용

가. 기재 내용

앞에서 제시한 기본원칙에 따라 가맹점사업자에게 구입강제품목 공급가격 변동에 대한 예측 가능성을 부여하고 구입강제품목 공급가격 변동의 한계로서 기능할 수 있도록 가맹계약서에 구입강제품목 공급가격 산정방식을 기재해야 한다. 구입강제품목 공급가격 산정방식을 기재할 때에는 다음의 사항이 모두 반영되어야 한다.

① 구입강제품목별 공급가격 기재

세부 구입강제품목별로 공급가격을 기재한다. 각 구입강제품목을 가맹본부가 공급하는 경우에는 가맹본부가 공급하는 가격을, 제3자가 공급하는 경우에는 제3자의 공급가격을 기재한다. 이때 '시가' 나 '별도 협의' 등 모호한 표현은 피하고 반드시 계약체결 당시 가맹점사업자에게 공급하고 있는 가격을 숫자로 기입해야 한다. 또한 기재하는 가격이 부가가치세가 포함되어 있는 것인지 제외되어 있는 것인지 같이 명시해야 한다.

② 기준 시점 명시

구입강제품목의 공급가격은 시점에 따라 변동될 수 있으므로 계약서에 특정 시점을 기준으로 작성하였다는 것을 명시해야 한다. 최초 계약체결시에는 계약체결 시점을 기준으로 구입강제품목별 공급가격을 기재하고, 이후 구입강제품목의 공급가격이 변동될 경우에는 변동 시점을 명시하여 구입강제품목별 공급가격을 계약서에 포함하여야 한다.

③ 구입강제품목의 공급가격 결정기준 기재

구입강제품목의 공급가격이 어떠한 기준에 따라 결정되는지 기재해야 한다. 이를 기재할 때에는, 구입강제품목을 성격이 동일·유사한 카테고리별로 구분하여 기재한다. 카테고리는 직접제조, 위탁생산, 재판매, 제3자 공급 등 공급방식에 따라 구분하는 방식을 사용할 수 있고, 개별 가맹사업의 특성에 따라 가격 결정의 특성을 더욱 잘 구분할 수 있는 방식이 있다면 이를 변형하여 사용하거나 새로운 카테고리를 정해 사용해도 무방하다. 한편, 공급가격 결정기준은 개별 구입강제품목별로 각각 기재하는 것이 가장 바람직하지만, 카테고리 내에서 결정기준이 동일·유사한 품목들을 묶어서 한꺼번에 기재하는 것도 가능하다.

<공급방식에 따른 공급가격 결정기준 기재방법>

1 직접(위탁) 제조

직접 제조 또는 위탁 생산하여 공급하는 품목의 경우 원가 및 마진의 파악이 가능한 경우가 많다. 그러므로 원칙적으로 품목별 제조원가, 간접비 등 비용, 가맹본부의 마진 등 가격 구성요소를 기초로 한 구체적인 공급가격 결정기준을 기재하는 것이 바람직하나, 정확한 원가 및 마진금액을 산정하기 곤란하거나 영업비밀 유출 우려가 있는 경우에는 마진의 범위만을 기재하거나 세부 가격 구성요소만을 기재하는 것도 가능하다. 다만 가격구성요소만을 기재하는 경우 기재한 내용이 가격 변동의 한계로서 기능할 수 있도록 가격 변동의 폭 등을 함께 기재할 필요가 있다.

또한 가맹본부가 가격 결정 시 고려하는 전략적 요인으로 가맹본부의 마진율이 아닌 가맹점사업자의 적정 이익 확보를 중요시하는 경우, 가맹점사업자의 상품 판매가격 대비 구입강제품목의 가격(원가율)을 기준으로 공급가격 산정방식을 기재할 수도 있다.

[작성 예시]

- ■ 공급가격은 직접제조원가(원재료 구매비용 등), 간접제조원가(연구개발비, 인건비, 전기료, 물류비 등), 판관비의 합이고 그 외에 가맹본부의 마진은 미반영
- ■ 공급가격은 직접제조원가(원재료 구매비용 등), 간접제조원가(연구개발비, 인건비, 전기료, 물류비 등), 판관비에 ○○%~○○%범위의 마진을 더해 결정
- ■ 공급가격은 직접제조원가(원재료 구매비용 등), 간접제조원가(연구개발비, 인건비, 전기료, 물류비 등), 판관비에 최대 ○○% 이내의 마진을 더해 결정
- ■ 공급가격은 가맹점사업자의 원가율(판매하는 상품 가격 대비 원가의 비율)이 ○○%를 유지하는 수준에서 결정
- ■ 공급가격은 가맹점사업자의 원가율이 최대 ○○%를 넘지 않도록 하는 수준에서 결정
- ■ 공급가격은 직접제조원가(원재료 구매비용 등), 간접제조원가(연구개발비, 인건비, 전기료, 물류비 등)에 가맹본부의 마진을 더해 결정. 단, 공급가격 변경 횟수는 연 ○○회 이하, 변경 시 인상폭은 기존 공급가격의 ○○%를 넘지 않도록 하는 수준에서 결정
- ■ 공급가격은 직접제조원가(원재료 구매비용 등), 간접제조원가(연구개발비, 인건비, 전기료, 물류비 등), 판관비, 마진의 합으로 직접제조원가의 ○○배를 넘지 않는 수준에서 결정

2 재판매

가맹본부가 기 제조된 상품 등을 구매하여 구매한 상태 그대로 가맹점사업자에게 공급하거나 상표 부착, 소분 등 단순 가공만을 거쳐 공급하는 경우가 이에 해당한다. 재판매 상품의 경우 매입가격 및 마진을 명확하게 파악할 수 있으므로 원칙적으로 품목별 매입가격 및 마진 등 가격 구성요소를 기초로 한 공급가격 결정기준을 기재하는 것이 바람직하나, 영업비밀 유출 우려 등이 있는 경우에는 마진의 범위만을 기재하는 것도 가능하다.

또한, 재판매 상품의 경우 시중에 동일한 상품이 유통되는 경우가 많으므로 해당 제품의 시장가격을 기준으로 공급가격 결정기준을 기재할 수도 있고, 직접제조 상품과 동일하게 가맹점사업자의 상품판매가격 대비 구입강제품목의 공급가격(원가율)을 기준으로 공급가격 결정기준을 기재할 수도 있다.

[작성 예시]

- ■ 공급가격은 가맹본부의 매입가격에 판매관리비만 더해 결정
- ■ 공급가격은 가맹본부의 매입가격에 ○○%의 마진을 더해 결정
- ■ 공급가격은 가맹본부의 매입가격에 판관비 및 ○○%~○○% 범위의 마진을 더해 결정
- ■ 공급가격은 가맹본부의 매입가격에 판관비 및 최대 ○○% 이내의 마진을 더해 결정
- ■ 공급가격은 동일한 제품의 시중 유통가격을 넘지 않는 수준에서 결정
- ■ 공급가격은 동일한 제품의 시중 유통가격보다 ○○%를 초과하지 않는 범위 내에서 결정
- ■ 공급가격은 가맹점사업자가 판매하는 상품 가격 대비 원가의 비율(원가율)이 ○○%를 유지하는 수준에서 결정
- ■ 공급가격은 가맹점사업자가 판매하는 상품의 원가율이 최대 ○○%를 넘지 않도록 하는 수준에서 결정
- ■ 공급가격은 가맹본부의 매입 가격에 가맹본부가 책정한 마진율을 고려하여 결정하되, 가격 변경 횟수는 연 ○○회 이하, 변경 시 인상폭은 기존 공급가격의 ○○%를 넘지 않도록 하는 수준에서 결정
- ■ ○○협회가 발표하는 ○○의 시세에 최대 ○○%의 마진을 더해 결정

3 제3자 공급

제3자 공급은 가맹본부가 지정한 제3의 사업자가 가맹점사업자에게 구입강제품목을 공급하는 거래 구조를 의미한다. 이는 제3의 사업자가 가맹점사업자와의 거래 주체가 된다는 점에서 가맹본부가 제3의 사업자에게 운송만을 위탁하고 가맹본부가 거래 주체가 되는 단순 물류 위탁과 구분된다.

제3자 공급 방식에서 공급가격 결정기준은 다양한데, 가맹본부가 제3의 사업자에게 가맹점사업자에 대한 공급가격을 지정하여 주는 경우도 있고, 제3의 사업자와 협의하여 가맹점사업자에 대한 공급가격을 정하거나, 제3의 사업자가 단독으로 결정하는 경우도 존재할 수 있다.

따라서 가맹본부가 제3의 사업자에게 가맹점사업자에 대한 공급가격을 지정하여 주는 경우에는 거래의 실질에 따라 직접(위탁) 제조 또는 재판매 품목에 준하는 공급가격 결정기준을 기재하여야 한다. 한편 제3의 사업자와 가격을 협의하여 결정하거나 제3의 사업자가 단독으로 결정하는 경우에는 이에 관한 내용을 기재하되, 제3의 사업자와 공급가격 결정기준과 관련된 사항을 협상한 내용이 있다면 이를 포함해야 한다.

아울러 제3자 공급 거래를 통해 가맹본부가 리베이트 등 경제적 이익을 수취한다면 이에 대한 내역을 기재해야 한다.

[작성 예시]

■ 공급가격은 가맹점사업자의 원가율(판매하는 상품 가격 대비 원가의 비율)이 최대 ○○%를 넘지 않도록 하는 수준에서 가맹본부가 결정하며, 가맹점사업자에 대한 공급가격의 ○○%를 경제적 이익으로 수취

■ 공급가격은 가맹본부와 ○○ 간 협상에 따라 결정되며, 가맹본부는 별도의 경제적 이익을 미수취

■ 공급가격은 가맹본부와 ○○ 간 협상에 따라 결정되며, 동일·유사 제품의 시중 유통가격의 ○○%를 넘지 않는 수준에서 결정

■ 공급가격은 ○○가 결정하며, 가맹본부는 가맹점사업자에 대한 공급가격의 ○○%를 경제적 이익으로 수취

■ 공급가격은 ○○가 결정하되, 가격 변동에 관한 사항은 매년 초에 협의하여 결정하기로 하였으며, 가맹본부는 별도의 경제적 이익을 미수취

④ 구입강제품목의 공급가격 및 공급가격 결정기준 변경 사유 및 주기

구입강제품목 공급가격 및 공급가격 결정기준의 변경 또한 다양한 요인에 의해 이루어질 수 있으므로 변경사유 및 주기를 구체적으로 기재하기는 어렵다. 그러나 가맹점사업자의 예측 가능성 확보 및 가맹본부에 의한 일방적이고 잦은 가격 인상을 방지하기 위해 공급가격 및 공급가격 결정기준이 변경될 수 있는 조건(예: 제조원가의 변화, 물류비용 변화, 가맹점사업자 원가율 변화 등)을 계약서에 기재해야 하고, 변동 주기가 있다면 이를 기재하는 것이 바람직하다.

⑤ 구입강제품목의 공급가격 결정기준의 예외사유 기재

가맹본부는 천재지변, 전쟁, 전염병의 창궐 등 통제불가능한 사유(불가항력)로 인한 수급불안정 및 가격 급등과 같이 공급가격 결정기준에 따르지 않고 공급가격이 결정될 수 있는 예외 사유가 있다면 이에 대하여 구체적으로 기재하여야 한다.

3. 「구입강제품목 공급가격 산정방식」의 기재 방법(양식)

구입강제품목의 공급가격 산정방식을 가맹계약서에 포함시키는 양식과 방법은 위 'Ⅲ. 2. 구입강제품목 종류의 기재 방법'에서 예시한 방식을 사용할 수도 있고, 가맹본부의 여건, 가맹계약의 특성 등을 고려하여 기재 방법을 달리할 수 있다. 다만, 어떠한 양식과 방법을 사용하든지 상기 기재 내용에 포함된 내용이 포함되어야 하며 해당 내용이 가맹계약에 포섭된다는 내용 또한 반드시 명시되어야 한다.

4. 「구입강제품목 공급가격 산정방식」의 계약서 기재 예시 및 부적절한 기재 사례

가. 계약서 기재 예시

[계약서 별지로 포함하는 경우]

<계약서 본문>

제○○조 구입강제품목의 지정

① ~ ② (생략)

③ 구입강제품목의 공급가격 및 공급가격 결정기준은 [별지 ○]와 같다. 단, 천재지변, 전쟁, 전염병의 창궐 등 가맹본부의 책임없는 사유로 인한 전 세계적 수급불안정 등으로 인해 큰 폭의 가격 변동이 급작스럽게 발생하는 경우 [별지 ○]의 공급가격 결정기준을 따르지 않을 수 있다.

④ 위 제3항에 따른 구입강제품목의 공급가격 및 공급가격 결정기준은 품목별 원가율 변경, 급격한 원자재 가격 인상 등의 사유로 변경할 수 있으며, 이때 변경된 내용이 기재된 [별지 ○]를 가맹점사업자에게 다시 제공해야 한다. 단, 공급가격의 변경은 특별한 사정이 없는 경우 분기에 1회로 한정한다.

[별지 ○] 구입강제품목 공급가격 및 공급가격 결정기준

2024년 7월 3일 기준

공급방식	순번	품목	공급가격(부가세 포함)	공급가격 결정기준
직접 제조	1	치킨 매콤 양념	300원(1ea)	직접 제조원가, 간접 제조원가, 판관비의 합계 (마진 없음)
	2	치킨 파우더	5,000원(1box)	직접제조원가, 간접제조원가, 판관비의 합계에 마진 ○○% ~ ○○%를 더함
	3	염지 닭	4,000원(1ea)	직접 제조원가, 간접 제조원가, 판관비에 마진을 더해 결정하되, 공급가격 변경은 분기 1회 이하, 변경 시 인상폭은 기존 공급가격의 ○○% 이내로 함
재판매	4	치킨 상자	5,000원(100ea)	가맹본부 매입가격에 물류비만을 더해 결정
	5	치킨봉투(소)	3,000원(300ea)	가맹본부 매입가격에 ○○%의 마진을 더해 결정
	6	치즈볼	2,000원(1ea)	동일 제품 시중 유통가격 수준에서 결정
	7	종이호일	8,000원(300ea/1box)	유사 제품 시중 유통가격의 ○○%를 넘지 않는 수준에서 결정
제3자 공급	8	탄산음료	800원(1ea)	A식품㈜이 가격을 결정하며 가맹본부는 리베이트 등을 미수취
	9	치킨무	500원(1ea)	㈜B식품과의 협상에 따라 가격을 결정하며, 가맹본부는 공급 건당 ○○원을 리베이트로 수취

* 비용 요인에 대한 설명

1) 직접제조원가는 원재료 구매비용 등을 포함한다.

2) 간접제조원가는 연구개발비, 기술료, 인건비, 전기료, 설비·장비의 감가상각비, 등을 포함한다.

3) 판관비에는 보관유지비, 물류비, 기타 관리비, 가맹본부가 지출하는 홍보, 마케팅, 판촉활동 비용 등을 포함한다.

4) 마진은 가맹본부가 가격 변동 가능성, 시장 내 경쟁력, 투자 여력 확보 등 경영 환경을 종합적으로 고려하여 책정한다.

※ 원가율을 기준으로 공급가격 결정기준을 기재시 특정 판매상품에 투입되는 구입강제품목을 모두 묶어서 기재 가능

예) 상기 표에서 양념치킨 제조에 투입되는 품목들을 묶어 '양념 치킨 판매에 따른 원가율이 ○○%를 유지하는 수준에서 결정'이라고 기재

[POS로 통지하는 경우]

제○○조 구입강제품목의 지정

① ~ ② (생략)

③ 구입강제품목의 공급가격 및 공급가격 결정기준(기준시점을 포함한다)은 POS 시스템을 통해 가맹점사업자에게 통지하며, 통지된 내용은 본 가맹계약의 내용에 포함된다. 단, 천재지변, 전쟁, 전염병의 창궐 등 가맹본부의 책임없는 사유로 인한 전 세계적 수급불안정 등으로 인해 큰 폭의 가격 변동이 급작스럽게 발생하는 경우 POS로 통지한 공급가격 결정기준을 따르지 않을 수 있다.

④ 위 제3항에 따른 구입강제품목의 공급가격 및 공급가격 결정기준은 품목별 원가율 변경, 급격한 원자재 가격 인상 등의 사유로 변경할 수 있고, 이 때 변경된 내용을 포함한 공급가격 및 공급가격 결정기준을 POS 시스템을 통해 가맹점사업자에게 다시 통지해야 한다. 단, 공급가격의 변경은 특별한 사정이 없는 경우 분기에 1회로 한정한다.

나. 부적절한 기재 사례

■ 구입강제품목에 대한 공급가격 결정기준을 기재하지 않고 현재 기준 공급가격만을 기재한 경우

■ 구입강제품목의 공급가격 결정기준의 구체적인 내용을 전혀 알 수 없도록 기재한 경우

- 예) A품목은 가맹본부의 정책적, 경영 전략적 판단에 따라 공급가격을 결정
- 예) B품목은 제조원가, 판관비, 마진 등을 종합적으로 고려해 결정

■ 공급가격 또는 공급가격 결정기준을 POS 시스템을 통해 통지한다고만 기재하고, 통지된 내역이 계약 내용에 포함된다는 사항은 기재하지 않은 경우

■ 구입강제품목 중 일부에 대한 공급가격 결정기준만을 기재한 경우

■ 공급가격을 변경할 수 있는 범위를 지나치게 넓게 설정하여 과도한 가격 인상의 한계로 전혀 기능할 수 없는 경우

- 예) C 품목의 공급가격은 가맹점사업자의 소비자 판매가격을 넘지 않는 수준에서 결정

Q6. 거래조건 변경협의 표준고시 세부 내용은?

A6. 가맹사업법 시행령과 연계하여 고시로 정하는 내용은 다음과 같다.

구입강제품목 거래조건 변경 협의에 대한 고시

Ⅰ. 목적

이 고시는 「가맹사업거래의 공정화에 관한 법률」(이하 "법"이라 한다) 제12조제1항 제2호, 같은 법 시행령(이하 "영"이라 한다) 제13조제1항 [별표 2] 2. 나.에 의해 가맹사업거래에서 금지되는 거래상대방의 구속행위와 관련하여, 영 제13조제2항에 따라 영 제13조제1항 [별표 2] 2. 나. (4)에 규정된 "가맹본부가 특정한 거래상대방과 구입·판매 또는 임대차 등의 거래할 것을 강제하는 부동산·용역·설비·상품·원재료 또는 부재료(이하 '구입강제품목'이라 한다)의 세부내역, 가격, 수량, 품질 및 그 거래상대방 등 거래조건을 가맹점사업자에게 불리하게 변경하는 경우 가맹점사업자와 협의를 거칠 것"(이하 '구입강제품목 거래조건 변경 협의'라 한다)에 적용되는 세부적인 판단기준 및 유형을 정하고 관련 사례를 구체적으로 예시함으로써 가맹본부의 법 위반 행위를 사전에 방지하고, 법 집행의 객관성과 효율성을 제고하는데 그 목적이 있다.

이 고시는 가맹사업거래에서 거래상대방의 구속행위의 예외 요건 중 하나인 '구입강제품목 거래조건 변경 협의'에 관해서만 규정한 것이므로 이를 준수한 행위라고 해서 법 제12조제1항제2호에 따른 거래상대방의 구속행위에 해당하지 않는 것은 아니다. 또한, 이 고시는 '구입강제품목 거래조건 변경 협의' 요건과 관련된 공통적이고 대표적인 사항을 중심으로 작성한 것이므로 특정 행위가 이 고시에서 제시된 '협의를 거친 것으로 볼 수 없는 경우'에 해당하지 않더라도 구입강제품목 거래조건 변경 협의 요건을 충족하는 것은 아니며, 해당 요건을 충족하는지에 대한 최종적인 판단은 개별 사안의 구체적인 사실관계에 대한 입증 및 위법성 심사를 통해 결정된다.

Ⅱ. 불리한 거래조건 변경에 해당하는 경우

1. 영 제13조제1항 [별표 2] 2. 나. (4)에 따른 "거래조건을 가맹점사업자에게 불리하게 변경하는 경우"란 다음 각 목의 어느 하나에 해당하는 경우로 한다.

가. 특정한 거래상대방과 거래할 것을 강제하지 않던 품목을 특정한 거래상대방과 거래하도록 강제하는 경우

나. 구입강제품목의 공급가격을 인상하는 경우. 다만, 가맹계약서에 공급가격 산정방식이 구체적으로 기재되어 있고 해당 공급가격 산정방식에 따라 자동으로 가격이 인상되는 경우는 제외한다.(예: 계약서에 육계의 공급가격은 육계협회 고시가격대로 공급한다고 기재되어 있고, 고시가격 상승에 따라 공급가격이 인상되는 경우)

다. 구입강제품목의 공급가격 산정방식을 가맹점사업자에게 불리하게 변경하는 경우

라. 구입강제품목의 수량, 용량, 규격, 중량 등을 축소한 경우

마. 구입강제품목의 품질을 떨어뜨린 경우

바. 구입강제품목의 거래상대방을 축소한 경우

사. 구입강제품목의 공급과 관련하여 운송비, 검수비 등 부대비용을 가맹점사업자가 추가로 부담하게 하거나 반품조건, 대금결제방식 등을 불리하게 변경하는 등 그 밖의 거래조건을 가맹점사업자에게 불리하게 변경하는 경우

2. 불리한 거래조건의 변경 및 유리한 거래조건의 변경이 동시에 이루어지는 경우 원칙적으로 "거래조건을 가맹점사업자에게 불리하게 변경하는 경우"로 본다.

3. 가맹본부가 지정한 거래상대방이 공급하는 품목의 가격, 수량, 품질 등이 불리하게 변경되는 경우도 거래조건이 변경되는 품목과 그 상대방을 가맹본부가 지정·강제한 것이므로 "거래조건을 가맹점사업자에게 불리하게 변경하는 경우"에 해당한다.

Ⅲ. 협의 방식

1. 협의 절차

영 제13조제1항 [별표 2] 2. 나. (4)에 따른 '가맹점사업자와의 협의'가 있었다고 보기 위해서는 다음 각 목의 절차를 모두 거쳐야 한다.

가. 거래조건 변경 사실 및 협의 계획에 대한 통지

가맹본부는 구입강제품목 거래조건 변경에 대한 구체적 내역, 거래조건 변경 사유 및 근거, 협의 기간·협의 장소·협의 방식에 대하여 통지해야 한다. 변경하고자 하는 거래조건에 공급가격이 포함된 경우 가격 변경이 가맹계약서에 기재된 공급가격 산정방식에 부합되는지 여부도 통지 내용에 포함하여야 한다.

통지 방식은 문서, 내용증명우편, 전자우편, 인터넷 홈페이지, 모바일 애플리케이션, POS 시스템 등을 이용할 수 있고, 전체 가맹점사업자에게 충분한 기간을 두고 통지해야 한다.

나. 거래조건 변경에 대한 협의 진행

가맹본부는 위 가목에서 통지한 내용에 따라 협의를 진행해야 한다. 협의 방식은 대면·비대면을 불문하나 가맹점사업자가 손쉽고 자유롭게 의견을 표출할 수 있어야 한다. 가맹본부는 협의 과정에서 가맹점사업자가 자료 제공이나 사실 확인을 요청할 경우 이에 성실히 응해야 하고, 가맹점사업자가 제시한 의견에 대하여 가맹본부의 입장 및 판단 근거를 설명해야 한다.

다. 협의 결과의 통지

가맹본부는 위 나목에 따른 협의가 종료되고 나면 협의 결과를 정리하여 전체 가맹점사업자에게 위 가목의 방식에 따라 통지해야 한다. 협의 결과에는 협의 날짜·협의 장소·협의 방식·협의 참석자, 협의 과정에서 가맹점사업자가 제시한 의견 및 이에 대한 가맹본부의 입장 및 판단 근거, 협의에 따라 결정된 거래조건 및 그 밖에 협의에 따라 결정된 사항을 포함해야 한다.

2. 협의 시기

협의는 구입강제품목 거래조건 변경 전에 이루어져야 함을 원칙으로 한다. 다만, 가맹본부가 지정한 거래상대방이 단독으로 거래조건을 변경하여 사전협의가 불가능하거나, 사전에 협의를 거치면 영업비밀 유출 우려가 상당한 경우 등 정당한 사유가 있는 경우에는 거래조건 변경 후에 협의를 거칠 수 있다. 이 경우 사전협의가 어려운 사유가 해소된 즉시 협의를 개시해야 하며, 위 1. 가목에 따른 사항을 통지할 때 사전 협의를 할 수 없었던 사유를 포함하여야 한다.

3. 협의의 상대방

협의는 전체 가맹점사업자를 대상으로 해야 한다. 다만, 법 제14조의2제2항에 따른 가맹점사업자단체가 존재하고, 해당 가맹점사업자단체와 협의한다는 사실에 대하여 전체 가맹점사업자에게 알리고 전체 가맹점사업자 중 100분의 70 이상이 동의한 경우 가맹점사업자단체와의 협의를 전체 가맹점사업자와의 협의로 본다.

Ⅳ. 협의를 거친 것으로 볼 수 없는 경우

다음 각 호의 행위는 영 제13조제1항 [별표 2] 2. 나. (4)에 따른 "가맹점사업자와 협의를 거칠 것"의 요건을 충족한 경우로 볼 수 없다.

1. 가맹점사업자와 협의 절차를 전혀 거치지 아니하는 경우
<예시>
· 계약서에 "필수품목 목록, 가격 등 거래조건은 영업 상황 및 가맹본부의 판단에 따라 추후 변동될 수 있으며 변동된 내용을 통지함으로써 거래조건이 변경됨"이라고 기재하고, 별도의 협의 절차 없이 거래조건 변경 내역을 통지만 한 경우

2. 가맹점사업자와의 협의 절차 중 일부를 누락하거나, 전체 가맹점사업자 중 일부와만 협의를 거친 경우
<예시>
· 거래조건 변경 및 협의 계획에 대한 사전통지 없이 정기적으로 개최되는 워크숍에서 협의를 진행한 경우
· 협의가 어려운 정당한 사유가 존재하지 않음에도 특정 가맹점사업자를 협의 대상에서 배제하고 협의를 진행한 경우

3. 가맹점사업자와 형식적 협의 절차는 이행하였으나, 다음 각 목의 경우와 같이 실질적으로는 협의를 거친 것으로 보기 어려운 경우

가. 촉박한 기한·제한된 참여 방법 등의 사유로 가맹점사업자의 참여 및 의견 표출이 사실상 제한되었던 경우
<예시>
· 우편으로만 의견을 제출하도록 하면서 충분한 제출 기한을 부여하지 않은 경우
· 설명회를 개최하였으나 일시·장소에 대해 촉박하게 안내하여 설명회 참여를 사실상 제한하는 경우

나. 거래조건 변경의 내역, 사유 및 근거 등에 대한 충분한 정보를 제공하지 않은 경우
<예시>
· 공급가격 인상 사유를 경기 불황 등으로 지나치게 추상적으로만 제시한 경우

다. 폭행, 협박, 불이익의 위협, 위계 등 형식을 불문하고 가맹점사업자의 자유로운 의사 표시를 방해하고 특정한 협의 결과가 도출되도록 사실상 강제한 경우
<예시>
· 협의 도중 계약해지, 갱신거절 등 불이익이 있을 수 있다는 점을 암시하면서 특정한 선택을 강요 또는 유도한 경우
· 다른 가맹점사업자가 대부분 찬성한다는 등의 근거 없는 정보로 특정한 협의 결과가 도출되도록 유도한 경우

4. 가맹점사업자와의 협의 절차를 거쳐 도출한 결과를 다르게 이행한 경우
<예시>
· A품목의 가격을 5% 인상하는 조건으로 협의하였으나 실제로는 6% 인상하는 경우
· 일부 품목을 구입강제하도록 변경하기로 협의하였으나 실제로는 협의하지 않은 다른 품목도 구입강제품목으로 추가한 경우
· 품목의 등급을 향상하며 가격을 인상하기로 하였으나 실제로는 등급 변동 없이 공급가격만을 인상하는 경우

Ⅴ. 재검토 기한

공정거래위원회는 「훈령·예규 등의 발령 및 관리에 관한 규정」에 따라 이 고시에 대하여 2025년 1월 1일 기준으로 매 3년이 되는 시점(매 3년째의 12월 31일까지를 말한다)마다 그 타당성을 검토하여 개선 등의 조치를 하여야 한다.

부칙

이 고시는 2024년 12월 5일부터 시행한다.

Q7. 공정거래 및 상생협약 절차지원 예규 세부 내용은?

A7. 공정거래위원회가 공정거래협약 예규로 정하는 내용은 다음과 같다.

가맹본부 · 가맹점사업자간 공정거래 및 상생협력 협약 절차 · 지원 등에 관한 기준

[시행 2024. 12. 16.] [공정거래위원회예규 제478호, 2024. 12. 16., 일부개정.]

공정거래위원회(가맹거래정책과), 044-200-4994

제1장 총칙

제1조(목적) 이 기준은 가맹본부와 가맹점사업자가 상생협력을 약속하는 협약을 자율적으로 체결하고, 공정거래위원회(이하 '공정위' 라 한다)가 이를 지원하는 공정거래 및 상생협력 방안(동반성장위원회가 공표하는 동반성장지수의 산정을 위해 체결하는 협약 포함)이 원활하게 정착될 수 있도록 하기 위해 필요한 제반의 기준, 절차, 방법 등을 정하는데 목적이 있다.

제2조(협약의 성격) 이 기준(이하 "협약절차기준" 이라 한다)에 의한 협약은 가맹본부와 가맹점사업자가 「가맹사업거래의 공정화에 관한 법률」 및 같은 법 시행령(이하 "가맹사업법령"이라 한다) 및 「대 · 중소기업간 상생협력 촉진에 관한 법률」(이하 "상생협력법"이라 한다) 등의 법규에 대한 자율적인 준수와 상호간의 상생협력 및 지원을 스스로 다짐하는 약속이다.

제3조(협약의 당사자) ① 협약의 당사자는 「가맹사업거래의 공정화에 관한 법률」(이하 "가맹사업법" 이라 한다) 제2조의 규정에 의한 가맹본부 및 가맹본부와 거래 중에 있는 모든 가맹점사업자가 된다.

② 가맹본부는 협약체결 당시 거래 중에 있는 모든 가맹점사업자와 동일한 내용의 협약을 각각 체결하는 것을 원칙으로 하되, 가맹점사업자를 대표할 수 있는 단체의 대표가 구성원의 위임을 받은 경우 이 대표와 일괄하여 협약을 체결할 수 있다.

③ 가맹본부는 협약체결 후 새로이 가맹거래가 이루어지는 가맹점사업자에 대해서도 협약의 효력이 발생할 수 있도록 노력한다.

제2장 협약의 내용

제4조(협약의 내용 - 공정거래 및 상생협력협약에 담겨야 할 주요내용) 가맹본부와 가맹점사업자가 체결하는 협약에는 다음의 내용이 반영되어야 한다.

① 영업지역 설정 · 조정, 상권정보 제공 및 영업시간 단축 등 기준설정
1. 영업지역에 대한 기준 설정
2. 계약 시 상권분석 인근점포 현황 및 상권측정 등 정보제공 여부
3. 영업시간 단축허용에 관한 기준 설정

② 광고 · 판촉행사 등의 충분한 사전동의 및 공정한 비용부담 추진
1. 광고 · 판촉행사 등에 대한 사전동의 기준 마련
 가. 광고 · 판촉행사 등에 대한 명확한 정의
 나. 사전동의 절차의 명확한 기술
2. 비용부담 기준의 설정
 가. 비용부담 대상의 명확한 정의
 나. 비용부담 기준의 명확한 기술

③ 점포환경 개선에 대한 충분한 사전협의 및 공정한 비용부담 추진
1. 점포환경 개선에 대한 사전협의 기준 마련
 가. 점포환경 개선에 대한 명확한 정의
 나. 사전협의 절차의 명확한 기술
2. 비용부담 기준의 설정
 가. 비용부담 대상에 대한 세부적인 정의
 나. 비용부담 기준의 명확한 기술

④ 가맹점사업자로부터 취득하는 금전에 대한 명확한 기준 및 그 금액의 조정기준
1. 가맹점사업자로부터 취득하는 금전에 대한 명확한 정의
2. 가맹점사업자로부터 취득하는 금전의 징수기준의 명확한 기술
3. 가맹점사업자로부터 취득하는 금전의 조정기준의 명확한 기술

⑤ 불공정한 거래행위의 사전예방 및 감시시스템 구축
1. 사전예방 절차의 구체적인 기술
2. 내 · 외부 감시 시스템 구축에 대한 기술
3. 가맹점사업자와 상생협력 부서 설치 · 운용에 대한 기술
4. 가맹점사업자와 분쟁이 발생할 경우 처리할 심의기구에 대한 기술

⑥ 계약해지, 점포 폐점 및 양수도
1. 계약해지에 대한 기준 설정
2. 점포 폐점, 양수도 기준, 폐점 및 양수도 시 지원사항 설정

⑦ 가맹점사업자에 대한 지원
1. 가맹점사업자에 대한 지원기준 정의
2. 가맹점사업자에 대한 지원기준 설정

⑧ 위약금 등에 관한 기준 설정
1. 위약금을 부과하는 사항에 대한 명확한 설정
2. 위약금을 부과하는 기준에 대한 명확한 설정

⑨ 가맹본부에 대한 정보 제공
1. 가맹본부가 가맹점사업자에게 제공할 정보의 종류 규정
2. 정보를 제공하는 방법 및 주기에 대한 규정

⑩ 협약의 내용에 관해 가맹점사업자와 협의할 기준의 반영 여부
1. 가맹본부와 가맹점사업자간 협의할 절차 기술
2. 협의에 참석할 대상자에 대한 명확한 기술

⑪ 기타 사항
1. 신의성실의 원칙에 따른 계약내용의 이행
2. 기타 가맹점사업자의 상생협력을 위한 협력사항으로 협약 당사자가 정한 내용
3. 공정위가 협약서에 반드시 포함시키도록 매년 고지한 내용

제3장 협약 절차

제5조(협약기간) ① 협약기간은 원칙적으로 1년으로 한다. 다만, 상호합의에 의해 1년 이상 또는 2년 이하의 기간으로 설정할 수 있다.

② 협약기간 만료 시 상호 합의에 의해 협약기간을 1년 단위로 연장할 수 있다. 다만, 상호합의에 의해 협약기간을 1년 이상 또는 2년 이하의 기간으로 연장할 수 있다.

③ 협약기간 만료 시 당사자 간의 합의지연 등 불가피한 사유로 인하여 협약기간이 경과한 후에 협약을 체결하고자 하는 경우에는 새로운 협약을 다시 체결(이하 "재협약"이라 한다)한다.

④ 제2항 및 제3항의 규정에 따라 협약기간을 연장하거나 재협약을 체결하는 경우에는 제7조의 규정에 의한 협약체결 절차를 따른다.

⑤ 제2항 및 제3항의 규정에 의한 협약기간 연장 또는 재협약에 대한 이행평가는 제10조의 규정에 따른다.

제6조(공정위의 지원사항) ① 공정위는 가맹본부 · 가맹점사업자의 적극적인 협약 참여를 유도하고 협약당사자가 협약내용을 성실히 이행할 수 있도록 하기 위하여 관련 가맹본부 및 사업자단체와 협의하여 다음 사항을 지원한다.
1. 협약체결 절차 · 방법, 협약내용, 평가 및 인센티브 등에 대한 기준의 마련
2. 협약체결 전 협약내용의 검토 등 협약체결 지원
3. 중간점검
4. 협약이행 평가
5. 협약이행 우수 기업에 대한 인센티브 제공
6. 원활한 협약이행을 위한 상담
7. 협약이행 평가 부진기업 또는 평가 미참여 기업 등에 대한 컨설팅
8. 제4조 제11항 제3호에 의해 협약서에 매년 포함되어야 할 사항의 고지 및 그 내용이 협약서에 반영되고 이행된 정도에 따른 가감점 부여
9. 기타 협약 전반에 대하여 지원이 필요하다고 판단되는 사항

② 공정위는 협약 당사자의 자율적인 협약체결 및 이행을 위하여 최대한 지원을 하여야 하며, 이 기준이나 협약내용의 불이행 또는 평가등급의 저조 등을 이유로 어떠한 불이익을 제공하여서도 아니된다.

③ 공정위는 가맹본부의 가맹사업자와의 거래행태 등을 고려하여 기존 협약의 연장, 재협약, 신규협약의 체결을 권장할 수 있다.

제7조(협약체결 절차 및 표준공정거래 협약 문안) ① 협약을 체결(기간연장, 재협약을 포함한다)하고자 하는 가맹본부는 협약체결 전에 협약서(안)과 별표 2의 양식에 따라 작성한 협약체결 신청서를 공정위에 제출한다.

② 공정위는 가맹본부가 제출한 협약서(안)의 내용이 가맹사업법령에 위배되는지 여부 등을 검토하여 필요한 경우 협약서(안)의 내용에 대해 이 기준에 부합되도록 수정을 요구할 수 있으며, 수정을 요구받은 가맹본부는 특별한 사정이 없는 한 이에 응하여야 한다.

③ 가맹본부는 제1항 및 제2항의 절차를 거쳐 협약을 체결한 경우 협약체결일로부터 20일 이내에 협약서 사본과 협약내용에 대한 구체적인 세부 이행계획, 협약체결 가맹점사업자 명단을 공정위에 제출하여야 한다.

④ 협약체결 당사자들은 별표 3의 「공정거래 및 상생협력 표준협약 문안」 양식을 사용할 수 있으며, 가맹본부 또는 가맹점사업자는 표준협약서를 협약체결 당사자 간의 거래현실에 맞게 수정하여 사용할 수 있다.

⑤ 가맹본부는 제1항에 따라 협약체결신청서 제출 시 협약체결 예정일에 전년도 매출액이 확정되지 아니한 경우 전전년도 매출액에 기초하여 협약서(안)과 별표 2의 양식에 따라 작성한 협약체결 신청서를 공정위에 제출하되, 전년도 결산이 완료된 이후 15일 내에 확정된 전년도 매출액 기준으로 협약서(안)을 구체적 내용을 수정하고 이에 근거하여 가맹점사업자와 협약을 체결해야 한다. 또한, 협약체결일로부터 15일 이내에 협약서 사본, 세부 이행계획 및 협약체결 가맹점사업자 명단을 공정위에 제출하여야 한다.

⑥ 제5항에도 불구하고 가맹본부는 협약체결일에 전년도 매출액이 확정되지 아니한 경우 전전년도 매출액에 기초하여 협약을 체결하되, 전년도 결산이 완료된 이후 30일 내에 확정된 전년도 매출액 기준으로 협약의 구체적 내용을 수정해서 공정위에 제출하여야 한다.

⑦ 협약 상대방별로 협약기간이 다른 경우 등 합리적 사유가 인정되는 경우에는 협약이 해당연도 1.31.에 체결된 것과 동일하게 제1항 내지 제6항의 절차를 거친 것으로 본다.

제4장 이행평가 및 인센티브

제8조(협약이행 평가) ① 가맹본부는 협약을 체결한 날로부터 1년이 경과한 후에는 1년 경과일로부터 30일 이내(동반성장지수 대상기업 및 동반성장지수 평가대상기업과 같이 평가를 받고자 하는 기업의 경우 1.31.까지)에 공정위에 협약내용의 이행평가를 요청하며, 협약내용 이행실적에 대한 최종자료는 3월말까지 공정위에 제출하여야 한다.

② 동반성장지수 평가대상기업 중 이미 체결한 협약이 종료되지 않은 기업은 기존의 협약체결 시점부터 동반성장지수 평가대상기간 이전까지의 기간에 대해 평가를 요청할 수 있다.

③ 아래의 경우 제1항의 규정에 의한 공정위의 협약이행평가 점수의 합을 0점으로 한다.
1. 협약체결 후 3번째 이후의 이행평가에서 브랜드별로 협약을 체결한 가맹점사업자들의 비율이 30% 미만인 경우. 단, 협약체결 후 2번째 이행평가까지는 브랜드별로 협약에 참여하는 가맹점사업자들의 비율이 30% 미만일 경우에도 협약이행평가를 실시한다.
2. 협약평가 개시일 기준으로 가맹본부 소속 브랜드 중 가장 많은 수의 가맹점사업자들이 있는 브랜드에 대한 협약이행평가를 요청하지 않는 상태에서 그보다 가맹점사업자들의 숫자가 적은 브랜드에 대해 가맹본부가 협약이행평가를 요청하는 경우

④ 공정위는 제1항의 규정에 의한 협약이행평가를 요청 받은 때에는 다음의 절차에 따라 평가를 실시한다.
1. 평가를 요청한 가맹본부의 계약내용의 공정성 및 계약 이행과정의 공정성, 상생협력 정도 및 자율준수 노력, 법위반 등에 따른 감점 등에 대해 평가를 실시한다.
2. 평가를 요청한 가맹본부의 협약기간 1년 경과일을 기준하여 같은 분기에 해당하는 가맹본부를

보아 평가를 실시한다. 다만, 동반성장지수 평가대상기업 및 동반성장지수 평가대상기업과 함께 평가를 받을 것을 신청한 기업의 경우 직전년도의 실적에 대해 상반기에 평가를 실시한다.

3. 협약이행평가는 협약체결 가맹본부 및 가맹점사업자가 제출한 서면(전자서면를 포함)자료, 공정거래조정원에 접수된 분쟁, 국민신문고에 접수된 민원 등을 통한 평가를 원칙으로 한다.

4. 제3호의 규정에도 불구하고 협약체결 당사자의 일방이 요청하거나 가맹본부 및 가맹점사업자가 제출한 서면(전자서면을 포함)자료, 공정거래조정원에 접수된 분쟁, 국민신문고에 접수된 민원으로는 정확한 평가가 곤란하다고 판단하는 부분에 대해 공정위가 가맹본부 또는 가맹점사업자를 대상으로 현장 확인을 실시할 수 있다. 이 때 현장 확인은 가맹본부 및 가맹점사업자가 제출한 서면(전자서면을 포함)자료, 공정거래조정원에 접수된 분쟁, 국민신문고에 접수된 민원 등의 진위여부를 가리기 위한 확인으로 국한한다.

5. 협약이행평가와 관련한 가맹본부의 내부제보 및 가맹점사업자의 제보를 위해 공정위에 제보방을 운영할 수 있다.

제8조의2 (협약이행 평가업무 수행의 역할과 범위) 협약이행 평가업무의 효율적 수행을 위해 공정위는 협약제도 기획 · 총괄업무를 수행하고, 한국공정거래조정원은 공정위의 지휘 · 감독 하에 다음 각 호의 업무를 수행한다.

1. 협약이행 평가신청 접수 및 실적 자료 포털시스템 등록 안내
2. 실적자료 검토 및 현장 점검
3. 평가점수 산정
4. 기업 대상 자문 · 컨설팅 및 간담회 등 개최
5. 기타 협약 관련 제반업무

제9조(협약이행 평가항목) ① 협약이행의 평가항목은 계약내용의 공정성, 계약 이행과정의 공정성, 상생협력 정도 및 자율준수 노력, 법위반 등에 따른 감점, 만족도 조사로 구성된다.

② 계약내용의 공정성은 제4조(협약의 내용 - 공정거래 및 상생협력협약에 담겨야 할 주요내용)에서 규정한 사항이 협약서에 충실히 반영되어 있는지를 평가한다.

③ 계약 이행과정의 공정성은 제4조(협약의 내용 - 공정거래 및 상생협력협약에 담겨야 할 주요내용)에 따라 가맹본부와 가맹점사업자가 체결한 협약서에 기재된 내용이 제대로 이행되었는지를 평가한다.

④ 상생협력 정도 및 자율준수 노력에 대한 평가는 다음 사항으로 구성된다.

1. 가맹점사업자 평균 매출액 증가율과 가맹본부의 가맹사업 관련 매출액 증가율의 차이
2. 협약에 참여한 가맹점사업자의 비율
3. 협약 종료 1개월 이내 재협약 체결
4. 프랜차이즈 표준계약서의 전면 도입 및 사용
5. 구입강제품목의 종류 및 공급가격 산정방식 계약서 기재방식에 대한 가이드라인 반영
6. CCM(소비자중심경영) 인증 취득
7. 재난 등으로 어려움을 겪는 가맹점사업자에 대한 금전지원
8. 장기점포의 안정적 계약갱신을 위한 가이드라인 반영

⑤ 다음 각 호에 해당하는 경우, 조치시점(공정거래위원회 심의 · 의결 후 합의일 기준) 이후, 최근의 이행평가 점수에서 별표1에 따라 법위반 등으로 감점할 수 있다. 단, 시정조치 등을 받은 전력이 있는 기업이 신규로 협약을 체결하였을 경우, 해당 협약에 대한 이행평가 시 협약체결 전의 시정조치 등을 이유로 감점하지 아니한다.

1. 가맹사업법 위반으로 경고 이상의 조치를 받은 경우
2. 임직원이 가맹사업과 관련하여 뇌물수수, 배임, 청탁 등 기업윤리와 상생협력에 반하는 행위로 지탄을 받은 경우
3. 가맹사업법 외에 공정거래위원회 소관법률 위반으로 시정조치 등을 받아 협약평가위원회가 가맹점사업자와의 상생협력을 저해하였다고 인정한 경우

⑥ 만족도 조사는 다음의 사항으로 구성된다.

1. 가맹점사업자의 협약내용 및 이행관련 만족도(응답 가맹점사업자 만족도 100분위 비율×10점)

제10조(협약이행의 평가) ① 협약이행평가의 항목별 점수배분기준은 별표 1과 같다.

② 동일 회사의 2개 이상의 가맹사업 브랜드에 대해 협약이행평가를 할 경우

1. 계약내용의 공정성, 계약이행과정의 공정성, 상생협력 정도 및 자율준수 노력의 일부 평가요소(가맹점사업자 평균 매출액 증가율과 가맹본부의 가맹사업 관련 매출액 증가율의 차이, 협약에 참여한 가맹점사업자의 비율, 프랜차이즈 표준계약서의 도입 및 사용, 구입강제품목의 종류 및 공급가격 산정방식 계약서 기재방식에 대한 가이드라인 반영, CCM 인증 취득, 재난 등으로 어려움을 겪는 가맹점사업자에 대한 금전지원, 장기점포의 안정적 계약갱신을 위한 가이드라인 반영)는 각 브랜드별로 평가하고 그 결과를 협약이행 평가대상 브랜드 전체 가맹점사업자 수에서 각 브랜드별 가맹점사업자가 차지하는 비율을 곱하여 도출된 각 브랜드별 결과를 합산한다.

③ 가맹점사업자 만족도 조사는 아래와 같이 실시한다.

1. 만족도 조사는 동반성장위원회의 만족도 평가대상이 아닌 기업에 대하여 실시한다.
2. 조사대상 가맹점사업자는 가맹본부가 협약을 체결한 브랜드별로 전체 가맹점사업자 수의 5%~50% 범위 내에서 정한다. 다만, 조사대상 가맹점사업자 수가 500개 미만인 경우에는 협약체결 가맹점사업자 수의 30% 이상에 대해 조사를 실시한다.
3. 2개 이상의 브랜드에 대해 만족도 조사를 실시하는 경우에는 만족도 조사를 각 브랜드별로 실시하고, 브랜드별로 실시한 결과를 협약이행 평가대상 브랜드의 전체 가맹점사업자 수에서 각 브랜드별 가맹점사업자가 차지하는 비율을 곱하여 도출된 각 브랜드별 결과를 합산한다.
4. 만족도 조사는 공정위가 조사대상 가맹점사업자에게 우편 또는 이메일을 이용하여 설문조사 내용을 발송하여 수신하는 방법을 이용하거나, 외부의 설문조사 전문기관 등에 의뢰하여 조사를 실시할 수 있다.

④ 가맹본부가 다음 각 호에 해당하는 경우에 다음의 조치를 취할 수 있다.

1. 협약서에 포함된 내용이 공정위 소관 법규의 내용에 반하는 경우에는 해당 항목에 대해 계약내용의 공정성 및 계약 이행과정의 공정성 점수를 0점으로 할 수 있다.
2. 제4조(협약의 내용 - 공정거래 및 상생협력협약에 담겨야 할 주요내용)에서 규정한 사항 이외에 가맹본부 또는 가맹점사업자 중 어느 한 쪽에서 협약서에 명시하도록 요청하여 명시한 사항을 준수하지 않았을 경우에는 계약 이행과정의 공정성 평가점수에서 10점을 감점 처리할 수 있다.
3. 평가시점 기준 3개월 내 가맹본부가 시정조치, 과징금, 고발 등(이하 '시정조치 등' 이라 한다)이 예상되는 경우, 시정조치 등이 확정되는 시점까지 당해 평가를 유예할 수 있으며, 평가가 이미 완료된 후 3개월 내 시정조치 등이 있는 경우, 기 이루어졌던 직전 이행평가의 점수를 소급하여 감점할 수 있다.
4. 평가 후 3개월 내 상생협력의 정신에 반하는 행위로 사회적 지탄을 받는 경우, 기 이루어졌던 직전 이행평가의 점수를 소급하여 감점할 수 있다.

제11조(중간점검) ① 공정위는 협약체결기업의 성실한 협약이행 여부를 협약기간 중 점검하고 그 결과를 통보할 수 있다.

② 중간점검은 협약내용 전반 또는 일부 내용에 대하여 실시할 수 있다.

③ 가맹본부가 제출한 중간점검 제출자료와 중간점검 결과에 대한 공개 여부에 대하여는 제15조(영업비밀 등의 보호)의 규정을 준용한다.

제12조(협약평가 위원회의 구성 · 운용) ① 공정위는 공정하고 객관적인 협약이행 평가와 협약제도의 발전에 대한 심의를 위해 협약평가위원회를 구성 · 운용할 수 있다.

② 위원은 동반성장위원회, 한국프랜차이즈산업협회, 소상공인시장진흥공단 및 한국공정거래조정원 소속 임원 각 1인, 필요 시 업종별 협회 소속 임원 각 1인, 변호사 1인, 교수 1인 및 설문조사 전문기관(회사) 소속 임원 1인과 공정위 유통정책관, 가맹거래과장 등 10인의 범위 내에서 구성한다.

③ 위원 중 변호사, 교수 및 설문조사 전문기관(회사) 소속 임원의 임기는 2년으로 한다.

④ 공정위는 협약평가위원을 위촉하는 경우 당사자에게 위촉사실을 문서로 통보하거나 위촉장을 수여할 수 있다.

⑤ 협약평가위원회는 협약이행평가, 가맹점사업자 만족도 조사, 이의신청, 인센티브 내용 및 협약절차 기준의 개정, 허위자료 제출 등에 대한 조치 등 협약과 관련된 제반사항을 심의 · 결정한다.

⑥ 협약평가위원회의 운용은 공정위 유통정책관이 회의를 소집하거나 평가위원 1/3 이상의 개회 요구를 받아 소집하되, 위원의 과반수 이상의 참석으로 개회를 한다.

⑦ 협약평가위원회는 긴급한 안건을 논의하기 위하여 필요하다고 인정하는 경우 또는 대면으로 회의를 진행하기 어려운 경우 서면으로 심의를 할 수 있다.

제13조(협약이행 평가등급 및 인센티브 제공기준) ① 공정위는 협약이행 평가결과 점수에 따라 다음과 같이 등급을 구분하여 인센티브를 제공할 수 있다.

평가등급	평가점수	인센티브 제공내용
최우수	95점 이상	- 가맹사업법 제32조의3 제2항에 의한 직권조사 2년간 면제(조사 면제라 함은 당해 기업을 조사 대상에 비포함 하는 것을 의미, 이하 동일) - 공정위로부터 시정명령을 받은 사실 공표의무 면제(1년, 1회) - 법인 · 개인 대상 위원장 이상 표창 수여 - 표준정보공개서 표지에 2년간 표시
우 수	90점 이상	- 가맹사업법 제32조의3 제2항에 의한 직권조사 1년간 면제 - 공정위로부터 시정명령을 받은 사실 공표의무 면제(1년, 1회) - 법인 대상 위원장 표창 수여 - 표준정보공개서 표지에 2년간 표시
양 호	85점 이상	- 공정위로부터 시정명령을 받은 사실 공표 시, 공표 크기 및 매체수 1단계 하향 조정 및 공표기간 단축(1년, 1회) - 법인 대상 위원장 표창 수여 - 표준정보공개서 표지에 1년간 표시

② 가맹본부는 위 제1항에 따라 협약이행 평가결과 '양호' 이상인 경우 별지와 같이 표준정보공개서 표지에 평가결과를 표시하여 활용할 수 있다.

③ 공정위는 동반성장지수 평가 대상 기업의 경우, 그 평가 등급에 따라 다음과 같이 인센티브를 제공할 수 있으며, 해당 기업이 제1항의 인센티브도 제공받는 기업인 경우, 양자를 비교하여 기업에게 더 유리한 인센티브를 제공할 수 있다.

평가등급	인센티브 제공내용
최우수	- 가맹사업법 제32조의3 제2항에 따른 직권조사 2년간 면제
우 수	- 가맹사업법 제32조의3 제2항에 따른 직권조사 1년간 면제

④ 공정위는 협약평가위원회 심의 후 평가를 받은 가맹본부에 잠정적인 평가등급을 통지할 수 있으며, 해당 가맹본부는 1주일 이내에 이의신청을 할 수 있다.

⑤ 평가대상기간이 6개월을 초과하는 기업의 경우에는 기존 인센티브의 100%까지, 6개월 이하인 경우 50%까지 부여할 수 있다.

⑥ 이 협약절차기준에 따라 제공되는 인센티브는 다른 공정거래 관련 법규 등에서 정한 것과 별개로 제공된다.

⑦ 공정위는 제1항 및 제2항의 직권조사 면제 인센티브에 불구하고 신빙성 있는 첩보, 제보, 익명신고 등을 근거로 직권 인지하여 실시하는 조사(단, 가맹사업법 제32조의2에 따른 서면실태조사 결과를 근거로 직권 인지하여 실시하는 경우는 제외)는 직권으로 실시할 수 있다.

⑧ 공정위는 제1항의 규정에 의한 인센티브 제공 대상이 되는 당해 기업에 대해 평가등급, 인센티브 내용 및 인센티브 제공기간 등을 통지하여야 한다.

제14조(세부평가기준 제정) 공정위는 필요 시 평가항목, 평가방법 및 항목별 점수배분 등에 대한 세부평가 기준을 제정하여 적용할 수 있다.

제5장 보칙

제15조(영업비밀 등의 보호) ① 공정위는 협약 당사자가 협약체결 및 협약이행 평가와 관련하여 임의로 공정위에 제출한 협약내용, 협약이행 실적 및 평가결과 자료 중 협약 당사자의 영업비밀에 속하거나 외부로 제공될 경우 당해 사업자의 영업 및 이미지 관리에 지장을 초래할 수 있는 다음 내용을 당해 기업의 동의 없이 공정위 이외의 국가기관(지방자치단체 포함), 단체 또는 기업 등에게 제공하여서는 아니 된다. 다만, 동반성장지수 산정을 위해 필요한 평가점수, 협력사 명단(회사명, 대표자명, 주소, 연락처 등)은 동반성장위원회에 제공할 수 있다.

1. 가맹본부의 가맹사업자 명단(회사명, 대표자명, 거래금액, 거래품목, 주소, 연락처, 이메일 주소 등). 다만, 가맹본부가 홈페이지를 통해 공개한 부분은 제외

2. 평가대상 가맹본부의 구체적인 평가점수 등 세부평가자료
3. 협약서 및 협약내용 세부추진계획, 협약이행실적 관련 자료
4. 가맹사업자별 만족도조사 회신내용 등 공개시 가맹점사업자에게 불이익이 우려되는 자료
5. 기타 당해 기업의 영업비밀 공개, 기업이미지 훼손, 거래상의 불이익 등을 초래할 우려가 있는 자료

② 제1항의 규정에 의한 당해 사업자의 동의는 당해 기업의 대표이사 명의의 서면(전자서면 포함)동의를 말한다.

제16조(불공정거래행위 금지에 대한 특례) 협약을 체결한 가맹본부가 이 기준에 따라 자기의 가맹점사업자 또는 자기와 계열관계에 있는 다른 사업자의 가맹점사업자를 지원하는 행위가 「대·중소기업간 상생협력 촉진에 관한 법률」 제13조 및 동법 시행령 제9조의 요건을 충족하는 경우 「독점규제 및 공정거래에 관한 법률」 제23조 제1항 제7호의 규정에 의한 불공정거래행위(부당지원행위)에 해당하지 아니한다.

제17조(허위자료 제출 등에 대한 조치) ① 협약체결 가맹본부가 평가 자료를 허위로 제출하였다는 사실이 드러나거나 이행평가와 관련하여 가맹점사업자에 부당한 압력을 행사한 사실이 드러난 경우에는 공정위는 협약평가위원회의 심의·결정을 거쳐 허위자료 제출로 의결된 시점 이후 최근의 이행평가 점수를 50점 감점 처리한다. 단, 평가시점 기준 3개월 내 허위자료 제출로 의결이 예상되는 경우, 의결이 확정되는 시점까지 당해 평가를 유예할 수 있으며, 평가가 이미 완료된 후 3개월 내 의결이 있는 경우, 기 이루어졌던 직전 이행평가의 점수를 소급하여 감점할 수 있다.

② 제1항에서 '허위자료 제출'이란 협약체결 가맹본부가 실제 협약이행실적과 다른 자료를 제출하는 행위로서, 좋은 평가를 받기 위한 목적 내지 고의가 존재하는 것을 의미한다. 다만, 이러한 목적 내지 고의가 없었다는 것은 해당 협약체결 가맹본부가 입증하여야 한다.

③ 허위자료 제출여부를 확인하기 위한 조사에 정당한 사유 없이 응하지 아니하거나 조사를 방해하는 경우에는 해당 협약체결 가맹본부는 허위자료를 제출한 것으로 간주한다.

④ 제1항의 경우 해당 사실을 공개한다.

제18조(재검토기한) 공정거래위원회는 「훈령·예규 등의 발령 및 관리에 관한 규정」에 따라 이 예규에 대하여 2025년 1월 1일을 기준으로 매 3년이 되는 시점(매 3년째의 12월 31일까지를 말한다)마다 그 타당성을 검토하여 개선 등의 조치를 하여야 한다.

부칙

제1조(시행일) 이 예규는 발령한 날부터 시행한다.

<별표 1>

가맹분야 협약평가 항목별 점수 배분 기준

평가항목	세부평가 항목	배점
1. 계약내용의 공정성(10점)	(1) 영업지역 설정·조정, 상권정보 제공 및 영업시간 단축 등에 기준 설정	1점
	① 영업지역 설정에 대한 기준설정	0.2
	② 계약 시 상권분석 인근점포 현황 및 상권측정 등 정보제공	0.4
	③ 영업시간 단축허용에 관한 기준 설정	0.4
	(2) 광고·판촉행사 등의 충분한 사전 동의 및 공정한 비용부담 추진	1점
	① 광고·판촉행사 등에 대한 사전 동의 기준 마련	0.5
	㉠ 광고·판촉행사 등에 대한 명확한 정의	0.2
	㉡ 사전 동의 절차의 명확한 기술	0.3
	② 비용부담 기준의 설정	0.5
	㉠ 비용부담 대상의 명확한 정의	0.2
	㉡ 비용부담 기준의 명확한 기술	0.3
	(3) 점포환경 개선에 대한 충분한 사전협의 및 공정한 비용부담 추진	1점
	① 점포환경 개선에 대한 사전협의 기준 마련	0.5
	㉠ 점포환경 개선에 대한 명확한 정의	0.2
	㉡ 사전협의 절차의 명확한 기술	0.3
	② 비용부담 기준 마련	0.5
	㉠ 비용부담 대상에 대한 세부적인 정의	0.2
	㉡ 비용부담 기준의 명확한 기술	0.3
	(4) 가맹점사업자로부터 취득하는 금전에 대한 명확한 기준 및 그 금액의 조정기준	1점
	① 가맹점사업자로부터 취득하는 금전에 대한 명확한 정의	0.3
	② 가맹점사업자로부터 취득하는 금전의 징수기준의 명확한 기술	0.4
	③ 가맹점사업자로부터 취득하는 금전의 조정기준의 명확한 기술	0.3
	(5) 불공정한 거래행위의 사전예방 및 감시시스템 구축	1점
	① 사전예방 절차의 구체적인 기술	0.3
	② 내·외부 감시 시스템 구축에 대한 기술	0.2
	③ 가맹점사업자와 상생협력 부서 설치·운용에 대한 기술	0.3
	④ 가맹점사업자와 분쟁이 발생할 경우 처리할 심의기구에 대한 기술	0.2
	(6) 계약해지, 점포폐점 및 양수도	1점
	① 계약해지에 관한 기준 설정	0.5
	② 점포폐점, 양수도 기준, 폐점 및 양수도 시 지원사항 설정	0.5
	(7) 가맹점사업자에 대한 지원	1점
	① 가맹점사업자에 대한 지원기준 정의	0.5
	② 가맹점사업자에 대한 지원기준 설정	0.5
	(8) 위약금 등에 관한 기준 설정	1점
	① 위약금을 부과하는 사항에 대한 명확한 설정	0.5
	② 위약금을 부과하는 기준에 대한 명확한 설정	0.5
	(9) 가맹본부에 관한 정보제공	1점
	① 가맹본부가 가맹점사업자에게 제공할 정보의 종류 규정	0.5
	② 정보를 제공하는 방법과 주기에 대해 규정	0.5
	(10) 협약의 내용에 관해 가맹점사업자와 협의할 기준의 반영	1점
	① 가맹본부와 가맹점사업자 간 협의할 절차 기술	0.5
	② 협의에 참석할 대상자에 대한 명확한 기술	0.5
2. 계약 이행과정의 공정성(68점)	(1) 영업지역 설정, 상권·정보제공 및 영업시간 단축에 대한 이행	5점
	① 영업지역 설정 변경 등에 관한 기준 이행	1
	② 계약시 상권분석 인근점포 현황 및 상권측정 등 정보제공	2
	③ 명절 및 경조사 등 불가피한 경우 영업시간 단축 허용	2
	(2) 광고·판촉행사 등의 충분한 사전 동의 및 공정한 비용부담의 이행	4점
	① 광고·판촉행사 등에 대한 사전 동의 절차 준수	2
	② 비용부담 기준의 명확한 이행	2
	(3) 점포환경 개선에 대한 충분한 사전협의 및 공정한 비용부담의 이행	5점
	① 점포환경 개선에 대한 사전협의 절차 준수	2
	② 비용부담 기준의 명확한 이행	3
	(4) 가맹점사업자로부터 취득하는 금전에 대한 기준의 명확한 준수	14점
	① 가맹점사업자로부터 취득하는 금전에 관한 기준 명확한 준수	2
	② 가맹금 수취방식을 로열티 방식으로 전환하였는지 여부	5
	③ 작년대비 구입강제품목을 축소하였는지 여부	3
	④ 매출액 중 필수품목 판매금액의 비중 0~10% 4점, 10~20% 3점, 20~40% 2점, 40~60% 1점, 60% 초과 0점	4
	(5) 불공정한 거래행위의 사전예방 및 감시시스템의 운영	7점
	① 내·외부 감시시스템의 실질적인 운영	1
	② 내부 옴부즈만 설치 및 운영	1
	③ 가맹점사업자와 상생협력 부서의 실질적인 운영	2
	④ 가맹점사업자와 분쟁이 발생할 경우 처리할 심의기구의 실질적인 운영	3
	(6) 계약해지, 점포 폐점 및 양수도 기준 준수	8점
	① 계약해지에 관해 설정한 기준의 준수	2
	② 점포폐점, 양수도 기준, 폐점 및 양수도 시 지원사항 이행	3
	③ 10년 이상 장기점포에 대한 계약갱신 이행실적	3
	(7) 가맹점사업자에 대한 지원	10점
	① 가맹점사업자에 대한 금전지원(최저수익보장, 가맹금 인하요청 수용, 가맹본부의 온라인 판매에 따른 지원 등) 이행	5
	② 가맹점사업자에 대한 기술지원 (온오프라인 상생협력 시스템 구축 등) 이행	2
	③ 가맹점사업자에 대한 인력지원 이행	2
	④ 가맹점사업자에 대한 기타지원 이행	1
	(8) 위약금 등에 관한 기준 이행	5점
	① 점주의 책임없는 사유로 계약해지시 위약금 감경 면제	1
	② 영업부진점포의 시설위약금을 본사가 부담	1
	③ 실제위약금 감면 실적	2
	④ 위약금 등에 관해 설정된 기준의 명확한 준수	1
	(9) 가맹본부에 관한 정보제공	5점
	① 가맹본부가 가맹점사업자에게 제공하다고 한 정보의 제공	2
	② 정보를 제공하는 방법과 주기의 준수	3
	(10) 협약의 내용에 관해 가맹점사업자와 협의한다는 기준의 이행	5점
	① 협의절차의 명확한 준수	3
	② 협의에 참석할 대상자가 명확한 준수	2
3. 상생협력 정도 및 자율준수 노력 (22점+10점)	(1) 가맹본부의 가맹사업 관련 매출액 증가율 대비 가맹점사업자의 평균 매출액 증가율(협약평가 첫 번째 해에는 평가대상 협약이 게시된 년도의 1.1에서 12.31까지의 기간에 대해 적용)	5점
	ㅇ 가맹점사업자 평균매출액 증가율과 가맹본부의 가맹사업 관련 매출액 증가율의 차이 * 전년도 협약평가 기간의 가맹본부의 가맹사업 관련 매출액과 협약평가 기간의 가맹본부의 가맹사업 관련 매출액을 비교한 증가율과 전년도 협약평가 기간의 가맹점사업자의 평균 매출액과 협약평가 기간의 가맹점사업자의 평균 매출액증가율을 비교(소수점 2자리에서 반올림) - 5% 초과: 5점 - 2% 초과 ~ 5%이하: 4점 - 0% 초과 ~ 2%이하: 3점 - -2% 초과 ~ 0%이하: 2점 - -5% 초과 ~ -2%이하: 1점 - -5% 이하: 0점	5
	(2) 협약에 참여한 가맹점사업자의 비율(협약 평가기간 만료일 기준) - 30% 미만 : 5점(2번째 협약평가 까지만 점수 부여 - 30% ~ 50% 미만 : 1점 - 50% ~ 70% 미만 : 3점 - 70% ~ 80% 미만 : 4점 - 80% 이상 : 5점	5점
	(3) 이전 협약기간 종료 후 1개월 이내 재 협약 체결 (단, 이행평가를 요청하지 않은 경우는 제외) * 협약 체결 첫 번째 해에는 체결기간에 관계없이 2점 부여	2점
	(4) 표준가맹계약서의 도입 및 사용 - 전면 도입 및 사용 : 6점 - 부분 도입 및 사용 : 1-5점 - 미사용 : 0점 - 상품대금 등의 신용카드 결제 거부 금지 조항의 사용 : 3점 - 최저임금 인상 등 비용부담 증가로 인한 가맹금 조정 조항의 사용 : 1점	10점
	ㅇ 구입강제품목의 공급가격 산정방식 계약서 기재방식에 관한 가이드라인의 반영 정도 : 최대 2점 가산 ㅇ 상생협력우수가맹본부 해당 여부 : 1점 가산 ㅇ CCM 인증 취득 : 1점 가산 ㅇ 재난 등으로 어려움을 겪는 가맹점사업자에 대한 금전지원 - 환산된 지원금액이 6억원 이상인 경우: 3점 가산 - 환산된 지원금액이 3억원 이상 6억원 미만인 경우: 2점 가산 - 환산된 지원금액이 1억원 이상 3억원 미만인 경우: 1점 가산 ㅇ 장기점포의 안정적 계약갱신을 위한 가이드라인 반영 - 사전에 공지된 합리적 평가시스템에 따른 갱신여부 결정과 이의제기 보장 경우: 1점 가산 - 갱신거부 대상에 유예기간 부여 경우: 1점 가산 - 협약서 체결 경우: 1점 가산	최대 10점

4. 법위반 등에 따른 감점	(1) 가맹사업법 위반에 따른 조치 - 가맹사업법 위반에 따른 경고 이상의 조치를 받은 경우 : 경고 △3, 시정명령 △15, 과징금 부과 △20, 고발 △25점 감점	1회당 최대 △25점
	(2) 임직원이 가맹사업과 관련하여 뇌물수수, 배임, 청탁 등 기업윤리와 상생협력에 반하는 행위로 사회적 지탄을 받은 경우	1건당 △10점
	(3) 가맹사업법 외에 공정거래위원회 소관법률 위반으로 시정조치 등을 받아 협약평가위원회가 가맹점사업자와의 상생협력을 저해하였다고 의결한 경우	1건당 최대 △10점
5. 만족도 조사	○ 가맹점사업자의 협약내용 및 이행관련 만족도 - 응답 가맹점사업자 만족도 100분위 비율 × 10점 ※ 만족도 조사는 동반성장지수 대상기업이 아닌 기업의 각 브랜드 별로 실시 - 동일 회사의 2개 이상 가맹사업 브랜드에 대해 만족도 조사를 실시할 경우 각 브랜드별 만족도 점수를 협약이행 평가대상 브랜드의 전체 가맹점사업자 수에서 각 브랜드별 가맹점사업자가 차지하는 비율을 곱하여 도출된 점수를 합산하여 최종 만족도 점수를 산출한다.	10점

<별표 2>

가맹사업 공정거래 및 상생협력 협약 신청서

(주)○○○○ 대표이사 ○○○은 가맹본부·가맹점사업자간 공정거래 기반 조성 및 상생협력을 위해 가맹점사업자들과 공정거래 및 상생협력 협약을 체결하고자 「가맹본부·가맹점사업자간 공정거래 및 상생협력 협약절차 및 지원 등에 관한 기준」 제7조의 규정에 따라 아래와 같이 협약체결을 신청합니다.

1. 신청인 : (주)○○○○ 대표이사 ○○○
   (서울시 ○○○구 ○○○동 1234-5)

2. 협약대상 가맹점사업자 : ○○○점(대표 ○○○) 외 ○○○개점

3. 가맹본부 개요

가. 영위업종 :

나. 일반현황(최근 2년간)

(단위 : 백만 원)

구분	자산총액	매출액	가맹사업 관련 매출액*	순이익	종업원수	영업점수	
						가맹점수	직영점수
2018							
2019							

* 직영점 매출액 포함

다. 협약체결 예정일 :

첨부 : 협약서(안) 1부.

0000. 00. 00.

(주)○○○ 대표이사 ○○○(직인)

<별표 3>

가맹본부·가맹점사업자간 공정거래 및 상생협력 표준 협약 문안

(0000. 00. 00)

(주)○○○(이하 "□□□" 이라 한다)와 영업표지 ◇◇◇의 △△△점 가맹점사업자(이하 "가맹점사업자" 라 한다)는 다음과 같이 **공정거래 및 상생협력 협약**을 체결한다.

제1조(목적) 이 협약은 □□□과 가맹점사업자간의 공정거래 및 상생협력을 위한 목적으로 체결된 것이다.

제2조(법률 준수) □□□과 가맹점사업자는 공정한 가맹거래를 위하여 "가맹사업거래의 공정화에 관한 법률 및 같은 법 시행령"(이하 '가맹사업거래법령' 이라 한다) 등 가맹 관련법규를 성실히 준수한다.

제3조(협약내용의 성실한 이행) □□□은 본 협약에 게시된 내용을 성실히 이행하기로 한다.

제4조(영업지역의 설정·변경에 관한 사항)

① 영업지역 설정에 관한 기준

② 계약 시 상권분석 인근점포 현황 및 상권측정 등 정보제공

③ 영업시간 단축허용에 관한 기준

제5조(광고·판촉행사 등의 충분한 사전동의 및 공정한 비용부담 추진)

① 광고·판촉행사 등에 대한 사전동의 기준
1. 광고·판촉행사 등의 정의

2. 사전 동의절차

② 비용부담 기준
1. 비용부담 대상

2. 비용부담 기준

제6조(점포환경 개선에 대한 충분한 사전협의 및 공정한 비용부담 추진)

① 점포환경 개선에 대한 사전협의 기준
1. 점포환경 개선의 정의

2. 사전협의 절차

② 비용부담 기준
1. 비용부담 대상의 세부 내역

2. 비용부담 세부 기준

제7조(가맹점사업자로부터 취득하는 금전에 대한 명확한 기준 및 그 금액의 조정기준)

① 가맹본부가 가맹점사업자로부터 취득하는 금전의 종류 및 정의

② 가맹본부가 가맹점사업자로부터 취득하는 금전의 세부적인 징수 기준

③ 가맹점사업자로부터 취득하는 금전의 조정기준 및 절차

제8조(불공정한 거래행위의 사전예방 및 감시시스템 구축)

① 불공정한 거래행위의 사전예방 절차

② 내·외부 감시 시스템

③ 가맹점사업자와 상생협력 부서 설치·운용

④ 가맹점사업자와 분쟁이 발생할 경우 처리할 심의기구

제9조(계약해지, 점포폐점 및 양수도 지원)

① 계약해지 기준

② 점포폐점, 양수도 기준, 폐점 및 양수도 시 지원 사항

제10조(가맹점사업자에 대한 지원)

① 가맹점사업자에 대한 지원의 종류 및 정의

② 가맹점사업자에 대한 지원기준

제11조(위약금 등에 관한 기준)

① 위약금 부과 상황

② 위약금 부과 기준

제12조(가맹본부에 관한 정보제공)

① 가맹본부가 가맹점사업자에게 제공할 정보의 종류

② 정보의 제공 방법과 주기

제13조(협약내용에 관한 협의절차)

① 가맹본부와 가맹점사업자 간 협의절차

② 협의에 참석할 대상자

제14조(가맹점사업자의 상생협력을 위한 협력사항) 가맹점사업자는 □□□과 가맹거래를 함에 있어 다음과 같이 협력 방안 이행 등을 위하여 노력한다.

① 신의성실의 원칙에 따른 계약 이행
② 가맹본부의 윤리규정 준수
③ 협약서의 내용에 불만이 있거나 협약서에 명시된 내용의 변경이 필요한 경우 제13조에 정해진 절차에 의해 논의

제15조(협약기간) ① 본 협약의 기간은 협약체결일로부터 1년간으로 한다. 다만, 협약기간 중 거래가 종료되는 경우에는 거래종료일을 협약종료일로 본다.
② 협약기간 만료 시 공정위와 협의를 거쳐 1년 단위로 기간을 연장할 수 있다.

제16조(법적 성격) 이 협약은 □□□이 제1조의 목적 달성을 위해 협약 당사자인 가맹점사업자들에게 공정거래와 상생협력 의지를 선언하는 것으로서 법적 권리나 의무를 발생시키지 아니하며, 어느 일방의 협약위반을 이유로 상대방 또는 상대방의 임직원에 대하여 민·형사 또는 행정소송 등 법적 분쟁 절차를 제기할 수 없다.

제17조(협약기준 준수) □□□과 가맹점사업자는 이 협약을 이행함에 있어 공정위가 정한 "가맹본부·가맹점사업자간 공정거래 및 상생협력협약 절차·지원 등에 관한 기준"을 성실히 준수 한다

제18조(세부이행계획 및 평가자료) ① □□□은 협약체결 후 20일 이내에 협약서 사본, 협약체결 가맹점사업자 명단 및 협약내용에 대한 구체적인 이행계획을 공정위에 제출한다.
② □□□은 협약기간 만료 후 30일 이내에 공정위에 협약내용의 이행평가를 위한 협약내용 이행실적 자료를 제출한다.

○○○○년 ○○월 ○○일

(가맹본부)	(가맹점사업자)
주식회사 ○○○	△△△점
대표이사 ○○○ (인)	대표 ○○○ (인)

<별 지>

[가맹본부의 로고가 있는 경우 로고]

[정보공개서 등록번호]
[정보공개서 최초 등록일]
[정보공개서 최종 등록일]

[가맹본부의 홈페이지 주소 및 대표 이메일 주소]

[가맹희망자가 운영하게 될 영업표지(브랜드명)]

정 보 공 개 서

[가맹본부명]은 「가맹사업거래의 공정화에 관한 법률」 제7조 및 같은 법 시행령 제4조 제1항에 따라 귀하에게 이 정보공개서를 드립니다.

20 . . .

[가맹본부명]

[영업표지(브랜드명)]는 상생협력 협약을 체결하여 [20]년도에 공정거래위원회부터 협약의 이행 평가결과 "[최우수(우수)]" 등급을 부여 받았음

<주 의 사 항>

이 정보공개서는 귀하께서 체결하려는 가맹계약 및 해당 가맹사업에 대한 전반적인 정보를 담고 있으므로 그 내용을 정확하게 파악한 후에 계약체결 여부를 결정하시기 바랍니다.

「가맹사업거래의 공정화에 관한 법률」에 따라 가맹희망자에게는 정보공개서의 내용을 충분히 검토하고 판단할 수 있도록 일정한 기간이 주어집니다. 따라서 이 정보공개서를 제공받은 날부터 14일(변호사나 가맹거래사의 자문을 받은 경우에는 7일)이 지날 때까지는 가맹본부가 귀하로부터 가맹금을 받거나 귀하와 가맹계약을 체결할 수 없습니다.

이 정보공개서는 법령이 정한 기재사항을 담고 있는 것에 불과하며 그 내용의 사실 여부를 공정거래위원회 또는 시·도에서 모두 확인한 것은 아닙니다. 또한, 귀하께서는 어디까지나 가맹계약서의 내용에 따라 가맹사업을 운영하게 되므로 정보공개서의 내용에만 의존하여서는 아니 됩니다.

귀하께서 가맹계약서에 서명하는 순간부터 그 내용에 구속됩니다. 따라서 충분한 시간을 갖고 정보공개서나 가맹계약서의 내용을 검토하시고 기존 가맹점사업자를 방문하여 얻은 정보에 근거하여 가맹본부의 신뢰성을 판단하도록 하십시오.

가맹사업은 법률, 회계, 경영 등 다양한 분야의 지식이 필요한 분야이므로 가맹거래사 등 전문가의 자문을 받는 것을 권장합니다. 귀하가 과거 사업경력이 없는 경우 관련 업종에서 경험을 쌓아 경영 수행 능력을 갖출 필요가 있습니다.

마지막으로 사업 초기에 많은 자금이 소요되므로 귀하의 재정상태를 확실히 점검한 다음 창업에 임하시기 바랍니다.

[가맹본부의 주된 사무소의 소재지]
[가맹본부의 대표전화번호]
[가맹본부의 대표팩스번호]
[가맹사업 담당부서 및 전화번호]

저자 프로필

■ 이성희

㈜에프씨엠컨설팅 대표, 가맹거래사, 경영학박사다.

프랜차이즈 가맹본부를 체계화시키는 시스템구축, 정보공개서 및 가맹계약서 업무지원을 통한 계약관리, 슈퍼바이징 업무지원을 통한 성과관리, 공정거래협약 업무지원을 통한 상생경영 컨설팅, 가맹희망자 정보공개서 자문 등 업무를 추진하고 있고, 대학교 및 기업 강의를 진행하고 있으며, 저서 및 논문 등 연구 활동을 병행하고 있다.

현재 세종대학교 경영전문대학원 FC MBA(프랜차이즈전공) 겸임교수로 프랜차이즈 계약관리, 프랜차이즈 경로관리, 프랜차이즈 전략경영 등을 강의하고 있고, 세종사이버대학교에서 프랜차이즈 컨설팅방법론 등을 강의하며 외래교수로 활동하고 있다.

부천대학교, 장안대학교, 호원대학교 등에서 가맹계약론, 슈퍼바이저론, 가맹본부경영론, 상권입지분석론, 가맹본부경영론, 물류관리론, 슈퍼바이징실무, 기업창업론, 가맹점마케팅관리, 가맹점손익관리 등 과목을 강의하였고, 유통 및 프랜차이즈 기업 강의도 현재 진행 중이다.

저서로는 "프랜차이즈 계약과 창업", "프랜차이즈 계약관리론", "프랜차이즈 경영론: 통합마케팅 관점 프랜차이즈 시스템", "한권으로 합격하는 가맹거래사 1차 필기시험문제", "정보공개서를 활용한 가맹본부 파악과 가맹계약 시 유의사항" 등이 있다.

연구 활동으로 "프랜차이즈 가맹본부와 협력업체의 파트너십이 외부협업을 통해 거래성과에 미치는 영향", "제3세계 음식전문점의 문화마케팅 활동이 방문동기와 재방문의도에 미치는 영향", "프랜차이즈 계약관리 레버리지를 활용한 프랜차이즈 기업의 성과분석과 전망", "프랜차이즈 마케팅믹스에 관한 탐색적 연구" 등의 논문을 발표한 바 있다.

■ 이성훈

세종대학교 경영전문대학원 부원장 겸 프랜차이즈 MBA 주임교수로 재직 중이며 가맹거래사이다.

주요 언론 기고와 방송 인터뷰 등을 통해 프랜차이즈산업 주요 이슈에 대한 전문 의견을 활발하게 개진해오고 있다.

프랜차이즈산업 발전에 기여한 공로를 인정받아 2019년 산업통상자원부 장관 표창을 수상했다.

주요 연구와 강의 분야는 마케팅, 유통경로, 프랜차이즈 경제, 프랜차이즈 시스템과 프랜차이즈 기업의 정보시스템 및 프랜차이즈 전사적 계약관리 등이다.

주요 논문은 "프랜차이즈 기업의 정보시스템 성과에 대한 정보기술역량과 파트너십 품질의 영향" 및 "프랜차이즈 기업의 계약관리 시스템 구축을 위한 대안 모델: IT 기반의 프랜차이즈 전사적 계약관리(ECM) 도입의 필요성", "전사적 계약관리(ECM) 지표를 활용한 프랜차이즈 기업성과 분석: 프랜차이즈 계약관리 레버리지의 유용성", "지식공유, 상호의존, 상호이익공유가 프랜차이즈 정보시스템 성과에 미치는 영향" 등이 있다.

저서로는 "프랜차이즈 계약과 창업", "정보공개서를 활용한 가맹본부 파악과 가맹계약 시 유의사항", "한권으로 합격하는 가맹거래사 1차 필기시험문제", "프랜차이즈 경영론: 통합마케팅 관점 프랜차이즈 시스템", "프랜차이즈 계약관리론", "詩와 마케팅" 등이 있다.

프랜차이즈 예비창업자를 위한 가이드
프랜차이즈 계약과 창업
2024년 개정법 반영 "딥다이브 가맹분야 표준양식"

2018년 8월 31일 초판 발행
2020년 9월 15일 개정판 발행
2025년 8월 31일 제3판 발행

저 자 이 성 희 · 이 성 훈
발행인 배 효 선

발행처 도서출판 法 文 社

주 소 10881 경기도 파주시 회동길 37-29
등 록 1957년 12월 12일/제2-76호(윤)
전 화 (031)955-6500~6 FAX (031)955-6525
E-mail (영업) bms@bobmunsa.co.kr
(편집) edit66@bobmunsa.co.kr
홈페이지 http://www.bobmunsa.co.kr
조 판 법 문 사 전 산 실

정가 25,000원 ISBN 978-89-18-91625-5